PETER BERLING

FRANZISKUS ODER DAS ZWEITE MEMORANDUM

BASTEI-LÜBBE-TASCHENBUCH
Band 11956

1. Auflage 1993
2. Auflage 1994
3. Auflage 1996
4. Auflage 1999

Copyright © 1989 by Peter Berling
Lizenzausgabe: Gustav Lübbe Verlag GmbH,
Bergisch Gladbach
Printed in Germany
Einbandgestaltung: BAYER-EYNCK
Titelfoto: Archiv für Kunst und Geschichte, Berlin
Satz: hanseatenSatz-bremen, Bremen
Druck und Bindung: Ebner Ulm
ISBN 3-404-11956-8

Sie finden uns im Internet unter
http://www.luebbe.de

Meinem Vater gewidmet

Der Epitaph von Starkenberg

VORGESCHICHTE

Ich erinnere mich des Zaubers, den ich empfand, wenn meine Finger über Landkarten fremder Länder glitten, sich in Territorien verschieden gefleckter Bräunung verloren, vom tiefen Rot der Senken bis zu den eisschimmernden Kappen der Hochgebirge, über ein Netz von glatten, gestrichelten oder gepunkteten Linien mehr oder weniger dick eingekreiste Orte eroberten.

Als ich lesen lernte, ergriff mich eine seltsame Unruhe: Unmerklich trat die Dimension der Zeit hinzu, und raunend, flüsternd führte sie mich – nicht etwa in die ferne Zukunft –, sondern weit zurück in Epochen, wo sich Legenden und Geschichte vermischen.

Die Erprobung ihrer Grenzwerte zog mich magisch an, die Vermengung bezeugten Geschehens, dokumentarisch belegbaren Wissens, mit der »möglichen«, allein meiner Phantasie überlassenen »Belebung« einer ausgeglühten Tontafel, eines goldenen Ohrringes, einer abgebrochenen Pfeilspitze, eines »Namens«. Zwangsläufig geriet ich auf dieser Suche nach Verschmelzung von Fakten und Fiktion geradewegs ins Hohe Mittelalter, Aufbruchsstimmung und Krawall, tiefe religiöse Verinnerlichung bis zum Fundamentalismus, mit hauchdünner Trennlinie zur ketzerisch anarchischen Erneuerung.

Ich bereiste die Länder rund um das »mare nostrum«, spürte historische Stätten und Nebenschauplätze auf, bei der Suche nach verborgenen Spuren jenes unser heutiges Leben, unsere Sitten, Sprachen, Religionen, vor allem aber politische Zwiste und Grenzen noch immer präjudizierenden, umwertenden Abschnitts der Geschichte.

»Jerusalem« hieß das Zauberwort, das Hunderttausende dazu verleitete, »das Kreuz zu nehmen«, sich in Durst und Kälte, über Berge und durch Wüsten zu schleppen, Krankheiten, Hunger und Hitze sowie Drangsal durch Feinde zu erdulden, und sich auf diese »Bewaffnete Pilgerfahrt« zu begeben. Sie taten dies mit einer Lust, einer närrischen Entrücktheit, die uns heute verrückt vorkommen mag. Der Franciscus zugeschriebene Anspruch auf den Titel »Narr Gottes« traf damals auf viele zu.

Das Ziel, das Land der Ungläubigen vorher zu erkunden, hatte man nicht für nötig gehalten. Es sollte sich bitter rächen: Statt Heiden fanden die Kreuzfahrer Anhänger eines in sich gefestigten Glaubens vor, dessen Regeln sie nach dem Propheten im Koran niedergelegt hatten. Sie befolgten sie streng und fromm. Die christlichen »Befreier« sahen sich mit einer hochentwickelten Kultur konfrontiert, angesichts derer sie sich wie Barbaren (die sie auch waren!) vorkommen mußten. Statt dumpfer Ignoranz stießen sie auf verfeinerte Lebensformen, blühende Wissenschaften, Philosophie und Künste — und auf einen weitaus klareren

8

Monotheismus, als sie selbst mit ihrer Trinität anzubieten hatten. Abgesehen vom desaströsen militärischen Ausgang dieses amateurhaft inszenierten Unternehmens schlug vor allem der Kultur- und Zivilisationsimpakt auf den Okzident zurück. Neben Parfum und Damast, Gewürzen und Naschwerk fluteten die Lehren von esoterischen Sekten und freidenkerischen Köpfen, von häretischem Schriftgut und liberalen Moralvorstellungen zurück in ein Europa, das in bebender Aufnahmebereitschaft harrte. Die Blütezeit der Minne stand bevor.

Doch Aufbruch auch in den erstarrten oder durch Prunk und Ausschweifung verkommenen Gliedern der »Alleinseligmachenden« ecclesia catolica des Petrus und des Paulus. Andere Jünger waren andere Wege gegangen. Jetzt hörte man von ihnen, hörte zum erstenmal wieder direkt aus dem »Heiligen Land«, durch das der Herr Jesus höchstselbst geschritten, ob nun barfuß oder in Sandalen, doch keinesfalls so lasterhaft sich Simonie und Lotterleben hingebend wie die Herren der Kurie. Das »Zurück zu den Anfängen, zurück zur Wahrheit des Herrn!« wurde zum Signal der einsetzenden Bewegung der »Neuen Armen«. Das Auftreten eines Franciscus ist kein Zufall, sondern Frucht einer Epoche, eingebettet in so widerstrebende Strömungen wie tiefe Gläubigkeit und fanatische Intoleranz einerseits und die durch Scholastik aufbereitete »neue« Logik des Aristoteles, die rasch aufklärerisch wissensdurstige Neugier nach sich zieht. Am Horizont dämmert die Renaissance herauf.

Es hat mich immer gereizt, diese Zeit und ihr

Lebensgefühl zu erfassen und darzustellen. Im Zuge solcher Nachforschungen — jemand hatte mich auf den Aufsatz von McKay in der NZZ (vom 5. Okt. 85) angesprochen und mir den »heißen« Tip gegeben — war ich vor Jahren auf die Bibliothek einer kleinen Koranschule am Rande der Sahara gestoßen. Ich fand zwar nichts von dem, was ich suchte, doch eine Kiste voll ungeordneter Pergamente aus dem 12. und frühen 13. Jahrhundert, die ich ablichtete und archivierte.

In meiner Erinnerung handelte es sich um den Textentwurf zu einem Epitaph, in dem die Heiligsprechung des Franciscus bezeugt wurde, während irgendein Bischof der Verdammnis — »in gehennam« — anheim fiel.

Zwei Jahre danach werde ich in die italienisch-deutsche Koproduktion »Franciscus« eingespannt. Regie: Liliana Cavani, in der Hauptrolle Mickey Rourke. Schon bei der ersten Drehbuchbesprechung bietet mir Liliana die Rolle des Bischofs von Assisi an, Guido mit Namen. Es macht keineswegs »Klick« bei mir.

Im Februar 1988 beginnen wir mit den Außenaufnahmen. Wir drehen überall, nur nicht in Assisi, denn dort hat der Francesco-Kult die wenigen ursprünglich erhaltenen Gebäude aus seiner Zeit museumsreif poliert, zu seinen Ehren »renoviert«. Wir nutzen die freigelegte Unterstadt von Perugia und die Kirchen von Tuscania. Hier wandele ich im vollen Ornat mit dem New Yorker Straßenkind in härener Kutte zwischen romanischen Säulen, und in meinen Kopf drängt sich die Vorstellung: Das habe ich doch schon einmal erlebt? Franciscus sanctus . . . sein Bischof fuhr zur Hölle — 1228 — Guido II Episcopus . . .

Wer war dieser Guido? Ein Leichtes in der Biblioteca Angelica im »Gams« nachzuschlagen, daß dieser tatsächlich gelebt hatte. Ein Anruf beim Episcopat von Assisi erbrachte die heitere Feststellung, daß man tief beschämt sei, eigentlich nichts — außer ein paar lokalen Querelen — über »il Vescovo di Francesco« zu wissen. Ich kramte die vergessenen Dias von der Koranschule heraus, die Seiten, die mit diesen merkwürdigen »Erinnerungszeilen« begannen, die offenbar in Stein gehauen existiert haben mußten und den Bischof nennen. Gab es diesen Stein noch und wenn ja, barg er ein Geheimnis, wie im weiteren Verlauf des Textes angedeutet? Das Schreiben — über mehrere Pergamentblätter hinweg — war wohl ein Abschiedsbrief, ohne Anrede, ohne Unterschrift . . .

Eine fremde Hand hatte es adressiert: »John, des Bischof Guido von Assisi Erster Secretarius. Untertänigst zu den treuen Händen S. E. des Herrn Jacobus, Bischof zu San Giovanni d'Arci von Caesarius, des obigen — Gott habe ihn selig — letzter Secretarius.«

Das alles, in umständlichem, aber fehlerlosen Latein, war grob durchgestrichen. Darunter hatte eine andere Hand in holprigem Arabisch gekritzelt:

»Johannes du Mont (djebel) auf Qalat al-Qarain, des allmächtigen Sultans, Bewahrer des Friedens — Allah schenke ihm ein langes Leben — Vertrauter und Bevollmächtigter.«

Qalat al-Qarain lag Tausende von Meilen östlich

vom Fundort im Hohen Atlas, im heutigen Grenzgebiet Israels zum Libanon. Es war die Stammburg des Deutschen Ritterordens während der Kreuzzüge gewesen, heute findet man sie nur noch als die ›Ruine Montfort‹ verzeichnet. Und was hatte das alles mit Bischof Guido von Assisi zu tun? War er der Verfasser dieser wehmütig-trotzigen Zeilen, die dann so unvermittelt abbrachen, als habe irgendwas ihn am Weiterschreiben gehindert?

Ich melde mich in Assisi an und bekomme auch einen Termin bei S. E. Mons. Goretti, dem amtierenden Bischof, der mir ein fotokopiertes Dokument überreicht, in dem alle Guido II betreffenden Fakten zusammengetragen sind. Dann übergibt er mich Don Otello, der mich in seiner S. M. Maggiore warten läßt.

»Unter der Krypta befindet sich das Gemäuer einer römischen Villa?« begrüße ich ihn, eigentlich gar nicht fragend. »Oje«, lacht er, »›Propertius was here‹. Soll ich's Ihnen zeigen?« Wir steigen zwei Stockwerke hinab und befinden uns tatsächlich zwischen römischen Mauern. Ein eisernes Gitter verhindert weiteres Vordringen. »Und irgendwo geht da ein Gang hinüber zum Palazzo Vescovile?« insistiere ich. »Allerdings, Professore«, bestätigt mir Don Otello leicht erstaunt. »Wir fanden eine zugemauerte Tür, brachen sie auf und standen im Flur der bischöflichen Kanzlei. Die ›Belle Arti‹ (die Altertumsaufsichtsbehörde Italiens) hat daraufhin alles verschlossen!«

»Und eine Tafel mit einer Inschrift habt ihr auch gefunden! Aus dem Jahre 1228?« »Nicht,

Surgo, et januas aperio., sol horae meridianae
calido lucet tranquilo. Nuneper platea ibam...
Milites meos non inveni, cur morati sunt?

Fortasse amistati sunt ad monachos piccare,
sed non redeunt.

Redeo in palatio meo. Ripke januas apertas
relinquit, non debet. et quando dormitat in tempo
laboris. Ripke voco, nemo respondit. Nunq Ripke
video, sedet et dormitat. Transeat, pax et bonum
Hartwolf exvigilabit, non ego. Hora est calida,
et de ventulus ex valles scio sicut subatus sum
Per silentes aulas deambulavi, et inveni in
coquina vinum quo Ludmila, sicut oportet, de-
posuit in frigidam aquam fontis. Nunc redeo in bi-
bliothecam, et tibi epistulam scribeo, dear John.

Vinum et ventulus equaliter placent mihi, et vinta
quo bibeo, levis et pauco amarum, suaviter perva-
dit buccam meam, et placet. Nunc in valle respicio,
res albas et confusas video. De ventulo levis
factus sum, sicut foliam, dum pedes sunt graves.

Ventus quo nunc animadverto in caput meum
est, et trahet me in temporis acti, ante quam
natus sui, et ultra, et iam evanesco.

daß ich wüßte.« (Er ist so sicher, wie ich vom Gegenteil überzeugt bin!) »Hier gibt es nur die aus dem Jahre 1216, oben in der Außenmauer der Apsis − allerdings liegt im Garten ein Teilstück, von dem keiner weiß . . .« Ich zügele mühsam meine Ungeduld. Das Plattenteil dient einer Geranienvase als Untersatz, »seitenverkehrt« (wie ich amüsiert feststelle). Von oben nach unten gelesen, bilden die Wortfetzen den rechten Rand, die Mitte des Textes, den ich kenne. Er fügt sich Zeile für Zeile in den Wortlaut, ich kann ihn inzwischen auswendig. Ich habe offensichtlich ein Stück des Epitaphs vor mir. »Die Worte ergeben keinen Sinn«, vertraut mir Don Otello an.

Das Bruchstück im bischöflichen Garten (und die Bruchkanten waren alt) läßt vermuten, daß in Assisi nichts mehr zu finden ist.

Der Spur des Pergaments nach Montfort zu folgen, erschien mir zu abstrus. Was hatte dieser John, Johannes du Mont, mit den Deutschen Rittern zu schaffen? Diesem Orden hatten Lübecker

Kaufleute Anfang des dreizehnten Jahrhunderts die Burg gekauft. Die Deutschen tauften die Schenkung um in »Starkenberg«. Sie konnten sie bis 1271 halten. Dort noch etwas aufspüren zu wollen, grenzte an Aberwitz. Die siegreichen Mamelucken hatten mit Bedacht alles gründlich zerstört, was an die Präsenz der Christen hätte erinnern können. Ich handelte wie im Traum, rief nachts Freunde in Israel an, setzte mich offiziell nach München ab und bestieg dort das nächste Flugzeug nach Tel Aviv.

Mein Verbindungsmann, der kahlköpfige Jay Koller, erwartet mich im Hotel. Ich kenne ihn seit Jahren als Filmjournalisten und Gelegenheitseinkäufer auf Filmfestivals, halte ihn aber für einen Agenten. Gerade noch vor Ladenschluß kaufen wir meine Ausrüstung: Zelt, Spaten, Stricke, verschiedene Lampen, reichlich Batterien, Kerosin-Kocher und jede Menge Filme für meine beiden Kameras. Es fällt nicht auf, daß ich auch Hammer und Meißel erstehe. Spät nachts in Akkon angekommen, bringt er mich in einem Motel unter, muß aber dann plötzlich und sofort, unter Mitnahme des mir zugedachten Jeeps, zurück nach Tel Aviv.

Am nächsten Morgen begebe ich mich zum Taxistand in die Altstadt. Die Fahrer sind durchweg Araber in dieser Stadt, in der auch noch sieben Moscheen, fünf verschiedene christliche Kirchen, aber nur zwei Synagogen in Funktion sind. Doch wen ich auch anspreche, bei der Nennung des Namens »Montfort« klappen unsichtbare Visiere herunter. Wären sie gläubige Christen, hätten sie sich bekreuzigt! »Fahren Sie da nicht hin, Mister, das ist nicht gut.« Mehr ist aus keinem herauszukriegen. Wütend kehre ich ins Hotel zurück. Der deutschsprachige Patron nimmt sich sofort meiner an. Binnen zehn Minuten steht eine langgestreckte Mercedes-Limousine vor der Tür. Der Fahrer deutet »beruhigend« grinsend auf zwei Scorpio-MPs in dem Seitenfach der Tür »One for you — You know how to handle it?« Ich nicke. Wir fahren »obenrum«, die parallel zur unsichtbaren Grenze führende »Straße«. Er kennt sich aus. Der Weg nach Goren ist so zugewachsen, daß man keine zehn Meter weit sieht. Ich schiele zur Scorpio, jeden Moment können die Kopftücher palästinensischer Freischärler vor uns auftauchen — nichts da: Montfort! Da liegt es, gegenüber auf der anderen Talseite ragt die Ruine wie die Lorelei über den fast wasserlosen Flußlauf. Wir kraxeln mühsam hinab (derlei ist durch keinen Saumpfad vorgesehen), und drüben ebenso anstrengend wieder hinauf. Ich bin aufgeregt. Jagdfieber! Der Fahrer hilft mir noch beim Aufschlagen des Zeltes. Ich verabrede, daß er mich morgen um die gleiche Zeit wieder abholt.

Endlich allein. Ich kampiere mit Bedacht auf einer nicht einsehbaren Plattform, die mir aber erlaubt, drüben den Zufahrtsweg im Auge zu behalten. Schnell fällt die Dämmerung ein. Ich trinke nur etwas Wasser. Nur kein Licht jetzt! Ich wickele mich in meinen Schlafsack ein. Mit einem so starken Gefühl von völliger Einsamkeit hatte ich nicht gerechnet. Das leiseste Nachtgeräusch in den mich umgebenden Wäldern läßt mich den Atem anhalten. Unter mir die verwinkelten Bogengänge, eingefallene Treppenaufgänge und säulengestützte

16

Säle der Ordensritter. Und irgendwo vielleicht die Platte, verborgen unter Schutt, überwuchert – wenn es sie gibt, werde ich sie finden . . .

Die Kühle weckt mich früh. Ich beginne sofort meine Expedition. Wenn der Stein in Assisi das Versteck in den Tiefen des Kellers abdeckte, dann würde hier vielleicht analog verfahren worden sein. Der tiefstgelegene Ort ist sicher die Zisterne. Ich traue mich nicht hinunter aus Angst, ich würde nicht wieder herauskommen, und beginne, die Burg von außen zu »erobern«. Ich finde den Fluchteinlaß, den ich suche. Ein schmaler Gang, verwinkelt, mit gegenläufigen Schießscharten zur Verteidigung – halt! Demnach ist hinter den Mauern begehbarer Raum? Ich steige eine Ebene höher, die Stufen des Treppenschachtes sind kaum noch zu erkennen, und es fällt auch kein Licht in die Kavernen. Ich hole meine stärkste Lampe, binde mir das Seil um und lasse mich in die Schräge hinab. Es sind natürliche Grotten, die Menschenhand für ihre Zwecke nur wenig (durch Mauerteile) korrigiert hat. Durch jeden Schlitz kann ich jetzt das Tageslicht sehen, das durch die Öffnung der Fluchtpforte einfällt. Plötzlich kenne ich das Versteck. Und dann stehe ich auch schon vor dem Epitaph, dem genau das Stück fehlt, auf dem im Bischofsgarten zu Assisi der Geranientopf ruht. Es ist eine zugemauerte Schießscharte. Nichts leichter und unauffälliger als das! Genial. Ich ziehe mich wieder hoch, hole Hammer und Meißel, kontrolliere die Zufahrtsstraße gegenüber und die gesamte Umgebung – nichts.

Mein Hämmern erscheint mir so laut wie Kanonenschläge, ich halte inne, doch dann kommt der

Rausch über mich, den Archäologen verspüren müssen, wenn ihr Schürfen sie endlich auf die Grabkammer stoßen läßt. Vorsichtig löse ich den unteren Teil der Platte, durch die diagonal ein dikker Sprung verläuft. Dahinter im Dunkel in Stoff gewickelte Bündel. Ein Glücksgefühl, gemischt mit Ehrfurcht, fast Furcht. Ich ziehe vorsichtig das vorderste heraus, öffne es mit Messer und Gabel — wie man einen Fisch tranchiert — die Rolle enthält Pergamentblätter in der gleichen Art wie mein Fund am Rande der Wüste: Latein oder eher latinesk, wie ich beim oberflächlichen Lesen konstatiere: Auffällig allerdings völlig voneinander abweichende Handschriften, als hätten mehrere Personen die Pergamente beschrieben. Ich zwinge mich, jetzt nicht in ein mühsames Entziffern zu verfallen, aber einige Schilderungen faszinieren mich doch. Es sind in der Ich-Form erzählte Eintragungen des Guido, meines Bischofs. Eine Art Tagebuch? Ich fördere noch weitere Bündel zutage und beginne, den Inhalt abzufotografieren, wobei ich jedes einzelne Blatt ausrolle und an den Ekken mit Steinen beschweren muß. Das wird mich Tage kosten, doch alles einzupacken, um dann am Flughafen Ben Gurion den (bekanntlich perfektesten) Sicherheitskontrollen in die Hände zu fallen? Also erst mal auf Nummer Sicher. Fieber und Angst, irgend etwas könnte . . . gut, das Taxi würde ich zurückschicken, es war unmöglich, das vor mir liegende Pensum bis zum Abend zu schaffen. Zwei, drei Tage würde die Arbeit mich mindestens noch in Anspruch nehmen.

Unwirklich schiebt sich der blau-graue Lauf eines Schnellfeuergewehrs zwischen mein Objektiv und das unter mir liegende Pergament. Im langsamen Umdrehen vergeht eine eigentlich angebrachte Todesangst und weicht der Neugier. Ich bin also nicht tot, erschossen — daß sie mich am Leben lassen bedeutet auch, daß ich mich nicht mehr bükken muß! — Außerdem ist mein Adrenalinspiegel sowieso durcheinander. Sie stecken in olivgrünen Uniformen mit schwarzen Tarnflecken, die braungebrannten Gesichter, halb hinter Netzwulsten verborgen, die sie um die Stirn gewickelt tragen, und verstehen offensichtlich kein Hebräisch. Sie sagen nicht, wer sie sind. Einer spricht mich an: Mein Fund,»interesting, very interesting« (kühle Hochachtung) sei Eigentum des Volkes. Ich frage nicht, wessen, sondern sage artig, ich wolle nichts wegnehmen, sondern — im Gegenteil — ihn der Offentlichkeit zugänglich machen.»Über eine Veröffentlichung (publishing) bestimmen nicht Sie, noch wir (schwacher Trost). Man wird Sie benachrichtigen.«

Damit sammeln sie (es sind nur fünf Mann und keiner ist als Anführer auszumachen) meine Filme ein, sorgfaltig, daß kein Lichtschaden entsteht, nehmen auch die belichteten aus der Fototasche, reichen mir die entleerten Kameras zurück. Sie helfen mir auch, mein Zelt abzubauen, ohne ein weiteres Wort an mich zu richten, sich aber ständig auf arabisch leise und ruhig unterhaltend, als befänden sie sich nicht auf einem Kommando-Unternehmen im Land des Feindes, sondern auf einer Routinekontrolle »ihres« Territoriums. Sie tragen mein Gepäck über den Fluß und drüben wieder die Felsklippe hinauf, genau zu der Stelle, wo mich mein Taxi abgesetzt hat. Zwei von ihnen sichern mit schußbereiten Waffen die Aktion ab. Der Sprecher verwarnt mich (nicht unfreundlich, aber »unheimlich cool«), nochmals wiederzukommen oder irgend etwas über den Fund verlauten zu lassen. »You didn't find anything, you didn't meet anyone!«

Ich saß auf meinem Haufen, als das Taxi erschien. Wortkarg des Fahrers Fragen abweisend ließ ich mich direkt zum Flughafen fahren, ohne mich von meinen Freunden in Tel Aviv zu verabschieden.

Wieder in Rom, hatte ich noch wochenlang Zeit, die Ereignisse in meine Erinnerung zu rufen. Ich versuchte mich an einem Gedächtnisprotokoll — über den Inhalt der Pergamente. Aber wozu? Die Dreharbeiten waren wieder aufgenommen worden, und eines Tages stand auch der Bischof wieder auf der Tagesdispo.

Im August gehen die Dreharbeiten endlich zu Ende. Ich erhalte ein Telegramm aus Israel von Jay Koller, der mir empfiehlt, mich für ein paar Wochen in die Schweizer Berge zu begeben, »zur körperlichen und geistigen Anregung«. Er nennt mir die Kontaktadresse, ich erfahre durch Rückruf, daß ich tatsächlich erwartet werde und nichts mitzubringen bräuchte als eine Zahnbürste.

Ich fahre vom Veltlin kommend mit der Rhätischen Bahn ins Puschlav. Meine Bleibe oberhalb Poschiavos ist keine Hütte, sondern ein abgelegenes, großräumiges Gebäude, in dem außer mir (im Obergeschoß) noch eine Kaffeerösterei untergebracht ist. Ich beziehe Vollpension, habe Zugriff auf die damals beschlagnahmten Unterlagen, stehe aber unter Kontrolle. Ich könnte keine der

Peter Berling auf Starkenberg

DIN-A2formatigen Vergrößerungen unbemerkt entfernen, dafür verschwinden sie auch jeweils, wenn ich sie übersetzt und in den Computer gespcichert habe.

Nach etlichen Monaten — ich durfte unterbrechen, so oft ich wollte, was ich auch reichlich tat, näherte sich die Schreiberei ihrem Ende. Ich wußte, daß ich mit niemandem darüber sprechen durfte, auf die einfache Gefahr hin, bei meiner Rückkehr in mein Puschlaver ›Studio‹ kein Stück meiner Unterlagen mehr vorzufinden. Eines Tages

21

war es dann so weit: Ich hatte ein Buch geschrieben, das meiner puren Phantasie entsprungen war? Nicht doch, auf meinem Schreibtisch waren etliche Fotoabzüge liegengeblieben, die mich auf Starkenberg zeigen, beim »Fund« des Epitaphs.

Peter Berling   Poschiavo, im Februar 1989

ZUR ORDNUNG UND GESTALTUNG

Das geheime Tagebuch des Bischofs von Assisi weist originär zwei Autoren aus: den Guido II selbst und seinen ersten Secretarius John Turnbull. Ohne es zu wissen, lieferten dann der zweite, Roald von Wendower, und der dritte und letzte, Caesar von Speyer, weitere Beiträge, die Guido in das Diarium aufnahm, ebenso wie die Briefe seiner Base Jacoba de Septimsoliis und seines Kollegen Jacques de Vitry.

Die Blätter waren von zweiter Hand (zweifellos John) zeitlich geordnet und mit Jahreszahlen beziehungsweise Numerierungen versehen worden. Ich habe diese übernommen und ergänzt, beziehungsweise kenntlich gemacht, indem ich den Namen des jeweiligen Verfassers obenan gesetzt habe. Auch die Einteilung in Kapitel und deren Überschriften stammen (dem Schriftbild nach) von Turnbull und sind wohl erst auf Starkenberg nachgetragen worden. Die Eintragungen von Guido und Jacoba waren in einem — im Mittelalter gebräuchlichen — Gemisch aus Latein und Italienisch, dem sogenannten »Latinesk« geschrieben, die von John in einem Latein mit stark provençalischem Einschlag (er hat sich wenig Mühe gegeben, seine Muttersprache, die »Langue d'Oc«, zu kaschieren). Roald schrieb ein wenig elegantes Latein (dafür aber mit Allgemeinfloskeln durchsetzt, auf deren Kenntnis er offensichtlich stolz war). Jacques de Vitry benutzte die Sprache des Virgil in geradezu klassischer Manier.

Ich habe mir erlaubt, bestimmte Redewendungen (auch wenn sie banal waren) stehenzulassen, desgleichen poetische Zitate und Liedertexte.

Die Übersetzungen aller unter diese Rubriken fallenden Textstellen habe ich gleich daneben vermerkt, um das Auge des geneigten Lesers nicht in irgendwelche Fußnoten abrutschen zu lassen oder ihn gar zu verleiten, im Anhang zu blättern. An hoffentlich allen Stellen, an denen die Skribenten Zeitgeschichtliches oder Personenkenntnis (untereinander) voraussetzten, habe ich ebenfalls am jeweiligen Textrand die wichtigsten Fakten oder Erläuterungen als Marginalien gesetzt. Eine Abkürzung (Auflistung siehe Anhang) verweist auf den entsprechenden Indexblock, der (ausführlicher und genealogisch geordnet) auf Erwähntes eingeht.

In die vorgesehene chronologische Ordnung habe ich nur insofern eingegriffen, daß ich — meiner eigenen »Erfahrung« dieser Dokumente entsprechend — den letzten Brief des Guido (vom Sonntag, dem 30. Juli 1228), mein Schlüsselerlebnis, nach vorne gesetzt habe. Danach die wohl vor dem eigentlichen Diarium entstandenen Schriftstücke.

Ich hoffe, dem interessierten Leser dieses Buches damit alle Wege zu einer angenehmen Lektüre geebnet zu haben.

Der Herausgeber   Rom, im Juli 1989

INHALT

I. PROLOGUS 31
Einführung in das Leben eines Bischofs

GUIDONIS LITTERA ULTIMA   32
Letzte Worte (1228)

CURRICULUM VITAE EPISCOPI   38
Ein Lebenslauf des Herrn Della Porta (1174-1207)

II. IN FIDUCIAM   45
Aus der Jugend eines Heiligen (1175-1207)

ANTE FACTO ET CONDITIONES TEMPORIS   48
Was vorausging (1175-1180)

INITIUM MIRANDI   51
Staunenden Blickes (1181-1184)

MAXIMA PUER RECEPIT REVERENTIA   54
Ein verwöhntes Kind (1185-1191)

IUVENILE VICIUM 57
Jugendliche Torheiten (1192-1197)

ET HABUIT MATURITATEM SUAM 60
Ein reifender Jüngling (1197-1201)

INTER ARMA 66
Zu den Waffen (1202-1203)

MILES ET PLAGATUS 68
Der Ritter und der Aussätzige (1204-1205)

PAUPER IN URBE 74
Ein Bettler in Rom (1205-1206)

FUR IN HONOREM CRUCIS 78
Dieb dem Kreuz zu Ehren (1206-1207)

III. LITEM ORAMUS:
PATER FILIUM ADVERSUS 83
Der Prozeß Vater gegen Sohn (1207)

IN VIGILIA IUDICII 84
Am Vorabend des Urteils

›FIAT IUSTITIA‹ 88
Ich verkünde Recht

IV. SINE TESTIMONE 99
Ein Gespräch ohne Zeugen

V. DIARIUM ADVOCATI DIABOLI   133
Argumente des Teufels (1207-1210)

IMPERATOR PAPA ET HAERESES   158
Kaiser, Papst und Ketzer (1207-1209)

IN SIGNO CRUCIS   199
Im Zeichen des Kreuzes (1209)

VI. FRATERNITAS PAUPERUM   199
Die armen Brüder (1210-1213)

PUELLARUM EXODUS   211
Auszug der Mägdlein (1212)

PAUPERTAS MINORUM DELECTATIO   245
Armut ist der Minderen Freud' (1212-1213)

VII. DIARIUM ANGELI CADUTI   259
Tagebuch des gefallenen Engels (1214-1219)

MATER AMATRIX MAGNA   277
Große Mutter, große Geliebte (1215)

PULVIS ET UMBRA   303
Staub und Schatten (1216-1217)

SORORES CAELI TERRAEQUE   327
Schwestern des Himmels und der Erde (1217)

PLAGAE NOMEN PELAGIUS 351
Eine Pest namens Pelagius (1218-1219)

VIII. EX TERRA SANCTA 369
Aus dem Heiligen Land (1219-1220)

IX. DIARIUM VIRTUTIS EPISCOPI 399
Von der Tugend des Bischofs (1220-1221)

ANULUS CARDINALIS 414
Der Ring des Kardinals (1221)

INTER VIAM BYZANTIUM 428
Auf dem Wege nach Byzanz (1221)

X. DIARIUM ANIMAE DESPERATAE 443
Verzweifelte Seelen (1222-1226)

ANNUNTIATIO FINIS 465
Das Ende kündigt sich an (1224-1225)

MORS EXITUS AGONIORUM 492
Der Tod erlöst das Opfertier (1225-1226)

XI. POST FUNERA SANCTUS 515
Nach der Grablegung des Heiligen (1226-1228)

XII. EPILOGUS   547
(1228-1244)

»ZWEITES MEMORANDUM«   558

ANHANG   565

DANKSAGUNG   605

I.
PROLOGUS

Einführung
in das Leben eines Bischofs

GUIDONIS LITTERA ULTIMA

CUM BENE IN CAELUM NITUIT CLARO
LUMINE SOLIS NITUI; CUM EXTINTO, IAM
EGO PEREO OBSCURA. CAECA REDDITA
AD CULMINEM MOTUS PERVENTA NUNC
ATRA IACEO IN ULTIMUM IGNEM. FRAN-
CISCUS SANCTUS
EPISCOPUS SUUM IN GEHENNAM
MCCXXVIII
GUIDO II EPISC*

Worte in elegischen Distichen, die einem Properz
zur Ehre gereichen würden, in den Stein gemei-
ßelt. Bravo, Episcope! Nur wiegt die Tafel schwerer, als ich dachte. Der brave Steinmetz wollte sie
gleich selber an Ort und Stelle einsetzen, doch diesen Ort konnte ich ihm schwerlich zeigen. Ich hätte den guten Mann sonst eigenhändig umbringen
müssen, — da ziehe ich es vor, meine Hände mit
der Arbeit selbst zu beschmutzen! Also habe ich
die Steinplatte gestern schon in das Innere meiner
Santa Maria tragen lassen, auf daß keiner aus

---

* Sinngemäße Übersetzung der Platteninschrift:
Nach dem Verlöschen der Sonne/erblindet auch der Mond in seinem
Lauf/der seinen Glanz von ihr bezogen/vom vollen Licht zur tiefsten Fin-
sternis/Francesco wurde heiliggesprochen/sein Bischof fuhr zur Hölle./
1228/Guido II Bischof.

meiner Gemeinde sieht, welch ungewohnt physischer Anstrengung sich der Herr Bischof am heiligen Sonntag unterzieht. Durch die verborgene Tür hinter dem Altar der Magdalena, Schutzpatronin aller Sünder, fällt der Einstieg in die Katakomben leichter, der zurückzulegende Weg ist kürzer als der über die verwinkelten Kellertreppen des bischöflichen Palazzos von Assisi. Gilt es doch, die störrische Platte allein Zoll für Zoll an ihren Bestimmungsort da unten in die Tiefe zu zerren!

Es herrscht eine Stille, in der ich nur mein Atmen höre – oder klopft mein Herz? Ich erinnere mich meiner Jugendzeit, als der Klosterschüler sich in den Beichtstühlen verbarg in der bangen Hoffnung, eine junge Frau würde kommen und ihn an ihren Sünden teilhaben lassen. Es kamen nur ganz alte, und ich zitterte, entdeckt zu werden.

Heute vormittag habe ich hier noch Messe gehalten. Ein letztes Mal. Während der scheppernde Gesang meiner Schäfchen das Kirchenschiff erfüllte, ritt meine Garde unter Hartwolf aus, um endlich in ›meinem‹ Kloster Sant' Apollinare den Mönchen von Sassovivo zu zeigen, wer hier das Recht hat, die Hand auf den Zehnten zu legen. Der Streit geht, solange ich Bischof von Assisi bin. Nur dieses eine Mal noch will ich auf dem incasso bestehen, dann sollen sie zahlen, an wen sie wollen!

Ich verschließe alle Türen der Kirche von innen, auch das Armsünderpförtchen. Ich will nicht überrascht werden und am Ende noch törichte

Fragen tattriger Mütterchen beantworten müssen. Ich lausche nochmals, nichts Verdächtiges rührt sich, außer den Schwalben, die oben durch das Chorgebälk zwitschern.

Strahlen der schon hochstehenden Julisonne fallen steil durch die Fenster des Seitenschiffs. Ich öffne die Geheimverrieglung unter dem Rock der Magdalena, und die Tür gibt nach, Kühle schlägt mir entgegen.

Ich wuchte die Steinplatte durch die Öffnung. Auf der steilen Treppe kann ich sie Stufe für Stufe absetzen, was auch nötig ist, um zu verschnaufen. Unten im ›Gang‹ läßt sich das Biest endlich schleifen, doch dann beginnen die Verwinkelungen des Labyrinths, die Grundmauern der römischen Villa des besagten Properz. Ich muß die teuflisch unhandliche Tafel über Heizungskanäle heben, durch Mauerlücken zwängen. Endlich taucht vor mir die Zisterne des Badehauses auf, eine Steinlandschaft voller Löcher, in der es nicht auffällt, wenn es jetzt eines weniger gibt. Den toten Regenwasserkamin wird niemand vermissen. Hier kommt sie hin! Ich eile zurück in meinen Palazzo, von meiner Garde noch keine Spur. Hartwolf, dem Capitano, habe ich eingeschärft, die dreisten Brüder von Sassovivo nur zu verjagen, sie nicht zu verfolgen! Das Geld einkassiert und nichts wie zurück!

Ich werfe einen kurzen Blick von der Terrasse in den Garten, wo sich der alte Ripke, mein Gärtner ASS und Majordomus, zu einem Nickerchen hingesetzt hat. Das trifft sich. Sonst will er mir noch helfen, die treue Seele. Er soll die Gartenpforte bewa-

chen, doch wer soll jetzt schon kommen! Sonntag
nachmittag herrscht Ruhe in Assisi, Treuga Dei. *Fehdeverbot, Got-*
tesfrieden
Gut, daß Sant' Apollinare außerhalb der städtischen Bannmeile liegt, und ›Zehnten abkassieren‹
ist ja wohl keine kriegerische Handlung! Ich muß
mich sputen, wir wollen gleich bei Anbruch der
Nacht die Stadt auf Nimmerwiedersehen verlassen. Gepackt ist alles, nur Aufladen müssen wir
noch.

Der angerührte Mörtel steht in zwei Eimern bereit. Ich schleppe sie durch mein Haus. Diese
Lautlosigkeit, die meine Schritte in den Keller hinab begleitet! Ist da jemand? Wie auch? Ludmilla,
die Köchin, hat Ausgang. Ich habe dennoch Herz-
klopfen zum Halse hinauf. Wenigstens hätte ich
zwei der Gardisten hierbehalten sollen, doch
Hartwolf wollte so massiv wie möglich auftreten,
für alle Fälle —.

Ich trage den Mörtel auf, erst in die Öffnung,
die ich hinterfuttere, damit es nicht so hohl klingt,
dann auf die Kanten der Platte. Jetzt kommt das
Schwerste: Ich muß sie hochstemmen und genau
passend einfügen.

Ein letztes Mal huscht mein Blick über die Inschrift.

Keiner wird sie je zu Gesicht bekommen, denn ich
setze die Tafel verkehrt herum ein, die unbearbei-
tete Rückseite nach außen. Die ganze Steinmetz-
arbeit, der ganze ausgeklügelte Text: alles nur
Vorwand, um einen präzis passenden Verschluß-
stein für ›das Versteck‹ in die Hand zu bekommen. Sie sitzt — und hält! Ich klopfe sie fest — er-

schrecke vor den dumpfen Hammerschlägen. Wie lebendig begraben! Ich habe dahinter ja auch einen Teil, den wichtigsten, sicher auch den längsten Abschnitt meines Lebens verborgen. Seufzend verputze ich mit dem verbleibenden Mörtel die Fugen, verwische alle Spuren und beginne den Rückzug. Ich lösche nacheinander die Öllichter in den Mauernischen des Ganges, gehe noch einmal zur Kirche zurück, um zu kontrollieren, daß alles in unverdächtigem Zustand ist. Ein kurzes, bitteres Gebet auf meinem Schemel in der Apsis. Ich werde Assisi heute noch den Rücken kehren. Francesco ist tot. Ich habe ihn durch sein Leben begleitet, nicht immer gläubig, nicht immer würdig, aber treu! Und Francesco hat mir das zeitlebens vergolten. Aber die jetzt meinen Platz einnehmen wollen, kümmert das Vermächtnis des ›poverello‹ wenig, den sie zum ›Heiligen‹ gemacht haben. Pace e Bene!

Ich erhebe mich. Ich gehe, schließe die Türen wieder auf, draußen scheint die Nachmittagssonne warm und friedlich. Ich schreite über den Vorplatz — noch immer keine Spur von meiner Garde! Wovon lassen sie sich schon wieder aufhalten!? Selbst wenn sie die Mönche einzeln verprügelt hätten, müßten sie jetzt zurück sein! — Ich betrete meinen Palazzo. Ripke soll die Tür nicht immer offenstehen lassen, vor allem, wenn er über der Arbeit einschläft.

»Ripke!« Keine Antwort. Ich trete auf die Veranda, er sitzt immer noch im Garten und hält sein Nickerchen. Hartwolf soll ihn dann aufwecken. Es ist heiß. Jetzt, in der kühlen Brise, die vom Garten heraufweht aus dem Tal, fühle ich, wie verschwitzt ich bin. Ich gehe durch das stille Haus. In der Küche hat Ludmilla, wie es sich gehört, den Krug frischen Weines für mich unter das laufende Quellwasser gestellt. Ich trage ihn in die Bibliothek, wo ich an meinem Pult stehe und Dir schreibe, dear John. Ich trinke in tiefen Zügen ... Wie angenehm weht die Brise, während der herbe Tropfen mir die Kehle hinabrinnt, leicht bitter mein Blick schweift aus dem Fenster neben meinem Schreibpult, über das Tal, verflimmert, wird unscharf, trübt sich — der Luftzug hebt mich wie ein Blatt, während mir die Beine zu Blei werden — ein Brausen — der Wind — welcher Wind? Das Brausen ist in meinem Kopf, trägt mich weit zurück — stürmt in das Dunkle vor meiner Geburt, weiter — weiter, ich verschwinde ...

Hier wird der Schriftzug unsicher, krakelig (der Bischof stirbt vermutlich).

CURRICULUM VITAE EPISCOPI

Ein Lebenslauf des Herrn Della Porta

Offensichtlich vom Bischof selbst verfaßt. Zu datieren auf das Jahr 1207 oder früher (wahrscheinlich zu der gleichen Zeit, in der John seinen Bericht ›in fiduciam‹ schrieb). Ein Hinweis findet sich im Text ›sine testimone‹.

ISL

Amalrich I v. Jerusalem, JER

Raimond III von Tripoli war lange in mohammedanischer Gefangenschaft gewesen und hatte diese genutzt, die arabische Sprache und die Kultur des Islam zu studieren. JER

Aus dem Dunkel der Vergangenheit taucht in gleißender Sonne ein Ritter auf, mein Vater? Der Wüstensand gerinnt zum Heiligen Land, das ich nicht kenne, an das ich keine Erinnerungen habe.

Im Schicksalsjahr 1174, als Sultan Nur-ed-Din und König Amalrich, die beiden Herrscher, die ob ihrer Weisheit und Weitsicht im Gebrauch des Schwertes keine Zukunft für Palästina mehr sahen, gleichzeitig starben, traf mein Vater, der flämische Ritter Gérard in ›outremer‹, dem Heiligen Lande jenseits des Meeres, ein. Aufgrund seiner Herkunft hätte er sich beim König von Jerusalem selbst verdingen müssen, aber in Ermangelung eines solchen nahm er Dienst beim Regenten, Graf Raimond, zumal dieser ihm die Hand der ersten geeigneten Erbin in seiner Grafschaft versprach.

In dieser Situation starb der Herr von Botrun, Besitzer großer Ländereien. Er hatte nur eine Tochter: Lucia. Herr Gérard wandte sich an den Grafen, doch ein Konkurrent, der Pisaner Plivano, stach den mittellosen Ritter aus: Er setzte die füllige Lucia auf eine Waage und hielt ihr Gewicht in Gold dagegen. Raimond zögerte nicht, ihm den Zuschlag zu erteilen.

38

Der erboste Ridfort wartete bis zur Nacht, stieg dann von seinem Pferde aus in die Kammer der verlorenen Braut, schwängerte sie und ritt davon. Durch Vermittlung von Reynald de Chatillon wurde er von den Tempelrittern aufgenommen, wo er es bald zum Seneschal brachte. So wurde ich gezeugt. Meine Mutter Lucia verspürte keine Lust, nach meiner Geburt noch länger im Heiligen Land zu verweilen, und ließ sich von einem pisanischen Handelsschiff nach Italien bringen.

Statt bei der Familie des Plivano in Pisa Wohnsitz zu nehmen, zog sie mit mir nach Rom. Das Kind wurde ihren Vorstellungen vom Leben in der Urbs schnell hinderlich, so daß sie es Klosterschwestern zur Erziehung übergab. Ich sah sie immer seltener und hörte eines Tages, sie sei an einer ›Fehlgeburt‹ gestorben. Man reichte mich von einem Kloster zum anderen weiter, ließ mich studieren. Ich absolvierte − von meiner Erziehung her zu nichts anderem inspiriert − die Examina eines Theologen, ohne jegliche Ambition für den Beruf eines Priesters. So ergriff ich die erste sich mir bietende Möglichkeit, in den Dienst der Kurie zu treten. Der neugewählte Papst Innozenz erkannte die in mir schlummernden diplomatischen Fähigkeiten. Nachdem er mich mit wechselnden Aufgaben betraut hatte, wobei er mir den ›nom de guerre‹ Della Porta zuwies (hoffentlich mit Zustimmung dieser noblen Familie), verpaßte er mir meinen letzten Schliff auf etlichen Auslandsmissionen, die ich wohl zu seiner Zufriedenheit ausführte. 1204 schien es meinem Herrn an der Zeit, den vakanten Bischofsstuhl

Wahl Innozenz III 8.1.1198, ROM

39

von Assisi wieder zu besetzen, und trotz meiner Jugend — ich war noch keine dreißig! — erhielt ich Weihe und Amt.

Seit drei Jahren bin ich nun Bischof dieser Stadt in Umbrien, habe wenig, genau gesagt, gar keinen oder schlechten Kontakt zu den Notablen der Oberstadt, den sogenannten ›majores‹, in deren Hände die Regierung der Kommune liegt, bin dafür beliebt — im Sinne von populär, wie es sich aus leutseligem Umgang ergibt — bei meinen ›minores‹ der Unterstadt, die sich um die ›assunta‹, die Heilige Mutter Gottes scharen, die in meiner Santa Maria del Vescovado steht. Gleich daneben liegt der bischöfliche Palazzo.

hier »die Höheren«

»die Niederen«

lat. assumptio =
Himmelfahrt

Ich habe eine Haushälterin, Ermengarda, die, wie es der Kodex vorschreibt, bei ihrer Anstellung im Jahre meiner Amtseinführung ihr vierzigstes Lebensjahr vollendet hatte. Ihr Mann war einer der unglücklichen Fußsoldaten Assisis, die im Jahre 1202 von den Perugini niedergemacht wurden. Ermengarda hat ein siebenjähriges Töchterchen namens Anna. Komplettiert wird mein bescheidener Haushalt von Emilio, dem ›Majordomus‹, der die Einkäufe besorgt, die Verbindung zur Außenwelt aufrechthält, was ihn jede Haushaltsarbeit versäumen läßt, wofür er allerlei Aushilfspersonal einstellt, über das nur die beiden, Ermengarda und Emilio, Übersicht haben. Ich: nie!

Mein Stolz ist die bischöfliche Palastwache, meine ›Garde‹. Ihr Capitano ist ein gewisser Pedro Peyrignac, den mir mein secretarius angeschleppt hat. Der Haufen umfaßt bei fluktuierendem Personalstand rund zwanzig Mann, die mir

REC

40

gehörig auf der Tasche liegen und deren Verhalten meinem Assisi ziemlich auf die Nerven geht.

Last but not least (das habe ich von ihm gelernt!) ist da noch mein englischer secretarius John <small>OKZ</small> Turnbull. Ich bin mir nicht ganz sicher, ob er wirklich so heißt, noch ob er Engländer ist. Ich bin mir nicht einmal sicher, ob ich ihn für einen Sohn der Kirche halten soll, auch wenn er alle Tage beim Namen ihrer Heiligen kennt. Aber er führt meine Kanzlei und meine Angelegenheiten mit Umsicht, drillt die Garde zu Pferde und schickt sie auf die Jagd, bringt mir höfische Manieren bei und Ermengarda zur Verzweifelung durch Einführung fremdländischer Küchenrezepte und das ständige Trinken von heißem Wasser, in dem er getrocknete Kräuter ziehenläßt.

Er hat Emilio in den Garten verbannt, nachdem er ihn mehrfach beim Lauschen an unseren Türen ertappt hatte.

Der Palazzo ist behaglich, besitzt einen sogenannten ›Kleinen Audienzsaal‹, einen ›großen‹ gibt es als Annex zur Santa Maria del Vescovado, eine umfangreiche Bibliothek, einen standesgemäßen Speisesaal, einen wohlsortierten Weinkeller und eine Terrasse mit einer wundervollen Aussicht ins Tal. Assisi ist ein Nest, von dem sich nur sagen läßt, daß es zwischen Perugia im Nordwesten und Spoleto im Süden liegt, eigentlich zum Kirchenstaat gehört und keinerlei Hoffnung – oder Gefahr (wie man will) – birgt, aus irgendeinem Grunde über seine Grenzen hinaus bekannt zu werden. Hier als Bischof eingesetzt zu sein, garantiert einen friedlichen Lebensabend, den ich mir mit 32 Lenzen offensichtlich schon verdient habe.

Redlich? Ich wüßte nicht, wessen ich mich anklagen müßte. Für jede Abwechslung ist man hier dankbar: In den nächsten Tagen gibt es einen Prozeß, angestrengt vom Tuchhändler Bernadone aus der Oberstadt gegen seinen mißratenen Sohn. Letzterer verspürt einen merkwürdigen Drang, das Geld seines Vaters unter nichtsnutzige Bettler zu verteilen, und macht sich an unseren verfallenen Kirchen der näheren Umgebung zu schaffen. Aber ich will unvoreingenommen urteilen und das seltsame Verfahren genießen! So beauftrage ich John, mir einen Bericht über den Werdegang des jugendlichen Delinquenten aufzustellen, mit besonderem Augenmerk auf mögliche äußere Einflüsse, die ihn zu einem solchen, unüblichen Verhalten hingeführt haben könnten. Den Gefahren der Häresie kann man nicht wachsam genug entgegentreten, mahnt uns mein Herr Papst! Doch sollte in jedem Fall die Kirche ein offenes Ohr haben für eine Rechtfertigung des Angeklagten. Es gibt für einen Bischof immer Erleuchtungen. Und Wir können verzeihen, solange Unser ausgeprägter Sinn für Recht und Ordnung nicht verletzt wird — oder Wir uns langweilen! In dubio pro reo? Quidquid id est, fiat voluntas nostra!

Im Zweifel für den Angeklagten? Was auch immer: Unser Wille geschehe!

GUIDO II
Assisanorum episcopus
A. D. MCCVIII

Post scriptum: Ich habe diesen Brief eigens nicht diktiert, sondern mit eigener Hand geschrieben. Meine Ausbildung kommt mir da zustatten, ich kann es mit jedem secretarius aufnehmen! So war

John jede Möglichkeit genommen, mir während des Diktats hineinzureden.

Das so erreichte Ergebnis — episcopus sine ma- *fleckenloser Bischof* cula — befriedigt mich zwar noch immer nicht gänzlich, mag aber John genügen, um ihm als kategorischer Leitfaden zu dienen, wie er mich und meine vita in der Öffentlichkeit darzustellen hat.

II.
IN FIDUCIAM

Aus der Jugend
eines Heiligen

Vertraulicher Bericht des Sekretärs. Verfaßt von John im Auftrag des Bischofs ›am Vorabend‹, also (wahrscheinlich einige Tage oder Wochen) vor dem Prozeß im Jahre 1207.

Eminenz,

Euer Auftrag ehrt Euren Diener, ruft in ihm den homo historicus zur Pflicht der Wahrnehmung und Erinnerung, erweckt aber auch den homo politicus zur unziemlichen Neugier.

Ich konnte der Versuchung nicht widerstehen, Eminenz, mich Eurer Manipulation der Fakten, der — zugegebenermaßen meisterlich! — ausgeübten Kunst der Unterschlagung, durch Einbringen eigener Kombinationen zu widersetzen:

Die Versuchung, der törichten Wahrheit zum Siege zu verhelfen — gegen das Risiko Euren berechtigten Unmut auf mein Haupt zu häufen! »Was ist die Wahrheit?« werdet Ihr mit Sicherheit

Wörter und Stimmen

dagegenhalten. »Verba et voces!«. Doch da es sich um einen Bericht handelt, den Ihr lesen und danach vernichten könnt, erlaubt mir, die ars ignorandi auf Unwichtiges zu beschränken, und was Eure eigene Person, Herkunft und Werdegang, betrifft, Eurem Gedächtnis etwas auf die Sprünge zu helfen.

Die tragikomische Geschichte von Gérard und Lucia ist zu schön, um wahr zu sein.

Vielleicht wolltet Ihr Euch in Eurem curriculum

46

vitae älter machen, als Ihr es wirklich seid? Es hätte Euch nur zwei Jahre gebracht, was allerdings entscheidend sein kann, wenn man einen Bischofsstuhl anstrebt.

Eure Zeugung fand en passant in Rom statt, weswegen Euch auch ursprünglich, nicht sonderlich liebevoll, der Name ›Romano‹ angehängt wurde, ein Täfelchen an ein kleines Bündel, ärgerliches Resultat einer flüchtigen Begegnung in des Wortes wahrster Bedeutung. Daß ihm nicht der Zusatz ›della Ruota‹ angefügt wurde, verdankt Ihr nur den ausgleichenden Händen des Standes, in den Ihr hineingeboren wurdet.

Caritas Cristi urget nos!

Anspielung auf die diskrete Drehklappe in der Klostermauer von Santo Spirito, damals wie heute zur anonymen Deponierung unerwünschter bzw. unehelicher Neugeborener. BAU

Das Erbarmen Christi nötigt uns (häufige Überschrift von Hospitälern).

47

ANTE FACTO ET CONDITIONES
TEMPORIS

*so benannt nach
dem Märtyrer und
ersten Bischof der
Stadt,* ASS/BAU
*Bischofskirche von
Assisi, heute S. M.
Maggiore,* BAU

Zu jener Zeit wird in Assisi, dem Ort Eurer späteren ›Berufung‹, die große Kathedrale von San Rufino fertiggestellt, deren Priors Unbotmäßigkeit Euch in der Folge noch häufig verärgern wird.

Eure zukünftige Braut »Assunta«, die ›Santa Maria del Vescovado‹, nebst anhänglichem bischöflichen Palais, kann zu diesem Zeitpunkt schon auf ein respektierliches Alter von 250 Jahren zurückblicken, und vorher stand an ihrer Stelle immerhin ein Tempel des zwiegesichtigen Gottes Janus.

In diesen Jahren verliert Assisi seine kaum gewonnene Selbständigkeit innerhalb des Kirchenstaats und fällt an das kaiserliche Spoleto, das zum Herzogtum erhoben wird. Ein Gunstbeweis Barbarossas für den treuen Markgrafen Konrad, der auch gleich darangeht, oberhalb der Stadt Assisi eine kaiserliche Zwingburg zu errichten: ›Rocca Alta‹.

Kaiser Friedrich I,
DTR
Konrad von Urslingen, ASS
BAU

Eminenz, sicher brauche ich Euch nicht an das letzte Konzil zu erinnern, das als wesentliches Resultat eine Mäßigungsempfehlung produzierte. Sie

*1179 III. Lateran-
konzil,* DOK

48

empfiehlt Roms Bischöfen, Äbten und Cardinälen dringend, bei Ausritten die Anzahl von Windspielen, Jagdfalken und Reitpferden auf 40 bis 50 zu beschränken. Damals wie heute eine Zumutung und auch kaum beachtet, wie ich an unserem Hofstaat sehe!

Nun ist die Armut der Kirchenfürsten auch kein äußerliches Problem. Würden die geistlichen Herren nicht ihren Reichtum zeigen, könnte man sie leicht für Häretiker halten. In der Schlichtheit des Geistes stehen sie den ›pauperes‹ ja kaum nach. Rom fühlt sich eben immer mehr von der zersetzenden Lehre der ›Katharer‹ bedroht, dabei besagt dieser gnostische Begriff im Griechischen nichts weiter als ›Die Reinen‹. Aber weil auch Eure Eminenz im Lande der Barbaren erzogen wurde, werft Ihr mit dem Wort »Ketzer« um Euch für alles, was Euch befremdlich erscheint. Dabei solltet Ihr Euch erinnern, daß sich die Teutonen nicht einmal die Ohren waschen! Die Stille, die uns damals umgab, war trügerisch.

griech.: katharoi. *Es blieb der deutschen Sprache vorbehalten, daraus das Wort »Ketzer« zu formen.*

Einschneidende Ereignisse lagen in der Luft wie dunkle Gewitterwolken, ob gute oder schlechte, war nur eine Frage des Standpunktes: Die Zeit war reif für neue, große Persönlichkeiten.

Mit dem weisen Saladin, dem schrecklichen Reynald de Chatillon und dem kühnen Löwenherz werden wir sie erleben! Gehört aber auch dieser Knabe dazu, dessen gestörte Entwicklung Ihr meiner Aufmerksamkeit empfohlen habt? Ehre, wem Ehre gebührt!

typ. europ. Kleinadel, der im Heiligen Land mit Raubrittermentalität Karriere machte, JER

Mit sicherem Instinkt hat mein Bischof frühzeitig erkannt, wie fortschreitendes Fehlverhalten den Werdegang des Jünglings kennzeichnet, in einem Maße, das ›Außerordentliches‹ verheißt!

Gestattet mir, es Euch chronologisch zu unterbreiten:

INITIUM MIRANDI

Seine Mutter hat heimlich — ohne Wissen des Vaters und weil sie sich als gute Christin schämte —
von einem durchreisenden Astrologus aus Syrakus
ein Geburtshoroskop anfertigen lassen: Trotz des
Angebots fürstlicher Bezahlung weigerte sich der
weise Mann, es ihr auszuhändigen. Es zeitigte eine
so unglaubliche Konstellation, daß er in diesem
Falle an seiner Fähigkeit der Berechnung und
Deutung zweifelte und es vorzog, das Dokument
seines Irrtums mit sich fortzunehmen.

Francesco wurde also als Sohn des hiesigen Tuch-
händlers Pietro Bernardone und seiner Frau Pica
in Assisi geboren. Der Vater stammt aus der (jüdischen?) Familie der Moriconi aus Lucca und war
viel auf Handelsreisen, vor allem in Frankreich.

Dieses Gerücht be-
zügl. der jüd. Her-
kunft wird bis heute
in der mosaischen
Diaspora Italiens
hochgehalten.

Dort befand er sich zur Zeit der Niederkunft seiner Frau, die er sich wie sein Tuch aus dem Rhone-
delta mitgebracht hatte, angeblich Kleinadel der
Provence. Mit der Verantwortung allein gelassen,
ließ Dona Pica den Knaben sofort taufen, und zwar
in San Rufino, wobei es in der Hast passierte, daß
weder Monat noch Tag, sondern nur das Jahr 1181
in das Register eingetragen wurden.

Dieses Register exi-
stiert nicht mehr.

Als Namen wählte sie *Giovanni*.

Dieses muß dem inzwischen zurückgekehrten Messire Pietro mißfallen haben. Er läßt zwar die Taufe nicht wiederholen, aber in den Annalen unserer Maria Assunta erscheint jetzt ›Francesco‹, allerdings 1182 datiert.

Die Wahl dieses neuen Namens: ›Francesco, Français, Franzose!‹, wie alle ihn neckend nannten, ist dennoch merkwürdig und hierzulande zumindest ungebräuchlich. Doch nun gibt es Stimmen, die bis heute nicht verstummen wollen, Vater Pietro halte es heimlich mit den Katharern, und daher die ›hommage à la française‹.

Die von ihm begründete Sekte hat sich bis heute erhalten und ist inzwischen in Italien auch staatlich als Kirche anerkannt.

Ich vermute in dem Kaufherrn eher einen ›Waldenser‹, einen Anhänger jenes Petrus Waldus, Kaufmann aus Lyon, mit dem er vielleicht sogar geschäftlich zu tun hatte.

Auf jeden Fall setzt sich der Name ›Francesco‹ durch, und ich halte das, als Anhänger der guten alten jüdischen ›Schem-Theorie‹, nach der ein gegebener Name auch eine entsprechende Identität vermittelt, für einen sehr wesentlichen Punkt für die weitere Entwicklung des Knaben. Mir selbst

Südwesten Frankreichs (Languedoc)

liegt die Form ›Frances‹, so wie in meiner okzitanischen Heimat gebräuchlich, am nächsten. Sowohl auf der Zunge wie für die faule Feder. Und ich werde mir zumindestens für den ›Hausgebrauch‹ erlauben, ihn fürderhin so zu nennen.

Das Jahr 1182 war übrigens das der Sediatur Eures Vorgängers Guido I.

Bischof von Assisi bis 1198, ASS

Assisi trat der ›Umbrischen Liga‹ bei, wogegen erstaunlicherweise der Herzog von Spoleto keine Einwände erhob. Im Heiligen Land spitzte sich

52

dagegen die Lage zu. Die Christen spielten mit dem Feuer, die Macht Saladins wuchs. Manchmal habe ich den Eindruck, unsere Barone dort unten und die Herren der Ritterorden suchten das Ende ihres grandiosen Abenteuers wie Motten das Licht.

MAXIMA PUER RECEPIT REVERENTIA

Das Haus der Bernardone, in dem sich auch der Tuchladen und die Stofflager befinden, ist ein solider Palazzo gleich unterhalb der Piazza del Comune. Seine Rückgebäude und das kleine Gärtchen fallen steil ab, begrenzt von den engen Gäßchen, die unweigerlich zu uns führen, auf den Vorplatz von Santa Maria del Vescovado und das Bischöfliche Palais. Frances wird sich dort herumgetrieben

BAU haben, bis ihn die Eltern in die Schule von San Giorgio schickten, unweit der Stadtmauer und nur ein kurzes Wegstück von uns entfernt. Manchmal besuchte auch Euer Vorgänger, Bischof Guido I, die Kirche und erzählte den Kindern die Geschichte von ihrem Schutzpatron, dem heiligen Georg, und seinem Kampf mit dem Drachen.

Als Schüler fiel Frances nicht auf. Seine erste

BAU religiöse Erziehung erhielt er in San Nicolo, der Pfarrkirche gleich neben dem Elternhaus.

Als besonderen Brauch pflegt man alldorten am Tag des Sankt Nikolaus eines der Kinder zum

ital.: Bischöflein ›Episcopello‹ zu ernennen. Ob nun aus Ehrgeiz der Eltern oder Frances' eigenem Antrieb: dem kleinen Bernardone wurde die Ehre gleich zweimal zuteil. Da hielt nun unser kleiner Bischof in vollem Ornat, die Mitra auf dem Kopf und den Krummstab in der Hand, seinen Einzug in die Kirche, und unter feierlichen Gesängen der Kinder nahm er auf einem Bischofsthron Platz. Das Schauspiel zieht stets eine große Menge an, und die Eltern sind stolz auf ihre festlich gekleideten Kleinen.

In jenen Jahren geschah in der Welt einiges, das der kleine Frances zwar noch nicht mitbekam, das aber in der Fülle von Heldengesängen und Rittermärchen sicher in den nächsten Jahren von ihm begierig aufgesogen wurde.

Sicher haben seine Eltern ihn mitgenommen, als nicht weit von Assisi Barbarossa zu Foligno seine zukünftige Schwiegertochter, die Normannenprinzessin vom Geschlecht derer d'Hauteville empfing, oder wie Ihr Italiener sagt ›Di Altavilla‹, auf dem Weg zu ihrer Hochzeit mit seinem Sohn Heinrich.

die letzte Erbin des Königreichs von Sizilien, Constance d'Hauteville, DTR

In Palästina überschlagen sich die Ereignisse. Die Templer wählen Gerard de Ridfort zu ihrem Großmeister. Diese Wahl erklärt mir nachträglich die Adoptiv-Gelüste Eurer Eminenz auf diesen Herrn als Euren Vater, aber für das Königreich von Jerusalem sollte sie sich bekanntermaßen als fatal erweisen. Der Verlust von Jerusalem war ein Schock für das gesamte Abendland. Der greise Kaiser Barbarossa nimmt unverzüglich zu Mainz das Kreuz, und auch Richard Löwenherz, der ein Jahr später auf den englischen Thron kommt, er-

Heinrich VI, der Perugia besetzt und im gesamten Herzogtum Spoleto eine grimmige Verfolgung des römischen Klerus entfesselt. Papst Urban III protestiert vergeblich. ROM

DOK

Oktober 1187 nach der verlorenen Schlacht bei den »Hörnern von Hattin«: Jerusalems Einnahme durch Saladin steht in

55

rühmlichem Kontrast zu ihrer Eroberung durch die Christen vor nicht einmal 100 Jahren: Keinem Einwohner wird ein Haar gekrümmt. Papst Urban stirbt vor Schreck als ihn diese Nachricht erreicht.
JER
DTR

klärt sich bereit, seine Feindschaft mit König Philipp von Frankreich zu begraben.

Alle drei großen Monarchen Europas treten gemeinsam zur Wiedereroberung Jerusalems an. Vergessen sind auch die Auseinandersetzungen des ›Heiligen Römischen Reiches Deutscher Nation‹ mit dem Papsttum.

Clemenz III, der vorher in Ferrara und Pisa residieren mußte, darf nach Rom zurückkehren. Sich als Papst wieder stark fühlend, beschneidet er die Macht der Bischöfe des kaiserlichen Assisi an einer — wie sich später zeigen wird — empfindlichen Stelle, indem er die große Abtei Santa Croce di Sassovivo zu Foligno der bischöflichen Jurisdik-

ROM tion entzieht. Drei Jahre später bestätigt Coelestin III dieses Privileg und fügt das Kloster Sant' Apollinare del Sambro hinzu, obgleich dieses nun wirklich mitten in der Diözese Assisi liegt.

Euer Vorgänger vermag sich gegen diesen ›Apostolischen Schutz‹ nicht zu wehren.

Beunruhigt durch die bevorstehende Ankunft des Kreuzfahrerheeres, ließ Saladin seine Gefangenen

Den Chatillon hatte er noch auf dem Schlachtfeld eigenhändig geköpft.
DOK

von Hattin frei. Doch Gérard Ridfort führt sich mit seinen Templern sogleich wieder derart tolldreist auf, daß ihn der Sultan bei der nächstfälligen Festnahme nunmehr einen Kopf kürzer machen läßt. Seht Ihr, Eminenz, so wäret Ihr im zarten Alter von dreizehn Jahren dennoch bereits Vollwaise geworden.

IUVENILE VICIUM

Die nächsten Jahre sollten zwar nicht gerade Assisi, doch dessen nähere Umgebung in den Blickpunkt der Welt rücken.

Der Tuchhandel des Pietro Bernardone ›En gros et en detail‹ nimmt weiteren Aufschwung. Zu den Klöppelwaren aus Flandern, den Leinen aus Lyon kommen jetzt mehr und mehr Stoffe aus dem Orient: ›Damast‹ aus Damaskus, Brokat und Seiden aus noch ferneren Ländern. Der Handelsherr ist ständig auf Reisen.

Sein Geschäft tätigt er zusehends bargeldlos und vergrößert sein Vermögen skrupellos durch Geldverleih, was eigentlich bisher den Juden überlassen war. Hohe Zinsen und mangelnde Zahlungsfähigkeit seiner Gläubiger bringen ihn rasch in den Besitz ›günstiger‹ Anliegen, Gehöfte, Felder und Weinberge. Sein Sohn Frances, sein ganzer Stolz, taucht schon ab und zu im väterlichen Geschäft auf — immer in elegantesten Wämsern und Beinkleidern, sogar zweifarbigen. Aushängeschild der letzten Mode, denn der durch die Kreuzzüge in Schwung gekommene Handel mit dem Orient versorgt auch die Florentiner Färber-

Der Begriff des » Wechsels« hat sich in diesen Jahren eingebürgert, und ausgerechnet die Templer betätigen sich international als Bankleute großen Stils.

zunft mit immer neuen Zauberpülverchen. In der bedenkenlosen Zuwendung zu ihrem Sohn treffen sich die gluckenhafte Mutterliebe und Fürsorglichkeit von Dona Pica und die Eitelkeit von Messire Pietro.

vom provençalischen meser

Die Kunden schätzen den aufgeweckten Jungen, der jetzt zu Hause von einem Privatlehrer Italienisch, Französisch und Provençalisch beigebracht bekommt. Er ist ein unaufmerksamer Schüler, schwach in der Rechtschreibung, aber durchaus kein ›idiota‹, wie er sich gern später bezeichnen wird.

Mit Begierde nimmt er alles in sich auf, was an Liedern und Legenden durch die Luft schwirrt: DTR Da ertrinkt der greise Friedrich Barbarossa beim Marsch durch die wilde Türkei. Obgleich sein Leichnam — in Essig eingelegt — auf dem Weiterzug in der Hitze zerfällt, verkünden die Deutschen, ihr großer Kaiser säße in einem Berge und werde doch noch eines Tages Jerusalem zurückgewinnen!

PLA/JER Oder König Richard! »Malek-Rik«, wie ihn die Muslime bewundernd rufen. Um Verhandlungen mit Saladin zu erzwingen, läßt er 2700 gefangene arabische Ritter und Emire auf die Mauern des tollkühn eroberten Akkon führen und jeden Tag im Angesicht des ohnmächtigen Sultans 900 von ihnen köpfen. Doch die Lieder der Troubadoure und Bänkelsänger, die durch Europa ziehen, preisen den Löwenherz als großen Helden.

Im Jahre 1194 wird zu Jesi, nicht weit von Assisi, auf der letzten Wegstrecke nach Ancona, der *Friedrich II. Sein Vater Heinrich VI ist bereits nach* Staufererbe Friedrich geboren. Als die Kaiserin Constance ihre Stunde kommen fühlt, läßt sie auf dem Marktplatz von Jesi ein riesiges Zelt aufschlagen. Constanze zählt 40 Lenze, was gemeinhin als zu alt für die Geburt eines Kindes angesehen wird.

Um verleumderischen Gerüchten von vornherein den Wind aus den Segeln zu nehmen, zitiert sie 18 Kardinäle und Bischöfe aus Rom und der näheren Umgebung zu sich, damit sie der Niederkunft mit eigenen Augen beiwohnen. Vergebens: die Geschichte vom untergeschobenen Balg der Metzgersfrau, die böse Zungen sogleich in die Welt setzen, wird Friedrich sein Leben lang nicht mehr los.

Sizilien vorausgeeilt, um einen Aufstand der normannischen Barone zu unterdrücken. Die Kaiserin Constance konnte wegen ihrer Schwangerschaft nur langsam folgen. DTR

So geschehen am Tag des heiligen Stefan, wie auch Euer Vorgänger Guido berichtet, der dabei war.

26. Dezember

All diese turbulenten Ereignisse, auch wenn die Berichte davon nur verzerrt oder geschönt in der umbrischen Provinz eintrafen, müssen bei einem verträumten Jungen wie unserm Frances, der ja unbedingt mal ›Ritter‹ werden wollte, einen nachhaltigen Eindruck hinterlassen haben.

Margarete von Urslingen, Herzogin von Spoleto, ASS

Der kleine Friedrich blieb in der Obhut der Herzogin Margarete in Foligno zurück, die den Titel einer Gräfin von Assisi annahm. − Vielleicht einer der Gründe, daß Friedrich-Roger allhierselbst getauft wurde, und zwar über dem gleichen Porphyr-Taufbecken von San Rufino wie seinerzeit unser Knabe Frances.

Der einfachere mag die räumliche Größe der Kathedrale gewesen sein.

Nicht einmal darüber − noch über das Datum − ist ein Registereintrag erhalten.

ET HABUIT MATURITATEM SUAM

Es sind dies die Jahre eines Umbruchs im Standesdenken, im großen wie im kleinen. So wie die emporstrebenden ›freien Reichsstädte‹ oder die stolzen Seerepubliken durch ihren Handelsreichtum längst mit der feudalen Grundbesitzmacht gleichgezogen haben, beginnen nun auch innerhalb der städtischen Gesellschaft sich die Werte zu verschieben. Nicht mehr der lokale Adel, sondern die Kaufleute bestimmen die Politik, stellen Consules und Podestà. Das geht nicht ohne Reibereien vonstatten, wie wir am Beispiel unseres Assisi bald sehen werden.

Frances hat sein 14. Lebensjahr mittlerweile überschritten. Was macht er, was treibt ihn?

Das reichlich zur Verfügung stehende Geld seines Vaters, dessen großzügige Art dem Filius aber auch jeden Griff in die Ladenkasse und ins Magazin der kostbarsten Kleiderstoffe gestattet, benutzt Frances, um unter den jungen Nobeln eine herausragende Rolle zu spielen, die eigentlich seiner bürgerlichen Herkunft nicht entspricht.

Offensichtlich hatte der Handelsherr Bernardone Gründe, Frances' ›dolce far niente‹ durchgehen zu lassen, ja es insgeheim mit Stolz zu fördern.

Einmal demonstrierte der reichgewandete Sohn (besser konnte sich auch der Adel nicht kleiden), den arrivierten Status, nicht nur seiner selbst, sondern der gesamten Zunft der Kaufleute, der Tuchhändler insbesondere. Zum anderen war der junge Bernardone die beste Werbung für seinen Laden. So ließ man Frances gewähren, er gab seinen Freunden Feste, hielt sie in den Trattorien aus, zahlte für die Musikanten, wenn er nicht selber zur Laute griff und die eigene wohlklingende Stimme begleitete.

Nicht selten schlug man über die Stränge, brachte jungen, oft schon verheirateten Damen mitternachts ein Ständchen, spielte Freunden derben Schabernack, war laut, ausgelassen und vulgär bis in die frühen Morgen. Ein Lebensstil, der sich bis heute im Lande keineswegs verändert hat.

Zu jener Zeit stirbt in Messina überraschend der erst 32jährige Kaiser Heinrich an der Malaria. Dieses Vacuum schafft die Voraussetzung für ein Ereignis, das nicht nur für Euer Leben von größter Bedeutung sein wird. Als nämlich 1198 Coelestin stirbt und der 37jährige Lothar von Segni zum Nachfolger bestellt wird: Innozenz III.

Sein Wappen, das der Grafen Conti, ein Blitze schleudernder Adler, sollte das Symbol seiner Herrschaft über ›orbis et urbis‹ werden. Erinnert Ihr Euch noch seiner Krönungsrede, in der er so eindeutig die ihm übertragene Gewalt und deren Ausübung auf Erden definierte?

Und schon kommt das Gerücht auf, Assisi erhalte den Rang einer umbrischen Kommune und falle an den Kirchenstaat.

Der aufgeschreckte Konrad von Urslingen eilt nach Narni, wo der magenkranke Papst gerade zur Kur weilt. Um ›sein‹ Herzogtum Spoleto zu retten, bietet er Innozenz an, es aus seiner Hand als Lehen zu empfangen, Assisi eingeschlossen oder nicht. Dort hat er jedenfalls in der Zitadelle ›Rocca Alta‹ noch immer seine deutsche Garnison sitzen.

Des Herzogs überstürzte Abreise hat sich herumgesprochen. Die Einwohner Assisis warten das Ergebnis seiner Verhandlungen gar nicht erst ab.

28.9.1197
Bevor ›die Deutschen‹ zugreifen können, läßt sich die Kaiserin Constance ihren 4jährigen Sohn von Foligno nach Sizilien schicken.
(Wurde er erst jetzt in aller Eile getauft?)
Aufruhr aller Orten.
DTR

In Deutschland stehen zwei Gegenkönige auf: für die Staufer Heinrichs Bruder Philipp von Schwaben, für die Welfen Otto IV, Sohn Heinrichs des Löwen.
ROM

»Gott hat mich über die Völker und Königreiche gesetzt, um auszureißen und zu vernichten, aber auch um aufzubauen und zu pflanzen. Zu mir ist gesagt worden: ›Ich will Dir die Schlüssel des Himmelreiches geben, und was Du auf Erden bindest. soll im Himmel gebunden werden.‹ So stehe ich zwischen Gott und den Menschen, kleiner als Gott, aber größer als der Mensch . . .«

In Palermo fühlt

Kaiserin Constance ihr Ende nahen. Sie läßt Pfingsten den kleinen Friedrich zum König von Sizilien krönen, befiehlt ihn der Obhut seines Paten Kardinal Savelli, bestellt Innozenz zu seinem Vormund und stirbt am 27.11.1198.
DTR/ROM

Sie stürmen die verhaßte Zwingburg, jagen deren kaiserliche Besatzung davon und reißen sie erst spontan, dann sorgfaltig ab, denn die Vorstellung einer zukünftigen ›papalen‹ Faust im Nacken war ihnen ebenso zuwider.

Die Steine der Befestigung benutzten sie alsgleich zur Stärkung der eigenen Stadtmauern.

Wir können davon ausgehen, daß sich der junge Bernardone, jetzt 16 oder 17, wie die gesamte Jugend Assisis an dieser Aktion beteiligt hat. Ein Überraschungsversuch päpstlicher Truppen, sich der Stadt zu bemächtigen, scheitert an einer kurzlebigen Allianz mit Perugia. Innozenz begnügt sich, mit einer Bulle ›In eminenti‹ des Bischofs Besitzstand zu definieren. Ihre Empfangnahme war wohl die letzte Amtshandlung Eures Vorgängers, denn im gleichen Jahr schließt Guido I die Augen, und in Assisi tritt erstmal eine Sedisvakanz ein.

Es wäre falsch, davon auszugehen, daß das Papsttum stets die ›Welfen‹ bevorzugte und die ›Staufer‹ bekämpfte. Es ging ihm einzig und allein darum, wie willfährig der jeweilige Prätendent dieser beiden Parteien war.

Als der Adel, gleich dem Herzog von Spoleto, auf die Seite Ottos schwenkt, den Innozenz zur Zeit favorisiert, und die neugewonnene Unabhängigkeit der Stadt aufgeben will, kommt es zum Volksaufstand.

Als erstes wird der Palast der Sassorosso angegriffen. Die Familie flüchtet nach Perugia.

Ihrem Beispiel folgen andere, so auch die Offreduccio. Ihre Häuser werden geplündert und dann in Brand gesteckt. Wieder müssen wir vermuten, daß Frances mit von der Partie war, denn Assisis Jugend, ob arm oder reich, ließ sich diesen Spaß nicht entgehen.

In der Stadt Assisi verdrängt die emporstrebende Schicht der wohlhabenden

Und der inzwischen 18- oder 19jährige Bernardone war einer ihrer feurigsten Anführer! Es dürfte Euer Eminenz nicht schwerfallen, sich diese Brandschatzungen und Expulsionen gar deftig grausam vorzustellen (denke ich daran, wie Ihr Eure bischöfliche Garde zuweilen hausen laßt, wenn's keiner sieht!). Es floß Blut, nicht nur aus durchschnittenen Kehlen, sondern auch aus — pardon für einen Mann der Kirche! — aus den verwüsteten Gärtlein zerstochener Jungfern von Geblüt, denen dann nur noch der Weg ins Wasser blieb, meist von ihren eigenen Vätern oder Brüdern gestoßen. Das gab viel böses Blut, das nach vendetta schrie.

Bei der Gelegenheit bildet sich die heute noch typische Spaltung heraus: San Rufino in der Oberstadt wird zum Treffpunkt der ›Majores‹; während sich das Volk in der Unterstadt um ihre ›Assunta‹, in unserer Santa Maria del Vescovado, schart, so daß es dem zukünftigen Bischof zufallen wird, sich als Schutzherr der ›Minores‹ zu sehen. Die Bernardones liegen räumlich genau dazwischen, Messire Pietro wird nach ›oben‹ tendiert haben, vielleicht ein Grund, daß Frances später aus Protest gegen den Vater sich nach ›unten‹, zu uns hin, orientiert.

Der Haß gegen den feudalen Landadel, der in Assisi nur seine Stadt-Palazzi unterhielt, einte sie nur kurz. Doch unterschlagen wir nicht, daß diese Landplage, Sassorosso und edle Kumpanei, höchst willkürlich mit den Bürgern umsprang, sie schröpfte, wenn sich's lohnte, oder mit dem ›jus primae noctis‹ piesackte, wenn sonst nichts zu holen war. Die kleinen Handwerker, Tagelöhner, Träger und Marktleut wurden geschunden, bei Nichtigkeiten, zu denen sie oft der Hunger trieb,

Kaufleute und Handelsherren den bisher tonangebenden Adel von der Macht. Die Noblen, die sich auf ihr Blut, Landbesitz samt den damit verbundenen Titeln berufen, sind dem Feudalgefüge aus Tradition verbunden und somit per se republikfeindlich. Das gemeine Volk wird von ihnen unterdrückt und ausgelaugt. Das neue Großbürgertum hingegen kann mit den ›Minores‹ kurzfristig paktieren. Die ›Majores‹ bieten zwar keine Gerechtigkeit, aber Lokalpatriotismus, Lohn und Brot. Doch auf die Dauer läßt sich die Kluft zwischen Majores und Minores nicht überbrücken; schließlich waren es letztere, die die Initiative ergriffen hatten und sich nun auch nicht mehr von den Majores gängeln lassen wollten.

verstümmelt, gerädert oder von der Ritter Streit-
rossen in vier — oft nicht mal gleiche! — Teile zer-
rissen. Doch wo kein Kläger, ist auch kein Richter,
und ein Gerechter, wie Ihr, Euer Eminenz, war
damals noch nicht in Amt und Würden. Gott sieht
zwar alles, doch ohne seine geweihten Vertreter
vermag er offenbar nicht einzugreifen.

Eure Eminenz sollte nicht vergessen: Erst damals wurde in Assisi die Sklaverei abgeschafft,
nicht jedoch Leibeigenschaft. Assisi nimmt auch
lieber ein Edikt in Kauf, verzichtet lieber auf einen
Bischof, als sich nochmals jemandem zu unterwerfen, und sei's dem Papst!

Es sind dies die Jahre, in denen Innozenz versucht,
die gärende Unruhe unter den Armen in ganz Europa in den Griff zu bekommen. Er greift zugunsten der ›Pauperes‹ ein, wenn sie sich nicht zu weit
vom Dogma der römisch-katholischen Mutter entfernt haben und bereit sind, grundsätzlich in ihren
Schoß zurückzukehren.

So approbiert er versöhnlich die ›Regel‹ der
›Humiliaten‹, doch gegen die ›Ketzer‹ in Südfrankreich gedenkt er schonungslos vorzugehen.

ROM Mit ihrer Verfolgung beauftragt er Peter von
Castelnau, den er dafür eigens in den Stand eines
›Legaten‹ erhebt.

Auch im ›eigenen Lande‹, als solches betrachtet er
DTR zumindest Mittelitalien, räumt Innozenz auf. Er
DOK bannt Philipp von Schwaben und trotzt Otto im
Vertrag von Neuss die Abtretung der Reichsrechte
ab, in allen, von ihm, Innozenz ›rekuperierten‹
Gebieten. Und dieses ›Wieder-in-Besitz-Nehmen‹

64

soll noch lange anhalten und für entsprechende Unruhe sorgen. Unserm jungen Frances, mittlerweile bald zwanzig, wird also noch genügend Gelegenheit geboten, seinen Tatendrang zu beweisen. Einem ›Cuor di leone‹ will er's gleichtun. Hoffentlich mit mehr Fortune!

Richards großer Widersacher Saladin ist längst zu seinem Herren heimgegangen. Ein Jahr später, 1199, holt der Tod auch den Löwenherz; von einem Steckschuß getroffen, stirbt er an der Sepsis.

Dies ist auch das Jahr, das in Eurem Leben, Eminenz, noch Bedeutung gewinnen soll. Ein schlummerndes Talent wie das Eure konnte dem Adlerauge des neuen Papstes nicht länger verborgen bleiben. Es beginnt Eure Dressur an langer Leine, das Namenskärtchen des Findelkindes ›Romano‹ wird gegen die nicht minder phantasielose Bezeichnung ›Monsignore Della Porta‹ ausgetauscht.

Nach dem Auszug, oder besser der Vertreibung,
des Adels aus Assisi, dem Perugia bereitwillig
Asyl geboten hatte, vergingen zwei Jahre, die angefüllt waren mit Scharmützeln zwischen den beiden verfeindeten Städten. Die Feindseligkeiten
eskalierten am Tag der heiligen Lucia des Jahres
14. Dezember 1202, als die Glocken sämtlicher Kirchen nicht
nur die Milizen, sondern auch die Contraden Assisis zu den Waffen riefen.

Das Volk und vor allem die Jugend sind nicht länger gewillt, Perugias hochmütige Provokationen
hinzunehmen. Vorweg der ›Carroccio‹, der Fah-
nenwagen, umgeben von den Reitern. Unter ihnen befindet sich auch Frances, den sein Vater
aufs prächtigste ausstaffiert hat, denn es gefällt
ihm, seinen Sohn mitten zwischen den Söhnen der
Noblen zu sehen. Es gab in Assisi immer noch einen Stadtadel, der sich mit der neureichen Bürger-
schicht assimilierte, sich lokalpatriotisch verhielt
und wohlgelitten war (ziert doch die Anrede ›con-
tessa‹ jede Holzhändlerstochter, wie deren Aus-
steuer die Schatztruhen dieser hochwohlgebore-
nen Herren füllte!). Unter deren Söhnen hat unser

Frances die meisten Freunde, mit ihnen reitet er eitel ins Gefecht. Der Rest ist Fußvolk.

Die kleine Armee, wohl eine Mischung zwischen Karnevalsumzug und feierlicher Prozession, beginnt den Abstieg vorbei an der Leprosenstation von Collestrada zum Tiber hinunter, der die Grenze bildet. Die überlegenen Perugini überschreiten den Fluß bei Ponte San Giovanni und stürzen sich auf den Haufen aus Assisi. Ein Massaker!

Daß unser junger Degen die Gelegenheit fand, bei diesem einseitigen Gemetzel einen Gegner zu töten, ist nicht anzunehmen. Frances mußte froh sein, selbst mit dem Leben davonzukommen! Vor allem der vertriebene Adel, der natürlich auf der Seite des Feindes kämpft, rächt sich für die geplünderten und verbrannten Palazzi. Das Fußvolk wird zu Paaren getrieben, wer nicht auf dem Schlachtfeld niedergemacht wird, den läßt man später in der Gefangenschaft erbarmungslos über die Klinge springen: nutzlose Fresser! Soviel Platz ist in Perugias Kerkern auch nicht! Nur bei denen, die einen Adelsrang vorweisen können — oder wenigstens ein Pferd —, kann man davon ausgehen, daß sie ihrer Verwandtschaft auch ein gesalzenes Lösegeld wert sein werden.

Frances kann von Glück reden, daß sein Vater ihn derart von seinen bürgerlichen Gefährten abgehoben hat. Die meisten sieht er nicht wieder. Doch das wird ihm erst später klar werden, wenn er in den naßdunklen Verliesen von Perugia genügend Zeit hat, über sich und seine Lage nachzudenken.

MILES ET PLAGATUS

Ende 1203 sind die letzten Gefangenen aus den Verliesen von Perugia freigekauft, so auch unser Frances, inzwischen 22.

Zwischen Adel und Bürgern von Assisi wurde vertraglich festgelegt, welche Entschädigung ersteren zu leisten war, andererseits verpflichteten sich die heimkehrenden Noblen, zukünftig keine Allianzen mehr mit Perugia einzugehen. Man könnte annehmen, daß Frances vom Kriegshandwerk mit allen seinen Launen und Tücken die Nase voll hat, doch keineswegs!

Auch sein sonstiges Leben nimmt er wieder auf, als sei nichts geschehen, selbst eine leichte Lungenkrankheit, die er sich in der Gefangenschaft zugezogen hatte, ist schnell vergessen. Nur seine Vergnügungssucht ist rabiater geworden, seine Manieren sind gröber. Ein Jahr Kerker will nicht nur nachgeholt werden, es hinterläßt auch seine Spuren!

Es wird noch mehr getrunken, noch lauter gellen die ›Farandoles‹ durch die nächtlichen Gassen, und die Goldstücke des alten Bernardone fliegen in die aufgehaltenen Kappen der Musikanten, und wieder ist Frances der König dieses wilden Treibens.

Er gründet eine Bande von ›Tripudianti‹, also von diesen Tramplern, die rhythmisch stampfend mit ihm durch die Nacht ziehen.

Der Papst hat diese Unsitte bereits mehrfach gerügt, denn sie versetzt die berauschten Teilnehmer (beiderlei Geschlechts wohlgemerkt!) in zügellose Ekstase. Ihr einziges Trachten zielt dahin, miteinander zu kopulieren wie die tollen Hunde!

Auch macht die so entfachte Sinnenlust keineswegs vor den Kirchentüren halt, im Gegenteil: Die schützende Geborgenheit, das Halbdunkel der heiligen Orte ist die beliebteste Endstation vieler, die sich so gefunden haben oder zu finden wünschen. Sie treiben es im Stehen an den Säulen, auf den Bänken, in den Seitenaltären. Nicht einmal die leerstehenden Beichtstühle sind vor ihrem Gerammel sicher!

In Perugia, das in puncto lockere Sitten immer voranging, veranlassen die Klagen aufgebrachter Kirchengänger Innozenz schließlich, per Bulle einzugreifen. Wir dürfen unsere Augen nicht davor verschließen, daß unser Frances diese Periode seines Lebens kaum in Keuschheit verbracht haben kann. Einer, der auf diesem Gebiet, sicher mehr mit dem Maul als mit dem Schwanz — Mit Verlaub! —, keine ›Siege‹ vorzuweisen hat, kann sich nicht als Anführer einer ›Brigata‹ halten, der letztlich der Sinn nach nichts anderem steht. Und von Frances' Attraktion auf seine Umgebung wissen wir — wieso also nicht auf Frauen anderer Männer und Töchter ahnungsloser Väter?

Geht nicht das Gerücht, die kleine Offreduccio himmele ihn an? Und wenn wir der behüteten Clara auch nichts unterstellen wollen, so gibt es doch sicher ausreichend Mädchen, die weniger streng bewacht werden oder sowieso schon liederlichen Umgangs pflegen, und an Goldstücken fehlt es Frances ja nicht.

Irgendwann hat sich unser Held dann doch wohl genügend ausgetobt und beginnt sich seiner leichtsinnigen Umgebung von merkwürdiger Seite zu zeigen.

Schon im Gefängnis von Perugia hat Frances seine Mitgefangenen damit genervt, ihnen wieder und wieder zu erzählen, er werde eines Tages zu einem von allen verehrten Heiligen. Jetzt will er plötzlich Prinz sein und ›die schönste Dame der Welt‹ freien, und damit es ihm seine Kumpane auch glauben (›pazzo‹! rufen sie), schließt er sich von einem Tag auf den anderen einem Adligen aus Assisi an, dem Grafen Gentile, der auszieht, um sich mit Walther De Brienne in Apulien zu vereinen.

ital.: Verrückter

Dieser Ritter aus der Champagne ist mit einer Normannin aus dem königlichen Geschlecht derer d'Hauteville verheiratet und leitet daraus einen Anspruch, wenn schon nicht auf den sizilianischen Thron, so doch zumindest auf die Stadt Lecce ab. Innozenz läßt ihn gewähren, denn alles, was die Deutschen im Süden stören kann, ist ihm willkommen.
ASS/DTR

Vater Bernardone greift noch einmal tief in die Taschen, denn da kommen sich der Alte und sein Sohn in ihren Wunschbildern nahe: Hier ist noch einmal die Chance aus Frances einen richtigen Ritter zu machen. Rüstung, Pferd und Knappe kosten zwar den Gegenwert eines Landgutes, samt den dazugehörigen Leibeigenen, doch das ist der Einsatz wert. Der kleine Trupp verläßt im Morgengrauen die Stadt und verschwindet in Richtung Foligno. Von da ab gibt es nur noch sich widersprechende Berichte beziehungsweise Mutmaßungen. Wahrscheinlich war Frances von Gefangenschaft, Krankheit und nachfolgenden Ausschweifungen noch viel zu geschwächt, um die Strapazen einer solchen Reise durchzuhalten.

Dann könnten sie auch in der Höhe von Spoleto auf Ottos eisenstarrendes kaiserliches Heer gestoßen sein, was zumindest in Frances schlagartig Erinnerungen an die Überlegenheit der Perugini wachgerufen hat und ihm die Aussichtslosigkeit ihres Vorhabens kraß vor Augen führt. Vielleicht haben ihn auch seine Mitstreiter ob seiner bürgerlichen Herkunft und seiner schlechten Figur im Sattel gehänselt. Es gibt da auch die Geschichte von einer überirdischen Stimme, die ihn zur Rückkehr anhält. Auf jeden Fall macht Frances schlapp. Er dreht um.

Hier hatte sicher die Vorsehung ihre Hand im Spiel, denn wer weiß, ob er nicht das Schicksal Walthers geteilt hätte, der bald darauf von den Deutschen im Schlaf überrascht wurde. Sie schnitten ihm die Zeltleinen durch und vergnügten sich, den ohnmächtig unter der Plane Strampelnden mit vielen kleinen Lanzenstichen ins Jenseits zu befördern.

Nicht einmal seine schimmernde Wehr und sein Roß bringt Frances mit zurück, denn wieder in Foligno, trifft er auf einen ›echten Ritter‹, dem es jedoch genau an einer Rüstung und einem Pferd ermangelt, Dinge, die Francesco jetzt nur noch lästig sind. Sie tauschen einfach ihre Kleidung, und Frances schleicht sich erschöpft zurück in die Stadt. Seine Krankheit holt ihn wieder ein. Er hört nicht einmal die Vorwürfe seines arg enttäuschten Vaters.

Es soll sich um den späteren Bruder Angelo Tancredi gehandelt haben. OFM

Wir kommen zu dem Jahr, in dem Innozenz beschließt, den vakanten Bischofsstuhl von Assisi wieder zu besetzen. Er stellt die Befreiung vom immer noch anhaltenden Interdikt in Aussicht, doch da gibt es einen schwerwiegenden Hinderungsgrund: Die Kommune hat in den Jahren der ›Obstruktion‹ dem Heiligen Vater noch den zusätzlichen Tort angetan, einen erklärten Katharer, Gerardo De Gilberti, als Podestà zu wählen. Der päpstlichen Verhandlungsdelegation unter dem alten Cardinal Colonna gehört auch Monsignore Della Porta an. Ihm ist der Bischofssitz von Innozenz zugesichert worden. Natürlich unter einer Bedingung, Eminenz! Wir kennen doch das menschenverachtende Fingerschnippen unseres Herrn . . . Es vergeht keines Jahres Frist, und der junge Bischof ›in spe‹, bei Amtsantritt noch nicht mal dreißig, kann nach Rom melden, »bedauerlicherweise« sei der Podestà von unbekannter Hand heimtückisch erdolcht worden. Es reist der Cardinal Leone di Brancaleone an, hebt die Exkommunikation Assisis unverzüglich auf und nimmt die Weihe des treuen Dieners vor, der unter bescheidener Berufung auf die Tradition und seinen geachteten Vorgänger den Namen Guido II wählt.

Das Verbrechen wird verziehen. Nicht etwa das des Mordes am Podestà, sondern das der Stadt, ihn in seinen Mauern geduldet zu haben.

Frances ist soweit wieder hergestellt, daß er zu Fuß durch die Umgebung Assisis streifen kann. Er ist nicht mehr der alte. Er meidet die Stadt und die Freunde und sucht die Einsamkeit. Der Ort, der ihn immer wieder magisch anzieht, ist das Leprosenheim von Collestrada. Dabei können wir davon ausgehen, daß Frances, wie jeder normale

Mensch, einen abgrundtiefen Ekel vor dieser Krankheit und ihren Trägern empfindet.

Eines Tages wird er von einem dieser Aussätzigen um Geld angebettelt. Von Panik gepackt läuft Frances davon, besinnt sich dann und wirft dem Mann ein Goldstück vor die Füße. Zu seinem Entsetzen ergreift der Beschenkte seine Hand, um sie vor Dankbarkeit zu küssen. Im ersten Moment will er sie wegziehen, doch dann überwindet er sich, umarmt den Kranken und gibt ihm sogar den Bruderkuß.

Dann stürzt er nach Hause, besorgt sich eine größere Menge Geldes, kehrt in das Heim der Leprösen zurück und verteilt die Münzen an jeden der Insassen. Und nun ist er es, der jedem der Kranken die Hand küßt.

PAUPER IN URBE

Der neueingesetzte Bischof beißt zwar nicht die
Hand, die ihn füttert, erweist sich aber seinem
Herrn und Gönner gegenüber keineswegs so
dankbar, wie das eigentlich zu erwarten wäre. Er
versucht sofort, Sant' Apollinare del Sambro wieder an sich zu ziehen.

*Das Kloster, Assisi
in der Ebene vorge-
lagert, war wegen
des Lotterlebens sei-
ner Mönche der gro-
ßen Abtei von Santa
Croce di Sassovivo
bei Foligno unter-
stellt worden. BAU*

Mit Eurem Anspruch geraten Eure Eminenz in
herben Kontrast mit dem ›Rekuperations‹-Pro-
gramm des Papstes, dem mit Recht eine Rückfüh-
rung in bischöflichen Besitz zu unsicher ist, da Assisi, als zu Spoleto gehörig, mitsamt all seinen
kirchlichen Territorien, immer wieder von den
deutschen Kaisern vereinnahmt wird.

Da Innozenz weder Eurer Einsicht noch Eurer Selbstlosigkeit traut, unterstellt er das Kloster, zum Schutz vor Eurem Zugriff, dem Herzog Konrad von Urslingen, der aber jetzt
Parteigänger Ottos ist — und damit hattet Ihr
nicht gerechnet!

Frances' Genesung ist mittlerweile so weit fortge-
schritten, daß ihm der Gedanke kommt, nach
Rom zu pilgern. Es ist wohl das erste Mal, daß er
eine solche Reise zu Fuß unternimmt, denn bisher,

74

wenn er seinen Vater begleitete, wurde selbstverständlich geritten.

Da dessen Handelstätigkeit immer eng mit Frankreich verknüpft war, kannte der Filius wohl Florenz, Genua und den Norden, aber in Rom war er noch nie gewesen.

Es handelt sich um die von Kaiser Konstantin erbaute Basilika über dem Grab des Apostels. BAU

Er ›vergeudet‹ seine Zeit auch nicht damit, erst mal die Sehenswürdigkeiten der Ewigen Stadt zu bewundern, sondern eilt geradewegs zum Vorplatz von San Pietro.

Frances drängt sich in das Innere der Kirche und wird Zeuge, wie ein König, Peter von Aragon, seinen religiösen Eifer dadurch bekundet, daß er umringt von seinem glänzenden Gefolge Innozenz seine Aufwartung macht und ihm ›sine ullo commodo‹ den Lehnseid leistet. Er wird mit einer Krone von ungesäuertem Brot gekrönt und empfängt vom Heiligen Vater die königlichen Insignien, diese legt er auf dem Altar des heiligen Petrus nieder, wofür er ein Schwert und den Titel eines ›Ersten Alferez‹ oder Bannerträgers der Kirche erhält. Einige aus dem Gefolge sind mit dem Burschen ins Gespräch gekommen, der so flüssig Provençalisch parliert. Als Frances sieht, wie jeder eine Spende in den Schlitz zu Füßen der Apostelfigur wirft, will er nicht nachstehen. Wie um sie alle zu übertrumpfen, leert er seinen gesamten Beutel mit Goldstücken in den Opferstock. Das trägt ihm zwar Bewunderung ein, auch etliches Kopfschütteln, aber ihn reut es eigentlich sofort. Er muß an die Bettler vor der Kirche denken, denen er mit seinen Münzen ganz andere Freuden hätte bereiten können. Auch ist seine Ga-

REC

ohne dazu gedrängt zu sein

be in diesem prunkvollen Betrieb um Apostel, Papst und König schon nach Minuten auch wieder vergessen. Beschämt schleicht er sich hinaus und gesellt sich zu den Armen.

Es gelingt ihm, einen der Bettler zu überreden, mit ihm die Kleidung zu wechseln. Mit dessen Bettelschale zieht Frances los, um von den Pilgern, die die Basilika verlassen, Almosen zu erheischen.

Er spricht sie auf Französisch an. Vielleicht schämt er sich noch etwas oder möchte jedenfalls nicht erkannt werden. Doch in dem Maße, in dem sich seine Schale füllt, durchströmt ihn eine ungeahnte Süße, ›dolcezza‹, die sich nur noch dadurch steigern läßt, daß er die jeweils volle Schale an die anderen Bettler verteilt.

Er ißt mit ihnen, frißt, müßte man sagen, aus den gleichen Näpfen, die gleichen Abfälle, nur aus Gier, es ihnen gleichzutun. Ich habe ihn selbst zu dieser Geschichte vernommen, und er sagte mir wörtlich: »Ich habe die heilige Armut gewählt zu meiner Herrin, um meiner geistigen und leiblichen Wonnen und Reichtümer willen.«

Selbst unter Anrechnung, daß er inzwischen zwei Jahre Zeit hatte, sich eine so schöne Formulierung zu überlegen, bin ich doch überzeugt, daß er sich an diesem Tag in Rom auf die Probe stellte und diese Probe bestand.

Nachdem auch der neue Bischof von Assisi zu den Benediktinern gezählt werden muß, gewinnt dieser Orden erheblichen Einfluß in der Stadt und besonders auf dem Land.

So viele Feinde sich Eure Eminenz sofort und in

Zukunft auch machen, Ihr wart immer klug genug, Euch mit der Abtei von San Benedetto auf dem nahen Monte Subasio gut zu stellen.

BAU

Ein anderer entscheidender Schritt zur Festigung Eurer Machtposition innerhalb der Stadt war, daß Ihr offiziell das Patronat über die ›Minoriten‹ übernahmt und somit das Volk hinter Euch brachtet.

Wie richtig Innozenzens Einschätzung der Launenhaftigkeit Assisis war, zeigt sich, als König Philipp, vom fernen Unna aus (weiß Gott, wo das liegt), der Stadt nun seinerseits den Status einer freien Kommune verleiht, worauf sich Assisi stante pede vom Papst abwendet und ins Lager der Staufer überwechselt.

der deutsche Gegenkönig Philipp II von Schwaben, DTR 1205, DOK

FUR IN HONOREM CRUCIS

Frances verfällt mehr und mehr dem Grübeln, gedankenverloren wandert er durch Hügel und Wälder, die die Stadt umgeben. Er kommt oft tagelang nicht nach Haus. Seine Eltern beginnen, sich Sorgen um ihn zu machen. Doch Frances ist nicht ansprechbar. Frances versucht zu beten. Reihum läuft er die kleinen Kirchen und Kapellen ab, die in reichlicher Anzahl an den Hängen unterhalb Assisis verstreut sind. Eine hat ihn besonders angezogen. Es ist das baufällige Kirchlein von San Damiano, wo in einem ebenso kargen Anbau ein alter Priester seinen Dienst versieht.

BAU

Ihm fällt der blasse junge Mann auf, der immer häufiger den völlig leeren Kirchenraum betritt, dann eines Tages auch einen Besen mitbringt und beginnt, die Kirche auszufegen. Das nächste Mal erscheint er mit einem Krug Öl und setzt die Ewige Lampe instand, die seit Jahren nicht mehr gebrannt hat. Und jedes Mal wirft er sich anschließend vor dem großen Altar-Kruzifix nieder, dem einzigen Schmuck der Kirche von künstlerischem Wert.

Wie der alte Priester seinen einzigen Besucher behutsam aufklärt, handelt es sich um eine altitalienisch-byzantinische Arbeit von großem Wert. Frances ist tief beeindruckt und bedauert, daß Dach und Mauern dem Gekreuzigten, ob ihres schlechten Zustandes, so wenig würdigen Schutz verleihen.

Der Priester verweist auf den Umstand (Eminenz!), daß der bischöfliche Säckel ihm keinerlei Mittel zum Erhalt der Anlage zur Verfügung stellen könne.

Frances begibt sich nach Hause, sein Vater ist auf Reisen. Er geht in den Laden, packt mehrere kostbare Stoffballen auf ein Pferd. Er beruhigt seine Mutter. Sie hat ihn lange nicht mehr gesehen und ist zufrieden, als er ihr erklärt, den Markt von Foligno besuchen zu wollen.

Es ist wohl das letzte Mal, daß Frances ein Pferd besteigt. Auf dem Markt verkauft er das Tuch und das Pferd gleich dazu und trägt den Erlös direkt nach San Damiano. Doch dem alten Priester erscheint die Sache nicht koscher. Er lehnt die Annahme des prallgefüllten Beutels ab, voraussehender als Frances, Arger mit Vater Bernardone befürchtend. Frances wirft die Geldbörse in eine Fensternische, und dort lassen beide sie aus Sturheit liegen.

Wichtiger Umschlagplatz im Süden von Assisi, wo die Straße nach Spoleto den alten Handelsweg Rom-Ancona, die »Flaminia«, kreuzt.

Frances spricht nicht weiter über das Geld, der Priester rührt es nicht an, so gerät es in Vergessenheit. Frances nimmt jetzt praktisch in San Damiano seine Wohnung, das heißt, er schläft in einer nahen Felsenhöhle und arbeitet tagsüber eigenhändig an der Ausbesserung des Gebäudes, wofür ihn der Priester an seiner kargen Nahrung teilhaben läßt. Die versteckte Höhle schützt ihn auch vor dem Zugriff seines Vaters, der ihn gewaltsam nach Hause zurückschaffen will. Doch kaum sind die wüsten Beschimpfungen des davonreitenden alten Bernardone verklungen, schämt sich Frances seiner Feigheit und kehrt nach Assisi zurück, um sich seinem Vater zu stellen. Das seltsame Treiben des jungen Bernardone ist längst stadtbekannt, so daß es sofort bei seinem Erscheinen zu einem Auflauf kommt. Frances ist jetzt um die 25, ein Alter, in dem seine Freunde längst eine Familie gegründet haben, Geschäfte ihrer Väter besorgen, öffentliche Stellungen anstreben, kurz, respektable Bürger geworden sind. Auch wenn sie mal über die Stränge schlagen. Aber Frances geht jetzt seiner Wege, barfuß und Gebete murmelnd. Er, der ihnen Führer und Ansporn war! Was ist nur in ihn gefahren? Er benimmt sich wie ein kleines Kind und ein lendenlahmer Greis zugleich! Der Vater überschüttet ihn mit Vorwürfen, Frances schweigt störrisch. Der Alte weiß sich nicht anders zu helfen, als ihn im hinteren Teil des Lagers in einen Verschlag einzusperren. Danach begibt sich der Handelsmann wieder auf eine längere Reise.

Mutter Pica bringt es nicht übers Herz, ihren Sohn leiden zu sehen, und läßt ihn frei. Frances verschwindet sofort wieder gen San Damiano.

Derartige Szenen wiederholen sich, erschwert vor allem dadurch, daß Frances weiterhin Geld der Ladenkasse entnimmt, es an die Armen verteilt, die bereits vor der Tür des väterlichen Hauses lauern und Frances auf Schritt und Tritt begleiten.

Dona Pica steht dem Treiben ratlos gegenüber, doch dem Vater reißt eines Tages die Hutschnur, und er rennt wutentbrannt auf die Kommune und

beantragt bei den Behörden der Stadt Frances'
Ausweisung und gleichzeitige Enterbung. ›Cave-
ant consules!‹

Die Konsulen lassen den Sohn ihres prominen-
ten Mitbürgers vorladen, doch Frances entzieht
sich ihrer Jurisdiktion, indem er sich zur ›Person
geistlichen Standes‹ erklärt. Die Konsulen sind
froh, sich das unangenehme Verfahren vom Halse
zu schaffen, und verweisen es an das bischöfliche
Gericht.

Eurer Vorladung, Eminenz, ist der junge Bernardone nunmehr bereit Folge zu leisten und sich
Eurem Spruch zu beugen.

» Mögen sich die Konsulen (darum) kümmern!« Ihnen obliegt in einer Stadtrepublik nach röm. Muster die Ausübung staatsanwaltschaftlicher und polizeilicher Gewalt.

Ich hoffe, Euch hiermit alles in die Hand gegeben
zu haben, dessen Ihr zur Beurteilung dieses unge-
wöhnlichen jungen Mannes bedürft, und ich kann
Euch nur auffordern, seine individuelle Entwicklung vor dem Hintergrund unserer Zeitläufte zu
sehen, deren Einfluß auf Frances, nach meinem
bescheidenen Ermessen, von entscheidender Bedeutung war und ist.

Assisi im Jahre des Heils 1207
ausgefertigt John Turnbull, Secretarius

III.
LITEM ORAMUS:
PATER FILIUM
ADVERSUS

Der Prozeß
Vater gegen Sohn
(1207)

IN VIGILIA IUDICII

Prozeßbericht, aufgezeichnet vom Bischof. Der Prozeß soll am Tag des heiligen Leo des Jahres 1207 stattgefunden haben, die Niederschrift ist in den darauffolgenden Tagen entstanden (siehe Hinweis ›sine testimone‹). Der Bericht beginnt am Abend der heiligen Maria.

OFM

Sanctae Mariae festum

Madre Santissima!

Abends noch mal zur Assunta, um meine Gedanken für den morgigen Prozeßtag zu ordnen. In der Kapelle des Seitenschiffs — meiner Schutzpatronin Maria von Magdala geweiht, der sogenannten ›Maddalena‹ — treffe ich Peter Di Catanii zum gemeinsamen Gebet.

Trotz seiner Jugend gilt er schon als einer der führenden juristischen Köpfe, und seine Zugehörigkeit zur Oberstadt, er ist Chorherr in San Rufino, macht ihn für die Klägerpartei akzeptabel. Denn schon mehren sich die Gerüchte, ich, der Bischof, stecke hinter der Renitenz des jungen Francesco. Als ich durch den ›Katakombengang‹ eintreffe, sehe ich die hochgewachsene Gestalt des jungen Advokaten, mir den Rücken zuwendend, im Schatten einer Säule.

Wir knien nieder. Er informiert mich knapp und sachlich: Francescos Entschluß sei unumstößlich, es geht nur noch darum, den Widerstand des Vaters zu brechen — und dem Jungen den Schutz der Kirche sichtbar angedeihen zu lassen. Ich habe schweigend zugehört, segne und entlasse ihn.

Francesco ist bei ihm in guten Händen. Die Wahrung der Interessen der ›ecclesia catolica romanorum‹ ist mein Part. Aber sind ihre Interessen auch die des Bischofs von Assisi?

Bei meiner Rückkehr ein verstörter Don Tommaso von San Damiano im Atrium. Er hat den Einbruch der Dunkelheit abgewartet, bevor er an der wenig benutzten Niederpforte um Einlaß bat. »Der fürchtet sich mehr als unser Francesco«, flüstert Emilio mir zu. »Dom Asino zittert am ganzen Leib vor dem Zorn des alten Bernardone.«

»Zu fürchten ist nur der Zorn des Herrn!« weise ich seine Vertraulichkeit zurück. Dann sehe ich den festlichen Blumenschmuck in der Audienzhalle.

»Sankt Floristan! Wir feiern doch nicht Maria Lichtmeß!« fahre ich Emilio an. »Schaff das Zeug raus!« Gerade wo mir daran liegt, in die sowieso schon pathetische Auseinandersetzung eine nüchtern-realistische Note einzubringen, vernebelt mir der Kerl die Gehirne mit Wolken von Lavendel- und Myrrhenduft, betäubt mit der Schwere blaßvioletter Lilien und verwirrt die Gemüter meiner sowieso überhitzten Kindsköpfe — Pietro Bernardone darf sich dazurechnen! — mit Wellen von Jasmin. »Und dann sofort lüften!«

Der erschrockene Don Tommaso muß das bei meinem Eintritt — oder besser Auftritt — wohl auf sich bezogen haben. Nach dem Ringkuß tritt er verlegen gleich etliche Schritte zurück bis an die Wand, um mich ja nicht mit seiner Ausdünstung zu behelligen.

Verlegen kramt er die Geldkatze aus dem Versteck seines Untergewands — tatsächlich ein ziemlich nasenbeleidigendes Unterfangen, wie ich konstatiere, als er sie mir zu Füßen legt. Es kann sich nur um das ominöse Diebesgut handeln, diese Börse aus der Fensternische.

»Ich dachte«, druckst Don Tommaso unsicher, »es wäre besser . . .« Ich schneide ihm verärgert das Wort ab. »Es wäre besser, Don Tommaso, du würdest daran denken, welchen Eindruck es machen könnte, wenn Wir — und auch nur für eine Nacht — im Besitz dieses Münzbeutels wären: Die Kirche als Hehler?«

Der Alte knickt noch mehr zusammen. Ich fresse schnell Kreide: »Leg ihn dahin zurück, wo Du ihn gefunden hast.« Ich bin wirklich ganz freundlich, wie zu einem Kinde. »Und sag' Francesco, er solle ihn morgen mitbringen und gefälligst selber seinem Vater zurückerstatten. Weder er, Unser Sohn, noch Wir sind auf dieses Geld angewiesen. Hat Gott nicht stets für San Damiano Sorge getragen? Er wird auch diesmal alles zum Guten wenden.«

»Oh ja«, stößt Don Tommaso hervor, rafft das corpus delicti wieder an sich wie einen glühenden Stein, offensichtlich froh, so glimpflich davongekommen zu sein. »Ihr seid ein kluger Mann. Euch kann Francesco vertrauen!« Ich nicke huldvoll, läute nach Emilio, damit er ihn rasch hinausbegleitet. Das hätte mir gerade noch gefehlt! Der Bericht meines Sekretärs hat mich schon genug beunruhigt. Nicht, was Francesco und seinen Vater anbelangt (dem morgigen Procedere sehe ich mit Gelassenheit entgegen), sondern die Anspielungen, die John sich, meinen »Werdegang« betreffend, erlaubt hat. Nicht einmal seine zutreffenden

Vermutungen und schlüssigen Kombinationen selbst machen mich nervös, es ist vielmehr die Tatsache, daß er sie mich so freimütig wissen läßt.

Ich begebe mich in meine Privatgemächer. In Johns Zimmer brennt noch Licht. Ich ertappe mich dabei, daß ich wie ein Dieb in der Nacht an der Tür vorbeischleiche. Auf keinen Fall liegt mir jetzt an einer Diskussion über seinen Bericht, den ich auch noch zu Ende studieren will. Als meine Kerzen in den Haltern niedergebrannt sind, zieht im Tal die fahle Dämmerung ein. Zu dieser Jahreszeit machen die Nächte hier oben noch frösteln.

›FIAT IUSTITIA‹

Heiliger Leo/Löwe!
Gib dem Fischlein
Kraft! (Anspielung
auf den Tagesheili-
gen bzw. des Bi-
schofs Aszendenten
und auf sein Tier-
kreiszeichen bzw.
Genital)

San Leo! Dà forza al pesciolino!

Ermengarda räumt Nachtgeschirr und die silberne Schale mit den Resten der Früchte ab, deren Verzehr ich morgens zur Förderung eines angenehmen Stuhls schätze.

Zur Beruhigung meines Gedärms, denn plötzliche laute Winde mindern episkopale Würde schlagartig, ordere ich noch Bruschetta, in Olivenöl geröstetes Landbrot. Ich befehle Ermengarda, heut darauf zu verzichten, es kräftig mit Knoblauch einzureiben. Ich lasse mich ankleiden. Zur Unterstreichung meiner — leider ach so selten angerufenen — Autorität als oberster geistlicher Gerichtsherr wähle ich die sahnefarbene Soutane und eine Mozzetta Ton in Ton, dazu den Rocchetto aus flandrischem Klöppelwerk und darüber den purpurnen Umhang aus schwerem Brokat, den Manto, ein Souvenir vom glorreichen Kreuzzug gegen das schismatische Byzanz. Auch auf die steife, mehr einer Narrenkappe ähnelnde Mitra will ich heute nicht verzichten. John begutachtet mich. Sein Grinsen sagt mir alles. »Eminenz«, zitiert er und verbeugt sich, »multi sunt vocati, pauci vero electi.« Ich will seiner Unverschämtheit

Viele sind berufen,
wenige auserwählt.

jetzt nicht nachgehen, und mit bleckenden Zähnen erwidere ich: »Quaerens quem devoret.« So ein Wort unseres Apostel Petrus gegen sein Matthäus-Zitat setzend, schleudere ich ihm seinen Bericht vor die Füße. Wenn er glaubt, ich sei in irgendeiner Weise von ihm abhängig, seinem Wissen oder seinem Schweigen, hat er sich arg getäuscht. Nach der Sitzung werde ich mit ihm ein Hühnchen rupfen müssen. Ich begebe mich durch den Katakombengang zur Krypta, wo die Meßknaben auf mich warten und mir Emilio den Krummstab bereithält.

Wer Streit sucht, wird ihn finden

Ich schreite zu den Klängen des Te Deum die Treppe hinauf zur Apsis hinter dem Hochaltar und dann zügig durchs Mittelschiff. Beim Verlassen des Portals segne ich die Menge.

Einige, die der Herr ob ihrer Einfalt besonders lieb haben muß, rufen andächtig »Il Papa! Il Papa!«

Meine Garde bahnt (mehr sich als mir) den Weg zurück zum Palazzo Vescovile. ›Ich halte Einzug.‹ Kurzes Fanfarensignal, meine Wachen nehmen Haltung an. Das hat John ihnen sehr gut beigebracht. Alle Anwesenden erheben sich. So soll es sein. Ich habe weder den Abt von Sassovivo noch den von Sankt Apollinare eingeladen, auch nicht die Benediktiner vom Monte Subasio — die da oben, den Prior und seine Chorknaben von Rufino, schon gar nicht. Mein eigener, mir ergebener Klerus reicht mir als Staffage; sie wissen um meinen Unmut bei nicht ›freudig‹ genug ausgedrücktem Beifall. John hat sie links und rechts hinter mir angeordnet: stehend, die Herren ›Beisitzer‹!

Unser Audienzsaal, erbaut auf der Säulenhalle

der Villa des romischen Dichters Properz (behauptet John), ist ein Vorläufer meiner Santa Maria del Vescovado, als Privatkapelle etwas zu dumpf-mächtig, ›würdig, die Fürsten dieser Erde in Demut zu empfangen‹ (Spott John), aber für diesen Anlaß bestens geeignet.

Francesco, der Delinquent, hockt in der Ecke. Ihm steht Peter von Catanii bei, das heißt, der Gute steht ratlos da, denn sein Mandant hat sich in sein Lumpengewand verkrochen — wenigstens für diesen Tag hätte er sich waschen können! Sein Vater, der Bürger Pietro Bernardone, läuft mir gegenüber herum, nervös wie ein angeketteter Schäferhund, weicht meinem Blick aus. Dabei würde ich ihm durchaus gütig zulächeln. Wagt er es nicht, seinem Bischof ins Auge zu sehen, oder will er es nicht? Man munkelt (das hat mir Emilio hinterbracht), der Herr Tuchhändler importiere aus der Provence nicht nur modische Stoffe, sondern auch katharisches Gedankengut.

Haltet den Schna-
bel!
Favete linguis!

John eröffnet den Prozeß mit Verlesung der Anklage. Die respektlose Unruhe des Volkes — es drängt sich unterhalb der Empore — weicht einem neugierigen Tuscheln.

OFM
Bernardone brütet seinen Zorn aus wie eine aufgeregte Henne ihr Ei. Bernardo Di Quintavalle, sein jugendlicher Hausadvocat, drückt ihn sanft zurück auf die Bank. Johns monotoner Vortrag macht mich schläfrig.

Ich hebe die Hand, meine Kleriker räuspern sich unisono, John unterbricht ergeben mitten im Satz, und die Menge verstummt. Da Francesco sich nicht rührt, lädt meine Hand mit väterlicher Majestät die Klagepartei.

Vor ihrem Oberhirten sind auch Väter nur irrende Schafe, und für reuelose Ketzer wartet meine Guardia del Palazzo nur auf ein stummes Nicken, um sich in eine Meute reißender Wolfshunde zu verwandeln. Ihren furor teutonicus hat zwar die Herde von Assisi nie am eigenen Leibe erfahren müssen, doch existiert die furchterregende Legende (wie mir Emilio des öfteren versichert) — gut so!

So zahlt auch der Herr Bernardone seine Abgaben zwar peinsam auf den Dukaten genau, aber wenigstens pünktlich. Das gibt dem Mann das Recht, von Uns gehört zu werden, auch wenn es ihm gegen den Flor geht.

»Ein Vater klagt gegen seinen Sohn«, deklamiert Quintavalle, »einen Sohn, der den väterlichen Besitz verschleudert — eigentlich ein Fall für die zivile Rechtsprechung . . .«

Catanii enthebt mich des Eingreifens: »Nicht der Sohn hat dieses Tribunal verlangt, die Konsulen der Stadt haben entschieden, den Fall der episkopalen Jurisdiktion zu unterbreiten . . .«

»Meines Wissens«, Quintavalle ist zu erregt, um die Aussage richtig auf der Zunge zergehen zu lassen, »handelt es sich bei dem Sohn meines Mandanten weder um einen Priester noch um einen Mönch . . .«

»Wohl wahr!« Der junge Catanii steuert sein Schifflein sicher in Unseren Hafen. »Doch hat

Francesco sich als bußfertiger Sünder erklärt . . .«

Quintavalle bellt sofort zurück: »Bußfertig gegenüber seinem Vater, so will ich hoffen!«

»Nein. Ein Büßer vor Gott!«

Ich muß mir ein Lächeln verkneifen. Pietro Bernardone starrt mit offenem Mund auf seinen Sohn wie ein Schafsbock, der Visionen hat. Eine solche Hinwendung muß ihm wohl sehr abwegig erscheinen. Sein Blick irrt über die Reihen der Zuschauer.

Ich bemerke die kleine d'Offreduccio, Clara, glaube ich heißt sie, sie muß jetzt zwölf sein. Sie preßt die Hand ihres Cousins Rufino — als Meßdiener taugt er nichts — auch macht mich sein Name allergisch! Doch ihr Blick hängt an dem Angeklagten wie eine Biene an der Honigblüte. Francesco hat immer noch sein Gesicht in den Händen vergraben, als ginge ihn das Ganze hier nichts an.

Quintavalle explodiert wie griechisches Feuer. »Büßer vor Gott! Daß ich nicht lache!«

Falls er es wollte, ist es ihm schon vergangen. Er fängt sich einen meiner ›alttestamentarischen Zornesblicke‹, wie John sie nennt, und mäßigt sich sofort.

»Hier steht die Diskrepanz zwischen gemeinsamem Eigentum und der Verfügungsgewalt darüber zur Diskussion. Der Sohn ist Titular des Besitzes, den sein Vater ihm schon vermacht hat und noch vererben wird, was ihm aber noch lan-

ge nicht das Recht gibt, diese Güter im Vorweg-
griff zu verschwenden . . .«

Francesco flüstert mit Catanii, der sich tief zu ihm
hinabbeugen muß. Das Publikum harrt in erregter
Spannung, und auch der Gegenadvokat hat seinen
Redefluß abgebrochen. »Der Bußfertige erklärt
coram publico, daß er von diesem Augenblick an
keinen Anspruch mehr an das Eigentum seines
Vaters stellen wird«, unterrichtet uns Catanii.

Der Vater, stadtbekannt für seine Besitzgier, ist
von dieser unerwarteten Aussicht wie erschlagen.
Mich beunruhigt sie zutiefst. Heimlich im Dienst
des alle Zeiten überdauernden Gottes Mammon
fühle ich mich gezwungen einzugreifen.

»Bedenk es wohl, mein Sohn«, wende ich mich
Francesco zu, der wieder in sein Grübeln versunken ist.

»Wie sagt doch Cicero fälschlicherweise: Largi- *Großzügigkeit kennt*
tio non habet fundum, was blanker Unsinn ist! *keine Grenzen*
Niemand verlangt von Dir, den Löffel mit der
Suppe wegzuschütten.«

Irgendwie kann ich den Vater verstehen, aber
das ist jetzt hintenanzustellen, hier ist einer Idee
zum Sieg zu verhelfen, die der Kirche Ruhm —
und meinen dazu — beträchtlich mehren kann. Ich
weiß zwar keineswegs wie. Aber ich verspüre ungeahnte Möglichkeiten. Der hier über den Schatten springen muß, bin wohl ich.

»Wenn Du Gott dienen willst« (mir fällt die
strittige Börse ein), »dann erstatte als erstes Deinem Vater das Geld zurück, das Du noch — treu-
händerisch wohlgemerkt — in Deinen Händen

hast.« (Hoffentlich hat er sie mitgebracht!) »Weder San Damiano« (jetzt die große Geste!) »noch die Kirche als Ganzes bedürfen einer Gabe, die vielleicht unrechtmäßig erworben ist . . .« (Spring, alter Geizkragen, spring!) » . . . oder nicht freudigen Herzens gegeben ist.«

(Ich lasse die Worte wirken, auch auf mich!) »Dein Vater wird sich Deinem Wunsch nicht verschließen, die versöhnende Hand ist ausgestreckt.«

Doch weder Vater noch Sohn ergreifen sie. Dickschädel alle beide. So kommen wir nicht weiter.

»Was hab' ich dir getan, Francesco?« Jetzt endlich geht Pietro Bernardone seinen verstockten Filius direkt an: »Was hab' ich falsch gemacht? Sicher hab' ich mich geärgert, doch das ist längst vergessen!«

Der alte Gauner hängt an seinem Sohn, auf seine Art liebt er ihn. »Du willst Almosen geben? Das ist doch nur Rechtens! Schlechte Christen wären wir! Aber wirf dich nicht selber weg, komm zu dir und kehr nach Hause zurück!« Der ordentliche Kaufmann hat immer noch nicht begriffen, daß es hier nicht um eine kleine Spende geht, dann und wann ein paar Dukaten, abzuschreiben als Spesen für die wohl nicht mehr zu ändernde karitative Ader seines Erben, sondern um *Alles.*

Der Pfeffersack denkt nur an sein Geld, in Jahren des Feilschens und des Handelns, des Beleihens und des Eintreibens zusammengerafft. Allein das hat er im Visier. Daß er im Begriff steht, ein wesentlich höher einzuschätzendes Gut zu verlieren, seinen Sohn, entzieht sich seinen Wertvorstellungen; wie dessen Sichwegwerfen in die Armut, Sichverschwenden an Jesus, auch für mich Kleingläubigen schwer nachzuvollziehen ist. So und nicht anders muß es auch den Propheten ergangen sein: ein Blick in die gleißende Helle des Blitzes der Erleuchtung! Und das mir, Guido II von Assisi, durch kein karges Eremitendasein mit Heuschrecken, durch keine Kasteiung vorbereitet, und doch auserwählt! Vero electus?

Francesco will nicht mehr zu sich, sondern zu Ihm, Jesus, kommen. Wie Schuppen fällt es mir von den Augen. Das ist die neue Bedingungslosigkeit, derer die Kirche so sehr bedarf!

»Wir haben die Konsulen und den Herrn Bischof mit unseren Familieninterna genug belästigt.« Den Blick, den er mir dabei zuwirft, sollte ich ihm eigentlich nicht durchgehen lassen, doch wozu nach einem Verlierer treten!

»Wofür ich mich entschuldige . . .« (So schnell wird kein Pardon gegeben, mein Lieber!)

Catanii muß sich gut mit Francesco abgesprochen haben: »Mein Mandant erklärt, einen anderen Lebensweg eingeschlagen zu haben: Der Palazzo seines Vaters kann nicht mehr seines Lebens Heimstatt sein!«

Pietro platzt: »Was für ein Leben!? Das Leben eines Bettlers? Ist das der Dank?« Er wendet sich wie ein geschlagener Hund von Francesco ab, der ihm sowieso nicht zuhört. Mit einem neuen Anlauf dröhnt der Kaufmann auf seine Standesgenossen ein. »Ich hab' ein Vermögen in ihn investiert, nie hat es ihm an etwas gefehlt. Ich habe ihm eine Erziehung angedeihen lassen wie einem Adelssproß. Ich habe sein Gewicht in Gold, na ja in Silberdukaten, aufgewogen, um ihn aus dem Kerker des Feindes zu befreien . . .« Zustimmung der Kommune in den vorderen Reihen: die Schlappe gegen Perugia sitzt allen noch in den Knochen. » . . . Ich hab' ihm Rüstung und Roß gegeben — Herr Bischof!«

Jetzt hält er sich an mich, dieser Geldsack, der sonst nur stänkert und heimlich ketzerische Irrlehren verbreitet. Ich lächle so falsch ich kann, was er prompt mißversteht. »Das darf doch nicht wahr sein, daß ein Sohn das Recht des Vaters mit den Füßen tritt . . .«

Nicht die Wirkung seiner letzten Worte lassen Unruhe in der Zuhörerschaft entstehen.

Auch die angesprochenen Patrizier beginnen zu tuscheln und schauen neugierig an Bernardone vorbei, als seien er und seine Probleme plötzlich Luft.

Ich beuge mich vor, soweit es meine Korpulenz zuläßt, und versuche herauszufinden, was sich in der hinteren Ecke des Audienzsaals ereignet. Jetzt beginnt auch mein Klerus, in die aufkommende Heiterkeit einzustimmen. Ihre dichtgedrängte Reihe lichtet sich zu einer Gasse, durch die langsam Francesco herankommt. Er ist nackt.

Ich bewahre Fassung, nachdem ich mit schnellem Blick festgestellt habe, daß er wenigstens die

Scham mit seinen Lumpen bedeckt und mit der ominösen Geldkatze, die er oben auf dem Bündel vor sich herträgt, als sei sie der Reichsapfel auf einem Kissen.

Pietro Bernardone ist zur Salzsäule erstarrt. Ich, der Bischof, muß diesen Nackten bedecken! Soll ich mich erheben und ihn mit meinem Brokatumhang verhüllen? Vielleicht ein doch zu lächerliches Bild, schießt es mir durch den Kopf. Reines Theater! Francesco würde sich in dem roten Tuch wie ein römischer Caesar ausnehmen.

Ich weiß das, habe ich es doch selbst einmal ausprobiert, wenngleich ich nicht über einen schlanken Jünglingskörper verfüge. So werfe ich ihm mit gekonnter Bewegung die weiße Damaststola über, grad' in dem Moment, als er an meinem Stuhl vorbeischreitet.

Eine gewisse Dignitas ist dem Jungen nicht abzusprechen. Er kniet vor seinem Vater nieder, deponiert sein Häufchen Lumpen und das lumpige Geld vor dessen Füßen und bedeckt, im Aufstehen, geschickt seine Blöße mit meiner Stola. Das erste Mal, daß er seinem Vater heute in die Augen schaut.

Er ist die Ruhe selbst, compos sui! Bewundernswert! »Jetzt besitze ich nichts mehr von dir, ich habe einen anderen Vater gefunden.«

Welch schöner, schlichter Satz und welch herrlicher Auftritt, der auch mir die Gelegenheit zu einer großartigen Geste eingeräumt hat, die vielleicht in die Geschichte eingehen wird. Solvuntur risu tabulae!

Ein Prozeß löst sich in Gelächter auf. (Horaz) ROM

Der arme Pietro Bernardone versteht die Welt nicht mehr, er ist so verwirrt, daß er das Bündel liegenläßt, als er aus der Kirche stürzt — das kaum verhaltene Hohngelächter seiner Mitbürger in den Ohren. Die Menge zerstreut sich. John gibt den Wachen ein Zeichen, diesen Vorgang zu beschleunigen.

Ich entlasse freundlich, denn so bin ich gestimmt, meinen Klerus in pedibus — schließlich sind sie ja für ihre Steherei auch reich belohnt worden, welch Spektakel! Mich drängt es zurück in die Cantina, um mit John einen besonders köstlichen Jahrgang auszuwählen, den wir an unserem Lieblingsort, der Bibliothek, aus den böhmischen Pokalen trinken wollen.

Eine freudige Erregung bemächtigt sich meiner, war ich doch Zeuge und Mitwirkender an einem momento historico. Das wird mir immer klarer, je mehr ich dem köstlichen Tropfen zuspreche.

John schweigt und grinst. Klugerweise erspart er sich jedes Wort in der aufkommenden konspirativen Stimmung, die wir heute sicher nicht zerreden wollen, sondern nur genießen.

IV.
SINE TESTIMONE

Ein Gespräch ohne Zeugen
(1207)

Aussprache zwi-
schen dem Bischof
und seinem Secreta-
rius. Aufgezeichnet
von John im Jahre
1207 unmittelbar
nach dem Prozeß.

Olfaciens assum

den Braten riechen

Mein Herr Bischof hat mich zum Diktat in die Bibliothek bestellt. Statt Feder und Tinte sollte ich lieber Tuch und Scheuersand mitbringen, denn eine Kopfwäsche ist angesagt. Was ich mir gestattet habe in meinem Bericht ›in fiduciam‹ bezüglich seiner Geburt und seines Lebensweges anzumerken, wird ihn sicher veranlassen, mir diesmal die ›reine Wahrheit‹ näherzubringen.

Papier ist geduldig, weshalb er sein ›curriculum vitae‹, trotz meines untertänigsten Angebots, ihm ›zur Hand‹ zu gehen, doch lieber selbst aufgeschrieben und mir zur gefälligen Beachtung übergeben hat, wie ich ihn in der Öffentlichkeit darzustellen habe. »Ketzer!« schalt er mich. »Ich könnte Dich auf den Scheiterhaufen bringen!«

In der Bibliothek prasselt ein gemütliches Kaminfeuer. Mein Bischof hat es sich bequem gemacht, er krault — in Ermangelung von Klein-Anna, dem Töchterchen Ermengardas — der fetten Palastkatze das Haar, die jedoch bei meinem Eintritt fauchend ins Freie entweicht.

»Sie riecht den Häretiker«, knurrt der hohe

100

Herr, »den katharischen Aufwiegler, den Zweif-
ler an meiner erlauchten, wenn auch nicht ganz
legalen Zeugung, den Schnüffler in meinem
kirchlichen Werdegang und den frechen Kritiker
an den Umständen, die mir verdientermaßen dieses Amt, diesen Stuhl hier zu Assisi eingetragen
haben!«

Ich kann mir ein zunehmendes Grinsen nicht verkneifen, doch offensichtlich leisten, denn mein
Herr ist guter Laune. Er bittet mich endlich, Platz
zu nehmen. »Und nun laßt mich Euer Leben erfahren, von Eurer erhabenen Geburt bis zu dem
betrüblichen Schicksal, das Euch als meinen secretarius nach Assisi verschlagen hat!« Er lehnt
sich erwartungsvoll zurück, und ich beginne meine Lebensbeichte:

»Meine Eltern hatten mir die Stelle eines Stadt-
schreibers in Montauban gekauft, diesen erbärm-
lichen Beamtenstatus, diese unterbezahlte Tätigkeit in einer Gruft an Langeweile! Um dieser zu
entfliehen, verdingte ich mich nebenbei als Haus-
lehrer bei der Familie d'Estrombèze, kleiner OKZ
Stadtadel, ›geziehmlich‹ verarmt.
   Ich gab der Tochter, die kaum viel jünger war
als ich, Stunden in allem, denn sie war ein wildes
Kind und kümmerte sich einen feuchten Tinten-
klecks um das, was sie hörte und was sich gehörte, Sitte und Wissen. Wissen wollte sie nur eines,
und dafür entwickelte sie auch Lernbegierde,
Umsicht und Erfindungsgabe. Sie schaffte es immer wieder, daß wir beide unbeaufsichtigt waren,
und so blieben die Folgen nicht aus. Mehr von

Alazais geschoben als aus eigenem Antrieb, trat ich verlegen vor ihre Eltern.

Mutter Elaine war entsetzt, denn Alazais war okz längst einem Herrn de Bourivan versprochen, altes, vermögendes Katharer-Geschlecht aus der Gegend von Moissac. Doch Vater Alexis gibt mir eine Chance: Wenn ich bereit sei zu konvertieren, von einer Familie adoptiert würde — ›von Stande und christlicher Reputation‹ selbstredend! —, dann sei er willens, mir seine mißratene — und nun auch entehrte Tochter zu überlassen.

Beschämt danke ich ihm und stürme los.

Aus meinen Kataster-Eintragungen fische ich einen alten Spinner heraus, der mich mal einen Turm an der Garonne hatte registrieren lassen, aber irgendwo im Nivernais auf seinem Stammplaschloß saß. *Ohne* Erben! Sir Archibald of St. Liargue:

Ich muß hier wohl einfügen, daß mein Vater jüdischer Flickschneider war und durch Handel mit gebrauchten Roben feiner Leute zu etwas Geld gekommen war. Alles, was er und meine Mutter sich vom Munde absparen konnten, war für meine Zukunft bestimmt.

Ich bettele es ihnen jetzt ab, bringe es aber nicht übers Herz, gleichzeitig zu eröffnen, daß ich im Begriff bin, dem mosaischen Glauben abzuschwören. Ich leiste mir ein Pferd, von dem herab ich wohlgemut Alazais zum Abschied küsse, und reite wie der Teufel quer durch Frankreich nach *im Nivernais nicht* ›Schloß‹ Coulagny. Schwer zu finden, weil es auch *mehr nachweisbar* nicht aus mehr als einem Turm besteht. Doch Sir Archibald ist hocherfreut und ruft sogleich Prie-

102

ster und Notar herbei. Er setzt mich als Erben ein, wobei ich das Gemäuer an der Garonne ›wie es liegt und steht‹ sofort besetzen darf. Um ihm nicht gleich alles Geld in den Rachen zu werfen, fordere ich ihn auf, mich zu begleiten, in meine Rechte einzusetzen, dann würde ich ihm die zweite Hälfte auszahlen. Und außerdem könne er als Zeuge vor meinen zukünftigen Schwiegervater treten. Sir Archibald ist mit allem einverstanden, entlohnt Priester und Notar für die ausgefertigten Dokumente, und nachdem er mir noch eine Rüstung vermacht hat, die aus der Zeit des Ersten Kreuzzuges stammen muß, traben wir beide los.

Der Rückweg zieht sich hin, denn überall hat mein neuer Vater Freunde, denen er mich ›unbedingt‹ vorstellen muß. Wie recht er hatte: So lernte ich den Marschall der Champagne, den Herren Geof- froy de Villehardouin kennen, was sich noch als Glück im Unglück erweisen sollte! Und so vergehen Wochen, bis die Mauern von Montauban wieder in Sicht kommen. Archibald schlägt mir vor, ich solle erst mal allein in die Stadt reiten, er würde mich am Turm an der Garonne erwarten, wo er das Gesinde anweisen und alles zu meinem festlichen Empfang herrichten wolle. Ich zahle ihm also die restliche Summe aus und trabe stolz vor das Haus meiner Geliebten. Der alte Herr Alexis war inzwischen verstorben, und die Mutter hatte Alazais schnellstens, aber längst dem alten Bock aus Moissac zur Frau gegeben.

Ich stürme zur Garonne herab zu meinem ›Turm‹: Ein Schäfer weidet seine Schafe in den grasüberwucherten Gesteinsbrocken, gerade noch

Reste der Sockelmauern sind im Gestrüpp zu erkennen. Sir Archibald hatte sich indessen auf Pilgerfahrt ins Heilige Land begeben — mit meinem Geld.«

Ab ovo

ab Beginn, von Anfang an (Die Gastmähler der Römer begannen immer mit einem Ei als »Hors d'œuvre«)

»Terra santissima! Wo ich gezeugt und geboren bin«, schnauft mir mein wohlbeleibter Bischof dazwischen. »Oh Land der süßen Datteln und . . .«

»Der Kamele glutvoller Blick, verschleierter Schöner wiegender Gang . . .«, seine Träumereien sanft abfangend unterbreche ich ihn, »nur kann sich dieser uns so teuere Küstenstreifen nicht rühmen, Euch das Licht der Welt . . .« Hier unterbricht uns Ermengarda mit der erfreulichen Nachricht, das Essen sei im Speisesaal angerichtet.

Wir nehmen — statt wie gewohnt über Eck — an den Kopfenden der langen Tafel Platz, was auf amüsante Weise die Kontroversität unserer Aussprache unterstreicht, uns zu sorgfältiger Artikulation verpflichtet, aber auch zu einer gewissen Lautstärke verleitet.

ital.: Löwenzahnsalat

Die von meinem Bischof selbst zusammengestellte Speisefolge beginnt mit geringelten Puntarelle in Weinessig mit pikant eingelegten jungen Heringen. Emilio schenkt weißen Wein aus dem Norden aus, der angenehm kaum Süße aufweist. Der Majordomus ist ›ganz Ohr‹, aber mein Bischof entläßt ihn, kaum daß er nachgeschenkt hat.

Der Kampf mit dem widerborstigen Salat muß ihn an meine Renitenz bezüglich seiner Herkunft gemahnt haben:

»Wo sonst als in der Terra Sancta sollt' ich geboren sein. Meine Eltern . . .«

»Ich kann Euch in diesem Punkt nicht schonen, mein Bischof!«

»Ihr erspart Euch keine Mühe, mich davon zu überzeugen . . .!«

»Lucia starb kinderlos, so sehr sich der Herr aus Pisa auch mühte: sie war unfruchtbar . . .«

Mein Bischof schluckt.

»Tut mir leid für Euch!« füge ich mitfühlig hinzu.

Hier lügt John oder er ist falsch informiert. Aus der Ehe mit Pliviano gingen durchaus Nachkommen hervor, während von einer Schwängerung durch Ridfort nirgends die Rede ist. (Was nichts besagen muß!)

»Wa'tanbah kelab al-kaflah! — es bellen die Hunde, die Karawane zieht weiter.« Ich habe ihn schwer getroffen — oder spielt er nur den Beleidigten, um mein Wissen zu prüfen?

»Ihr solltet nicht gleich das Kind mit der Krippe ausschütten!« taste ich mich vor. »Weder bin ich von einer Jungfrau noch in einem Stall geboren!« begehrt er auf. Jetzt kann ich einhaken. »Ich kann Euch beruhigen, Eminenz: Euer Geburtsort ist nun mal Rom! Denn die Magd, die Euch angeblich — in gebührlicher Entfernung vom Palazzo der Frangipane — in einer engen Gasse von Trastevere zur Welt brachte, war nicht Eure Mutter. Ihr habt bessere Eltern, als Ihr verdient! Im Jahre 1175 hielt sich Wilhelm Langschwert ›Spadalunga‹, der älteste Sohn des Marquis von Montferrat, in Rom auf, und seine Verlobung mit Livia Septemsoliis war eine beschlossene Sache. Das Mädchen war Vollwaise und darüber ins Alter gekom-

ROM/BAU

Es gibt Chroniken, in deren Annalen Guido mit dem Beinamen ›Spadalunga‹ erwähnt wird. DTR/JER

men, so daß die Familie großzügig darüber hin-
wegsah, daß ›Spadalunga‹ keine Katze im Sack
kaufen wollte. Die folgenreichen Präliminarien
erfuhren eine jähe Unterbrechung, als sein Sou-
verain, König Ludwig VII von Frankreich, Spadalunga für eine Aufgabe vorsah, deren Lösung
durch eine Verbindung mit Livia unmöglich gewesen wäre.

CAP

In Jerusalem war der Zeitpunkt der Großjährigkeit
des jungen Königs Balduin gekommen, ein hochin-
telligenter Knabe, der deshalb sein baldiges Ende
klar voraussah: Seine Lepra näherte sich dem End-
stadium. Um die Thronfolge zu sichern, mußte die
Prinzessin Sibylle sofort verheiratet werden.

JER

Alexander III,
ROM

Der Papst wurde eingeschaltet und sorgte dafür,
daß Wilhelm ›stante spada‹ in Marsch gen Palästina gesetzt wurde. Mit Livias Vormund, dem
alten Frangipane, wurde man sich schnell einig.
Die Niederkunft wurde, wie beschrieben, ver-
tuscht, und Livia verschwand vom Wochenbett
direkt hinter Klostermauern . . .«

*Das Wasser läuft im
Munde zusammen.*

CONFLUET SALIVA

Wenn mein Bischof von dieser Eröffnung beeindruckt ist, zeigt er es zumindest nicht.
»Auch nicht übel.« Er schenkt mir ein Glas
Wein ein. »Was gibt Euch Anlaß, diesem Melo-
dram Glauben zu schenken?« Seine Augen unter schweren Lidern beobachten mich jetzt wach
und lauernd.

»Ich bin darauf gestoßen, als ich Euren jugendlichen Werdegang etwas akribischer untersuch-
te.

Von der Unterbringung im exklusiven Heim
der ›Bambini di Gesù‹ bis zu Eurer Aufnahme in
der Lateinschule ›Di Santo Spirito‹, Eurem Novi-
ziat in einem der reichsten Benediktiner-Klöster,
Eurer ungewöhnlich raschen Karriere innerhalb
des privilegierten Klerus im päpstlichen Hofstaat,
deutet alles daraufhin, daß Päpste ihre schützende
Hand (schlechtes Gewissen will ich ihnen nicht
unterstellen) über Euch hielten.«

Ich unterbreche, denn Ermengarda trägt als
nächstes gebratenen Aal vom Tiber auf, mit in Öl
und Peperoncini eingelegten Oliven, dazu ofen-
warmes Fladenbrot. Emilio füllt unseren Wein-
krug nach. »Als Bandinelli, also Alexander III,
dann '81 starb, reichten Euch Lucius III, Urban III ROM
und wer auch immer folgte, protegierend weiter,
so daß alles darauf schließen läßt, daß zwischen
der Familie Eurer Mutter und dem Lateran ein
entsprechendes Abkommen vorliegt.«

Mein Bischof schmunzelt, als habe er selbst den *damaliger Regie-*
für ihn günstigen Vertragstext aufgesetzt, oder gilt *rungssitz der Kurie*
(heute: Vatikan),
seine gute Laune etwa meinen Recherchen? Es BAU
wird das Essen sein, das ihm mundet.

»Eine Bestätigung meiner These verschaffte
mir dann Eure ›Tätigkeit‹ für das jetzige Oberhaupt der so fürsorglichen römisch-katholischen
Kirche und die Tatsache, daß Ihr seit einigen Jahren doch ziemlich offen und häufig im Palazzo
Frangipane ein- und ausgeht.«

Mein Bischof lacht: »Nur wegen der guten Küche! Die Küchlein sind einzigartig auf der Welt!«

»Ein Versteckspielen, Eminenz, ist meines Erachtens heute nicht mehr nötig . . .«

»Si vera sunt exposita — wie geht's weiter?« Er wirkt jetzt wieder ernsthaft — oder hat er den Mund nur voll?

»1201 holt sich Innozenz den 25jährigen Mönch Guido aus dem Konvent von Monte Cassino. ›Bruder Guido‹, mit dem nichtssagenden Zusatz: ›Romano‹. Was einigen die Idee eingeben mag, Ihr wäret jüdischer Herkunft — eine Idee, die durch Eure Selbstlosigkeit ja auch ständig aufs neue genährt wird! Ihr durftet vorher auf Kosten der Benediktiner in Bologna studieren — Eure Eminenz fielen nicht auf, zumindest nicht als Angehöriger eines geistlichen Ordens, zu dessen Gelübde Enthaltsamkeit gehört.

Dann wurde der frischgebackene Magister nach Deutschland geschickt, ins Kloster Eberbach im Rheingau, wo er der deutschen Sprache mächtig wird und anschließend dem Wittelsbacher Erzbischof Konrad von Mainz als Administrator dient.

Kaum seid Ihr wieder als ›Verbindungsmann‹ der welfischen Sache in Rom, entdeckt Innozenz Eure Talente. Eurer weiteren Karriere konntet nur noch Ihr selbst im Wege stehen!«

Meine abschließende Bemerkung erheitert meinen Bischof sehr. Er läutet mit seinem Glöcklein nach Ermengarda zwecks Fortsetzung des Mahls.

»Quod erit demonstrandum — aber wir wollten von Euch hören — was unternahmt Ihr, nachdem Ihr Euch von dem alten Gauner so habt über den Löffel balbieren lassen?«

108

Der erste, der in den Speisesaal stürzt, ist unser Emilio. Er kann sich nicht weit von der Tür entfernt befunden haben. Mein gutgelauntes Gegenüber ordnet Wechsel der Weinsorte an, verlangt den besten Toskaner. Ermengarda trägt eine Platte auf, die herrlich duftet: gebackene Kalbsleber im eigenen Schmalz mit gerösteten Speckscheiben und Zwiebelringen, dazu bittere Moosbeeren. Ich bediene mich zaghaft, mein Magen ist solche Mengen nicht gewöhnt, aber mein Bischof langt zu, als habe er drei Tage lang gefastet.

Ebenso zögernd beginne ich nun, wieder von mir selbst zu berichten:

»Ich erinnerte mich des Marschalls der Champagne und begab mich zu ihm, nachdem ich mich vorher auf Coulagny mit dem Notwendigsten ausstaffiert hatte, denn viel hatten die zahlreichen Gläubiger mir nicht gelassen! Ich trat in die Dienste des Herrn Geoffroy de Villehardouin, als sein *secretarius*, denn der Herr betätigt sich neben seinem weltlichen Amte als Historien-Schreiber.

Ich darf ihn nach Venedig begleiten, wo er wegen Schiffsraumes für einen neuen Kreuzzug verhandelt. Da er meinen, so teuer erworbenen Adelstitel: ›Odo Crean of Saint-Liargue‹ lächerlich findet, wendet er unseren jüdischen Familiennamen ›Giratauro‹ ins Englische. Sich einen ›anglosaxon secretary‹ zu halten, gilt als letzte Mode! und so entsteht ›John Turnbull‹.«

Mir ist eigentlich peinsam, über mich und meine Vergangenheit zu reden, aber das schulde ich ihm nun — aus Gründen einer gewissen Parität. Zustatten kommt mir, daß der Wein mir die Zunge lockert. »Sir Geoffroy ist — außer jetzt Ihr, Eminenz — der einzige, der von meiner niedrigen Herkunft weiß, und er hat davon auch nie einen meine Ehre schmälernden Gebrauch gemacht . . .«

Mein Bischof nimmt mir meine Hemmung. Er hebt sein Glas: »Da es nun ans Tageslicht kommt, daß wir beide uns ungewöhnlicher — im Sinne von ›nicht gewöhnlicher‹ Geburt erfreuen, wollen wir sie auch hochhalten — ›Laude alle potte‹!« Ich proste ihm zu »Beato chi le fotte!« (lieber leicht vulgär und offen, als fein und tückisch!) und fahre fort:

Vox obscena — ein Lob den Mösen! Selig, wer sie aufs Kreuz legt!

»Ungefähr zu der Zeit trifft eine Gesandtschaft des Papstes in Konstantinopel ein, um die ›Wiedervereinigung‹ der Kirchen zu diskutieren. Den päpstlichen Abgesandten, darunter im zweiten Glied ein gewisser Monsignore Della Porta, wird schnell klar, daß es sich bei den Gesprächen um reine Augenauswischerei handelt. Der Patriarch von Konstantinopel denkt gar nicht daran, sich dem Papst zu unterstellen, und etwas anderes versteht Innozenz nicht unter der Beendigung des nun schon 150 Jahre andauernden Schismas. Die ›Päpstlichen‹ reisen wieder ab, reich beschenkt. Doch am Tag darauf kann der entthronte Alexios junior aus seinem Kerker entfliehen.Allerdings begibt er sich nicht nach Rom, sondern zu seinem Schwager Philipp nach Deutschland . . .«

BYZ

DOK

Alexios IV von Byzanz, BYZ

»Ich erinnere mich«, fügt mein Bischof vergnügt hinzu. »Es war meine erste Bestechung! Über-

110

haupt, es war meine erste Auslandsmission im Auftrag des Heiligen Vaters. Innozenz hatte sich — neben der verkrusteten und verfilzten Kurie und dem verknöcherten Cardinalskollegium — ein schlagkräftiges ›Cabinet‹ junger, energischer, auf ihn allein eingeschworener Mitarbeiter rekrutiert. Ich war bei weitem der jüngste. Da hieß es nicht mehr: ›ora et labora‹, sondern: ›cogitate audacter — prudentes agite‹!«

Bete und arbeite! Denkt kühn, handelt klug! Jetzt und immer!

»Nunc et semper!« unterbinde ich sein Loblied auf die Zöglinge dieser Akademie subversiver Künste: »Die Verhandlungen in Venedig lassen sich zäh an. Der Doge erweist sich als harter Brocken. Nach außen gibt sich der alte Fuchs von unschlagbarer Frömmigkeit, bei der Nennung des Namens Jerusalem kommen ihm jedesmal die Tränen, vor allem in der Öffentlichkeit.«

DTR

»Ich möchte mal auf beiden Augen so herzerweichend weinen können wie Enrico Dandolo auf einem. Das andere hatte er bei einem Streit in Konstantinopel verloren — daher sein Groll!«

»Was ihn nicht hindert, uns eine gesalzene Rechnung aufzumachen. Und dann kommt noch der dicke Hammer: Die Serenissima ist — erfüllt von christlichem Glaubenseifer, ›Nächstenliebe‹ verkneift er sich gerade noch — bereit, weitere 50 Schiffe auf eigene Kosten auszurüsten, zu bemannen und dem Unternehmen beizugeben —.«

Für den Transport von 4500 Rossen und 9000 Knappen, 4500 Rittern und 20 000 Mann zu Fuß einschließlich 9 Monate Verpflegung berechnete er: 5 Mark pro Pferd und 2 Mark pro Mann, macht alles zusammen 89 500 Mark.

»Dessen Führung«, ergänzt mich mein Bischof, »er, ›ein alter Mann‹, zu übernehmen sich aufopfern wird!«

Synonym für die Republik Venedig

»Und erwartet dafür nicht mehr«, fahre ich fort, »als Gottes Lohn und die Hälfte aller Eroberungen und Erwerbungen während und in Folge des Kreuzzuges.

Ich rede die ganze Nacht beschwörend auf Sire Geoffroy ein, sich nicht erpressen zu lassen, doch er macht mir begreiflich, daß er auf keinen Fall mit leeren Händen zu seinen Bundesgenossen zurückkehren darf. Ich berichte ihm, daß die Venezianer heimlich mit einer Gesandtschaft des Sultans verhandeln, die seit Tagen vor unseren Augen verborgen gehalten wird.«

»Die Serenissima wollte nimmer ihre Niederlassungen im Herrschaftsbereich des Islam gefährden, wie auch dem Sultan daran lag, daß der florierende Handel keine Störungen erfuhr. Nie wollten Euch die Venezianer nach Ägypten bringen!«

Mein Bischof vergnügt sich bei der Erinnerung an unsere Naivität.

»Meine Warnungen sind vergebens. Am nächsten Tag unterschreibt mein Herr das Abkommen, dessen Einhaltung von beiden Seiten tränenreich beschworen wird...« Meines Bischofs Grinsen macht mich wütend. »Dandolo läßt sich die Vereinbarung von Bonifacius garantieren, und die Falle ist gestellt. Wieviel erhält der päpstliche Geheimkurier, persona di fiducia! für seinen Segen?«

Mein Bischof beantwortet mir die Frage nicht, und so fahre ich fort in meiner kleinen Inquisition: »Der Verlockung leichter Beute folgt die Zahlungsunfähigkeit der Kreuzfahrer (von wem herbeigeführt, Eminenz?), dann die Erpressung...« Mein Bischof bleibt ungerührt. »Ihr reichtet der Serenissima den berühmten kleinen Finger...« Über soviel Dummheit kann er nur lachen!

112

»Und Ihr sorgtet dafür, diesmal im Sold des Staufers, daß eine Hand die andere wusch ...«

Philipp v. Schwaben, DTR

»Wenn schon nicht das Heilige Land oder wenigstens Ägypten, dann eben gegen das perfide Ostrom.«

»Aber das waren doch Christen!«

»Schismatische!« Mein Bischof ist voller Spott für meine moralischen Bedenken. »Keiner war dagegen!«

»Nur ein einziger hat protestiert«, muß ich kleinlaut eingestehen. »Man sei aufgebrochen, um gegen die Ungläubigen zu kämpfen, nicht aber christliche Länder und Städte zu erobern.«

»Das war Simon de Montfort.« Mein Bischof zeigt gute Erinnerung.

CAP/PLA

»Etliche reisen ab«, gebe ich deprimiert zu, »andere werden von Venedig mit ›güldenen Gabeln‹ bestochen ...«

»Bei den meisten war dieser Fingerzeig nicht nötig: Das reiche Byzanz gilt seit Beginn des Ersten Kreuzzuges als Hemmschuh aller Unternehmungen zur Rettung Jerusalems, und dann winkte schließlich fette Beute — bei Halbierung der Strecke, der Strapazen und der Gefährdungen.«

Mein Bischof ist auch nachträglich mit sich und seiner Rolle zufrieden. »Der Papst meldet nur lau Bedenken an, ermahnt, ›keine Christen zu töten‹«, erinnere ich mich weiter. »Cum grano salis — da habt Ihr seine Menschlichkeit in ihrer alles umfassenden, vorausschauenden Güte!« Ich fahre fort:

»Alexios unterzeichnet feierlich den Vertrag mit seinen Verbündeten, und die Flotte segelt los ...«

Aufforderung, sich nunmehr zu bedienen: Das verfeinerte Tischbesteck, dessen Gebrauch angeblich die byzantinische Prinzessin Teodora Dukas den Venezianern um 1170 beigebracht haben soll, hatten die tüchtigen Händler der Serenissima sowieso den Kreuzfahrern vorher zu Schleuderpreisen abgenommen, als diese — auf der Lido-Insel interniert — Hungersnot litten.

Mit einer Prise Salz: Eine Sache schmackhaft machen.

»Verpflegung an Bord!« Meines Bischofs vom dunklen Weine geröteten Bäckchen glänzen: »Ermengarda!« Er läutet Sturm. Die Köchin läßt sich nicht aus der Ruhe bringen. Der nächste Gang ist leicht: kaltes Gurkenmus mit geschrotetem Cumino gewurzt und mit gehackten Haselnüssen bestreut. Dazu knabbert man Fenchelstrünke. Die Aufnahmefähigkeit meines Magens ist an ihrem Ende angelangt, er ist dankbar für die kleine Verschnaufpause, auch wenn diesem Zwischengericht Blähungen nachgesagt werden.

»Auf gen Constantinopel!« Mein Bischof hebt sein Glas.

Ich folge: »Der neue Kaiser Alexios IV muß feststellen, daß die Kassen der reichsten Stadt der Welt leer sind. Die Einführung neuer Steuern, um wenigstens den Unterhalt seiner Freunde zu zahlen, machen ihn unpopulär. Auch stößt er auf trotzigen Widerstand bei seiner Geistlichkeit, als er jetzt versucht, Monsignore stets beratend (und überwachend) zur Seite, römisch-katholische Riten in den Kirchen einzuführen. Den Rest besorgen die Kreuzfahrer: Betrunkene Franzosen legen einen ganzen Stadtteil in Schutt und Asche, als sie − endlich ein handfester Akt des Kampfes gegen den Islam − die Moschee der Stadt niederbrennen.

Die aufgebrachte Bevölkerung hackt die Statue der Göttin Athene, ein Meisterwerk des Phidias, in Stücke, weil sie den Fremdlingen willkommen zuzuwinken scheint, und stürmt dann den Palast. Alexios wird unbeklagt erdrosselt.

Seine Freunde, die Kreuzfahrer, rühren keinen Finger.«

»Sie beraten im Feldlager vor der Stadt«, ergänzt mich mein Bischof, »wer von ihnen Kaiser werden soll und wie die Beute aufzuteilen sei. Der abwesende Philipp von Schwaben scheitert am Widerstand aller. Bonifazius von Montferrat ist dem Legaten zu stauferisch, dem Dogen zu ehrgeizig, so einigt man sich erst mal auf den Verteilerschlüssel: Dem noch zu ernennenden Kaiser wird ein Viertel zugestanden, der Rest geht zur Hälfte an Venedig und zur Hälfte an den Kreuzzug.«

»Nur Bonifaz bekommt etwas mehr«, erinnere ich. »Er hat sich spät, aber nicht zu spät, der Dienste seines ›Vetters‹, des Herrn Della Porta, versichert, dafür geht Euer Herr Papst leer aus!«

»Jeder ist sich selbst der nächste!« Mein Bischof lädt erst sich, dann mir nochmals einen dicken Schlag von dem Gurkenmus in die Schale. Sein Appetit ist grenzenlos, von der Natur unterstützt durch eine Körperfülle, die sich mit seiner Gefräßigkeit aufs harmonischste ergänzt. Ich bewundere diese Symbiose.

ORE PLENO NON DECET ...

Mit vollem Mund spricht man nicht (schlecht vom Essen).

»Dann wird die Stadt für drei Tage zur Plünderung freigegeben ... —«, schmatzt mein Bischof. »Was nun geschieht, hat in der Geschichte nicht seinesgleichen, diktierte mir mein Herr, der sonst so besonnene de Villehardouin, aufgebracht in seine Aufzeichnungen des schrecklichen Geschehens.«

Neun Jahrhunderte war Constantinopel die Hauptstadt abendländischer Zivilisation. Die große Stadt war angefüllt mit Meisterwerken der hellenischen Antike, was die Ve-

nezianer als einzige zu schätzen wußten. Mit Bedacht räumten sie die Paläste aus, ganze Schiffsladungen monumentaler Kunstwerke, Kirchenschätze, Bibliotheken gingen wohlverpackt nach Venedig.

Die Franzosen waren wie von Sinnen. In wilder Zerstörungswut zerschlogen sie alles, was glänzte, rissen in Stücke, was sie nicht wegschleppen konnten, in der Hagia Sophia soffen sie aus den Altarkelchen und setzten eine nackte Hure auf den Thron der Patriarchen. Sie schändeten Nonnen in den Klöstern, zerschmetterten Statuen wie die Hirne von Kindern, erstachen wahllos, wessen sie habhaft wurden, zertrampelten Bücher und Porzellan... Die Sterbenden lagen in den Straßen, Brände brachen aus. Drei Tage währte das Inferno und danach war Constantinopel ein einziger Trümmerhaufen...

die ungarische Kaiserin-Mutter Margarete

BYZ

»Wenn Kreuzfahrer zur Hölle fahren würden, hätten wir den Teufel auf Erden!« (Zwischenbemerkung meines Bischofs.)

»Die Führer des Kreuzzuges, die edlen Herren, sitzen derweil in den beschlagnahmten Palästen. Als die vorgegebene Zeit um ist, werden ein paar uneinsichtige Plünderer gehängt, der Rest aus der Stadt gejagt. Den Führern des Kreuzzuges blutet das Herz, weniger über den Vandalismus, mit dem ihre Truppen gehaust hatten, als über das Ausmaß von soviel sinnloser Zerstörung! Doch selbst jetzt konnte niemand auch nur annähernd das Gold und Silber zählen, das Geschirr und die Juwelen, die seidenen und golddurchwirkten Stoffe, das Grauwerk, Silberfuchs und Hermelin. Seit Erschaffung der Welt ist noch niemals soviel in einer einzigen Stadt erbeutet worden!«

Ermengarda räumt das Gurkenmus ab und serviert überbackenen Hirtenkäse auf Rosmarinwecken. Mir wird schlecht. Wie Steine fühle ich die zähen Klumpen durch mein Gedärm in die Tiefe meines Bauches plumpsen. Ich sehne mich nach dem stillen Örtchen, wo ich sie gleich weiterbefördern könnte. Aber mein Bischof heißt mich fortzufahren. Ich beeile mich.

»Bonifazius hat die Hoffnung auf den Titel noch immer nicht begraben, hat — auf wessen Anraten eigentlich? — die Witwe des Isaak gerettet und unverzüglich geheiratet. Doch auch dieser Schachzug — eigentlich vorauszusehen, Eminenz? — oder so ›vorgesehen‹? — weicht die Opposition nicht auf. Man einigt sich auf einen schwächeren Aspiranten, vornehm und reich, Graf Balduin IX von Flandern.

Damit fällt die Besetzung des Patriarchenthrons den Venezianern zu. Monsignore Della Porta reist ab, unter Protest. Warum habt Ihr Bonifaz *und* den Papst verraten?«

»Wie kann man einen Staufer verraten?«

»Ein Papist spielt die Karte Venedigs?«

»Aliusque et idem — wo ist der Unterschied? Ein Staufer auf dem Thron von Byzanz kam nicht in Frage. Das zu verhindern, war meine Aufgabe. Ich habe zumindest zu ihrer Erfüllung beigetragen. Zufällig behagte das auch der Serenissima — do ut des! Ich habe kein Armutsgelübde abgelegt!«

Gleich und doch anders! (Horaz)

Gib, damit dir gegeben wird.

»Die Serenissima vergoldet Euch Euren Abgang. Die für Euch eigens zur Verfügung gestellte Triäre ist über Bord beladen mit wertvollem Beutegut.«

Wir trinken.

Concoctio efficax ...

Eine gute Verdauung erhöht den Genuß

»Rom erreicht Monsignore mit leeren Händen. Erschüttert berichtet er seinem Herrn Papst seine Version von dem, was vorgefallen ist.«

Mein Bischof hat kein schlechtes Gewissen — und ich muß so dringend zur Erleichterung meiner Notdurft.

»Durch seinen Legaten hatte Innozenz im ersten Überschwang über die Vernichtung des Erzfeindes dem neuen Kaiser seine Glückwünsche übermitteln lassen«, plaudert mein Bischof ungerührt meiner Pein.

»Erst jetzt erkennt er, wie total die Venezianer

Pierre de Saint-Michel, ROM

den Kreuzzug übers Ohr gehauen haben und wie der Heilige Stuhl schmählich ›übergangen‹ worden ist. Er schäumt vor Zorn, als er auch noch hören muß, daß sein Legat jeden der Teilnehmer vom Gelübde der Weiterfahrt nach Ägypten entbunden hat.«

Ich ergreife hastig wieder das Wort:

»Innozenz dankt Monsignore für seinen selbstlosen Einsatz — spätestens jetzt ist Euch ein Bischofsstuhl sicher, Eminenz! Der Papst zieht Bilanz:

Die Zerstörung — und die bedauernswerten Umstände — sind von Übel, aber waren unvermeidlich im Rahmen der Bestrafung der ›Civitas diu profana‹, der gottlosen Stadt. Daß aber nicht ›Er‹, sondern Balduin freizügig Landschaften und griechische Inseln verteilt, daß nicht ›Er‹, sondern die Serenissima den Patriarchen eingesetzt hat, das läßt ihn gelb werden vor galliger Wut.«

»Es lief nur nicht alles nach Plan. Der Weltenlenker folgte den Anweisungen seines Vicarius weder genau, noch gehorsam! Das Wild ward zwar erlegt, nur die Beute, die teilten sich andere.« Man spürt bei jedem Wort noch jetzt, wie leid es meinem Bischof ist — und ich spüre den Druck in meinem Arsch, der sich kaum noch bändigen läßt.

»Mein Herr, Geoffroy de Villehardouin, erhält weite Teile des Peloponnes und darf sich nun ›Fürst von Achaia‹ nennen. In einer Anwandlung von Großmut und unter der Bedingung, daß er mir weiterhin seine Erinnerungen diktieren kann, bietet er mir, den Titel darf ich mir selbst auswählen, ein lukratives Lehen in der Umgebung an.

Ich wähle bescheiden — und als Remineszenz an das Heilige Land, das wir nicht hatten sehen sollen — den eines ›Chevalier du Mont-Sion‹. OKZ Da mein Lehnsherr offensichtlich vorhat, auch noch die weitere Geschichte des neuen ›Imperiums von Romania‹ aufzuzeichnen, die Schreiberei also kein Ende nimmt, erfinde ich Gründe, in meine Heimat zurückkehren zu müssen, setze einen Verwalter ein und verlasse ein Jahr später Griechenland. Meine Einkünfte versprechen mir zukünftig ein Leben ohne materielle Sorgen.«

»Interessant«, sagt mein Bischof voller Genuß, »nun eilt endlich auf den Ort Eurer Befreiung!« Und ich stürme aus dem Speisesaal, renne fast Emilio über den Haufen, hetze durch die Gänge, bis ich endlich den Hinterausgang erreicht habe, der zu den Hütten führt, die im Küchengarten stehen. Gerade noch geschafft! Ich danke meinem Schöpfer.

AMARUM IN GULAM ...

Darauf einen Bitteren ...

»Interessant«, wiederholt mein Bischof jovial, als ich erleichtert zurück an den Tisch kehre. Emilio räumt die Schüssel und die Pfauenfeder ab, mit der mein Herr sich mittlerweile für neue Nahrungsaufnahme vorbereitet hat. Ermengarda verspritzt Rosenwasser und stellt den Kuchen mit den roten Birnen auf den Tisch, von dem er sich gierig sofort ein großes Stück einverleibt:

»Ich weiß natürlich seit langem von meiner Verwandtschaft mit dem Haus Frangipani«, kommt mein Bischof auf das zurück, was ihn offensichtlich mehr interessiert als seine Rolle in Konstantinopel. »Doch erst mit meiner Investitur zum Bischof befand mich die feine Familie für würdig, von ihr — nicht etwa aufgenommen —, aber zumindest registriert zu werden, geduldet!« Er schnauft. Mißachtung macht meinem Bischof mehr zu schaffen als die Strapazierung seines Körpers.

»Niemand hat sich bislang die Mühe gemacht, sich derart eingehend mit dem armen, dicken Guidone zu befassen.« Sein Schnaufen wird feierlich.

»Gestattet, daß ich Euch von Michaelis an als Chronist besolde und als meinen Vertrauten betrachte!«

Ich wehre bescheiden ab, schiebe auch den angebotenen Kuchen beiseite, nehme aber dankbar den kredenzten Zwetschgensud, der mir feurig durch Schlund und Gedärm rollt.

»Wenn ich auch von mir nie genug kriegen kann«, grunzt mein Bischof selbstironisch. Er nimmt einen tiefen Schluck, schenkt auch mir nach. »Doch wie geht Eure Geschichte weiter? Ein reiches Leben, ein esoterischer Titel?« Er betrachtet mich prüfend: »Du Mont-Sion? — In der Kanzlei des Mainzers lernte ich einen Herren ›von Mont‹ kennen, der letztes Jahr übrigens Bischof von Sitten wurde —?«

»Landrich, Praefectus Vallesiae, ist nicht mein Vater!«

»Ich denke, Ihr habt schon mal von der ›Prieuré de Sion‹ gehört? Solches ›Schem‹ — wie Ihr selbst erwähntet, Dear John, wählt doch kein Sterblicher von ungefähr — Ihr müßt mir darauf nicht antworten, sagt mir lieber, wieso ein solcherart privilegierter Herr wie Ihr, jetzt vor mir mit Feder und Pergamentrolle sitzt, um sich von einem Provinzbischof erzählen zu lassen, was er eh alles besser weiß?«

»In jedem Lebenslauf gibt es weiße Flecken«, räume ich ein, »und wenn Ihr schon um die Existenz des Ordens wißt, dann wißt Ihr auch, worüber einer sprechen kann und worüber nicht. Euch muß genügen, daß mich der Cardinal Giovanni Colonna, den ich in Frankreich kennenlernte, Euch empfohlen hat und daß ich gerne seiner Empfehlung nachgekommen bin. Ich hoffe, Euch zu Eurer Zufriedenheit zu dienen, Eminenz.«

»So wie Ihr sprecht, mein Herr, muß ich annehmen, daß die rührende Beschreibung Eures Elternpaares ins Reich der Phantasie zu verweisen ist, daß vielmehr ›Sang Real‹ in Euren Adern pocht?«

»Aller Adel Romaniens stammt daraus — auch das Haus derer von Montferrat leitet sich so ab. Doch vergessen wir dynastische Verästelungen, sie bringen uns hier — der Bischof und sein secretarius im Gespräch ›sine testimone‹ — nicht vorwärts, und rückwärts zu blicken, lag mir nie!«

»Das lob' ich mir!« Der Bischof hebt sein Glas. »Auf das große Geheimnis: das Blut des Adels!«

»Auf den Adel des Geistes!«

»Ihr schuldet mir noch einen letzten Bericht,

den über Eure Reise in Eure Heimat letztes Jahr —
habt Ihr Eure Alazais wiedergesehen?« Er gießt
uns beiden noch mal ein und lehnt sich behaglich
zurück.

Alpträume (beglei-
ten) den Schlaf
während des Stoff-
wechsels.

INCUBUS SOMNIUM SOMNI METABOLICI

»Eminenz, als Ihr so freundlich wart, mir einen
Besuch im ›Land meiner Väter‹ zu gestatten, und
es mir auch nicht an standesgemäßer Ausrüstung
mangeln ließet, sagte ich Euch nicht, daß ich
schon in Florenz den ›John Turnbull, secretarius
S. E. des Bischofs von Assisi‹ wie einen alten
Mantel abstreifen und in das verbrämte Gewand
des ›Chevaliers Du Mont-Sion‹ schlüpfen wurde.

Nicht, daß ich mich Eures Stemma schämte,
doch es war eine Reise in *meine* Vergangenheit.
Und wer will nicht wenigstens sich selbst beweisen, daß er es zu was gebracht hat.

Denke ich allerdings an das Gefolge, das mich
umgab, als der Chevalier Du Mont-Sion Achaia
verließ, betrat ich den Boden meiner jugendlichen
Schandtaten eher bescheiden. Und wenn ich das
Ende meiner ›Constantinopeliade‹ vor zwei Jahren bedenke, zwei Jahre zu spät.

›Zu spät‹ scheint ein Leitmotiv meines wirren
Lebens geworden zu sein.

Montauban, die Stadt meiner unglücklichen Liebe, lasse ich links liegen und wende meine Schritte
BAU gen Moissac, den Ort, der mich magisch anzog,
obgleich ich mich hätte davor hüten sollen, seine
Mauern zu betreten. Als Reisender aus der Frem-

122

de konnte ich hoffen, unerkannt zu bleiben, und der Bau der gewaltigen Abteikirche, deren wundersam-grausiges Tympanon gerade unter den Händen begnadeter Steinmetzen entstand, bot auch Anlaß genug, meine Neugier zu rechtfertigen.

Doch es gab keinen Grund für meine Befürchtungen: Mein Leben war nicht in Gefahr. Ich sah mich eher ein zweites Mal einem Trümmerhaufen gegenüber.

Der alte Bourivan war vor einem Jahr auf seinem Castrum verstorben. »Nach Empfang des Consolamentums« wie mir der katholische Ortspfaffe mit angewidertem Ausdruck zu verstehen gibt »ist seine ketzerische Seele zur Hölle gefahren. Leider hat er zuvor noch.« Er beäugt mich argwöhnisch. Ich hatte so ganz nebenbei nach Bourivan gefragt. Schnell schlage ich das Kreuz. »Leider hat er nun auch sein junges Weib auf dem Gewissen . . .«

»Ist sie tot?« Ich gebe meiner Stimme den gelangweiltesten Ausdruck.

»Nein, schlimmer! Auch sie ist nun eine ›parfaite‹. Die Saat Satans geht hier überall auf, seit die feinen Damen von Foix offen zur Häresie der OKZ Katharer übergetreten sind.

Esclarmonde, die Schwester des Grafen, hat sich von ihrem Bischof, diesem Guilhabert de Castres, persönlich ›trösten‹ lassen, wie diese Hündinnen ihre Taufe nennen, auf ihr Erbe verzichtet, um nun als Feindin des heiligen Sakraments, der Kirche zum Trotz, als perfekte ›Reine‹ zu leben. Beatrice von Bezier . . .« Ich beende seinen Redeschwall durch eine wohlbemessene Gabe und lasse

OKZ

Esclarmonde von Foix war nicht die leibliche Schwester des »Grafen« (Vicomte von Carcassonne), sondern seine Nichte. Ihr gemeinsamer katharischer Glaube machte sie zu »Geschwistern.«
OKZ

mir von anderen den Weg zum Castrum der Bourivans zeigen.

Das Gemäuer befand sich in einem erbarmungswürdigen Zustand, das Tor hätte keinem ernsthaften Angriff standgehalten. Enten und Gänse im Schlamm des ungepflasterten Hofes. Ich lasse mich unter einem Namen, der hier und jetzt nichts zur Sache tut, bei der Herrin des Hauses melden.

Um es weiterhin kurz zu halten: Ich werde nicht empfangen. Ich kenne ihren Dickschädel. Es ist ja noch keine fünf Jahre her, daß ich versucht habe, lateinische Grammatik und arabische Algebra in ihn hineinzuzwängen. Enttäuscht und verärgert begebe ich mich zu einer Taverne, die mir am Dorfeingang aufgefallen war und die mir ein Minimum an Gastlichkeit versprach. Pferde sind inzwischen davor angebunden. Sie sind prunkvoll aufgezäumt. Ich erkenne das Signum päpstlicher Legaten. Und draußen lagert ein stattliches Gefolge, zahlreiche Bewaffnete eingeschlossen, deren Hauptmann mich nach prüfendem Blick eintreten läßt: Ich bin unbewaffnet.

ROM Im Innern tagt der Herr Pierre de Castelnau, Legat Seiner Heiligkeit, an einem Tisch mit zwei betont ärmlich gekleideten Mönchen. Dunkle härene Kutten und ebenso dunkle, stechende Augen.

Diego d'Azevedo (Bischof z. V. = ohne Bistum), ROM »Der Bischof von Osman — ad instar! Sein Bistum gibt es nur auf dem Papier«, läßt mich der Wirt flüsternd wissen, als ich mir — gleich ein Goldstück in seine Hand — einen Tisch in »Hörweite« habe zugestehen lassen. »Der andere ist der Domingo, sein Subprior, der . . .« Ich nicke uninteressiert und lasse ihn auftragen. Von diesem

124

Domingo Guzman de Caleruega, aus uralter spanischer Adelsfamilie, hatte ich schon gehört. Jetzt versuche ich mitzubekommen, was er zu sagen hat.

Es sind nur Wortfetzen, denn von einigen erregten Ausbrüchen abgesehen, scheint die Debatte konspirativ, das Wort führt jedenfalls der Spanier: »So wie Ihr auftretet, Luxus, eitle Pracht, nie werden sie Euch folgen! Genau das protzige Rom, das den Herrn verraten hat, das sie anwidert, das sie ignorieren. Wenn Ihr nicht herabsteigt von Euren kostbaren Sänften, auf die Erde zu ihnen, zu Fuß, werdet Ihr kein Ohr finden. Seht Euch doch die Ketzerpriester an, genau an, statt hochmütig, gehässig über sie hinweg oder hinter ihnen herzuschauen!«

»Soll ich diese Jammergestalten etwa nachäffen?« empört sich jetzt Castelnau, »soll ich den Heiligen Vater im weißen Nachtgewand und Sandalen vertreten?« »In Lumpen und barfuß!« weist ihn Domenikus zurecht, »wenn es sein muß!«

Dieser Mönch hat Mut, so mit einem Legaten ins Gericht zu gehen. Er verfügt über eine Autorität, die jeden Widerspruch im Keim erstickt: »Was für unsere Heilige Kirche zählt, und da weiß ich mich mit unserem hochverehrten Herrn Papst völlig einig, ist Erfolg!« Er nimmt seine Stimme wieder etwas herunter, schon um den Legaten nicht völlig zu verschrecken. »Wichtig ist nicht, wie wir den Erfolg erreichen, wichtig ist, daß sie uns überhaupt wieder anhören. Mutatis mutandis! Dann ist es immer noch die Frage der Kraft unserer Predigt, der Überzeugung durch die besseren Argumente, daß wir der einzig wahren Lehre, der unse-

Domenikus, der spätere Begründer des Domenikerordens hatte sich gegen den ausdrücklichen Befehl des Papstes in die Re-Missionierung Südfrankreichs eingemischt, anstatt sich in sein spanisches Bistum von Osman zu begeben, das in die Hände der Mauren gefallen war.

Ändern, was zu ändern ist.

rer alleinigen Mutter, der ecclesia catolica, wieder zum Sieg verhelfen —.«

»Sie wollen nicht hören«, läßt Castelnau resigniert vernehmen.

»Erst wenn wir wirklich alles versucht haben, dürfen wir sagen: Sie wollen nicht hören, Herr Legatus. Und wenn sie dann wirklich in Verstocktheit verharren, dürfen wir sie die Strenge, den Stock spüren lassen!«

»Warum nicht gleich das argumentum baculinum!« begehrt der solchermaßen Belehrte auf. »Warum sollen wir noch länger hinnehmen, daß die Heimstatt Christi als ›Hure‹ und ›Teufelsweib‹ verspottet wird?«

»Auch der Herr ertrug Spott und Hohn, bevor er glorreich wiederauferstand«, läßt sich jetzt der Erzabt von Citeaux vernehmen: »Wenn wir genug der Opfer gebracht haben, wird uns der Herr ein Zeichen geben, daß wir sein Reich auf diesem Stück Erde wieder errichten. Adversus hostem aeterna auctoritas!«

ROM

gegen den Eindringling das ewige Recht des Besitzers

Arnold, der düstere Erzabt der Zisterzienser war dem Legaten von Innozenz beigegeben worden, als dieser mutlos seine Mission aufgeben wollte.

Gottes Zorn – Sein Tag wird kommen!

Er gibt sich wenig Mühe, seine Geringschätzung für den Schwächling zu verbergen.

»Und es wird mit Feuer und Schwert geschehen! Das versichere ich Euch, und danach wird es keine Häresie mehr geben!«

Das waren endlich Worte nach des Legaten Geschmack. »Nur verbrannte Ketzer sind gute Ketzer«, knurrt er zustimmend. »Dies adveniat irae Dei!«

Mir reicht das Gehörte, ich verlasse die Taverne und reite zurück zum Castrum.

Ich muß sie warnen. Soll ich um ihre Hand anhalten, sie mit mir nehmen? Tausend Möglichkeiten schwirren mir durch den Kopf, nachdem ich dem alten Majordomus mitgeteilt habe, daß ich die Dame ein zweites Mal um ein Gespräch ersuche. Man läßt mich lange warten.

Ich starre die schmale Freitreppe hoch, die zum Donjon, dem befestigten Wohnturm, hinaufführt.

aus der normannischen Burgbauweise übernommen

Ich sehe sie, ihren gertenschlanken Leib, ihr schmales, knabenhaftes Gesicht unverändert, in der Tür erscheinen, an der Hand hält sie das Kind – ein Junge, ein Mädchen? Nein, sie ist ohne Kind. Es ist in guten Händen, bei den Gutmännern wird es erzogen. Sie trägt das weiße lange Gewand der ›parfaites‹, lächelt über meine Befürchtungen, wie sie damals über meine Angst lachte, entdeckt zu werden.

›Bon hommes‹ war ein weiterer Ausdruck für die ›Vollkommenen‹, d. h. jene Katharer, die einen priesterähnlichen Status erreicht hatten.

Nein, um ihre Hand brauche ich sie nicht zu bitten, sie ist jetzt eine ›Reine‹, sie wird weder Lager noch Namen mit mir teilen. »Was? Diesen lächerlichen Namen ›Odo Crean de Saint Liargue‹ – in dem auch noch ein ›Saint‹ vorkommt! Eher will ich sterben! Ich habe das Consolamentum genommen, ich habe nichts mehr zu befürchten.« »Du mußt diesen Ort hier verlassen, wenn nicht um Deinetwillen, dann um das Leben Deines Kindes!«

Sterbetröstung der Katharer, nach der keine Nahrung mehr aufgenommen wurde.

»Was kümmert Dich mein Sohn!« Aha, also ein Sohn! »Er trägt den Namen seines Vaters, für ihn ist Sorge getragen.« Ich möchte auf sie zugehen, sie umarmen, die Treppe hinaufstürmen, in jene wilde Leidenschaft verfallen. Ich stehe wie angewachsen, die Frage kommt mir nicht über die Lippen, sie ahnt, was mich bewegt. Bevor sie die Tür wieder schließt, schenkt sie mir ein letztes Lächeln. Es blitzt aus ihren Augen: »Ich habe ihn Crean genannt!«

»Die Dame bedauert, nicht empfangen zu können.« Der alte Majordomus reißt mich aus meinen Träumen, die Tür dort oben bleibt geschlossen. »Ihr möchtet Euch bitte nicht weiter bemühen!« Ich wende mich grußlos ab.

In Montpellier suche ich den alten Notarius auf, der damals meine Angelegenheiten mit Sir Archibald ordnete und den ich als gewissenhaften, honorigen Mann in Erinnerung behalten habe. Ihm überlasse ich es, die ›Perfekte‹ zu überzeugen, daß sich über den Katharern eine dunkle Wolke zusammenzieht, daß es nicht mehr lange dauern wird, und es werden die ersten Blitze zucken, und sie werden alles in Brand setzen. Eine Feuersbrunst ohnegleichen!

»Sie wird nicht hören«, klärt mich der Notarius auf. Es liegt kein Bedauern in seiner Stimme. Er ist Sachwalter. Ich übergebe ihm eine reichliche Summe mit der Maßgabe, sie dafür zu verwenden, daß Mutter und Kind unter sicherem Geleit Achaia erreichen können. Dann trete ich mein Erbe, mein griechisches Lehen an ihren Sohn ab. Er heißt natürlich nicht Crean, sondern Raoul, wie mir der Notarius versichert, der an meiner Geschichte seinerseits Anteil genommen hatte, auch über mein Weggehen hinaus. Ich empfehle die Dame seiner Mühewaltung, den Knaben Raoul seiner Obhut. Als ich ihn verlasse, bin ich nicht erleichtert. Was konnte ich mehr unternehmen? Die

Zukunft lastet auf ihnen, und sie sehen es nicht. Ich aber kehre heim in das vergleichsweise unbeschwerte Assisi und kann nicht helfen.

CONIURATIO CORONAT CONSENSUS

Eine Verschwörung krönt das gute Einvernehmen

»Ich auch nicht«, sagt mein Bischof. Es klingt nach Teilnahme. »Ich darf es nicht einmal anhören . . .«

»Ich wollte Euch nicht in Gewissenskonflikte stürzen«, beteuere ich. »Ich werde nie wieder . . .«

Der Bischof hebt die Hand, mir Schweigen gebietend.

»Mein Gewissen ist weit, wie Ihr ja schon festgestellt habt. Meine Wißbegierde ist noch viel größer. Ich schlage vor, wir schreiben von nun an uns gegenseitig alles auf, in absoluter Freiheit der Feder?«

»Und laufen Gefahr, entdeckt zu werden?« wende ich ein, gleichzeitig entzückt von solcher Gefährdung.

»Wir werden es verstecken!« Mein Bischof wird für einen Augenblick wieder zum jungen Mann des Abenteuers. In seinem imposanten Körper lebt schließlich die Seele eines Jünglings, der erst 32 Lenze gesehen hat. »Ich werde Dir zeigen, wo es einen Aufbewahrungsort gibt, den niemand zu finden vermag!«

Er ist ganz aufgeregt. Wir nehmen unsere Gläser, es ist schon tief in der Nacht, und steigen mit Fackeln in den Händen die Treppe hinab zur Küche und von da aus in den Keller und noch tiefer, in die ›Katakomben‹.

»Ich schlage vor«, mein Bischof atmet schwer, als wir endlich an dem Ort, wohl die Mauern der Villa des berühmten römischen Dichters, angelangt sind, »wir schreiben eine Art Diarium. Jeder trägt das dazu bei, was ihm wichtig, wesentlich erscheint — der andere kann es lesen, muß aber nicht darauf eingehen.«

»Verführerisches Unterfangen«, sage ich aus vollster Überzeugung, »die Nachwelt wird sich wundern!«

»Mit Deinem Bericht ›in fiduciam‹ machen wir gleich den Anfang — und mein ›curriculum vitae episcopi‹ fügen wir auch hinzu.«

»Ich verstehe«, grinse ich im Dunkeln. »Es wird ein Mausoleum für unliebsame Fakten. Alles, was Euch nicht behagt, wird hier begraben?«

»Aber schließlich nicht vernichtet«, tröstet mich mein Bischof. »Das ist für ketzerisches Gedankengut immer noch besser, als in die Verhörprotokolle der Inquisition aufgenommen zu werden. Bessern sich dereinst die Zeiten, können wir es immer noch veröffentlichen!« Das flackernde Licht der Fackeln verleiht ihm dämonische Züge — ein dicker Freßgott der Antike!

»Wir sollten vielleicht auch den weiteren Lebensweg dieses Bernardone . . .?«

Wasserschlucker »Aquae potoribus!« schnauft der Herr geringschätzig. »Aber Dir steht ja frei zu schreiben, was und über wen Du willst. Ich denke, es gibt bedeutendere Zeitgenossen!«

»Ich werde meinen Bischof nicht vernachlässigen.«

»Als erstes schreibst Du unser heutiges Gespräch nieder — damit wird das Diarium eröffnet,

130

nenn es ›Tagebuch des Ketzers, des Bischofs und des Teufels‹!« Er lacht schallend, was in dem dunklen Gewölbe schaurig widerhallt. »Meinetwegen auch: ›und des poverello‹!«

»Diarium Advocati Diaboli!« setze ich dagegen. »Das trifft die Situation besser, und Ihr, mein werter Herr, erhaltet auch gleich eine Aufgabe zum Fleiß: Ihr schreibt über den gestrigen Prozeß!« Ich spüre seinerseits alles andere als Begeisterung, doch gilt es ›ab ovo‹, Parität und Disziplin herzustellen. »Auch wenn Euch heute der junge Bernardone ein geringes Objekt erscheinen mag, so ward dem Tribunal doch durch Euch vorgesessen, Euch sah die Welt im Glorienschein des höchsten Richters, Euch, den über alles erhabenen Herrn Bischof! Das gilt es festzuhalten!«

Tagebuch des »Anwalts des Teufels«. Rolle, die bei Seligsprechungen von einem Juristen zu übernehmen ist. (Negativargumentierung)

»Sei's drum«, bescheidet er mich gnädig »Nihil obstat!«

Nichts steht dem entgegen!

Wir trinken unsere Gläser aus, als Zeichen der Besiegelung unseres verschwörerischen Paktes und steigen wieder in die Oberwelt. Wortlos. Wir löschen die Fackeln. Mein Herr Bischof begibt sich in sein Studierzimmer. Ich werde mir das Turmstübchen einrichten. Ich besichtige es noch mitten in der Nacht. Unter mir das dunkle Tal, über mir das schlafende Assisi . . .

V.
DIARIUM ADVOCATI DIABOLI

Argumente des Teufels
(1207-1210)

Die ersten Eintra-gungen in das ge-meinsam geführte Tagebuch. Die hier jeweils an-gegebenen Jahres-zahlen wurden (wohl von John) nachträglich (da ziemlich einheitlich in der Beschriftung) eingesetzt. Die An-gabe des jeweiligen Verfassers erfolgte — der besseren Über-sicht halber — durch den Hrsg.

ANNO DOMINI 1207

ERSTER EINTRAG JOHN

Eminenz,

das Theaterstück von S. M. del Vescovado ver-lagert sich als opera buffa ins Freie. Um unseren Nackten zu kleiden, haben wir abgelegte Klei-der von Emilio, dem Gärtner, gefunden, ein al-tes Hemd und einen zerlöcherten Mantel. Eure Damaststola habe ich mir erlaubt wieder einzu-ziehen.

Frances hat den Plunder dankbar in Empfang genommen und sogleich mit Kreide ein Kreuz dar-auf gemalt.

So zieht er von dannen, angeblich um in Gubbio bei einem Freund Unterschlupf zu fin-den, den er im Gefängnis von Perugia kennen-gelernt hat. Per Landstraße beträgt die Entfer-nung nicht mal dreißig Meilen, doch er wählt den Weg mitten durch den Wald, fröhlich fran-zösische Lieder vor sich hin trällernd, wie es so seine Art ist.

Natürlich hören das die Räuber und sind nicht schlecht enttäuscht, anstatt fetter, fremdländischer Beute auf unseren Armen aus Assisi zu stoßen. Da Frances keinerlei Geld bei sich hat und sich auch noch als ›Der Herold des großen Königs‹ ausgibt,

134

werden sie ärgerlich, reißen ihm Mantel und Hemd von den Schultern, und als sie immer noch nichts finden, verprügeln sie ihn und werfen ihn in eine Grube.

Aus der haben ihn dann Bauern befreit, die auf dem Weg zum Markt von Foligno waren und die Geschichte so erzählten.

Erster Eintrag Guido

Dear John,
inzwischen liegt mir der erste Bericht unseres Benediktinerklosters vor, von dem wir immer die frischen Erdbeeren beziehen. Dort ist Francesco wohl unmittelbar nach Deiner Räuberepisode aufgetaucht. Für Bruder Pförtner ein mehr verdächtiges als hilfsbedürftiges Subjekt.

Er wird in die Küche gesteckt, wo er mit seinen feinen Händen sicher zu nichts nutze ist, also hat man ihn wieder rausgeworfen. Er hat dann schließlich Gubbio erreicht, wo ihn tatsächlich sein früherer Zellengenosse, der Graf Spadalunga (mit dem bin ich nun wirklich nicht verwandt!) gastfreundlich aufnimmt und ihn mit Kleidung versorgt. Und was macht Francesco?

Er begibt sich schnurstracks ins nächste Leprosenheim: de facto von allen Offerten, die das irdische Dasein für uns bereithält, die widerwärtigste! Dort betätigt er sich als heiliger Lazarus. Schlimmer noch: er zerschneidet den geschenkten Mantel, um Binden daraus zu fertigen.

Für mich schießt Francesco in seiner Nachah-

(oder vielleicht doch!) Mit seinem dortigen Kollegen, dem seit 1206 amtierenden Villano hat Guido — wie Francesco — zeitlebens ein vertrauliches Verhältnis.

mung des Jesus Christus weit über das Ziel hinaus.

Sich als Kerngesunder unter die Aussätzigen zu begeben, zeugt entweder von ausgebrochenem Wahnsinn — oder von krankhafter Selbstdarstellungssucht.

Oder — ist solcher Dienst am Mitmenschen eine Form wahrlich christlicher Nächstenliebe, von der wir uns so weit entfernt haben?

Mehr Demut, Bischof!

Zweiter Eintrag John

Eminenz,
Demut vor dem Herrn, nicht jedoch vor seinen selbsternannten Vertretern, hat noch keinem geschadet, doch wie ist es mit der Toleranz bestellt?

Die Kirche Roms mit ihrem ›alleinseligmachenden‹ Anspruch läßt diese Freiheit des ›anderen‹ Gedankens kraß vermissen. Freunde aus der Heimat klagen über zunehmende Pression auf den Glauben — ihren Glauben. Zu den päpstlichen Legaten, die erfolglos durch Romanien ziehen, hat sich jetzt dieser Spaniel, dieser Domenicus, gesellt.

›Canes Domini‹ nennen sich die auf ihn und unsere Vernichtung eingeschworenen Mönche: ›Hunde des Herrn!‹ Noch lassen sie sich zu Diskussionen herbei, aber die Drohung der gezückten Waffe schimmert immer unverhohlener durch. Sie sprechen von ›Herausforderung‹, dabei ist es ihr Auftreten, das provoziert.

Pamiers, in der Grafschaft Foix, ist seit drei Jahren der Witwensitz Esclarmondes.

N'Esclarmunda, vostre noms signifia
Que vos donatz clardat al mon per ver
Et etz monda, que no fes non dever:
Aitals etz plan com al ric nom tanhia.
(Guillem de Montanhagol)

Esclarmonde, Euer Name bedeutet,
daß Ihr die Welt erleuchtet
und daß Ihr rein seid,
denn Ihr tatet nur das Rechte.
Ihr seid würdig einen so
schönen Namen zu tragen.

Esclarmonde von Foix (die Esclarmunde der Grals-Dichtung) galt als »Schwester« des Vicomte von Carcassonne, dem Trencavel Ramon-Roger, der (uns als Parceval/Parsifal bekannt) die Führung des »katharischen« Widerstandes innehatte. OKZ
Über seine von allen Troubadouren besungene Mutter Adelaide (›Herzeloide‹) von Burlats ist Esclarmonde tatsächlich mit Parsifal verwandt.
Falsch! Den Ausspruch tat der Mönch Etienne de la Misericorde. ROM
29. Mai Esclarmonde verfügt den beschleunigten Ausbau der Festung ›Montségur‹, dessen Grundsteinlegung sie schon 1204 veranlaßt hatte. OKZ

Die Vicomtesse lädt die päpstlichen Legaten und die berühmtesten Cathari zu einer Konferenz. Von Roms Seite nimmt auch Domenicus teil.

Als die Katholischen in die Enge getrieben werden, brechen sie den Disput ab.

Esclarmonde greift selber ein, worauf der Herr von Guzman sie verwarnt: »Madam, Ihr solltet bei Eurer Spindel bleiben! Ihr habt auf einer solchen Versammlung nichts zu suchen!« Peter von Castelnau exkommuniziert die Teilnehmer und belegt die Stadt mit dem Interdikt.

Am Tag des heiligen Maximilian bestätigt der Papst das Urteil seines Legaten und veröffentlicht auszugsweise einen Brief an den Grafen von Toulouse, den obersten Lehnsherrn Esclarmondes, der natürlich auch exkommuniziert wurde.

Ich fürchte Schlimmes, aber das Schlimmste ist, daß meine Landsleute die ungeheure Gefahr nicht sehen, die sich wie eine tiefschwarze Gewitterwolke dräuend über ihren Köpfen zusammenzieht.

Gibt es denn keinen Ausweg!?

Umkehr, Reue wird die Antwort sein.

Ich plädiere für Widerstand.

Demut?

Nur vor Gott!

Ich werde für meine Freunde beten.

Zweiter Eintrag Guido

Dear John,

die Kirche ist eine irdische Macht: das Patrimonium Petri. Nicht zu verwechseln mit den ursprünglichen Intentionen unseres Herrn Jesus Christus, die auch Ihr nicht kennt! Der katholische Glaube dient ihr, und ihr ausschließlich, zur Ausbreitung dieser Macht.

Und nicht umgekehrt!

Wer sich diesem Vehikel entgegenstellt, könnte genausogut seinen bewaffneten Arm gegen den jeweiligen Inhaber des Stuhles Petri erheben. Er muß zwangsläufig abgeschlagen werden — oder die römisch-katholische Kirche ist das Opfer.

Dein Beten wird Dir also nichts helfen, und ich kann Deine Sorgen auch nicht in meine Gebete aufnehmen, bin ich doch Glied dieses Imperiums, kleiner Bolzen dieses dahinrollenden Streitwagens. Dominus providebit.

Unser Francesco ist inzwischen nach Assisi zurückgekehrt, wie mir Emilio, unser Schwamm für Gerüchte und Klatsch, geschwätzig mitgeteilt hat. Sein ›Wohnsitz‹ ist wohl wieder San Damiano, denn er bettelt für Don Tommaso in der Stadt um Öl für die Ewige Lampe der Kirche und um Küchenabfälle für sich selbst, denn er will sich nicht mehr von dem alten Priester verkösigen lassen.

Aussätziger! Zittere, Gottloser, denn Du wirst gezüchtigt werden, der Du es mit den Feinden des wahren Glaubens hältst, Ketzer beschützt und der Christenheit zur Schmach öffentliche Ämter an Juden verleihst. Aber der Zorn des Herrn wird es nicht darauf beruhen lassen. Der Herr wird dich zermalmen! L. S. Innozenz III

Der Herr wird es richten.

138

Er ist zum Gespött der Stadt geworden und zur Schande für seinen Vater.

Seine Mutter Pica hat vor Kummer rotverweinte Augen, nur sein jüngerer Bruder Angelo ASS schätzt die Situation insgeheim, fällt doch das väterliche Tuchgeschäft jetzt wohl an ihn. Mich dauert nur Dona Pica, denn sie liebt ihren Sohn ohne Vorbehalt und muß nun unter der Verbannung leiden, in die sich Francesco freiwillig begeben hat, oder unter dieser unnachgiebigen und endgültigen Bannung der eigenen Familie durch Francesco.

Als oberster Hüter aller Gotteshäuser in und um Assisi kann ich mich nicht beklagen. Nach Abschluß der Reparaturarbeiten von San Damiano widmet sich unser Maurergeselle, Steinmetz und Zimmermann in einer Person jetzt dem Wiederaufbau von San Pietro della Spina, die eben- BAU falls den Benediktinern gehört.

Und das alles kostet den kargen Beutel des Bischofs nichts! Francesco erbettelt jetzt auch Steine. Erst lachen die Leute ihn aus. Als sie dann sehen, wie er die schweren Lasten auf seinem schmalen Rücken nach San Damiano schleppt, werden sie nachdenklich, und bald sieht man den einen oder anderen dort von sich aus eine Fuhre abladen.

Ehre sei Gott!

Lippis notum et tonsoribus: Emilio weiß zu erzählen, daß Francesco jetzt einen Bettler namens Albert mit sich führt, der jedesmal das Kreuzzeichen über ihm schlagen muß, wenn sie zufällig dem alten Bernardone begegnen, der nicht an sich halten kann und seinen Sohn vor aller Ohren

Geschwätz von Triefäugigen und Barbieren

lauthals verflucht. So werden Verwünschungen
zum Segen!

ANNO DOMINI 1208

Erster Eintrag John

Eminenz,
ich kann ›Im Zeichen des Kreuzes‹ keinen Segen
sehen, wenn es wie ein Fluch über ein Land und
dessen Menschen erhoben wird, um schmetternd
niederzufallen, als sei es ›Feuer und Schwert‹.
Drohend wächst der gewaltige Schatten dieses Innozenz und verdunkelt unseren Himmel. Die ›Katharer‹ sind ihm schon immer ein Dorn im Auge
gewesen. Das hat sicher auch etwas mit seiner
Gastritis zu tun. Ihm stößt es sauer auf, daß in Romanien Beten und Dichten eines ist. Die ›Reinen‹
übertragen die ›leys d'amors‹ ins Geistige. Statt
nach Frauengunst trachten sie nach der Erlösung
in Gott, statt Minne suchen sie den Tröster.

Das Gebet der Cathari, dieser betenden Trou-
badoure, ist nur ein Teil des Hymnus auf die lichte
Gottheit, die in einer Symphonie von Farben und
Tönen meiner Heimat täglich vernehmbar ist.

Da sie — wie alle Dichter — sich im Diesseits
fremd fühlen, erstreben sie das bessere Jenseits,
das ›Haus der Lieder‹, wie die Arianer das Licht-
reich Ahuramazdas nennen.

Die Katharer sind sich dieses Paradieses so sicher, daß sie das Erden-Leben bis zum letzten
konsequent ablehnen und es nur als eine Vorbe-

reitungszeit für das wahre Leben ansehen, das sie jenseits der Sterne wissen. Solche Wege zum Paradies, ohne Anleitung oder Vermittlung durch die Kirche, will ein Herrscher wie Innozenz nicht hinnehmen.

Die Nachrichten meiner Freunde werden immer alarmierender.

In verzweifelter Hast befestigen sie ihre Städte, die dessen seit Generationen nicht bedurften, solange in Romanien die Freiheit herrschte. ›El Pog de Mont Segur fo per aital bastiz. Qu'el les pogues defendre.‹ Ausgebaut wird vor allem der Berg, der immer schon als letzter Zufluchtsort bestimmt war, der Montségur.

Wortspiel mit dem Wort ›Pog‹ (Können-Burg); der Munsalvätsch, die Gralsburg (Pog), BAU/OKZ

Er mag vorerst als Sicherheit reichen, aber wie kann er Rettung bringen?

Erster Eintrag Guido

Dear John,
anstatt Schutz für Ketzer herbeizuflehen — ›Unkraut, das es auszureißen gilt mit Stumpf und Stiel, auszubrennen an der Wurzel‹ — (keine Gartenbauanweisung von Emilio, sondern Auszug eines Aufrufs von Innozenz III), nimm Dir lieber ein Beispiel an Francesco!

Vor kurzem hat er Portiuncula, eine Kapelle, *BAU* die Wir längst vergessen hatten, wiederentdeckt. Ihr eigentlicher Name ist Santa Maria degli Ange- *BAU* li, sie soll schon A. D. 352 von Pilgern, die aus Palästina zurückkehrten, erbaut worden sein und gehört nun, wie San Damiano, der Benediktinerabtei auf dem Monte Subasio.

Das von Francesco eingesetzte Spitzbogenge-
wölbe (wie ich es sonst nur in Frankreich sah) ist
eine handwerkliche Meisterleistung. Ich habe es
heimlich, doch eingehend, besichtigt, als ich auf
einem frühmorgendlichen Ausritt vorbeikam und
Francesco in San Damiano wußte.

Deiner häretischen Trutzburg — die stärksten
Wälle werden den Feinden des Glaubens nicht
helfen! — stelle ich das schutzlose Kirchlein entgegen: Seine Mauern brauchen nur ein Dach zu tragen. Sie bergen das Allerheiligste, den Leib des
Herrn.

Gott wird es schüt-
zen Weiterer Befestigung bedarf es nicht, Deus lo
protegit.

Zweiter Eintrag John

Eminenz,
In der Hand Gottes stehen wir alle. Wen er schützt
und wen er verdirbt, ist sein unerforschlicher Rat-
schluß. ›Liebet eure Feinde.‹ Sagte das nicht Jesus
von Nazareth, auf den Ihr Euch so gern beruft?

Schon hat sich Domenicus, der Hetzhund des
BAU Herrn Papstes, lauernd im Kloster Fanjeaux am
Ausgang des Tales niedergelassen, von wo aus er
den Berg der Zuflucht im Auge behalten kann.
Um sich in Geduld zu üben, erfindet er eine Holz-
perlenkette, die ihm erstmal die Köpfe seiner
Feinde ersetzt, die er abzubeißen gedenkt, ›Ro-
senkranz‹ geheißen. Unsere Hoffnung richtet sich
jetzt auf den jungen Staufer Friedrich, der dieses
ROM Jahr mündig wird. Hat ihm nicht Joachim von Fiore eine glanzvolle Zukunft vorausgesagt?

142

›Stupor Mundi?‹

Wird er der große Herrscher sein, der unter seinem Zepter Abendland und Morgenland befriedet und vereint, den dumpf-fanatischen Glaubenseifer der Religionskriege durch ratio ersetzt und die absolut unchristliche Besitzgier, den Machthunger und die Unterdrückung ächtet?

Ich möchte nur noch einen Sieg erleben — und da bin ich mir mit Francesco einig —, den der Liebe!

Zweiter Eintrag Guido

Dear John,
Dein Reich der Liebe ist eine Utopie von Euch Ketzern. Wenn es zum Reich Gottes auf Erden kommen sollte, von dem ich nicht einmal weiß, ob es wünschenswert wäre, dann kann es nur aus dem Schoß und im Schoß der allein seligmachenden Kirche entstehen.

Domenicus ist ihr treuer und zuverlässiger Sohn. Die Erfindung des Rosenkranzes ist eine Gunst, die ihm die allerheiligste Jungfrau Maria gewährt hat. Er dient einzig und allein dazu, bei der Inbrunst der Gebete die Übersicht über deren Anzahl nicht zu verlieren.

Dein unstatthafter Versuch, Francesco für Eure verkommene und auch verlorene Sache einzuspannen, kann diesem nur gefährlich werden. Schmal ist der Grad, auf dem unser junger Schutzbefohlener wandelt. Wenn auch sein Kopf in den Wolken scheint, steht er doch mit beiden Beinen fest auf dem Boden unserer römisch-katholischen Kirche, deren Autorität und Hierarchie bisher von ihm nicht in Zweifel gezogen wurden (wie Du an dem Respekt ersiehst, den er mir stets bezeugt). Und wie, um ihm zu beweisen, daß er sich auf dem rechten Weg befindet, schickt ihm die Gottesmutter, Patronin von Portiuncula, am Tag des hlg. Matthäus einen Mönch vom Monte Subasio, damit er Francesco die Messe liest.

24. Februar

Der predigt über die Aussendungsrede Jesu Christi an seine Jünger nach Matthäus Kapitel 10, Vers 5 und folgende: ›Nicht Gold und Silber sollt ihr auf euren Weg mitnehmen, keine Börse und keinen Bettelsack, kein Brot und keinen Wanderstab. Ihr sollt keine Schuhe besitzen, noch zwei Gewänder haben. So verkündet ihr das Königreich Gottes! Was ihr besitzt: gebt es den Armen! Wer mir nachfolgen will, nehme sein Kreuz auf sich und folge mir nach!‹

DRITTER EINTRAG JOHN

Eminenz,

›Wer Ohren hat zu hören, der höre!‹ Doch Ihr seid taub, und Euer Herz ist versteinert! Das ist wohl die Folge, so lange schon einen festen Platz in der römischen Hierarchie innezuhaben — wie fest eigentlich? — und eine Autorität um sich zu verbreiten, der selbst eine so reine Seele wie Frances den Respekt nicht versagt. Wenn die Zeit seiner Visionen vorbei ist, werden ihm die Augen schon noch aufgehen.

Den angeblichen Benediktinermönch von Monte Subasio kennt dort keiner. Es besteht der berechtigte Verdacht, daß ein durchreisender ›Perfectus‹, also ein Katharer, dem Frances die Leviten gelesen hat, was dem wie eine Offenbarung vorkam.

Unergründlich sind die Wege des Herrn!

Ich darf Euch mitteilen, daß der Heilige Vater dem Abt Nicola von Santa Croce di Sassovivo am Tag des heiligen Felix die Union mit Eurem Kloster Sant' Apollinare del Sambro bestätigt hat. ASS 30. Mai BAU

Ein schwerer Eingriff in Eure Machtbefugnisse, in Euren Besitz.

Und nicht nur das! Er bemäntelt es zwar offiziell als Maßnahme im Rahmen der ›Rekuperationen‹, aber die Formulierung erwähnt ausdrücklich die Begünstigung von ›persone di sua fiducia‹. *Einzug weltlichen, sprich imperialen Besitzes zugunsten des Patrimonums Petri*

Dieses Vertrauen scheint Ihr, Eminenz, nicht mehr zu besitzen.

Der Prior Forte von Sant' Apollinare ist bereits hinter Eurem Rücken verständigt worden. ASS

Dritter Eintrag Guido

Dear John,
wenn es Schläge hagelt, dann fallen sie dicht. Der Papst hat nun auch mich, den Bischof von Assisi, dem Abt von Sassovivo unterstellt!

Keinen Trost bereitet es mir, daß es den Kollegen Egidio von Foligno und Giovanni Toscolani von Perugia ebenso ergangen ist. Nehmen wir es erst mal als reine Formsache und warten ab — die Zeit heilt bekanntlich viele Wunden, denn ver- *Die offizielle Sediatur des Bischofs von Foligno geschah erst im Herbst. Vorangegangen war eine lange Sedisvakanz (seit 1201).* ASS letzt hat mich dieser Vertrauensentzug zugegebenermaßen.

Freuen wir uns mit Francesco, er ist nicht mehr allein, sondern hat einen Gefährten gefunden. Du OFM erinnerst Dich an Bernardo di Quintavalle, den Advocatus, der den klagenden Vater Pietro Bernardone im Prozeß gegen Francesco vertrat? ›Doctor in utroque‹ der Universität zu Bologna, aus niederem, aber angesehenem Adel unserer Stadt, nicht unvermögend.

Für seine Entscheidung hat er sich viel Zeit genommen, doch die Veräußerung seines Besitzes, die ihm Francesco auferlegt hat, war Sache von wenigen Tagen.

12.-16. April (eine Woche nach Ostern = 6.4.)

Francesco geht ihm zur Hand. Auf dem Marktplatz verschleudern die beiden erst allen beweglichen Besitz und dann auch noch das Inventar. Nicht mal eine öffentliche Versteigerung ist angesetzt, Quintavalles Hab und Gut wird zum Schätzwert abgegeben, und den dürfen die Käufer auch noch selbst bestimmen!

Es ist wie eine Plünderung, die Leute schleppen aus dem Palazzo der Quintavalle Teppiche, Leuchter und Möbel, und als alles leer ist, wird auch noch das Haus verkauft.

Das eingehende Geld verteilen die beiden mit vollen Händen an die Armen, die natürlich sofort von überall herbeiströmen.

Welch' eine Verschwendung!

Übrigens, der Prior von Sant' Apollinare weigert sich, dem Dekret des Papstes Folge zu leisten.

Wohl weniger aus lehnspflichtiger Treue mir gegenüber (ich ließ ihm viel Freiheit und hielt die

146

Abgaben wirklich gering) als aus Furcht, von Abt Nicola wie eine Zitrone ausgequetscht zu werden.

Er hat sich mit Villano, dem Bischof von Gubbio, verbündet. Laus deo! <small>ASS</small>

Lob sei Gott!

VIERTER EINTRAG JOHN

Eminenz,
ich sehe mich gezwungen, für Euch die Feder zu führen, denn bedauerlicherweise war Euer Schwertarm auch Euer Schreibarm. Die Zeit heilt viele Wunden, so sicher auch die Eure! Die Bischöfe von Assisi, Perugia und Foligno werden von Innozenz III gezwungen, gemeinsam und ›personaliter‹ den widerspenstigen Prior von Sant' Apollinare ›umzustimmen‹. Mit ihren Reisigen machen sich die sonst untereinander aufs heftigste Zerstrittenen zusammen auf den Weg, werden jedoch noch auf der Straße unterhalb des Klosters von Adligen aus Assisi mit heruntergelassenem Visier überfallen.

Die frommen Herren unterliegen nach kurzer Gegenwehr und treten mehr geprügelt als geschlagen den Rückzug an. Während sie sich noch ihre Wunden lecken (mein Bischof tut sich da vielleicht schwer, denn der Hieb traf ihn von hinten auf die rechte Schulter), rebellieren die Mönche von Sant' Apollinare gegen ihren Prior und unterstellen sich freiwillig Sassovivo. Der Prior wird exkommuniziert.

Dear John,
ich denke nicht daran, Sant' Apollinare aus der Hand zu geben, und den aufrührerischen Mönchen hat meine Palastgarde schon gezeigt, wo Gott beziehungsweise ihr Bischof wohnt.

Sie müssen die nächste Zeit ihre Gebete auf dem Bauch liegend verrichten, denn sitzen oder stehen können sie nicht mehr. Das nächste Mal schneide ich ihnen die Nasen ab!

Thank you, dear John!

Seltsamerweise hat mein Herr Papst diese kleine Strafexpedition mit keiner Silbe erwähnt und mich ausdrücklich in allen meinen Besitzungen bestätigt.

Von einer Subordination unter Sassovivo ist nicht mehr die Rede.

OFM Nun hat auch Peter von Catanii endgültig das Domkapitel von San Rufino verlassen, auf seine reiche Pfründe als Chorherr verzichtet und sich ebenfalls Francesco angeschlossen.

Da sein Besitz kirchlicher Natur war, ist mir die Glanzleistung gelungen, ihn nicht in die Hände von denen da oben fallen zu lassen, sondern die Liegenschaften zugunsten des Bistums einzuziehen.

Es muß ja nicht immer alles an die Armen verteilt werden! Francescos Wirkung auf seine Mitmenschen erfaßt jetzt auch die bigotten Priester OFM von San Rufino. Don Sylvester, für sein einnehmendes Wesen berüchtigt, war der einzige, der Francesco Steine für San Damiano nicht gratis überließ, sondern sie ihm verkaufte.

Als jetzt das Geld der Quintavalle auf dem Marktplatz verteilt wurde, mischt er sich unter die Armen und hält ebenfalls die Hände auf.

Francesco gibt ihm so reichlich, daß er — es dauert ein paar Tage — sich zu schämen beginnt und es zurückträgt.

Es sollte mich nicht wundern, wenn auch er demnächst der neuen Bruderschaft beitritt.

Francesco liebt ja die Reuigen.

Emilio berichtet mir, daß jetzt auch einer der Räuber, die ihm letztes Jahr im Wald so übel mitspielten, von Francesco mit offenen Armen aufgenommen worden ist.

Fünfter Eintrag John

Eminenz,
es fällt mir immer schwerer, in Innozenz III nicht den ›Antichristen‹ auf dem Stuhle Petri zu sehen.

Die Prophezeiung bewahrheitet sich in immer mehr Punkten.

Ihr erinnert Euch, wie der Abt Joachim von Fiore, von dem in unserer Bibliothek auch einige obskure Traktate stehen, die ›Offenbarung‹ dem Richard Löwenherz erläuterte?

Nach sieben Jahren ›verlor‹ Saladin Jerusalem, weil ein Toter nichts mehr besitzen kann (doch die Christen gewannen es nicht zurück!), und auf dem Stuhle Petri sitzt der Antichrist!

Im Bischofspalast zu Bamberg ist der König Philipp von Schwaben ermordet worden, erdolcht! Er hatte seinen Gegenspieler um die Königswürde

Die Frau Sonne, zu Füßen die Mondsichel und auf dem Haupt eine Krone von zwölf Sternen, das ist die Kirche. Der wilde Drache mit sieben Köpfen und sieben Kronen, das ist der Teufel. Die sieben Köpfe sind die sieben Erzfeinde des Evangeliums: Herodes, Nero, Constanze, Mohammed, Melsemut (wer immer das sein mag!), Saladin und der ›Antichrist‹.

21. Juni

149

*John übertreibt:
1.) Der Wittelsbacher hatte die Sache Philipps unterstützt (und sah sich von diesem um den versprochenen Lohn gebracht).
2.) Otto IV verhängte die Reichsacht über den »Königsmörder«, der Reichsmarschall Heinrich von Pappenheim stellte den vogelfreien Landflüchtigen am 7.3.1209 an der Donau und erschlug ihn. DTR*

bei Köln aus dem Feld geschlagen und konnte sicher sein, deutscher Kaiser zu werden.

Trägt es nicht die Handschrift Roms, daß man dem Mörder, Otto von Wittelsbach, auf der Stelle den Garaus machte? Die Wittelsbacher sind Welfen, und selbst wenn der Täter im Sold des Gegenkönigs Otto von Supplinburg stand, so handelte er doch als verlängerter Arm des Papstes. Ein schwerer Schlag für die Stauferpartei und für alle, die sich im Abendland eine Wende zu gegenseitiger Duldung und fortschrittlicher Offenheit erhofft haben.

FÜNFTER EINTRAG GUIDO

Dear John,
von Philipp hättest Du sowieso keine Hilfe für Deine Freunde erwarten können. War er es nicht, der zumindestens anfänglich für das Kreuzzugunternehmen von 1204 verantwortlich war, das dann in Konstantinopel jenes Ende fand, das Du immer verurteilt hast?

Die Staufer sind auch nicht besser als die Welfen (und umgekehrt!). Eiusdem furfuris!

Beide haben sie Schuppen im Haar!

Außerdem war es kein politischer Mord, sondern ein Ehrenhandel, die unkontrollierte Wut eines abgewiesenen Bewerbers um die Hand der Prinzessin Beatrice. Der Papst hat den Vorfall öffentlich bedauert, den Mörder post mortem exkommuniziert, und der deutsche Reichstag steht jetzt hinter Otto IV.

Ich berichte Gehörtes.

Emilio stört mich fast jeden Tag mit Neuigkeiten, ›Relata refero‹, über weitere Zugänge zur

Fraternitas unseres Francesco. Immer mehr Bürger dieser Stadt, ob arm oder reich, verlassen Haus und Familie (die damit sicher nicht ins Glück gestürzt werden), verschenken ihren Besitz und eilen hinunter nach Portiuncula. Hier entsteht offensichtlich eine echte, neue Bewegung, die der ›Pauperes d' Assisi‹. Irgendwann müssen wir mit Francesco darüber mal ein ernstes Wort reden.

Das Abendessen bei meinem Amtsbruder Egidio zu Foligno (wir sprachen über Sassovivo) habe ich überlebt. Es gab gedünsteten Radicchio mit einem Pilzsud, danach ein zartes Zicklein, das drei Tage im Wein gelegen hatte, mit gedämpften Wurzeln und Strünken von Steinpilzen mit Thymian, dazu frischen Quark, was einem das Leben retten soll, falls ein giftiger darunter geraten ist! Egidio beschäftigt einen Vorschmecker.

ASS

Sechster Eintrag John

Eminenz,
die Katastrophe ist da: Der päpstliche Legat Peter von Castelnau ist einem Mordanschlag zum Opfer gefallen! Als Täter will man einen Knappen des Grafen von Toulouse erkannt haben! Genau dies auslösende Moment fehlte ihm noch, dem Verderber Innozenz!

Das war schon am 14. Januar geschehen.

Nun ist der Weg frei für einen Vernichtungsfeldzug, wie ihn das Abendland noch nicht erlebt haben wird, zumal der französische König gern den geistlichen Herren die Hand reichen wird, nach dem Motto: ›Das Land zur Krone, die Seelen der Kirche.‹ Und von deutscher Seite ist kein

Philipp II Augustus, CAP

Über die Mutter des Tencavel, Adelaide von Toulouse (die »Herzeloide« des Parsifal-Epos) bestand allerdings eine dynastische Beziehung zu Frankreich. Ihr Bruder ist Graf Raimond VI.

Widerstand gegen diesen Teufelspakt zu erwarten, da nützen auch die ehelichen Bande nichts, die den Staufer mit dem Hause Aragon verbinden sollen.

Die Vernichtung der ›Ketzerei‹ ist so hochgespielt worden, daß ihr auf geistiger, religionsphilosophischer Ebene keiner entgegenzutreten sich traut: Die machtpolitischen, territorialen Interessen sind so stark — und so mühsam ausbalanciert —, daß kein Potentat des Abendlandes sich in die ›internen Auseinandersetzungen Frankreichs‹ einmischen mag.

Johann I von England, der ehemalige John Lackland, PLA

Aragon als Lehnsherr der Grafschaft Toulouse und König Johann als mittelbar Betroffener sind beide zu schwach, um sich der Kriegsmaschine zu widersetzen, die jetzt in Bewegung gesetzt wird. Ein Schwächling ist auch der Erbe von Toulouse, Graf Raimond VI, und so wird bereits sein Nachfolger erkoren. ›Unter dem ROM Einfluß des Heiligen Geistes‹ erwählt Arnold von Citeaux, Erzabt der Zisterzienser, als weltlichen Führer für das noch geheimgehaltene Unternehmen den Grafen von Leicester, Simon de *praktischerweise einen Verwandten (über das Haus L'Amaury),* CAP Montfort.

Wie Ihr Euch vielleicht erinnern mögt, Eminenz, war er der einzige der Teilnehmer des sogenannten IV. Kreuzzuges, der sich nicht von den Venezianern für die perfide Eroberung der ungarischen Stadt Zara kaufen ließ, der auch nicht mit gen Konstantinopel zog, sondern bündig erklärte, er sei erschienen, um gegen die Ungläubigen zu streiten, nicht aber für die Handelsinteressen der Serenissima. Ihn sucht Arnold auf BAU seinem Schloß Rochefort auf.

Simon lehnt erwartungsgemäß barsch ab, die Romania mit einem ›Kreuzzug‹ zu überziehen.

Romania: *provençalischer gebräuchlicher Ausdruck für die ›Langue d'oc‹.*

Der Abt läßt ihn aufs Geratewohl die Bibel aufschlagen, wohl wissend, daß Montfort weder des Schreibens noch des Lesens kundig ist. Arnold übersetzt die (angeblich) gefundene Textstelle: ». . . auf Löwen und Ottern wirst Du gehen und treten auf junge Löwen und Drachen. ER begehret mein, so will ich IHM aushelfen; ER kennt meinen Namen, darum will ich IHN schützen. Ich will ihn herausreißen und zu Ehren bringen.«

So wurde ihm der 21. Psalm des Alten Testaments untergeschoben. Und Simon glaubt diesem Fingerzeig. Gott schütze Romanien!

ANNO DOMINI 1209

Erster Eintrag Guido

Dear John,
am Abend besucht mich Francesco.

Die Wachen kennen ihn schon und haben Deiner Anweisung auch Folge geleistet (wenn auch widerwillig: In einem solchen Aufzug erscheint man nicht vor seinem Bischof!) und ihn direkt in die Bibliothek geschickt. Da steht er nun verlegen, in seinem geflickten Kittel, nicht einmal Sandalen besitzt er, was zu dieser frühen Jahreszeit sicher kein Vergnügen ist.

Nicht um ihn auf die Probe zu stellen, sondern einfach weil er mich dauert, sage ich: »Dein Leben erscheint mir hart, Francesco, und nichts Irdisches zu besitzen, muß schwer sein.« Er schaut mich nicht an, sondern tritt an das Fenster, öffnet es, so daß die kalte Winterluft einströmt, sein Blick gleitet über die Hügel, auf deren höchsten Erhebungen noch Schnee sichtbar ist, während unten im Tal irgendwo die sicher unbeheizte Kapelle von Portiuncula sich zwischen den Bäumen versteckt: »Herr, wollten wir etwas besitzen, dann müßten wir auch Waffen zu unserer Verteidigung haben. Daher kommen ja die Streitigkeiten und Kämpfe alle und verhindern die Liebe. Aus diesem Grund wollen wir nichts besitzen.«

Erster unter Gleichen

Zu diesem Zeitpunkt hat Francesco bereits elf Gefährten um sich versammelt, und da er sich nicht als Meister betrachtet noch als Vaterfigur sieht, sondern als Bruder und höchstens als ›primus inter pares‹, sind sie zusammen zwölf Jünger, deren einziges Ziel ist, unserem Herrn Jesus nachzueifern. Das Problem, das mir Francesco druckssend vorträgt, besteht darin, daß er den Brüdern eine schriftliche Lebensanweisung geben möchte, eine Art kurz zusammengefaßtes Evangelium. Ich schlage ihm vor, doch eine der bestehenden Regeln, etwa die der Benediktiner, aufzugreifen, darin finde sich doch alles, was ihm lieb und teuer sei: Armut, Keuschheit und auch Gehorsam.

Doch Francesco will keine ›regula‹, nichts, was an einen Orden erinnert. Es soll eine schlichte ›vita‹ für die junge Gemeinschaft der armen Brüder sein.

Wir verbleiben so, die ihm wichtig erscheinenden Punkte doch schriftlich zu fixieren, und ich erkläre

154

mich bereit, sie dann mit ihm durchzugehen. Vor
Freude hüpfend verläßt er schnell die Bibliothek
und vergißt sogar, sich gehörig von mir zu verabschieden. Ich muß ihn im stillen bewundern: Da
gründet einer, der sich wie ein Bettler kleidet, einen Orden und merkt es gar nicht!

Erster Eintrag John

Eminenz,
wären doch alle Glieder, vom Haupt bis zu den
Schweißfüßen, der ecclesia romana so friedlieben-
den Gemüts wie unser ›Paco‹, wie man bei uns zu
Hause, im schon spanisch beeinflußten Teil der
Pyrenäen abgekürzt für Francisco sagen würde.

Aus meiner Heimat erreichen mich nur noch
besorgniserregende, bruchstückhafte Nachrichten.
Da ich den Eindruck nicht loswerde, Ihr verschlie-
ßet die Ohren vor der Katastrophe, die sich dort
anbahnt, will ich Euch die Situation noch mal vor
Euer inneres Auge rufen, das Ihr nicht abzuschir-
men vermögt.

In Toulouse, Herrschaftssitz des Hauses Okzitanien, dessen Macht und Herrlichkeit seit Zeiten
der Goten mit dem Titel eines ›Comte di Tolosa‹
nur untertrieben wiedergegeben wird, herrscht Panik. Nicht so sehr wegen der Bedrohung, sondern
wegen des unwürdigen, unterwurfigen Verhaltens
des eigenen Grafen Raimond VI.

Kein Mensch glaubt an den Mord von Peter von
Castelnau durch einen Knappen. Der ›päpstliche
Legat‹ wurde von denen geopfert, die ihn dele-
giert hatten. Sein Tod dient nur Rom — und

*Toulouse, Tolosa
war eine Gründung
und Markgrafschaft
der Goten, deren
Reich sich bis Tan-
ger (Tingis) er-
streckte.*

155

Frankreich! Ebenfalls ist allen klar: Die religiösen Motive des drohenden Krieges sind Anlaß, vom Lateran heftig geschürter Anlaß, der Ursache Kern dagegen ist das Expansionsgelüste der französischen Krone. Nicht eine Strafexpedition steht bevor, sondern ein Eroberungskrieg. Es ist aber auch die tiefsitzende Angst des Hauses Capet — Spieglein, Spieglein an der Wand —, jemand könne auf die Idee kommen, den Mördern Dagoberts immer noch ›den Anspruch‹ streitig zu machen. Wenn sich eine Familie in dieser Zeit von Gewaltanwendung, Käuflichkeit und Usurpation noch auf das ›sang-real‹, das königliche Blut, berufen kann, dann ist es unser Haus von Okzitanien! Dessen dynastisches Erbe ist sowohl ein Stachel im Alleinvertretungsanspruch Roms wie dem von Paris.

Anspielung auf die Herkunft der Merowinger von dem Hause Davids

Die Lehre der Katharer ist der alleinseligmachenden Amtskirche deswegen so verhaßt, weil sie der ihren so ähnlich ist, nur einfacher, klarer — perfekter! Eben die reine ›Leicon‹! Und weil hinter dem Katharismus kein aufgedunsener Popanz von Papa steht, sondern das Geheimnis des Grals, der Schlüssel zum Paradies.

In Tolosa spürt der Sohn, wenn er nach Jahren der Wanderschaft aus der Fremde heimkehrt, den verpaßten Wandel der Zeiten.

»Minnegesetze«

Die Leys d'amour sind erstarrte Formeln geworden, die Paläste hohle Fassaden.

Degeneration ist per se unheilbar.

Ihr Moderduft lockt die Schmeißfliegen an, die Schwächlichkeit der Erben den Usurpator.

Die reine Lehre strebt pervers-lustvoll lächelnd ihrem Untergang entgegen, sie wehrt sich nicht gegen die Hirtenhundmentalität der straffgeführten Dominikaner, sie verlacht die geifernden Lefzen der Bernardiner.

Die Parfaits eifern dem Parakleten nach, sie beißen nicht zurück.

Die ›Canes domini‹ haben Blut geschleckt, sie werden zu Bluthunden — und keiner hält sie zurück.

Wie recht hat doch Frances, sich von keinem dieser Henkersorden einvernehmen zu lassen.

Zweiter Eintrag Guido

Dear John,
meine Reise nach Rom ist unaufschiebbar geworden,
ich kann mich mit Francesco auf seine Regel (oder
Nichtregel) nicht einigen. Ich befürchte, und das wäre ein Jammer für Assisi, daß Francesco und seine
Brüder die Stadt und Diözese verlassen möchten.
Als wenn sie es anderswo einfacher hätten!

Ich kann nicht über meine bischöfliche Kompetenz hinausgehen, hier kann nur der Papst eine
Entscheidung treffen.

Gott sei Dank, will auch Francesco zu ihm, um sich
seine ›vita‹ schriftlich bestätigen zu lassen. Ich muß
unbedingt vor ihm dort sein, sonst wird er womöglich
vom Heiligen Vater nicht einmal empfangen.

Ich werde Dir per Kurier aus Rom Bericht geben, wie die Angelegenheit sich anläßt.

In Eile, Guido II.

Dritter Eintrag Guido

Brief an John aus
Rom

Dear John,
unsere armen Brüder nehmen selbstverständlich
die Unbillen des Fußmarsches zur Heiligen Stadt

158

auf sich. Als erstes läßt Francesco für die zwölf-
köpfige Gruppe einen Führer wählen, Bernardo di
Quintavalle, dem auch er sich unterstellt.

Als sie die Mauern Roms erreichen, fragen sie
sich sofort durch zum Laterranspalast. Hieran erkenne ich, daß sich unser Dickkopf doch durchge-
setzt hat. Verschwitzt und verdreckt von der Reise,
ziehen sie schnurstracks in das Haus des Heiligen
Vaters.

Die päpstliche Garde will ihnen erst den Eintritt verwehren, obgleich man doch hier in Rom
den Anblick solcher Gestalten viel mehr gewohnt
sein sollte als in unserem ordentlichen Assisi.

Roald of Wendower, ein Mönch der Abtei von ASS
Sankt Trinian, ist zufällig anwesend und verschafft
ihnen Zutritt. Mit einem geringschätzigen ›sunt *(es) sind (halt) Ar-*
pauperes‹ läßt der Wachhabende sie passieren. *me*

Roald begleitet sie auch durch die marmornen
Säle und Gänge, und von ihm weiß ich alles. Inno-
zenz ist schlecht gelaunt, er leidet am sauren Ma-
gen, wie Du weißt, und empfängt die zerlumpte
Schar äußerst ungnädig: »Und wessen klagt ihr
Uns an?«

Francesco und die Seinen sind verwirrt, Roald
macht sich zum Sprecher: »Sie klagen niemanden
an, Eure Heiligkeit! Es ist die neue Bruderschaft
der ›Armen von Assisi‹, und sie leben so, wie es in
der Heiligen Schrift geschrieben steht.« Innozenz
unterbricht ihn sofort mit aller Schärfe: »Also klagen sie Uns doch an, jeder klagt Rom an!«

Francesco hat seine Sprache immer noch nicht
wiedergefunden, so daß Roald ums andere versucht die Situation zu retten: »Sie stellen ihr Leben in den Dienst der Kirche und bedürfen nur

der Zustimmung Eurer Heiligkeit zu dieser einfachen Regula und bitten um ›Concessio predictio-
nis‹.«

Francesco wirft sich vor dem Herrn Papst auf
den Boden, doch gerade diese Geste läßt den Heiligen Vater seine Contenance endgültig verlieren.
Da muß ihm wohl ein strenges Düftchen in die feine Nase derer von Segni gestiegen sein!

»Warum gehst du nicht zu den Schweinen,
denn solchen gleicht ihr mehr als Menschen! Läßt
dich in ihrem Stall aufnehmen, wälzt dich mit ihnen im Kot, unterbreitest ihnen deine Regel, die
sie sicher annehmen werden. Ihnen magst du predigen.« Damit wendet sich der Papst ab und läßt
Francesco und sein Häufchen von den Wachen
entfernen.

Francesco ist wie erschlagen. Sie irren durch die
römische Altstadt auf der Suche nach einem
Schweinestall, denn Francesco ist fest entschlossen, dem Geheiß des Herrn Papstes aufs Wort zu
folgen.

Da die Ewige Stadt eine einzige Gerüchteküche
ist, erhalte ich endlich Nachricht über den Verbleib meiner ›Poverelli‹, und ich lasse sie sofort in
den Palazzo der Frangipane bringen, der einer
entfernten Cousine von mir gehört, Jacoba di Septemsoliis. Sie ist Witwe und Mutter zweier erwach-
sener Söhne.

In ihrem Haus verkehrt die römische Kurie,
selbst mit Innozenz ist sie vertraut, wohl aus der
Zeit, als man ihn noch unter dem Namen Lotharius Conti, Graf von Segni, kannte. Zu meiner
Überraschung rümpft Jacoba keineswegs die Nase, sondern ruft sofort ihr Gesinde mit Wasser-

schüsseln und Tüchern herbei, sie selbst kniet vor
Francesco nieder und wäscht ihm die Füße.

Francesco ist schon wieder zum Scherzen aufgelegt und ruft sie ›mein Bruder Jacoba‹. Ich habe
in der Zwischenzeit Giovanni Colonna, den Kardinal von San Paolo, benachrichtigt und um seine
Intervention gebeten. Er ist der rangälteste Kardinal der Kurie, leitet das immer noch anhängige
Verfahren gegen die Waldenser und ist daher mit
den Problemen der Häresie bestens vertraut. Was
das anbetrifft: Für Francesco kann ich mich ver-
bürgen. Als alter Fuchs schlägt der Kardinal als erstes vor, die kleine ›Evangelistenschar‹ (wie er sie
taktisch klug sofort tauft) aus dem Hause einer al-
leinstehenden Dame umzuquartieren in seinen eigenen Palast. Eine großzügige Geste, allerdings ist
der Palazzo der Colonna geeignet, ganze Heerscharen aufzunehmen, ohne daß sie je aufeinander
treffen.

»Die Priester will ich fürchten, lieben und ehren, weil allein sie die Gewalt über den Leib und
das Blut Christi haben«, mit dieser klaren Aussage
besteht Francesco augenblicklich die Prüfung
durch Kardinal Giovanni, und es entwickelt sich
alsbald eine Vater-Sohn-Beziehung, wie ich sie
meinem Schutzbefohlenen aufgrund des wohl zu
geringen Altersunterschiedes nie geben konnte.

Doch in einem Punkt zeigt sich Francesco hart-
näckig. Er will keine Regula irgendeines Ordens,
geschweige denn ein solcher sein, ihm genügt, daß
der Heilige Vater die paar Zeilen anerkennt, die er
seinen Mitbrüdern aufgeschrieben hat, und danach sollen sie auch predigen dürfen. Kardinal
Giovanni läßt es dabei erst einmal bewenden.

Da der Papst ihn kürzlich zum Leiter der Kongregation für das Bußwesen ernannt hat, ist er auf jeden Fall der Mann, in dessen Händen Francescos Anliegen am besten aufgehoben ist. Der Kardinal setzt sich mit seinen Kollegen Leone di Brancaleone und Ugolino di Segni ins Benehmen.

Frei umherschweifende Grüppchen von ›Neuen Armen in Christo‹ und bettelnde Wandermönche kann die Kirche gerade in diesen Zeiten am allerwenigsten gebrauchen. Zu leicht können sich Ketzer unter dem Mäntelchen der Armut verbergen. Der Papst selbst zeigt an dieser Problematik wenig Interesse. Seine Diplomatie ist grundsätzlich darauf ausgerichtet, alle nur möglichen Gruppierungen unter der weiten Soutane der Kirche zu vereinnahmen.

Wird bei ihm allerdings die Toleranzgrenze, die dem traditionalistischen Flügel sowieso viel zu tief angesetzt ist, überschritten, ist er der erste, der erbarmungslos zuschlägt.

Am Abend gibt Jacoba mir zu Ehren eine ›kleinere‹ Gesellschaft im Rosengarten des Frangipane-Palazzos. Die Bediensteten nicht mitgezählt, sind es mehrere hundert Gäste, die sich zu ihr tragen oder rudern lassen.

Die Mauern des Gartens säumen hochgelegen das abfallende Tiberufer.

Fackeln erleuchten die Szenerie, es gibt leichte Kost: panierte Flußfische, Jungaale in Olivenöl gesotten (mit viel peperoncino!) und Schüsseln voll frischer Feigen, Nespole und Kakifrüchten und dazu jungen Wein aus den ›Castelli‹, der Heimat unseres Heiligen Vaters.

Wir stehen in Gruppen beieinander, die Pagen gießen fleißig nach, ich starre auf das gegenüberliegende Ufer, wo im Dunkeln kleine Feuer flackern und die sonst nicht illuminierten, niedrigen Häuser und Gassen in ein Hexenlicht tauchen, das sich gegen den langgezogenen Janiculushügel pünktchenweise verliert.

Dort drüben liegt transtiberim, Trastevere — dort irgendwo bin ich geboren — oder nicht, etwa hier? Ich schaue verstohlen (als könne jemand meine Gedanken erraten) die Fassade hinauf. Hinter welchem der vielen hohen Fenster? Ich kann niemanden fragen.

Jacoba hat mich allen als ›entfernter Vetter‹ vorgestellt (was ja auch der Wahrheit entspricht, Dear John, wenn Deine Theorie in etwa stimmt).

Ich gebe mich leutselig, etwas ›bäuerlich mit Mutterwitz‹, das erwartet man hier von einem kleinen Bischof aus Assisi, an dem eigentlich nur bemerkenswert ist, daß er trotz seines noch offensichtlich jungen Alters, mit erheblichen Gewichtsproblemen zu kämpfen hat. (Wenn die denken, ich kämpfe da!) So laß ich ihnen die Freude, mir ihre Rezepte zum schnellen Abmagern anzudienen.

Die Aufmerksamkeit wendet sich gnädig von mir ab, wie von einer abgenagten Fischgräte, und treibt den ›Dingen der Welt‹ entgegen.

Ich halte mich von den sich neubildenden ›Circles‹ so weit entfernt, daß keiner mich anspricht, doch so dicht, daß ich die jungen Damen in ihren gewagten Roben, mit tiefangesetzten Dekolletés, den wunderbar geflochtenen, langen Zöpfen und dem flaumigen Haaransatz an zarten Hälsen in Ruhe betrachten kann.

Wie immer sind ›von beschwerlicher, ja höchst gefährlicher‹ Pilgerfahrt aus dem Heiligen Land zurückgekehrte Herrschaften die begehrtesten Erzähler und die Ehedramen am Königshof von Jerusalem der nie ausgehende Stoff.

Häme! Ihr Erzeuger war »nur« ein Markgraf gewesen.
JER

Maria ›La Marquise‹ (aha, Dear John — ist sie nicht meine Nichte!?) hat das 18. Lebensjahr überschritten, also höchste Zeit, einen Gemahl für sie zu finden!

Nun sollte man meinen (ich hoffe, sie ist hübsch!), daß eine noch relativ junge Königin da keine Schwierigkeiten hat: Die allweil minnenden Ritter des gesamten Okzidents werben stürmisch, rivalisierend um ihre Gunst und Hand! Doch nichts dergleichen!

Endlich hat man in Frankreich einen alten Degen ausgegraben, der sich bereit erklärt, den unbequemen, harten und aufreibenden Thron einzunehmen.

JER

Jean de Brienne hatte die Sechzig bereits erreicht. Seinem älteren Bruder Walther wollte unser Francesco einst dienen, Du erinnerst Dich?

Jean ist Kriegsmann durch und durch, das macht ihn zur guten Wahl.

CAP

Sein kürzlicher Liebeshandel mit der Gräfin Blanche de la Champagne weist ihn im Bett noch als brauchbar aus.

Um ihm den Entschluß zu erleichtern, statten ihn König Philipp und der Papst ein jeder mit einer Mitgift von 40 000 Pfund Silber aus und setzen ihn in Marsch.

»Mir hat die Marquise unter vier Augen anvertraut«, tönt einer der edlen Herren, die mit dem Bischof Florens in der Königssache nach Europa gekommen waren, »sie erinnere sich noch genau, wie sie als Neunjährige, als ihre Thronfolge schon feststand, sich das Durchstoßen ihres Hymens blutig, doch wonniglich ausmalte«. *Bischof von Akkon, ROM*

Der braungegerbte Ritter faßt sich mit rüdem Stolz in den gewölbten Schritt.

»Ein Geschlechte wie ein Hengst sollt' er haben, der Freier aus dem fernen Abendland!«

Die umstehenden jüngeren Damen schlagen verschämt schielend die Wimpern nieder (Provinz!), die echte Römerin sieht dem Ding ins Auge.

»Dann kriegt sie jetzt ja, wonach ihr Trachten stand!«

Die Herren lachen dröhnend, »nur für die defloratio virginis muß wohl ein präpariertes Bettlaken herhalten!«

Die reiferen Matronen kichern. »Bereitsein ist der halbe Beischlaf!«

Ich glaub', ich hab' vom Schicksal einen undankbaren Part zugewiesen bekommen.

Für Königstitel plus 80 000 Pfund würde ich mich auch mit jeder Jungfer in die Kemenate begeben!

Ach, halt — sie ist ja blutsverwandt! *s. ›Spadalunga‹ Montferrat,* DTR/ JER

Was soll's, wenn's keiner merkt.

Schäm Dich, Guido — vergiß Dein Blut, denk an Dein Gelübde. Stopfen wir statt dessen noch ein paar von den köstlichen Mandeltörtchen in unsern fetten Wanst — ich weiß: Zucker macht dick, lenkt aber ab!

Die gute Jacoba ist eine hervorragende Bäckerin dieser Spezialität des Hauses.

Schade, daß ich sie nicht heiraten kann . . .
Schluß jetzt, Euer Eminenz!

Wenn Francesco auch nur ahnen würde, was
Dich bewegt: Eine Woche auf den Knien beten,
bei Brotrinde und Wasser!

Inzwischen hat auch Jacoba ihre Beziehung zu
Innozenz spielen lassen, und es kommt zu einer
neuerlichen Audienz für Francesco beim Papst.

Diesmal sind alle gewaschen, und auch ihre
armseligen Kittel wurden einer solchen Prozedur
unterzogen.

Cardinal Giovanni plädierte sogar dafür,
Francesco und seinen Brüdern kleine Tonsuren
schneiden zu lassen, um einen besseren Eindruck mit ihnen zu erzielen, doch Brancaleone
hält ihn zurück, Innozenz könne dieses als Vor-
griff auf seine eigenen Rechte auffassen.

Diesmal begleite ich Francesco und seine
Gruppe selber, und wir werden auch sofort vorgelassen, das Cardinalskollegium ist zwar nicht
vollständig, aber gut besetzt, vor allem sehe ich

Cardinalbischof von Ostia, ROM

›a latere‹ den mächtigen Ugolino di Segni, einen Vetter des Papstes, und auch Giovanni Colonna ist da und nickt Francesco beruhigend
zu.

Doch Francesco ist verwirrt, so daß Innozenz
leicht irritiert selbst als erster das Wort ergreifen
muß: »Glaubst Du, mein Sohn, es ist wichtig,
sich als Bettler zu kleiden?«

Francesco hat den Kopf gesenkt und sich
schon wieder völlig in sich verkrochen, wie immer in für ihn unangenehmen Situationen.

Er spricht dann auch nicht gerade deutlich:

»Das ist nur ein erster Schritt. Wir wollen gekleidet sein wie ›Neue Menschen‹ . . .«

»Mirabile dictu!« damit ergreift Ugolino di Segni zum ersten Mal das Wort und Partei für Francesco, »Sankt Paulus Epistel an die Epheser — ein gutes Zitat.«

Wunderbar gesagt!

Der Papst läßt sich nicht so leicht aus seinem Konzept bringen und zeigt sich inzwischen als wohlinformiert: »Du warst reich, und jetzt bist du arm. Wie willst Du überleben, Dich ernähren, Dich wärmen, ein Dach über dem Kopf haben? Ohne Geld kann man nicht leben!«

Francesco, völlig versonnen, als habe er gar nicht zugehört: »Der Weg ist vorgezeichnet . . . die Fußspur . . . die Fußspur.« Ugolino kommt ihm zur Hilfe. »Die Fußspuren des Herrn Jesus Christus?«

Francesco nickt, ohne aufzuschauen.

Innozenz seufzt. »Sie sind im Staub verweht. Zertreten von den Schritten falscher Propheten, frecher Erbschleicher . . .« Francesco wagt es zum ersten Mal aufzublicken.

Sein Blick stimmt Innozenz gütig, doch auch resigniert. »Wir sind nicht arm, wie kannst du Uns lieben?«

Francesco schaut ihm jetzt voll in die Augen. »Die Fußspuren führen hin zur Liebe, ohne Verurteilung und ohne Einschränkung.«

Innozenz lächelt: »Pax vobiscum! Schwört Uns jetzt unbedingten Gehorsam, und Wir wollen euch Bußfertigkeit predigen lassen, so wie es euch eingegeben ist. Wenn der Allmächtige euch an Zahl erhöht hat und Wir gewiß sein können, daß ihr wirklich auf dem rechten Wege seid, dann kehrt zu

Uns zurück, und Wir werden euch Unsere Gnade nicht vorenthalten. In nomine patris . . .«

Obgleich sie nichts Schriftliches erhalten haben, sind Francesco und seine Gefährten doch überglücklich, betend und singend verlassen sie den Lateranpalast, um den Heimweg anzutreten.

Da erreicht sie eine Einladung des Cardinals Ugolino zu einem Essen in dessen Palast.

Der Schalk blitzt Francesco aus den Augen. Er hält seine Brüder an, schnell mit den Bettelsäcken ein paar Reste Brotrinden, Gemüseschalen und Knochen − einzusammeln. Mit ihrer Beute betreten sie den Palazzo, wo schon eine noble Gesellschaft tafelt, Francesco schüttet seinen ›Beitrag‹ freundlich lächelnd mitten auf den Tisch und nimmt dann demütig neben seinem Gastgeber Platz, dem der Vorgang ungeheuer peinlich ist.

Aber Francesco läßt nicht locker, nachdem er artig die ihm angebotenen Köstlichkeiten zurückgewiesen hat, steht er auf und verteilt ›seine Speisen‹, die natürlich niemand angerührt hat, an jeden der anwesenden Herren.

Einige würgen die ›Gabe‹ herunter, andere lassen sie diskret unter den Tisch fallen.

Der Cardinal versucht die Stimmung zu lockern und nimmt Francesco beiseite, doch Francesco läßt ihn gar nicht zu Wort kommen: »Mich tröstet es mehr«, sagt er so laut, daß es jeder hören muß, »wenn ich mit meinen Brüdern zusammen bin, und das zusammengebettelte Brot vor mir sehe, als an bedeutender Männer Tafel zu sitzen.«

Damit gibt er seinen Gefährten ein Zeichen, und sie verlassen lachend die für sie so ungastliche Stätte.

Auf dem ganzen Rückweg nach Assisi dient ihnen die Geschichte zur Erheiterung.

Ich weiß von ihr durch den Kardinal Brancaleone, der dabei war und sich heimlich köstlich amüsierte, vor allem über den düpierten Ugolino.

Ich mache noch Cardinal Giovanni meine Aufwartung, um mich für seine großzügige Hilfe zu bedanken. Wir wandeln plaudernd durch die Gemäldegalerie seines Palazzos. Er macht mich scherzhaft auf die Umarmungstechnik seines Kollegen Ugolino aufmerksam. »Der hätte Francesco am liebsten gleich ans Herz gedrückt, und Francesco hätte nur versprechen müssen, seine neue Bewegung nach ihm zu benennen: ›Orden der Ugolinen‹.«

Wir lachen beide, denn auch mir ist wohl zumute, und ich bin froh und stolz, daß Assisi weiterhin das Zentrum der Aktivitäten unseres Francesco bleiben wird.

Gelobt sei der Herr!

Guido II.

Zweiter Eintrag John

Eminenz,

wenn Ihr diese Zeilen lest, bin ich schon weit weg von Assisi auf dem Weg nach Südfrankreich. Ich weiß, Ihr hättet mich nicht halten wollen, noch hättet Ihr es unter diesen Umständen vermocht.

Ich muß Euch nur um Vergebung bitten, daß ich den Hauptmann und drei der besten Leute aus unserer Palastgarde mitgenommen habe. Ihr werdet neue finden, aber ich brauche für mein Unternehmen eine Garde du Corps, auf die ich mich verlassen kann.

Ich habe Euch durch all die Jahre hindurch treu gedient, und wir haben uns gegenseitig nichts vorzuwerfen, und so will ich diesen Brief auch nicht mit einem Lamento über die grausame Entwicklung in meiner Heimat beschließen, an der Ihr keine Schuld tragt und die Ihr nicht ändern könnt.

Da die ›Vollkommenen‹ selbst im Angesicht des Todes zu keiner Waffe greifen, wird dort jetzt jedes Schwert gebraucht.

Ich bin nicht bereit, die Zerstörung Romaniens untätig hinzunehmen.

Als ordentlicher Sekretär ergänze ich unser Diarium Advocati Diaboli mit den letzten Ereignissen von politischer Relevanz. Welch merkwürdigen Sinn bekommt doch seine Benennung — spaßeshalber ersonnen — im nachhinein!

DTR
Bereits im Vertrag von Neuss hat Otto IV auf die Reichsrechte in den ›rekuperierten‹ Gebieten verzichtet. Dieses Jahr gibt er auch im Vertrag von Speyer das ›Wormser Konkordat‹ preis. DOK zur Zeit erst König von Sizilien, aber bereits erklärter Prätendent auf den deutschen Thron,
DTR

König Otto läßt sich auf seinem Weg zur Kaiserwürde weiterhin unter Druck setzen und ist eigentlich jetzt schon auf unerträgliche Weise korrumpiert. Über hundert Jahre Opfer, Blut und Tränen des sogenannten ›Investitur-Streites‹ sind damit umsonst erbracht worden.

Die staufersche Gegenpartei antwortet mit Schließung eines Ehevertrages zwischen dem 15jährigen Friedrich und der wesentlich älteren Konstanze von Aragon. Zum Großmeister des Deutschen Ritterordens wird Hermann von Salza berufen. Mit prachtvollem Gefolge zieht Otto von Perugia kommend durch Assisi nach Viterbo, wo

170

Innozenz gerade Residenz genommen hat, um die Bedingungen seiner Kaiserkrönung zu Rom festzulegen.

Schon in Perugia hatte er die Zustimmung des Papstes erzwungen, den am weitesten in den Kirchenstaat vorgeschobenen Interessenvertreter des Reichs, den Herzog von Spoleto, wieder in seine alten Rechte einzusetzen. Die Lage ist verworren, Perugia ist auf dem Papier noch immer päpstlicher Vasall, während Assisi ebenso wie die Lombardische Liga dem deutschen Kaiser direkt untersteht. Um seinem Unwillen gebührlichen Ausdruck zu verleihen, schleudert Innozenz mal wieder seinen Bannstrahl auf Eure Stadt. Assisi, und mit ihm sein Bischof (Unter dem Edikt werdet Ihr in Maßen leiden, Eminenz — dennoch mein Beileid!), können sich aber andererseits dem Herrn aus Rom nicht gefällig zeigen, denn jetzt mehr denn je ist die Einsetzung von consoles und podestà Sache [Bürgermeister] der Deutschen.

Assisi geht schwierigen Regierungszeiten entgegen, und ich bedaure, Eurer Eminenz bei den Lösungen nicht mehr zur Hand gehen zu können.

Laßt mich zum Schluß noch ein persönliches Wort anfügen: Wir stehen auf verschiedenen Seiten, doch die Freundschaft, die spirituelle Partnerschaft, die Ihr mir so generös — und konträr zu Eurem sonstigen Geiz — gewährt habt, läßt mich Euch als Bruder im Geiste in Erinnerung behalten.

Die Wege des Herrn sind unergründlich — vielleicht kreuzen sich die unsrigen dereinst wieder.

Truly yours, John

Es ist seltsam und erfüllt mich zugegebenermaßen mit einiger Wehmut, im Folgenden meine Notizen ohne die schon zum Ritual gewordene Anrede ›Dear John‹ hier niederlegen zu müssen. Ich fühle mich einsam, ich habe zwar noch die alte Donna Ermengarda und Anna, die dieses Jahr zwölf wird, und natürlich Emilio. Doch sie ersetzen mir den Gesprächspartner nicht.

Ich beneide Dich weniger um die Abenteuer Deiner ungewissen Zukunft als um das Engagement, mit dem Du Dich auf sie einläßt. Ich werde wohl — gebunden an diese Stadt und an diesen Stuhl — meine Kraft in Zukunft noch verstärkt — doch unsichtbar! — in den Dienst der Sache unseres Francesco stellen.

Die Palastwache habe ich mit einigen Deutschen aufgefrischt, die mir Roald of Wendower, der vielbeschlagene, persönlich empfohlen hat. Rabauken ohne Furcht und Tadel, aber letztlich doch teutonische Barbaren. Ihr Kommandant ist ASS ein gewisser Ripke Wilbald auf Rötgenstein.

Sie drängen auf handfeste Taten, und ich werde mir mein Mütchen kühlen an den Mönchlein einiger Abteien, die da meinen, wechselhafte Zeiten seien ihnen günstig für unverfrorene Unbotmäßigkeit.

Das mit dem Geiz habe ich mir zu Herzen genommen und den Sold der Palastwachen kräftig erhöht.

Eine Investition, die sich lohnen wird, und da es ASS um meinen Ruf als Streitgockel eh nicht zum be-
Augustus zuge- sten steht, will ich ihn kräftig mehren. Soll ich ad

calendas graecas warten? Nicola von Sassovivo schuldet mir seit langem Genugtuung.

Gut, daß Francesco nichts von meiner streitlüsternen Stimmung ahnt, er ist gerade dabei, die zerstrittenen Stände der Stadt miteinander zu versöhnen. Nach seiner Rückkehr aus Rom will er mich besuchen, doch die Teutonen, die ihn nicht kennen, verwehren ihm barsch den Zutritt, zumal Francesco auf die Frage nach seinem Begehr nur antwortet: »Der Herr Bischof ist Vater und Herr der Seele.«

Wortlos, mit einem Stock als Fidel und einem aufgeklaubten Zweig als Bogen imitiert Francesco ein so perfektes Geigenspiel, mit so komischen Gebärden, daß sie zu lachen anfangen, dann singt er wie ein französischer Troubadour ein erstaunlich lockeres Liedchen von Liebeslust und Liebesweh. Jetzt kommen ihnen die Tränen — die Deutschen sind ja so sentimental! Inzwischen hat mich Emilio benachrichtigt, der ja immer alles hört und sieht, und Francesco wird zu mir vorgelassen.

Er bittet mich um eine Bleibe, irgendeine verfallene Scheuer oder ein baufälliges Kirchlein als Unterschlupf für sich und seine Freunde. Zu meinem größten Bedauern habe ich so schnell nichts an der Hand und muß Francesco peinlicherweise an die Benediktiner von Monte Subasio verweisen.

ASS

Der Abt gibt ihm eine Hütte, die ehemals zu einer Leprosenstation gehört hat, sie liegt neben einem Wildwasserbach, ›Rivo Torto‹, von dem sie auch den Namen hat. Am nächsten Tag kommt Francesco wieder, um sich bei mir zu bedanken, die bescheidene Bleibe sei ein wesentlich besserer

BAU

Ausgangspunkt, um ins Paradies zu gelangen, als etwa ein Palast.

Francesco hat Humor.

Fünfter Eintrag Guido

Francesco verlangt, in Assisi zu predigen.

Da meine Santa Maria del Vescovado dem zu erwartenden Ansturm nicht genügen könnte, weise ich den Klerus von San Rufino an, die Kathedrale zur Verfügung zu stellen.

Heimliche Schadenfreude spielt bei diesem Schritt auch eine Rolle, denn die da oben haben über Francesco bisher die Nase gerümpft, und ich bin sicher, er wird ihnen ordentlich einheizen.

Der Prior macht Einwände, die ich mit Vergnügen zurückweise. Dem Sohn der Stadt, dessen Auftreten vom Heiligen Vater ausdrücklich gebilligt ist, kann man einen solchen Wunsch nicht abschlagen. Außerdem wäre es zum offenen Volksaufstand gekommen, denn die Mitbrüder haben in der Stadt bereits den Termin verbreitet.

Es gibt noch einen anderen Grund, weswegen mir an der Abhaltung des Ereignisses bei meiner Rivalin in der Oberstadt liegt, mit möglichst großer Publikumsbeteiligung! Mein Papst hat mich schriftlich angewiesen, einen von ihm verhängten Kirchenbann — wie im ganzen Abendland auch in Assisi — ›mit Glocke, Buch und Kerze‹ zu verkünden.

Das düstere Ritual, mit theatralischem Auslöschen der Altarkerzen (hinterher ist immer alles

174

voller Wachsflecken), gilt diesmal dem Grafen Raimond VI von Toulouse, dem immer noch der Mord am päpstlichen Legaten Peter von Castelnau in die Schuhe geschoben wird, mehr noch seinem laschen Vorgehen gegen die Ketzer in seinem Herrschaftsbereich.

Seine Schuld ist evident, mein Innozenz unfehlbar, doch bereitet es mir nur Ärger, wenn ich gerade jetzt hier in Assisi irisch vernarbte Wunden neu aufreiße. Zu viele meiner einflußreichen Steuerzahler hegen insgeheim Sympathien für die Katharer, Sympathien, die sich die Kirche, die ich zu vertreten habe, verscherzt hat.

Wenn Francesco oben in San Rufino predigt, kann ich den albernen Spuk nahezu unbemerkt von jeder Öffentlichkeit vollziehen, nur mit meinen herbeizitierten Klerikern als Zeugen, von denen sicher einer die ordnungsgemäße Durchführung des päpstlichen Gebots nach Rom vermelden wird.

Fiat voluntas tua! *Dein Wille geschehe!*

Ganz Assisi ist auf den Beinen, als der große Tag gekommen ist. Keine plötzliche Hinwendung meiner Schäfchen zum intensiveren Kirchgang, sondern pure Neugier. Man will den jungen Mann sehen, der es in wenigen Jahren vom Ärgernis zum Fast-Heiligen gebracht hat.

Da Francesco sich törichterweise mit einer Fastenwoche (und wenn der fastet, dann fastet er) vorbereitet hat, ist er so geschwächt, daß er auf dem Rücken eines Esels von Rivo Torto zur Kathedrale gebracht werden muß. Dort hat man ihm eine Tribüne aufgebaut (die Enge der Kanzel ist dem Gestikulierer zuwider). Ich habe Francescos Predigt — wie gesagt — nicht beigewohnt (San Rufino betrete ich nicht), doch Emilio, Donna Ermengarda und Anna sind dort gewesen und berichteten mir, sie haben auch Vater Bernardone, hinter einer Säule versteckt, in der Menge gesehen und vorne in der ersten Reihe Clara d'Offreduccio.

Francesco ruft erst zur Buße und dann zum Frieden mit Perugia auf, das heißt, auch endlich den internen Zwist zwischen ›minores‹ und ›maiores‹ beizulegen. Francescos Auftritt ist ein voller Erfolg.

Ich bin stolz auf ihn.

ANNO DOMINI 1210

Erster Eintrag Guido

DTR Anfang des Jahres beehrt uns Kaiser Otto mit einem Besuch in Assisi. Das heißt, er läßt sich die Schlüssel überreichen Assisi gibt sich kaiserlich wie noch nie — kostet eine Menge an Bewirtungsspesen, Blumen- und Fahnenschmuck — und zieht dann weiter.

Ich habe bei Francesco vorfühlen lassen, ob er Wert darauf legt, Seiner Majestät vorgestellt zu werden. Die Antwort fällt erwartungsgemäß aus: Ihm bedeutet dieser irdische Prunk nichts mehr, vergessen sind die Zeiten, als er noch selbst davon träumte, ein Ritter zu werden.

Der Adel Assisis hingegen ist vollständig auf

der Ehrentribüne versammelt. Ich bemerke Clara ^{ASS} d'Offreduccio, zu einer strahlenden Schönheit erwachsen und — wie mir Emilio von Zeit zu Zeit zusteckt — immer noch auf das heftigste in Francesco verliebt. Das beunruhigt ihre Eltern. Sie wollen sie so schnell wie möglich verheiraten.

Neben ihr steht ihr Vetter Rufino di Scipione, ^{OFM} wenn auch klein von Wuchs, ganz ein junger Edelmann. Um so größer ist mein Erstaunen, als ich — kaum ist das Spektakel vorbei — höre, auch er habe sein prächtiges Gewand mit der härenen Kutte vertauscht und sei von Francesco in die Bruderschaft aufgenommen worden.

Das Festmahl, das die Kommune zu Ehren ihres höchsten Souverains ausrichtete, fand dank guter Witterung (imperatoris temporibus!) im Freien statt. Es gab Spargel, der dampfend in weißen Linnen von den Töchtern der Stadt gereicht wurde. Mit brauner Butter begossen, bereitet ihr an cunilingus (schnell drei Kreuze geschlagen!) gemahnender Verzehr viel Heiterkeit (überall hat der Böse seine Hand im Spiel!). Manchem der jungen Burschen Assisis, die als Mundschenke dienten, zuckte die Hand nach dem Stiletto, wenn sie mitansehen mußten, wie die groben Hände der Deutschen ›ihren‹ Mädchen von hinten unter die Röcke fuhren. Und was sonst noch alles zuckte!

Die frischaufgebrühten Flußkrebse! Dann die zierlichen Wachteln, die maronigefüllten Sumpfhühner, knusprige Wildenten in süß-sauren Beeren. Getrunken wurde ein Trebbiano aus dem Veneto und eine Orvieto-Sonderabfüllung (Donation der Stadt). Vor dem Kuchen lass' ich mich nach Hause tragen (man hat so mehr vom

Verabschieden und wird besser beachtet!). Am
Abend habe ich dann nichts mehr gegessen.

Francesco hat jetzt auch einen eigenen Beichtvater
und Sekretär, so wie sich das für einen zukünftigen
OFM Ordensgründer gehört: Don Leo, ein junger Prie-
BAU ster an der Kirche San Giorgio, ist ebenfalls hinunter nach Rivo Torto gezogen.

ZWEITER EINTRAG GUIDO

Unser Franz wird zur Berühmtheit!
   Schon beginnen die Leute, wenn sie von Assisi
reden, nur noch an ›ihn‹ zu denken. Seit der —
kirchenrechtlich zwar völlig unbehelflichen —
›Akklamation‹ durch den Herrn Papst und vor allem der gütigen, unsichtbaren, aber effektiven
Protektion durch den alten Colonna ist Francescos
Verein Minderer Brüder eine Institution geworden, die zu besichtigen, zu studieren — oder auch
nur neugierig zu beschnuppern — interessierte
Kleriker von weit her anreisen läßt.
   Es besucht mich ein Propst der Prämonstraten-
ser, der Herr Burkhard von Ursperg. Er weiß, was
sich gehört — viele tauchen überfallartig in Portiuncula auf, ohne mir vorher die Aufwartung gemacht zu haben.
ROM   »Oh, Valerius Maximus ›dicta et facta memora-
bilia‹, was für ein selten schönes Exemplar!« Daß
ihn meine Bibliothek entzückt, nimmt mich sofort
für ihn ein.
   »— und das hier: ›Cena Trimalcionis‹? — von
wessen Hand?« Ich zucke ignorant die Achseln.

178

Ursperg blättert interessiert. Ich kann ihm schlecht sagen, daß ich es nie gelesen habe. »Seltsam, die gleichen Personen wie im ›Satyricon‹ des großen ROM Petronius Arbiter: Encolpius, der Erzähler . . .« »und sein junger Freund Asciltus?« rette ich mein Gesicht in Sachen Kultur. »Wenn es keine Fälschung ist . . .?« »Eine Rarität!« nicke ich schnell voller Besitzerstolz und weise auch dezent auf andere bibliophile Kostbarkeiten in meinen Regalen, wie auf das berühmte ›Bestiarium‹ des Fisolaco, die ›Disticha Catonis‹ oder die ›Catulli Carmina‹.

Ein hochgebildeter und interessierter Mann, der über den Lauf der Weltgeschichte wie auch über die ›Franziskaner‹, wie er sie nennt, erstaunlich gut Bescheid weiß.

latineske Schreibweise für »Physiologus«, die dann zum Autorennamen avancierte, ROM Cato = Pseudonym eines (unbekannten) Scholastikers, ROM

Von ihm erfahre ich, daß die deutschen Fürsten sich entschlossen haben, den jungen Staufer Friedrich, den Sohn Heinrichs und der Constance d'Hauteville, zum König zu küren. »Damit kommen die ›Rekuperationen‹ unseres Padre Santissime erstmal zum Erliegen.«

»Lange genug konnte er vom Zwist der Gegenkönige profitieren«, falle ich ihm ins Wort (bin ich zu unvorsichtig?). »Wir haben das hier in Assisi auszubaden, zwischen dem stolzen Perugia und dem gestrengen Spoleto, wie zwischen zwei, was sag ich: drei, vier wild gewordenen Mahlsteinen! Mit schartigen Zahnrädern drehen sie sich mal gegenläufig, mal vorwärts, selten parallel — doch fast immer gegen die Zeit!« Ich ereifere mich, letztlich ist mir auch egal, ob der Propst ein Spitzel ist, ob er geradewegs weiterreist nach Rom, um mich bei Innozenz anzuschwärzen (ableugnen kann ich immer). »Heute guelfisch, morgen ghibellinisch, Assisi geht kaiserlich zu Bett und wacht päpstlich wieder auf.«

Ursperg schmunzelt.

»Wenn eine schöne Frau zwei Liebhaber hat, mag es schon vorkommen, daß der eine im, der andere unterm Bett liegt – doch wo steht Francesco?«

Ich gehe auf seinen lockeren Ton ein. »Nach dem Sakrament der Ehe: an der Seite der Kirche, doch seine Buhle ist die Frau Armut! Ihr dient er – wenn's sein muß – auch nackt, denn nicht einmal den lumpigen Kittel betrachtet er als Eigentum und erlaubt es auch seinen Brüdern nicht. Oft müssen sie selbst ihr letztes Untergewand an vorbeikommende Bettler verschenken.«

»Die den Fetzen brüsk ablehnen oder nur aus purer Höflichkeit mitnehmen.« Ursperg kennt sich da aus, » . . . doch mit der Zeit hat sich schon so etwas wie eine spezifische ›Tracht‹ entwickelt. Aus welchem Grund hat Francesco diese braune Kutte mit Kapuze gewählt?« will Ursperg wissen, nachdem ich Ermengarda vom besten Jahrgang hab' auffahren lassen. »Ist das als Analogie zur Kleidung gedacht, von der er annimmt, daß der Messias sie trug?«

»Ach«, lache ich, »das ist schlichterer Provenienz: Solche Kittel tragen unsere umbrischen Hirten, und das gilt hier als der Gipfel äußerster Armut und Beschränktheit!«

»Verschafft euch«, zitiert er einen Ausspruch von Francesco, den ich auch schon mal gehört, mir aber beileibe nicht eingeprägt habe, »weder Gold noch Silber noch Kupfer in eure Gürtel; keine Tasche auf den Weg noch zwei Leibröcke noch Sandalen noch einen Stab, denn der Arbeiter ist seiner Nahrung wert . . .«

»Der Arbeiter wohl«, werfe ich ein, »doch auch der Bettler?« »Der Herr nährt sie alle«, belehrt mich Ursperg, »wie die Vögel unter dem Himmel. So brauchen sie keine Börse fürs Geld, denn dessen Annahme ist ihnen verboten – warum aber auch keinen Bettelsack?«

»Sie sollen nicht ›auf Vorrat‹ betteln, sondern nur für den Tagesbedarf«, kläre ich ihn auf. »Dafür hält Francesco zwei offene Hände für völlig ausreichend!« Und weil mir dann noch meine 30 Paar Schuhe einfallen, vom leichten Leinenschuh bis zu den pelzgefütterten Stiefeln, alle bestickt, verbrämt, mit (nicht zu kostbaren) Steinen besetzt (man hat ja schließlich Repräsentationspflichten, die Leute wollen ihren Bischof ›bello‹, quasi als Papst-Ersatz!), murmele ich: »Und dann auch noch diese Barfußlauferei, besonders im Winter!« Mich schüttelt's. »Aber auch hier: Der Herr Jesus –.«

»Dabei ist keineswegs erwiesen«, unterbricht mich Ursperg verständnisvoll, »daß der Messias mit nackten Füßen auf Erden wandelte. ›Er‹ hatte das nicht nötig, so wie es ›Ihm‹ sowieso an nichts mangelte. Bei Francesco handelt es sich wohl mehr um eine Selbstkasteiung, eine Gehorsam und Demut prüfende Geste, die auch noch als Protest verstanden werden kann.«

»Und soll!« schließe ich ingrimmig ab. »Der Erfolg gibt ihm recht.« Ursperg beendet seine kalligraphischen Eintragungen. »Ich sehe die Zeit kommen, werter Propst, wo all diese Fragen für Francescos Brüder zum schweren Prüfstein werden können. Was sie brauchen, sind Vorschriften, nach denen sie wirklich leben können — und aus freiem Willen auch wollen. Sonst wird Unwahrhaftigkeit wie ein steter Tropfen die Steine aushöhlen, aus denen sich die junge Gemeinschaft zusammensetzt!«

»Ich will Ihnen gerne eine Abschrift meines Traktats zukommen lassen«, erfaßt der kluge Mann meine Absichten. »Es würde mich freuen, zur Abfassung einer ›ordentlichen Regel‹ — einer ›Regel des Ordens‹«, Ursperg genießt sein scherzhaftes Wortspiel — »einen bescheidenen Beitrag zu leisten — schon Francesco zuliebe!« Er erhebt sich, und ich geleite ihn persönlich zum Ausgang. Sein Blick fällt auf eine Reihe von Folianten, die ich selbst nie in die Hand genommen habe, sie müssen wohl noch von meinem Vorgänger stammen. Ich gestatte Ursperg, einen von ihnen herauszuziehen, es handelt sich um Traktate des Joachim von Fiore. Wir blättern etwas in ihnen, und er stellt das Buch nachdenklich ins Regal zurück: »Ihr wißt gar nicht, was für ein gefährlich Schriftwerk Ihr hier beherbergt. Nur wenige kennen es, noch weniger sind die, die seinen Inhalt verstehen, und von denen sind einige der Meinung, es handele sich um äußerst häretisches Gedankengut.« Mir kommt siedendheiß in den Sinn, nicht der fromme Guido I, sondern John könnte ebensogut diese Ketzerschriften dort deponiert haben. Und ich fühle mich erleichtert, als der Propst beiläufig fortfährt: »Der prophetische Abt entwickelt hier, etliches erscheint mir ›omissis‹, eine Theorie vom ›novus dux‹, einem neuen Führer. Ich würde sie gern mal in Ruhe studieren, wenn ich wiederkom-

verstorben im Jahre 1202 in dem von ihm gegründeten Kloster San Giovanni in Kalabrien, ROM

›weggelassen‹ (häufig vorkommender Vermerk bei Ab-

182

men darf?« Ich dränge ihm die Folianten förmlich auf, froh ein solch heißes Eisen so schnell wie möglich loszuwerden. Ursperg verspricht, sie nach Lektüre mir zurückzuerstatten, und ich kann schlecht sagen, daß er sie doch in Gottes Namen behalten möge. Er bedankt sich überschwenglich.

schriften, daß Kopist ihm nicht wichtig Erscheinendes oder auf Anweisung ›weggelassen‹ hatte)

»Ihr wißt sicherlich«, sagt er beim Abschied, »der Heilige Vater hat dem Domenicus die Satzung approbiert, so dürfte auch Francesco nicht mehr lange warten —.«

»Die ›Dominicanes‹ sind ja auch ein schlagkräftiges Instrument in den Händen der Kirche, diszipliniert und präzise — kein Vergleich!«

»Pax vobiscum!«

Als ich — erst am Abend, nach dem Angelus — wieder die Bibliothek betrete, liegt da auf meinem Lesepult ein versiegeltes Schreiben. Die Schrift kommt mir bekannt vor. Es ist die von John. Ich erbreche das Siegel, während ich mein Hirn zu martern beginne, von wem die Nachricht dort unbemerkt hat deponiert werden können. Nachfragen will ich nicht.

Natürlich verdächtige ich spontan den Propst von Ursperg, doch den habe ich eigentlich keinen Augenblick allein gelassen. Typisch John, selbst aus der Ferne versetzt er mich wieder in die Unruhe der geheimen Machenschaften, die uns stets verbunden haben.

IN SIGNO CRUCIS

*Geschrieben im
Jahre 1209, Eintra-
gungen verschiede-
nen Datums an ver-
schiedenen Orten,
gesammelt abge-
schickt und offen-
sichtlich erst im
Jahre 1210 in Assisi
eingetroffen und von
Guido dem Diari-
um beigefügt.*

BRIEF JOHN

Im Zeichen des Kreuzes
sprechen wir der Menschlichkeit Hohn!

Lieber Freund,
ich nenne Euch so, nicht nur weil der Ausdruck
meiner Einschätzung unseres Verhältnisses entspricht, sondern weil ich nicht sicher sein kann, ob
dieser Bericht nicht doch von den Häschern des
Antichrist abgefangen wird. In solchem Fall soll
nicht einmal der ›Dritte Grad‹, der bekanntlich alle Sprachschwierigkeiten beseitigt, Aufschluß über
den Adressaten wie den Verfasser erbringen können. Welchen Weg meine Zeilen auch immer nehmen, wann auch immer sie Euch erreichen werden: die Etappen sind nicht zu verfolgen. Das ist
der Vorteil des italienischen Kuriersystems — die
Boten unsichtbar, die Zeugen zum Schweigen gebracht.

Wir reiten durch feindliches Land und werden
— die geheimen Erkennungszeichen! — als Freunde aufgenommen. Wir betreten den Boden der
Heimat verkleidet als deren erbitterte Gegner, Fanatismus ist unsere Maske.

Der Chevalier Du Mont-Sion eilt mit seinem

Kapitän und seinen Mannen durch die Provence, um sich — löbliche Tat! — dem Kreuzzug gegen die albigensischen Ketzer anzuschließen! Wann immer sich Ohren lauschend aufstellen, führen wir das fatale Papstwort auf den Lippen: »Jedermann, und sei er noch so ein großer Sünder, kann den Höllenqualen dadurch entgehen, daß er teilnimmt am Ausbrennen des Geschwurs der Ketzerei!« So erkennt uns keiner. Bereits zweimal haben wir Tuch und Schabracken, Helmzier und Wappen ausgetauscht. Wir haben vielleicht keine Überlebenschance, doch wir tragen den kalten Haß in unseren Herzen. Kühl genug, Euch die Nachrichten nicht einzeln zukommen zu lassen, sondern — in Erinnerung an unser gemeinsames Diarium A. D. — sie erst mal zu sammeln. Nicht am eigenen Leib, *Advocati Diaboli* das wäre des Spiels mit dem Feuer zu viel! — und sie dann irgendwann sicher zu übermitteln.

Die Wege des Herrn sind unergründlich.

Tolosa (ohne Datum)

Euer Papst hat offensichtlich die gesamte Christenheit zu den Waffen gerufen, gegen den heimtückischen Feind der Kirche, die Ketzerei. ›Schlimmer als die Sarazenen!‹ Dahin sind wir also gekommen im christlichen Abendland! Innozenz geht in seinem rasenden Eifer sogar so weit, John Lackland aufzufordern, ›für den Erwerb des Himmelreiches‹ sich mit seinem Erzfeind Philipp von Frankreich zu verbünden, als wenn der Engländer nicht wüßte, wer — abgesehen vom Grafen Raimond — der Verlierer in diesem Schacherspiel

sein wird. Rom entbricht sich nicht, den Teilneh-
mern an diesem ›Kreuzzug gegen den Gral‹ den
gleichen Ablaß zu versprechen wie den Streitern
um Jerusalem und ›Ewige Seligkeit‹ noch oben-
drein.

Wir nähern uns Toulouse, die ganze Grafschaft
ist in Aufruhr, Bewaffnete ziehen kreuz und quer,
man weiß auf den ersten Blick nicht, ob sie für den
Grafen aufgesessen sind oder darauf aus sind, sich
dem Feind anzudienen. Wir reiten bei Nacht mit
heruntergelassenem Visier in die Stadt ein, nehmen bei Freunden Quartier. Ohnmächtiger Zorn
herrscht in den Kreisen des okzitanischen Adels.
Raimond hat, schlotternd vor dem aufziehenden
Gewitter, den Erzabt von Citeaux um Absolution
angefleht. Arnold behauptet, es stehe nicht in seiner Macht, ihn vom Banne loszusprechen, und
verweist ihn an den Papst. Die vom Grafen losge-
schickten Eilboten können noch gar nicht in Rom
eingetroffen sein, da liegen in Toulouse schon die
Bedingungen vor, die Innozenz stellt: ›Übergabe
von sieben seiner Festungen, den stärksten Burgen
des Landes!‹ Sein wichtigster Vasall, der junge
Ramon-Roger aus dem Hause der Trencavel, den
OKZ wir hier den Perceval oder Parsifal nennen, bestürmt Raimond, sich nicht auf diese schnöde
Hergabe von Faustpfändern einzulassen, die
Schlösser seien das Rückgrat der Grafschaft. Er
solle sich lieber zum Widerstand rüsten. Der Krieg
sei so und so unvermeidlich, weil Rom ihn wolle.
— Die Nacht vergeht, am Morgen übergibt der
ROM Graf die Schlüssel dem Legaten Milo. Nackt bis
zum Gürtel schwört er im Vorhof der Kathedrale
BAU von St. Gilles bedingungslose Unterwerfung, die

Ketzer auszurotten, alle Juden aus ihren Ämtern zu entlassen und selbst am Kreuzzug teilzunehmen. Dann peitscht der Legat des Büßers Rücken und führt den Elenden zum Altar, wo er ihn im Namen des Papstes vom Banne lossspricht. Mich ekelt dieses Schauspiel derartig an, daß ich nicht mehr abwarte, wie er sich auch noch das Kreuz aufbürden läßt. Zusammen mit einem Häufchen Gleichgesinnter verlassen wir — ohne Aufsehen zu erregen — diesen Ort der Schande. Wenn Ihr in Zukunft von den bösen Taten der ›Weißen Ritter‹ OKZ hört, wißt Ihr, wen Ihr dazuzählen dürft. Wir haben zum Zeichen der Trauer diese Farbe gewählt, denn für uns Ketzer ist sie ein Symbol der Reinheit. Was auch immer man uns nachsagen mag, mit unserem Gewissen sind wir im reinen, das Blut unserer Feinde kann es nicht beflecken. Auch Metzger haben das Recht, sich zu waschen, wenn sie die Schweine abgestochen haben. Sie kennen kein Erbarmen und fühlen sich doch nicht als Mörder. Ich aber will Mörder sein!

Béziers, im Juli

Inzwischen hat der Kreuzzug am Tag des heiligen 24. *Juli* Johannes des Täufers Lyon verlassen, sich rhoneabwärts gewälzt und sich über die reiche Handelsstadt Béziers ergossen. 20 000 gewissenlose ›Ritter‹, CAP angeführt von Simon de Montfort nebst 200 000 sonstigem Pack, Huren und Händler, Strauchdiebe und Galgenvögel, ribauts und truands! Allen voran mit flatternder Kutte, einem der apokalyptischen Reiter gleich, der Erzabt Arnold ROM

187

von Citeaux. Die Tore hatten nachgegeben, entsetzt waren die überrumpelten Bürger, Katholiken, Juden, Katharer in die Gotteshäuser geflüchtet. »Verbrennt sie alle!« weist Arnold den noch zögerlichen Montfort an. »Am Tag des Jüngsten Gerichtes wird der Herr die Seinen schon zu finden wissen.«

Keiner der 20 000 Einwohner überlebt, die meisten ersticken im Rauch, wenn sie nicht als lebende Fackeln ins Freie stürzen, wo sie erbarmungslos niedergemacht werden.

Nichts konnte sie retten, nicht Kreuz, nicht Altar, nicht Kruzifix. Und diese tollen diebischen Ribauz schlachteten Priester, Frauen und Kinder hin. Kein einziger ist – so glaube ich – mit dem Leben davongekommen. Möge es Gott gefallen, sie in sein Paradies aufzunehmen. (Guillem de Tudela)

Que nols pot gandir crotz, autar ni cruzifis;
Elos clercs aucizian li fols ribautz mendics
E femnas e efans, c'anc no cug us n'ichis.
Dieus recepja las armas, sil platz, en paradis!

Das Gemetzel ist nur mit der Einnahme Jerusalems durch die Christen im Jahre des Herrn 1099 vergleichbar. Offenbar ist der Menschheit keine Schande zu groß, um sie nicht zu wiederholen, ja zu übertrumpfen. Panik bricht aus im Languedoc. Mit den üblichen Greueln des Krieges hatte man gerechnet, nicht aber mit einem sich so grauenvoll offenbarenden Vernichtungswillen, zu dem sich der teuflische Philipp auf seinem Thron im Louvre und der infame Antichrist auf dem Stuhle Petri verbrecherisch zusammengefunden haben. Warum öffnet sich nicht die Erde und verschlingt sie?

Des Nachts verschaffen wir uns Zugang zum Grafen von Toulouse. Er schlief schon in seinem Zelt.

»Haben Deine Augen gesehen?« keuchen ihm seine Vasallen, Vettern, Neffen zu, ihre Schwertspitzen zitternd vor Wut auf seinen Hals gerichtet. »Hast Du ihr Schreien gehört?« Es sind der junge Ile-Jourdain, der Comminges, der Montca- OKZ de und der Lautrec.

»Hast Du mitgezählt? Es waren Deine Untertanen, Dir zum Schutz befohlen.«

Ich verlasse das Zelt, in dem sich übler Geruch breitmacht wahrscheinlich entleert sich des Feiglings Darm im Bett. Ich hätte nicht an mich halten können, doch gilt es nicht, ihn umzubringen (einen Tod, den er heute zwanzigtausendmal verdient hat), sondern ihn unter Todesandrohung so einzuschüchtern, daß er uns fortan als seine, dem rechten Glauben treuergebenen, Ritter mit sich zu führen habe. Raimond schwört den Eid, bei seinem Blut, das ihre Schwertspitzen aus seinem Hals tröpfeln lassen, als würde er schlecht barbiert, den Eid, der ihn praktisch zur Puppe in unseren Händen macht, wenn er sich daran hält.

Vor Carcassonne, am Tag des heiligen Petrus 1. August

Vor uns die gewaltigen Mauerringe der gotischen Königstadt, wie eine Krone liegt sie auf dem Vorgebirge der Pyrenäen, im Schmuck ihrer unzähligen Türme in der Abendsonne.

Durch die Aude sind wir von ihren Vorstädten Graveillaude und Saint-Vincent getrennt. Sie werden in den nächsten Tagen dem Erdboden gleichgemacht.

Mit dem Hauptangriff läßt man sich Zeit. Wir Verschworenen beraten uns abseits auf einem

189

Patrouilleritt. Das Zelt des Grafen ist uns zu unsicher.

Raimond wird bespitzelt, weil man ihm zutraut, was wir wagen. Einer von uns ist stets an seiner Seite, seiner und er weiß: ein falsches Wort, und er ist ein toter Mann! Doch keiner hat eine Eingebung, wie der Stadt zu helfen sei. Sie gilt als uneinnehmbar, aber die schauderhafte Erfahrung von Béziers sitzt uns in den Gliedern.

Peter II, König von Aragon, verschwägert mit dem Trencavel, REC

Auf die Kunde von dem Blutbad ist König Peter von Aragon über die Pyrenäen geeilt. Unter zahlreicher Eskorte seiner Ritter aus Saragoza und katalanischen Bogenschützen zieht er ins Lager ein, begrüßt kurz den Toulouse, der sein Lehnsmann ist, und reitet dann unbewaffnet zur bedrängten Cité hinauf. Was sich dort oben hinter den Mauern abgespielt hat, erfahre ich erst später von dem

OKZ

sterbenden Kastellan von Lavaur, der bei der Verteidigung der Stadt so schwer verletzt wurde, daß er noch in unseren Armen verblutete. Peter hält seinem jungen Schwager vor, er habe ihm oft genug geraten, die Ketzer rechtzeitig aus der Stadt zu weisen‹ durch sein ›tolerantes‹ Verhalten habe er sich selbst und die Stadt nun in größte Gefahr gebracht. Er sähe jetzt keinen anderen Ausweg als einen Vergleich mit den französischen Herren.

Karl der Große hatte sie sieben Jahre lang vergeblich belagert.

Der Trencavel vertraut auf die Stärke seiner Wälle und deren Besatzung.

Doch Peter hält ihm vor, daß zu viele Flüchtlinge in Carcassonne zusammengeströmt sind, um sie alle über lange Zeit ernähren und vor allem tränken zu können. Der Vicomte willigt in Verhandlungen ein, und sein König reitet ins Lager zurück.

Die Barone Frankreichs sind sofort einverstanden. Die Art, wie mit Beziers verfahren wurde, war keineswegs nach ihrem Geschmack. Abgesehen von leicht zu unterdrückenden Schamgefühlen, ist es ja auch nicht sinnvoll, kostbare Beutestücke in Schutt und Asche zu legen!

Doch der Abt von Citeaux giert nach dem Menschenfleisch, das sich dort oben versteckt hält. Er gestattet dem Vicomte von Carcassonne lediglich seinen persönlichen Abzug mit zwölf Begleitern seiner Wahl.

OKZ

Da Toulouse (obgleich an Rang und Macht einem Herzogtum gleich) an dem alten Titel »Comte« festhielt, blieb den gräflichen Trencavels nur sich »Vicomte« (Vizegraf) zu nennen.

Ein zweites Mal öffnet sich ein Tor der belagerten Stadt für den König. »Sire«, ruft der Trencavel, »glaubt Ihr, ich verriete auch nur den geringsten meiner Untertanen!«

Bekümmert reitet Peter mit seiner kleinen Heerschar zurück über das Gebirge, vorbei am hohen Montségur, dessen Mauern gerade verstärkt werden.

Die Belagerer beginnen ihren Ansturm mit der gleichen Vehemenz, mit der sie die Vorstädte überrannt haben. Doch von den eigentlichen Mauern werden sie blutig zurückgewiesen. Griechisches Feuer und siedendes Öl spritzten ihnen entgegen.

Unter einem Hagel von Steinen und Pfeilen müssen sie zurückweichen. Es beginnt die langwierige Belagerung von Carcassonne.

In der Stadt versiegen die Brunnen. Es spielen sich entsetzliche Szenen ab. Kadaver verendeter Menschen und Tiere verursachen eine Epidemie . . .

Ein Templer erscheint als Parlamentär vor dem

Osttor und bittet den Vicomte im Namen des Königs von Frankreich zu einer Verhandlung ins Lager.

Freies Geleit sei ihm zugesichert — er schwört bei Gott dem Allmächtigen . . .

Nach kurzer Beratung mit den Konsulen entschließt sich der Trencavel, das Angebot anzunehmen. In Begleitung von hundert Noblen reitet er vor das Zelt des Abtes von Citeaux. Da der gesamte Adel Frankreichs um das Zelt versammelt ist, um den berühmtesten Ritter Romaniens aus der Nähe zu sehen, läßt Perceval absteigen und tritt vor Arnold.

»Eure Eminenz?«

»Ihr seid verhaftet!«

Zu meiner Erschütterung rührt sich keine Hand, um zum Schwert zu greifen, um ihr Leben so teuer wie möglich zu verkaufen und jeden dieser feigen Verräter, der ihnen vor die Klinge kommt, mit in die Hölle zu nehmen. Und vor allem diesem betrügerischen Abt das Eisen bis zum Heft in die schwarze Kutte zu stoßen!

Ich wende mich ab.

In der Nacht werden einige der Gefangenen bewußt laufengelassen, damit sie oben in der Stadt verkünden, daß der Vicomte unschädlich gemacht wurde. Ich will jetzt nicht mehr hier unten als ohnmächtiger Zuschauer verweilen und schlüpfe heimlich aus dem Lager.

Ich habe meine Mitverschworenen von meinem Vorhaben informiert, doch keiner will mir folgen.

So bin ich wieder allein mit meinen Gefährten der ersten Stunde, dem treuen Capitano und den drei Mann Eurer Garde. Als wir uns unter die

192

Mauern schleichen, taucht völlig gebrochen der Templer auf, der den Vicomte ins Verderben gelockt hat. Sein Name ist Gavin Manbord de Bethune, aus alter Familie, ein Urahne war einer der ersten Großmeister des ruhmreichen Ordens, dem er angehört.

CAP

John muß gewußt haben, daß der angegebene Name falsch war. Jeder kannte damals André de Montbart, eines der wichtigsten Gründungsmitglieder des Ordens.

CAP

»Die Ehre des Tempels läßt das, was ich an Schuld auf mich geladen habe, nicht zu. Eine derartige Schande kann nur durch Blut abgewaschen werden. Ich werde mich dem Henker der Stadt zur Verfügung stellen.«

Nur mühsam kann ich den Unglücklichen überzeugen, daß es jetzt nicht um die Rettung seiner Ritterehre geht, noch daß der Scharfrichter von Carcassonne auf ihn warte. Sein Blut könne er im Dienst der jetzt führungslos Belagerten nutzbringender vergießen. Gavin nimmt meinen Ratschlag an, und mit seiner Hilfe (die Templer kennen immer Mittel und Wege, die anderen verborgen sind) werden wir durch einen geheimen Einlaß in die belagerte Stadt geschleust.

In Carcassonne, am Tag des heiligen Eusebius *15. August 1209*

Ich bin endlich wieder der okzitanische Ritter Odo Crean of Saint-Liargue, und das anfängliche Mißtrauen (verständlich unter den gegebenen Umständen) schmilzt alsbald dahin. Die Konsuln und die verbliebenen Barone halten nächtlichen Rat. Ihr Entschluß ist schnell gefaßt. Bei seiner Ausführung packen wir helfend mit zu. Am nächsten Morgen erwarten die Belagerer OKZ die Übergabe, doch nichts rührt sich, die Tore bleiben verschlossen.

Keine Wachen zeigen sich auf den Zinnen. Totenstille. Vorsichtig, immer auf der Hut vor einer Kriegslist nähert man sich den Mauern. Schließlich wird vor dem Osttor eine Ramme eingesetzt. Krachend gibt das Tor nach . . . Die Stadt ist leer, BAU selbst die Zitadelle, die Atalaya ist verlassen.

Gewiß, in den Straßen liegen Kadaver, und in den Kellern findet man nach und nach ein paar hundert Halbtote, Uralte und Kranke, doch das Gros der Bevölkerung, Zigtausende von Einwohnern und Flüchtlingen, wo waren sie geblieben? Wie vom Erdboden verschluckt! Carcassonne ist von einem System unterirdischer Tunnel durchzogen, die ins ›Schwarze Gebirge‹ münden. Sie erlaubten einen fast reibungslosen Abzug unter der Führung Einheimischer, deren Familien seit Generationen das Geheimnis ihrer ›corridori‹ hüten. Während wir Frauen, Kindern und Schwachen die steilen Treppen in die Tiefe hinabhelfen, lernt Gavin, unser reuiger Templer (den keiner erkannt hat — außer denen, die uns einließen), einen Jungen kennen: Pol bewegt sich in dem Labyrinth zielsicher wie eine Schlange und zeigt uns vor allem völlig unerwartete Ein- und Ausstiege in den Straßen und Palästen der Stadt. Es ist uns ein leichtes, ihn zu überreden, nicht zu fliehen, sondern sich uns anzuschließen.

Wir beginnen wieder unsere Tätigkeit der weißen Mäntel, nur daß wir diesmal keinen schützenden Umhang brauchen, unsere zweite Haut ist die BAU subterrane Stadt. Während im Dom von Saint-Na-

194

zaire der Abt und seine Helfer ihren Verrat als Wunder des Herren feiern und dem Himmel für seine Hilfe danken, auf dem Vorplatz die Scheiterhaufen brennen (für die Halbtoten, die dennoch nicht ihrem Glauben abschworen), stechen wir aus dem Dunkeln zu, wo immer sich die Gelegenheit ergibt.

Aus Fenstern, zu denen keine Türe führt, aus Türen, die das Auge nicht wahrnimmt, beobachten, belauschen wir die Straßen. Unsere leichteste Beute sind die, die sich heimlich zum Plündern und Stehlen von ihrer Truppe absondern, die sich trotz des Verbots auf eigene Faust auf Beutesuche begeben. So leben wir wie bissige Ratten direkt unter der Katze, bewohnen oft das gleiche Haus, was uns erlaubt, auch ›höheren‹ Ortes zuzuschlagen.

Unsicherheit macht sich unter den Besatzern breit, keiner der edlen Herren will sich die Herrschaft über die Stadt antragen lassen. So bleibt dann nur einer, wenngleich von vergleichsweise niederem Adel, Simon de Montfort. Für die anderen sind die ›40 Tage‹ reichlich um, und sie verweilen nicht einen Tag länger.

verlangtes Dienstgelübde für diesen ›Kreuzzug‹

Parsifal, der junge Vicomte, ist in den Verliesen seiner eigenen Burg eingekerkert worden. Seit der ›Wahl‹ Simons zum neuen Herrn fürchten wir um sein Leben. Nachdem Anschläge auf den Abt und den Montfort nicht möglich sind, beschließen wir, den Trencavel zu befreien. Pol erklärt uns, daß die Zitadelle — aus guten Gründen — vom Zugang durch die ›corridori‹ ausgenommen ist, er weiß von einem alten Pfad, den er noch nie versucht hat.

195

Indes der enge Gang, der sich — immer wieder mit ›blinden‹ Abzweigungen — durch den Fels zur Zitadelle hochschlängelt, ist an vielen Stellen eingefallen. Riesige Gesteinsbrocken versperren uns den Weg. Wir schuften wie Sklaven in unterirdischen Erzminen und kommen doch kaum voran. Unsere Angst, zu spät zu kommen, wächst, als wir von einem Brief hören, den der ›empörte‹ Innozenz an seinen Legaten geschrieben hat, worin er beklagt, der Vicomte sei ›miserabiliter infectus‹.

elendiglich vergiftet (worden)

Wir verdoppeln unsere Anstrengungen, wir erhalten sogar Verstärkung von Hirten aus den Bergen, die ebenfalls um die Zugänge wissen.

10. November Am Tag des heiligen Theodors wird ›der überraschende und beklagenswerte Tod‹ des Trencavel bekanntgegeben. Das Todesurteil ist vollstreckt worden.

Roger-Ramon Graf von Foix und Mirepoix, Vicomte von Carcassonne und Bézirs, ist ermordet, mit ihm versickert ›Das Blut‹, das ›sang real‹, die direkte Linie zum gekreuzigten König. Die letzte große Hoffnung Romaniens ist erloschen.

Ai! Tolosa e Provenza!	Wehe Toulousa und Provence,
E la terra d'Agensa!	Land von Agens,
Bezers e Carcassey!	Bézirs und Carcassonne!
Quo vos vi! Quo vos vey!	Wie (schön) sah ich euch,
(Bernard Sicard	und wie seh ich euch (jetzt)!
de Marjevols)	

Wir verlassen Carcassonne, ein weiterer Kleinkrieg gegen die Garnison des Montfort erscheint uns sinnlos. Ich beschließe hier meinen Brief. Gavin hat mir seine Beförderung zugesagt. Wie gerne ließe ich mich jetzt von Euren lieblichen Hügeln

196

umfangen, der Geborgenheit und dem Frieden Eurer Landschaft. Was treibt unser kleiner ›christe par excellence‹?

Morituri te salutant!

Die zum Sterben Bereiten grüßen Dich! (Gruß der Gladiatoren beim Einzug in die Arena)

VI.
FRATERNITAS
PAUPERUM

Die armen Brüder
(1210-1213)

DRITTER EINTRAG GUIDO

Der immer noch gebannte Kaiser weilt ein zweites Mal in Assisi; diesmal ist der Aufwand bedeutend geringer, und ich, als kirchlicher Würdenträger, bin aller sonst üblichen Amtshandlungen enthoben. Wir stehen immer noch unter Interdictum. Ich hätte ihn natürlich begrüßen können, doch kann ich mir nicht vorstellen, daß er sich gegen zwei so mächtige Kräfte wie den Papst einerseits und die Staufer andererseits noch lange wird halten können. So bin ich bettlägerig.

›Zufällig‹ sagt sich genau an diesem Tage meine Base Jacoba aus Rom zum Gegenbesuch an. »Otto«, läßt sich die Dame laut vernehmen, »interessiert mich einen Dreck! Verlierer! Ich bin gekommen, um nach Francesco zu sehen!«

Sie hat ihm selbstgebackene Mandelküchlein mitgebracht, mit Mühe kann ich sie bewegen, mich armen Kranken wenigstens kosten zu lassen. »Neues aus Roma Eterna?«

»Inno läßt Dir Grüße ausrichten«, lächelt sie und setzt sich auf die Bettkante, »Du sollst nicht so habgierig sein!«

»Ich? Wieso?«

»Du hast für die sogenannte ›lange‹ Trauerrede

bei der Beerdigung des alten Crescicompagna deine sowieso schon stark überhöhten Sermon-Ge-
bühren abkassiert und dann in wenigen Minuten
auf die Familie ein bischöfliches Donnerwetter
herabprasseln lassen, das eher Fegefeuer und Höl-
lenpein verhieß als ›Requiescat in pace‹.«

Möge er in Frieden ruhen!

»Das war ja auch der Vater von diesem Rauf-
bold, der mich vor Sant' Apollinare mit dem
Schwert aufs übelste zugerichtet hat! Soll ich das
unter den Tisch fallen lassen?«

»Vergeben«, entgegnet Jacoba in ihrer erfreulichen Direktheit, »außerdem hättest du einen
Mönch geohrfeigt, und die Benediktiner beklagen
sich . . .«

»Benediktiner bin ich selber«, fahre ich hoch
und muß nun auch lachen, »oderint dum metu-
ant!«

Mögen sie mich hassen, wenn sie mich nur fürchten (Caesar zugeschrieben)

»Vor Angst in die Hosen machte sich dieser
Raimond von Toulouse«, tratscht sie unbeküm-
mert weiter. »Der Ketzer war gerade in Rom, um
sich über des Montforts ›unchristliches‹ Verhalten
zu beklagen.« Sie lacht, wie wahrscheinlich aller-
orten in der Urbs gelacht wird über die Dramen
der Provinz.

»Seine Chance war, daß auch Philipp über das
ungeschickte Verhalten seines Statthalters empört
ist. Des Grafen Dummheit bestand darin, im gleichen Atemzug den päpstlichen Legaten Milo anzugreifen.«

Philipp II Augustus, König von Frank-reich, CAP

ROM

»Und da geronn unser Herr Papst auf der Stelle
zu dieser Art Nettigkeit, vor der uns Gott behüte«, komme ich dem Erzählfluß meiner Base zuvor.

»Er beschwor Inno kniend, was der sowieso

nicht ausstehen kann, ihn endlich von der Mordanklage freizusprechen!«

»Und der Herr Papst nennt ihn ›mein lieber Sohn‹, läßt ihn ein paar Reliquien betasten, macht ihm kostbare Geschenke. Raimond ist sicher auch nicht mit leeren Händen gekommen. Und vertröstet ihn.« Jetzt ist es an mir zu grinsen. Ich kenne das Verfahren.

»Genauso«, bestätigt mir Jacoba. »Ein neues Konzil zu seiner Rechtfertigung einzuberufen, wird den Legaten auferlegt . . .«

». . . die sowieso tun und lassen, was sie wollen, und dabei letztlich genau auf der Generallinie bleiben, die der Heilige Vater ihnen vorgegeben hat und die auf totale Destruktion des Grafen zielt.«

»Doch diesmal merkt Raimond, wohin der Hase läuft, und er verläßt heimlich die ›Ewige Stadt‹ in berechtigter Angst, schon dort von der Ewigkeit eingeholt zu werden.«

»Rom war nie gut für die Gesundheit«, füge ich nachdenklich hinzu, »sicher ist dort nur das Wasser der öffentlichen Brunnen, und auch das ist bleihaltig. Also, was erzählt man sich sonst noch?«

»Die Sache steht gut für Deinen Francesco. Seine Heiligkeit hat nach schlaflosen Nächten und bösen Träumen wegen der von ihm zu verantwortenden Greuel des sogenannten Albigenser-Krieges, sich jetzt gütigst entschlossen, den Neuen Armen mit Milde zu begegnen, anstatt sie in die Arme der Ketzer zu treiben. So hat er bereits die ›pauperes Lombardi‹ ex ufficio gutgeheißen — da kann er den ›minores d'Assisi‹ schlecht die Anerkennung verweigern.«

Es gibt die Legende, Innozenz habe von einer einstürzenden Kirche (Sankt Peter?) geträumt. Da sei ein Mönchlein hinzugesprungen und habe sie mit der Schulter abgestützt: Das sei Francesco gewesen!

202

»Fragt sich nur, zu welchen Konditionen?«

»Ad propositum«, wechselt die weltläufige Cousine das Thema. »Wie geht es unserem Francesco gesundheitlich? Ich habe gehört, er ißt zu wenig und fastet eigentlich jeden Tag?«

»Oh nein! Verehrteste.« Ich richte mich auf, gebe mich leidend. »Nur mittwochs und freitags.«

»Und was bekommt der Arme zu essen?«

»Was er oder seine Gefährten an dem Tage erbettelt haben.«

»Also kein Fleisch?« Sie ist ganz Anteilnahme (nicht an meinen hüstelnden Gebresten, sondern am nicht präsenten Francesco!).

»Fleisch? — Theoretisch schon, aber meist fallen nur abgenagte Knochen ab. Dabei liebt er Lekkereien, doch um sich — und die anderen — zu kasteien, verdünnt er die milden Gaben noch mit Wasser oder bestreut sie mit Asche. Es könnte ihm ja schmecken!« füge ich ingrimmig hinzu. »Jedoch verboten ist nichts, außer in der Karwoche, am Tag, an dem der Herr starb.«

»Und wenn Ihr fastet, so macht nicht wie die Heuchler ein finsteres Gesicht«, lacht Jacoba, »Matthäus 6,16.« Sie muß das letzte Wort haben.

»Und wie steht es mit der Liebe? — Da soll es hier ein Mädchen geben, aus gutem Hause . . .?«

»Kindliche Schwärmerei«, wiegele ich ab. »Francesco hält sich die Weiber vom Leibe. ›Der Umgang mit Frauen ist wie vergifteter Honig‹.«

»Hat er nicht auch gesagt: ›Macht mich nicht zu früh zum Heiligen. Ich bin durchaus noch in der Lage, Kinder zu zeugen‹?«

»Sprüche!« Doch meine Dame von Welt läßt nicht locker.

Obgleich sie es kaum wissen kann, verkündet sie: »Francesco predigt nicht nur Liebe, sein ganzes Wesen ist von ihrem Atem durchglüht, er lebt sie!«

Reisende soll man nicht aufhalten. Ich lasse sie von meinen Wachen nach Rivo Torto eskortieren, schließlich bin ich auch nur ein Mann, und ein schwacher dazu!

VIERTER EINTRAG GUIDO

Assisi braucht endlich Frieden. Noch weilt der Kaiser in unseren Mauern, wir sind also kaiserlich und geben uns fortschrittlich: Die Leibeigenschaft wird abgeschafft, die Bauern der Umgebung werden zu Menschen erklärt, und die seit 1202 Verbannten dürfen zurückkehren. So geschehen zu Assisi am Tag des heiligen Stanislaus des Jahres 1210 und in der ›Carta pacis‹ niedergelegt.

9. November

ASS

Mein Bruder im Amte zu Perugia, Bischof Giovanni Toscolani, benutzt den Anlaß zu einem Gegenbesuch bei mir, zu einem ›gramangir‹. Ich kenne ihn als Leckermaul, und so schreibe ich für den Tag Ermengarda die Gänge vor, denn ich will nicht, daß er heimkehrt und denkt, wir hätten keine Lebensart und unsere Küche sei einfallslos wie die der Römer.

›Großes Fressen‹, Festmahl

Wir beginnen mit gefüllten Kürbisblüten, in Teig gewälzt und in siedendem Öl kurz gesotten. Wenn man sie aufbeißt, ist das Zölibat vergessen, so stark ist die Erinnerung an die aufgestülpten Lippen der Vulva, besonders, wenn man ein Schnetz Sardelle hineinschmuggelt. Wir schmat-

zen vor Vergnügen. Toscolanis Kaplan, ein Cala-
brese, dient uns als Truchseß. Er spricht einen
Dialekt, den man nur versteht, wenn man des Alt-
griechischen mächtig ist.

»Wir verständigen uns über die orthodoxe Li-
thurgie!« hänselt ihn mein Amtsbruder, der zu unserem Mahl ein Fäßchen schweren sikulischen
Marsalas beigesteuert hat. Ich lasse in Streifen ge-
schnittene Kälberzunge folgen, in Löwenzahnsalat, mit dicker Buttermilch angemacht. Und wieder schwelgen wir in Assoziationen zu üppiger
Frauen Brüste und schlürfen und lecken uns die
Finger ab, während die verwirrte Ermengarda den
fetten Stallhasen aufträgt, mit Kichererbsenbrei
und garniert mit gebratenen Porciniköpfen, also
Steinpilzen, samt einer salsa aus ungepreßten Ho-
lunderbeeren, die im Mund zerplatzen, während
die schlabbrigen, von Öl tropfenden Pilzköpfe uns
zwischen den Zähnen zergehen und die Phantasie
beflügeln.

Wir schwärmen vom himmlischen Fungus als *Pilz*
phallisches Symbol und von jenen ›gewissen‹, die
als Aphrodisiaka wirken (was Hexerei ist und wovor uns der Herr behüte!). Sie heißen ›Bischofs-
hütchen‹! Der Kaplan hat beim Nachschenken
sich selbst nicht vergessen und ist nun betrunken,
so daß wir beim stinkert dahinfließenden Weich
käse, mit etwas geraspelter Trüffel bestreut, unbe-
lauscht (Emilio habe ich Ausgang gegeben) noch
ein Wort über unsere Oberen, speziell unseren Otto austauschen können. Der kaisertreue Toscolani
sieht für den Welfen wenig Zukunft: »Die gehört
dem puer Apuliae, dem jungen Friedrich!«

Er läßt seinen Kaplan, der immerfort »Peneten- *Knabe aus Apulien*
Tuet Buße, tuet Bu-
ße!

205

ziate, penetenziate!« vor sich hinstöhnt, wie einen nassen Sack aufladen, und wir verabschieden uns, von der Ernüchterung ertappt, wie zwei Männer, die für ein paar Stunden gut zusammen gegessen, getrunken, gescherzt und dabei vergessen hatten, daß sich Perugia und Assisi auch in ›Sack und Asche‹, niemals lieben werden. Nach wie vor lastet auf beiden Städten der Bann des Papstes, der den Kaiser treffen soll. Otto läßt forsch verlauten, daß er sich vor ›diesem Priester‹ nicht fürchtet. Im Gegenzug exkommuniziert Herr Innozenz unseren Podestà, die Dolche werden weiter gewetzt, doch erhaben thront der Herr Bischof zwischen den Fronten, den keiner liebt, aber mit dem sich keiner anlegen mag.

Nota bene: Liebt mich keiner? Vielleicht Francesco, aber wahrscheinlich nur um des Ziboriums willen — oder im Namen des ›Heiligen Gehorsams‹. Ermengardas Tochter Anna ist jetzt dreizehn und ihre Knospen brechen zur frischen Blüte.

An die Töchter hat keiner der Konzilianten gedacht, die uns ›Dienern der Kirche‹ nur Haushälterinnen gestattet haben, die das 40. Lebensjahr bereits überschritten haben. Die Kleine besucht mich oft in der Bibliothek. Ich nenne sie ›Sylvia‹, weil sie mich in ihrer dianahaften Unberührtheit an den Duft von Wäldern erinnert. Sie liebt es, in meinen Folianten zu blättern, lesen kann sie nicht (vielleicht sollte ich es ihr beibringen?), und ich liebe es, sie auf die Leiter steigen zu sehen.

Erster Eintrag Guido

»Einen feuchten Furz, was da oben in Sankt Rufino passiert!« Ungehalten will ich meinen Gärtner-Sakristan Emilio aus meinem Studio werfen, dann muß ich mir doch alles brühwarm anhören:

Der letztes Jahr unter die Brüder gegangene OFM Rufino d'Offreduccio stottert, und Francesco hat sogleich die rechte Roßkur zur Hand, um den Bruder davon ein für allemal zu heilen: »Du mußt predigen!«

»D — d — das kann, kann, kann ich un — unmöglich!«

Ein klarer Fall von Gehorsamsverweigerung! Francesco, wie oft zu deftigen Späßen aufgelegt, hakt nach: »Nackt, nur in Deiner Unterhose wirst Du predigen!«

Rufino windet sich, doch der Oberbruder bleibt unerbittlich. Also macht sich der spärlich bekleidete Sohn einer der angesehensten Familien der Stadt auf den Weg nach Sankt Rufino, der Kathedrale des ersten Märtyrers, und beginnt dort eine Predigt über Buße und Vergebung.

Seine Wortbrocken gehen im Gegröl der Gassenjungen unter, die ihm von der Straße gefolgt sind. Im Quartier der Brüder kommen Francesco inzwischen Bedenken, er ruft seinen Adlatus Leo: »Komm, Lamm Gottes! Wir dürfen ihn nicht im OFM Stich lassen!«

Sie greifen sich Rufinos Kutte, rennen den Berg herauf, bis sie oben auf dem Platz vor der Kathedrale angekommen sind. Hier entledigen sich beide ihrer Kleider, betreten das Gotteshaus, und Francesco nimmt den Platz des glücklich Unglücklichen ein. Wenn Francesco predigt, in welcher Aufmachung auch immer, ist das gleich etwas ganz anderes. Er spricht von der Nacktheit Christi während der Passion, und die inzwischen stark angewachsene Menge schweigt ergriffen.

Ja, unser Francesco!

Zweiter Eintrag Guido

Francesco besucht mich. Gerade noch kann ich Sylvias Lesestunde abbrechen und das Mädchen aus dem Zimmer scheuchen – dabei hätte sie Francesco so gerne mal kennengelernt. Er ist mal wieder auf Wohnungssuche. Heiter erzählt er mir, BAU was am Rivo Torto geschehen ist:

Die Brüder sind in ihrer selbsterrichteten Hütte ins Gebet vertieft, als ein Bauer die Tür aufreißt und seinen Esel in den dunklen Stall jagt. Francesco beschließt auf der Stelle, das Feld zu räumen, schon um Bruder Esel nicht im Weg zu sein.

Mir ist die noch unausgesprochene Bitte um Hilfe peinlich in extremis, denn das ist jetzt schon das zweitemal, daß er sich vertrauensvoll an mich wendet, und ich kann ihm nichts geben, jedenfalls nichts in der Nähe der Stadt und nichts Geeignetes.

Ich bitte ihn zu warten, lasse ihm frisches Obst BAU anbieten und hetze sofort einen reitenden Boten hinauf auf den Monte Subasio zum Abt von San Benedetto.

208

Als ich in die Bibliothek zurückkehre, hockt Sylvia zu Francescos Füßen. Hoffentlich hat sie ihm nicht erzählt, daß ich sie schon mal auf den Schoß nehme. Sie wird gerade von ihm belehrt, warum es eigentlich gar nicht wichtig sei, lesen und schreiben zu können.

»Ich sage meinen Brüdern immer«, klärt er sie mit sanfter Stimme auf, »die keine wissenschaftlichen Kenntnisse besitzen, dürfen nicht danach streben, sich eine wissenschaftliche Ausbildung zu verschaffen; vielmehr sollten sie danach trachten, den Geist des Herrn und sein heiliges Wirken zu besitzen.« Sylvia ist wieder zu Anna geworden, züchtig bedeckt sie Knie und Bein mit dem Rock und schaut andächtig zu dem berühmten Besucher auf.

»Meine Schwester«, spricht er sie an. »Wenn Du genug Scharfsinn besäßest, um alles zu wissen, wenn Du alle Sprachen kenntest, den Lauf der Gestirne und alles übrige, warum solltest Du Dich dessen rühmen? Ein einziger Dämon weiß mehr davon als alle Menschen auf der Erde zusammen. Aber was gibt es, dessen ein Dämon nicht fähig ist, darin besteht der Ruhm des Menschen: Er kann Gott treu sein.«

Ich sorge dafür, daß Ermengarda ihre Tochter zu sich ruft. Inzwischen ist auch der schneidigste meiner teutonischen Garde-Reiter, Gunter von ASS Öxfeld, zurück mit der beruhigenden Auskunft, daß die Benediktiner sich glücklich schätzten, auch diesmal Francesco (mir nicht, diese fetten Kater?) dienlich sein zu können: Sie würden nichts lieber sehen, als wenn gerade er nach Portiuncula umzöge. BAU

Francesco ist natürlich ganz aus dem Häuschen vor Freude. Kaum ein Ort bedeutet ihm soviel wie diese, von ihm eigenhändig restaurierte Feldkapelle, von dazugehörigem Wald und Wiesen umgeben. Singend verläßt er meinen Palast. Die Wachen präsentieren ihre Spieße. Das klappt jetzt vorzüglich unter Hauptmann Ripke. Ich suche den stillen Ort auf, den sogenannten ›Großen Stuhl‹, der wie ein Erker an der Außenmauer klebt, wohinter sich der verwilderte Teil des Gartens mit dem Rosenhag anschließt. Er ist meiner Notdurft allein vorbehalten, von hier aus schweift mein Blick über das Tal, und ich verfalle ins Träumen, während sich die Dämmerung herabsenkt.

Ich verzichte auf ›Sylvia-gute-Nacht-Sagen‹ und begebe mich durch den ›Gang‹ in meine Santa Maria del Vescovado.

Nicht daß ich beichten will (wem auch?), aber ich möchte dem Herrn danken und um seinen Beistand auch in Zukunft bitten.

Mit mir bin ich im reinen — und mit IHM auch!

Dritter Eintrag Guido

Es ist schon Zeit des Abendläutens, als Emilio
zaghaft an die Tür klopft. Ich habe ihn in letzter
Zeit oft mit einem barschen ›Raus!‹ daran gehindert, mich immer wieder zu stören. Diesmal wirkt
er so geheimnistuerisch, daß ich ihn zu Wort kommen lasse.

»Clara d'Offreduccio ist in der Kirche . . .« ASS
»Ja und?« erwidere ich belustigt. »Das ist doch
sehr tugendsam, sie gilt doch sowieso fast als Heilige.«

»Sie bittet Euch dringend, ihr die Beichte abzunehmen. Sie wartet in Begleitung ihrer Tante, ASS
Donna Buona di Guelfuccio.«

Von Rechts wegen hätte ich sie an einen der
diensthabenden Priester verweisen können, aber
meine Neugier, dieses wohl schönste Mädchen der
Stadt anzuhören, obsiegt.

Außerdem denke ich sofort an Francesco und
die nicht verstummenden Gerüchte einer heimlichen Liebesbeziehung, wenn sich auch jedes dieser törichten Klatschmäuler hätte fragen müssen,
wie sich eine solche je hätte materialisieren können.

Ich eile also durch den ›Gang‹. Sicher legt Clara Wert darauf, daß ihre Beichte als solche nicht zum Stadtgespräch wird. Das Innere von Santa Maria liegt bereits im schonenden Halbdunkel, als ich mit einem kurzen Kopfnicken in das Gehäuse meines Beichtstuhls schlüpfe. Sie ist tatsächlich von strahlender Schönheit! Auch wenn sie dies durch Kopftuch und Schleier zu verbergen sucht.

Clara kommt sofort zur Sache, ihre Stimme ist von angenehmer Erregung: »Ich kann mich dem Drängen meiner Familie nicht mehr lange widersetzen. Sie wollen mich unbedingt verheiraten, der Name des Auserwählten tut nichts zur Sache, denn ich werde mit keinem irdischen Mann vor den Traualtar treten.«

Ich lasse sie ausreden, obgleich ich von dieser Eröffnung leicht überrascht bin. Aber da sie so bestimmt vorgetragen wird, vermag ich sie auch nicht in Zweifel zu ziehen.

»Seit zwei Jahren habe ich eine solche Eheschließung immer wieder hinausschieben können. Doch, wie gesagt, jetzt brennt die Zeit, und ich muß Schritte unternehmen, zu denen ich Eurer Hilfe bedarf, Herr Bischof.«

Klopfet an, und es wird euch aufgetan! Sie schweigt, und ich muß antworten: »Pulsate et aperietur vobis! Wer den Weg des Herrn beschreiten will, kann unserer vollen Unterstützung stets gegenwärtig sein, ja, er darf sogar auf unseren Schutz rechnen.«

Diese Floskel scheint ihr so viel Vertrauen zu geben, daß sie fortfährt: »Ich kenne Francesco nicht, und doch kenne ich ihn. Es ist die reine Erkenntnis der Jungfrau Maria durch den Engel, nur daß ich keinerlei Bedürfnis empfinde, von irgend jemandem geschwängert zu werden, wenn Ihr mir

212

diese Offenheit gestattet. Das Leben einer Frau in der Ehe hätte für mich sowieso nichts Anziehendes, der Gedanke an ihren Vollzug ist mir zuwider und, Gott sei Dank, auch fremd. Ich habe Francesco in meinem Leben nur zweimal von weitem gesehen, zum erstenmal, als Ihr ihn vor seinem Vater in Schutz nahmt.« Sie lacht leise, es klingt wie ein silbernes Glöcklein. »Meinem Vater war es sehr peinlich, daß seine wohlbehütete Tochter, ausgerechnet in der Kirche, zum erstenmal einen nackten Mann sah. Nein, es war nicht das erste Mal, ich hatte Francesco schon als kleines Mädchen erlebt, als ich mit meiner Mutter Kleiderstoff bei den Bernardones einkaufen durfte. Ich erinnere mich. Ein Bettler kam herein und wurde, auch von Francesco, weggescheucht. Ich habe dem Armen etwas gegeben, und ich vergesse nie die erstaunten Augen von Francesco. Ich glaube, er schämte sich. Dann war ich natürlich bei der ersten Predigt des ›Neuen Francesco‹ dabei, in San Rufino. Obgleich er zur Buße aufrief und zum Frieden für die Stadt, bin ich seitdem das Gefühl nicht losgeworden: er sprach nur zu mir! Ich weiß nun, welchen Weg ich einzuschlagen habe: Es ist sein Weg! Ich werde ihn alleine gehen müssen, doch zusammen mit ihm.«

Sie unterbricht, auf ein Räuspern von mir, daß mir unbewußt entfahren ist, so gerührt bin ich von dieser Liebesgeschichte in ihrer vollkommenen Reinheit. Ich habe diesem Mädchen nichts zu sagen, sie bedarf keines Zuspruchs, noch irgendeiner Unterrichtung. Sie schwebt in ihrem Glauben so hoch über mir wie eine Wolke.

Meine Aufgabe kann nur sein, sie für den Vorgang des zu vollziehenden ›Schrittes‹ für einen Augenblick auf die Erde zurückzuholen, ihr die Steine aus dem Weg zu räumen, damit sie nicht strauchelt, den restlichen Weg wird sie ohne mich finden. Ohne jeden Priester, sie ist selbst eine Priesterin.

»Clara«, sage ich und ärgere mich über meine belegte Stimme, »du willst also von zu Hause fliehen, gegen den Willen Deiner Eltern in ein Kloster eintreten . . .«

Hier unterbricht sie mich mit Bestimmtheit. »Nicht in irgendein Kloster von bigotten, alten Jungfern, frustrierten Damen meines Standes, Sitzengebliebenen und Verwitweten. Ich will genauso ein Leben führen wie Francesco! Ich bin bereit, die gleichen Opfer, Demütigungen und Entbehrungen auf mich zu nehmen. Ich will leben wie eine Schwester unter Brüdern, denn ich weiß, ich kann nicht mit ihm leben, wie eine Schwester mit ihrem Bruder.«

»Du kannst auch nicht als Schwester unter Brüdern leben, Du weißt, daß die Kirche dafür keine Lebensform vorgesehen hat, die Gründe muß ich Dir nicht erläutern. Aber auch Francesco würde es keiner Frau und auch Dir nicht erlauben, ihm oder seinen Brüdern körperlich nahe zu kommen.«

»Er hat doch von mir nichts zu befürchten«, unterbricht sie mich trotzig resignierend: »Ich weiß, daß ganz Assisi sich darin gefällt, über uns als Liebespaar zu tuscheln. Keiner hat sich je die Mühe gemacht, darüber nachzudenken, daß wir wirklich eines sind und es nichts zu tuscheln gibt.

Wir sind ein Liebespaar in der Liebe zu Jesus Christus.«

»Dennoch, Clara, kann auch eine solche Liebe nicht unter einem Dach beherbergt werden, sondern nur in verschiedenen Häusern, durch dicke Mauern getrennt. Du wirst nur als Schwester unter Schwestern Dein Ziel erreichen, und selbst das wird schwer genug, laß mir Zeit, über alles nachzudenken, und komm morgen wieder, zur gleichen Zeit. Der Herr segne Dich!«

VIERTER EINTRAG GUIDO

Von Clara ins Vertrauen gezogen, bin ich jetzt mitten in einem Spiel, das meine Nerven zwar auf das angenehmste kitzelt, mir aber gelegentlich auch Schauer den Rücken herunterlaufen läßt, wenn ich mir vorstelle, daß die männlichen Mitglieder der Familie d'Offreduccio meinen konspirativen Part vorzeitig entdecken.

Soll ich meine Wachen in Alarm versetzen? Das würde unnötige Aufmerksamkeit auf den bischöflichen Palast lenken. Primo avulso non deficit alter! Zu langwierigen Überlegungen, wie ein Plan auszusehen habe und wie er auszuführen sei, komme ich nicht, denn schon steht mir der nächste Besuch ins Haus. Der kleine Rufino d'Offreduccio, Claras Vetter, sucht mich mitten in der Nacht auf, um mir höchst verzweifelt sein Problem anzuvertrauen.

»Es ist meine Schuld«, jammert er. »Ich habe Clara darin bestärkt, daß es möglich sein würde,

Claras Vater, Favarone d'Offreduccio, zur Familie der Herren von Coriano gehörig, war — wie die meisten Adeligen — zu Beginn des Krieges mit den Seinen nach Perugia geflüchtet. Erst 1205 konnten sie in ihre Heimatstadt zurückkehren. Clara muß damals 11 Jahre gewesen sein.

Kaum ist der eine erledigt, steht der nächste ins Haus!

unser Zuhause zu verlassen und von Francesco aufgenommen zu werden. Jetzt hat sie sich diese Idee in den Kopf gesetzt, und ich kenne meine Base, sie geht eher mit dem Kopf durch die Wand, als daß sie sich noch von irgend jemandem beeinflussen ließe. Mein schlimmster Fehler ist jedoch, daß ich Francesco nicht vorher gefragt habe. Ich habe einfach fest damit gerechnet, daß jeder ihm willkommen ist, auch ein Mädchen, und gerade Clara. Doch jetzt will er nicht. Er will nicht, daß sie kommt, und er will sie nicht haben.

Was soll ich nur machen?«

Schwierige Situation!

Als Bischof bin ich auf alles mögliche eingestellt, auf jede Art von Handel und Händel mit weltlichen und geistlichen Herren, aber nicht im geringsten darauf, die Gefühle dieser frühreifen, von der Liebe zu Jesus besessenen, der Armut sich hingebenden Kinder in geordnete Bahnen zu lenken.

»Und warum lehnt Francesco ihren Wunsch, so zu leben wie er, rundweg ab?«

»Er ist wie in Panik. Er f-f-f-fürchtet sich«, vertraut mir Rufino an — immer noch leicht stotternd.

»Er fürchtet sich vor Clara oder vor den Komplikationen?«

»Francesco glaubt nicht an die Unbedingtheit von Claras Entscheidung, an ihren festen Willen und an die notwendige Kraft, den Weg von Anfang bis Ende durchzustehen. Er hält das Ganze für die schwärmerische Laune eines jungen Mädchens, wo sicher noch hinzukommt, daß man auch Francesco die Gerüchte ›gesteckt‹ hat, die über ihn und Clara im Umlauf sind. Seine Einwilligung könnte als Eingeständnis aufgefaßt werden, als klarer Beweis.« Ich muß nicht lange überlegen. »Clara hat mich von ihrem Vorsatz überzeugt, und ich traue ihr auch die Kraft zu, ihn auszuführen. Also liegt es jetzt an Francesco, ihr wenigstens die Möglichkeit zu geben, sich ihm zu erklären, sich von ihm prüfen zu lassen. Das darf Francesco diesem Mädchen, das soviel riskiert, auf keinen Fall verweigern. Richte ihm von seinem Bischof aus, Rufino, ›preces armatae‹, vor dieser Sache nicht *geharnischte Bitte* zu fliehen, sondern sich mit Clara auseinanderzusetzen, und zwar persönlich.«

Rufino bedankt sich überschwenglich und stürzt durch die Hintertür wieder hinaus, wahrscheinlich rennt er den ganzen Weg hinunter bis Portiuncula. Es ist spät geworden, ich habe noch nie ein besonderes Vergnügen dabei empfunden, nachts mit einem Windlicht durch den ›Gang‹ zu tappen. Ich bete daher an meinem Lesepult in der Bibliothek. Meine Gedanken sind unkonzentriert, mein Blick gleitet die Leiter hinauf. Es ist mir, als wenn sich die nackten Beine von Sylvia dort oben im Dunkel verlieren . . .

FÜNFTER EINTRAG GUIDO

Clara ist noch einige Male in die Kirche gekommen oder hat Donna Buona geschickt, übrigens eine enge Vertraute ihrer eigenen Mutter. Die beiden Damen hatten bereits zusammen eine Pilgerreise ins Heilige Land unternommen, was mich darauf schließen läßt, daß auch Donna Ortolana *ASS* eingeweiht ist.

217

Es vergehen allerdings Wochen, bis aus Portiuncula das Signal kommt, Francesco sei bereit, sich mit Clara zu treffen. Natürlich nicht allein, sondern, wie es sich nach höfischer Sitte schickt, in Begleitung von Anstandspersonen. Mir erscheint das Ganze wie die Vorbereitung zu einem Duell. Und ich darf wohl den Medicus spielen, der nachher sich um die Verletzten zu kümmern hat.

Jetzt spüre ich erst, wie sehr mir John fehlt. Ich muß mich unbedingt nach einem neuen Sekretär umsehen, wenngleich wohl keiner die Vielfalt von Johns Qualitäten aufweisen wird.

ASS Kürzlich erhielt ich einen Brief von Roald of Wendower, der sich in Rom Francescos angenommen hatte und den ich damals sehr schätzen lernte. Er schreibt, daß er das feuchtkalte Saint Trinian liebend gern mit Assisis lieblichen Hügeln vertauschen würde.

SECHSTER EINTRAG GUIDO

Der Tag des ersten Schritts ist gekommen, Clara erscheint zur vereinbarten Stunde in Santa Maria del Vescovado, tief verhüllt. Um mich auf keinen Fall zu kompromittieren, habe ich Ermengarda damit beauftragt — denn auch Emilio, das Klatschmaul, möchte ich nicht einweihen —, die Damen durch den ›Gang‹ in unseren Palazzo zu geleiten und ohne Umschweife sofort durch die Hintertür wieder ins Freie. Es gibt zwar auch einen unterirdischen Stollen, der erst außerhalb der Stadtmauern im Gestrüpp endet, aber das erscheint mir zu romantisch und ist wohl für die Damen auch zu beschwerlich.

So weist ihnen Anna-Sylvia eine Abkürzung durch die Gärten zu einem der Befestigungstürme, von dem aus man Assisi unbemerkt verlassen kann. Die Geheimtür wird von niemandem benutzt und spielt nur bei Belagerung der Stadt eine Rolle, um Spione ein- und ausgehen zu lassen.

Die beiden Damen erreichen schnellen Schritts, wie mir Sylvia später stolz erzählt (man hat sie auch gut entlohnt), den Feldweg nach Portiuncula. An einer Weggabelung steht vereinbarungsgemäß Bruder Filippo Longo, und sie biegen ab in Richtung Rivo Torto. OFM

Dort hat Francesco sie erwartet, mehr konnte Sylvia mir nicht erzählen, denn sie wurde zurückgeschickt.

ANNO DOMINI 1212

Erster Eintrag Guido

Der Winter zieht ins Land, es fällt der erste Schnee, was aber für Liebende keinen Hinderungsgrund darstellt.

Ich stelle mir vor, wie Clara und Francesco durch die weißen Eiskristalle aufeinander zulaufen, barfuß!

Der Eindruck ihrer Füße hinterläßt rote Tupfer an den rauhen Kanten, doch was kümmert es sie; beseelten, glühenden Gesichts fliegen sie sich entgegen, entledigen sich ihrer Kleider, die sie beschweren. Sie achten des Blutes nicht, das seine Spuren auf der weißen Fläche läßt, Rosen sprießen aus den Flecken, die rot sofort ihre Knospen entfalten, sich hochranken zu einem Rosenhag. Schützend bergen die blühenden Ranken die Liebenden, die nunmehr nackt zu Boden stürzen . . .

Wie müssen sie Jesus lieben! Wie erleben sie ihn! Ist seine Dornenkrone ihr Bett, in dem sie sich zärtlich wild in ihre Lippen beißen, deren Stacheln ihre Brüste zerkratzen, sich in ihre Leiber bohren? Oder liegen sie still unter der weichen Decke seines Todes, die wohlige Wärme einer langsamen Verschmelzung lustvoll erleidend?

Ermengarda soll mir die Wärmflasche ans Fußende packen und endlich die Winterdaunen herausrücken. Mit meiner wollenen Schlafmütze über beide Ohren gezogen, werde ich in meinen Kissen liegen und in meines Baldachins mit Hecken-Röslein verzierten Himmel starren, schlüpfe aus meinen Lammfellpantoffeln direkt unter die Federdecke, zur wohlverdienten Ruh. Bona Nox, episcope.

In all den kalten Monaten müssen sich noch weitere Treffen zwischen Francesco und Clara abgespielt haben, denn manchmal sehe ich die beiden Damen durch den Palast huschen, sie tauchen aus dem dunklen ›Gang‹ auf und verschwinden durch die Hintertür. Sie bedürfen der Hilfestellung durch Ermengarda und der Führung durch Anna-Sylvia nicht mehr, und ich tue so, als nähme ich sie gar nicht wahr.

Sylvia ist vergangenes Jahr vierzehn geworden, was sich daran bemerkbar macht, daß sie wesent-

220

lich koketter die Leiter hochsteigt, andererseits ihren Rock eng um die Knie schlingt oder ihre Schenkel fest zusammenpreßt — wahrscheinlich Erziehungserfolge ihrer bigotten Mutter! Dafür hat sie ihre Liebe zu Schmuck entdeckt, kramt begehrlich in meinen Schatullen und läßt sich schon mal diese oder jene Kette von mir anlegen, wobei sie verschämt ihren kleinen Busen entblößt.

Eitel betrachtet sie sich im Spiegel meines Ankleidezimmers, und manchmal ist es mir, als erwachse sie mir mehr und mehr zur Komplizin in diesem Spiel nichteingestandener und schon gar nicht ausgelebter Erotik.

Vierzehn ist schließlich ein mannbares Alter (wie man so sagt), aber ich habe mir vorgenommen, meine Beherrschung noch auf die Probe zu stellen.

Der Herr beschütze uns vor dem Übel!

BRIEF JOHN

›Veni creator spiritus‹, diese verlogen Hymne der ›Kreuzfahrer‹ gellt mir in den Ohren!

Auf Mai des Jahres 1211 zu datieren, aus Lavaur in Südfrankreich, offensichtlich erst zu Beginn des Jahres 1212 in Assisi eingetroffen.

Lieber Freund,
warum reiset Ihr nicht stehenden Fußes nach Romanien? Hier verschleudern ›allerchristlichste Ritter‹ wohlfeil Reputation und Honneur. Haben sie die zur Sicherung ihres Seelenheils vorgeschriebenen vierzig Tage ›abgedient‹, sich genügend mit Blut besudelt und an Plündergut bereichert, ziehen sie — Gott sei's gedankt — wieder

ab. So dort oben Einer thront, hält er sich die Nase zu. Doch immer Neue strömen nach.

Romanien ist nach Konstantinopel der bequemste Ausschank ständig sprudelnder Sündenvergabe geworden.

Lässige Anreise auf dem Landweg durch zivilisierte Gegenden, Gastfreundschaft und Kultur, je näher man kommt. Dann ein diebisches Jagdvergnügen, Ketzerhatz mit anschließendem Rösten, Braten, Schmurgeln auf malerischen Scheiterhaufen. Die Opfer schreien nicht, allerdings stinkt es nach verbranntem Fleisch. Ist's eine schmucke Maid (auch Katharer haben schöne Töchter!), kann man sie noch vorher stopfen, pinseln, stäupen, bürsten. Ein folgeloses (und strafloses) Schänden, alle Perversionen sind gestattet, ein heiteres Verputzen im Kreise der Kumpane; etwas foltern (weniger um die Frage nach dem rechten Glauben, sondern um die Preisgabe des versteckten Goldes).

Wem's dann noch nicht reicht, und wer bleiben will, der läßt sich von Simon ein Lehen, eine Pfründe zuweisen. Der Montfort nimmt jeden Arm, der ein Schwert führen kann, denn wer noch eine Spur von Ehre (von Menschlichkeit rede ich schon lange nicht mehr) im Leibe hat, macht sich – nach ›Pflicht und Ablaß‹ – beschämt davon.

»Laß dich begraben, Ritterschaft,
Und daß kein Wort dich künde mehr!
Verhöhnt bist du und ohne Ehr,
Kein Toter hat sowenig Kraft,
Du wirst geknechtet und verpfafft,
Der König hebt dein Erbe auf,

All dein Reich ist Trug und Kauf,
Und also wirst du abgeschafft!«

So singt der Troubadour Peire Cardinal in verzweifelter Traurigkeit und vermag doch nichts zu
ändern. Was mich am meisten deprimiert, ist die
Lethargie des einfachen Volkes. Es nimmt
dumpf und stumpf alles in Kauf.

Übersetzung zitiert nach Rahn und Voßler. OKZ

Wir vergeuden unsere Kräfte in der Résistance gegen eine Okkupation von ›menschli-
chen Wesen‹ gleicher Sprache, gleicher Hautfar-
be, gleicher Art, gleichen Standes, und jenseits
der Pyrenäen fallen die Mauren in Kastilien ein,
nachdem ›El-Andaluz‹, der gesamte Süden Ibe-
riens, sich schon in der Hand der Muselmanen
befindet.

unter dem Almoha-den-Wesir an Nasir von Marokko, ISL

JER

Im verrotteten ›Königreich Jerusalem‹, das seinen Namen längst nicht mehr verdient, schlagen
sich Templer mit den Rittern vom Hospital, in-
trigieren Venedig gegen Genua und Genua gegen Pisa, alle handeln mit dem Sultan von Kairo, Gewürze gegen Sklaven, oder dem
unabhängigen Damaskus, Stoffe gegen Waffen,
oder bandeln mit dem Kalifen von Bagdad an.

Selbst vor kurzfristigen Pakten mit den Assassinen schreckt manch einer nicht zurück.

Ismail − Sekte, eine Art ›Murder Inc.‹. Ihre Mitglieder wur-den von ihrem Großmeister, dem sie absoluten Ge-horsam schuldeten, vor ihren Todesmis-sionen unter Ha-schisch gesetzt. Aus dem Wort Hascha-schinen entwickelte sich im gesamten Mittelmeerraum ›Assassinen‹, Mör-der, Meuchelmörder 3. Mai OKZ

Nun ist auch Lavaur gefallen, am Tag der
Kreuzerhöhung. Man läßt die Einwohner, ohne
Unterschied des Glaubensbekenntnisses, Alters
und Geschlechts, über die Klinge springen. Aumeric de Montreal, der Verteidiger und Bruder
der Schloßherrin, wird mit achtzig Rittern zum

Richtplatz geführt. Er soll als erster gehängt werden, doch der Riesengalgen bricht zusammen.

Montfort läßt die Gefangenen kurzerhand abstechen.

Die Kastellanin Donna Geralda wird in den Brunnen gestürzt und solange mit Steinen beworfen, bis ihr Wimmern erstirbt. Aus den Trümmern des Galgens wird ein ›Scheiterhaufen des Frohlokkens‹ errichtet. Wer nicht das ›Ave Maria‹ hersagen kann, wird den Flammen überantwortet. Doch die Cathari verderben ihren Henkern die Freude, lächelnd gehen sie in den Tod, der ihnen die Pforte zum Paradies öffnet.

Ich starre zu ihnen hinüber und weiß nicht, ob ich sie bejammern oder beglückwünschen soll. Auf einmal flimmert es vor meinen Augen: Durch die Rauchschwaden sehe ich unter den zum Tode Verurteilten eine schlanke Gestalt, wie zu einem Fest gekleidet, das Haupt stolz und abwesend erhoben: Alazais d'Estrombèze!

OKZ

Sie trägt ein Kind auf dem Arm, es ist zu klein, es kann nicht das unsere sein. Ich will zu ihr stürzen, da entdeckt mich ihr Blick. Er weist mich mit der gleichen Strenge zurück, wie er mich damals, als sie noch ein blutjunges Mädchen war, magisch in ihren Bann zog. Ihre Augen beschwören mich, unsere Liebe nicht zu verraten. Ich muß sie retten! Doch da kommt Bewegung in die Reihen der Todgeweihten. Ehe noch die Henkersknechte sie zerren und stoßen können, beschreiten sie schnellen Schritts, einer nach dem anderen, den Scheiterhaufen. Die Flammen greifen sofort nach ihnen. Alazais drückt das Kind fest an sich, wie um sein Gesicht zu schützen. Sie schickt mir ein letztes Lä-

cheln, ein Lächeln der Zärtlichkeit und Ferne.
Dann wirft sie sich in die prasselnde Glut.

Mit dem Verbrennen ihres Leibes erhebt sie
meine verzagten Gefühle in lichte Höhen, rettet
mir unsere Liebe, die zu Zeiten und auf Erden zu
leben, ich mich nicht als fähig erwiesen hatte. Immer werde ich Dich dafür lieben, Alazais! Der bei-
zende Rauch treibt mir Tränen in die Augen. Ich
will nicht weinen, das schulde ich ihrem Anden-
ken. Der Scheiterhaufen fällt auseinander wie ein
archaischer Altar, auf dem grausiges Opfer gebracht wurde. Und nur das Blut meiner Feinde,
ihrer Mörder, soll von nun an meine Opfergabe
sein. Nicht um ihretwillen. Alazais hatte diese
Welt und mich längst verlassen, das Feuer war nur
das letzte Tor. Sie eilt dem Paradies entgegen und
weiß nichts mehr von irdischer Liebe und Haß.
Aber ich stehe hier, rühre mich nicht, wiege Vor-
und Nachteile meiner nächsten Schritte ab, statt zu
schreien: Herr! gib mir nur einen Funken ihrer
Kraft, laß mich töten!

Zweiter Eintrag Guido

Meine deutschen Reiter haben Zuwachs erhalten:
Sigbert von Öxfeld, der 17jährige Bruder Gunters,
ist über die Alpen gekommen, zusammen mit einem Freund, Hartwolf vom Berghe. Ripke stellt
mir die beiden Jungen vor, und ich lasse sie berichten:

Diffuse Gerüchte über den Aufbruch der französischen Kinder waren auch im Rheinland vernommen worden. Es war die die Rede davon, wie

ASS
*Im Mai erschien zu
St. Denis Stephan,
ein Hirtenjunge aus
dem Orléannais vor
dem König und for-
derte einen Kreuz-
zug. Philipp reagier-
te ungehalten, aber
Ende Juni zogen
30 000 jugendliche*

225

in Marseille sich das Wunder ereignet hätt', daß Schiffe von zwei mitleidigen Kaufleuten gekommen seien, der Eiserne Gustav und Wilhelm, das Schwein, und alle an Bord geladen hätte, um sie ins Heilige Land zu führen. (Bei solchen Zunamen ein etwas leichtsinniges Unterfangen — denk' ich mir.) Die beiden Jungen tedesceln aufgeregt durcheinander, doch soviel bekomme ich mit:

In Köln besteigt darauf ein Knabe namens Nikolaus den Altar der ›Heiligen Drei Könige‹ und predigt seinen Altersgenossen, nun sei ihre Zeit gekommen, sie seien aufgerufen, die Heiden im Morgenland zu bekehren.

In Windeseile sammelt sich ein Heer von Kindern aus Stadt und Land.

Meist Handwerks-
söhne, aber auch
viele junge Adelige,
die kein Erbe zu er-
warten haben und
vor der Wahl stehen,
sich in die gestrenge
Obhut der Kirche zu
begeben oder den
Strick zu riskieren,
wenn sie als Raub-
ritter von den Städ-
tern gefaßt werden.

Strauchdiebe und Wegelagerer schließen sich dem Zug gen Süden an sowie eine beachtliche Anzahl junger Mädchen, die das Lotterleben käuflicher oder verschenkter Liebe unter wilden Gesellen dem züchtigen Schleier einer Braut Jesu vorziehen. Es kommt sehr bald zu Reibereien zwischen den so verschiedenartig Motivierten.

›Die Frommen‹ spalten sich ab und wählen die Richtung zum traditionellen Gotthard-Paß, sie dulden weder Berittene noch Frauenspersonen, sondern pilgern singend — und entsprechend langsam — durch Süddeutschland.

›Die Eroberer‹ (nicht nötig zu erwähnen, daß sich meine beiden ›Avventurieri‹ zu ihnen schlagen) bewegen sich zügig rheinaufwärts, via Basel, dann schnurstracks gen Sion auf die Alpen zu.

Angeführt von Nikolaus selbst, zählen sie etwa 20 000. Nach Bezwingung der Alpenkette bei Mont-Cenis erreicht ein Drittel von ihnen schließlich total erschöpft Genua. Die anderen verschollen, abgestürzt, erfroren, verhungert. Die Behörden der Stadt verweigern den Kindern die Aufnahme, und das Meer teilt sich auch nicht, wie Nikolaus es ihnen versprochen hat.

Sie geben nicht auf. Genua ist eben kein ihnen gewogener Platz. Sie ziehen weiter die Küste entlang bis Pisa, doch auch hier weicht das Meer keine Elle zurück, um sie trockenen Fußes nach Jerusalem gelangen zu lassen. Zu diesem Zeitpunkt beschließen die beiden, sich abzusetzen, quer landeinwärts schlagen sie sich durch bis Assisi. Benvenuti!

DRITTER EINTRAG GUIDO

Frühling.

Für Clara (so weiß Emilio genüßlich zu berichten, denn er pflegt seine Beziehungen zum Küchenpersonal der Oberstadt) rückt zwar nicht der eigentliche Heiratstermin in immer bedrohlichere Nähe, aber der festliche Tag, an dem der stolze Vater diesen bekanntgeben will.

Es spricht mehr für Claras Intelligenz als für ihre Frömmigkeit, daß sie aus einem solchen Kuhhandel ausbrechen will. Der Weg ins Kloster scheint mir — mehr als für uns Männer noch — für Frauen der ideale Kompromiß zwischen Weltverneinung, Selbsterhaltungstrieb und dem Bedürfnis nach Sicherheit und Frieden. Rufino, den ich mir in gewisser Weise verpflichtet habe, teilt mir mit, daß die Festung Francesco endlich sturmreif geschossen sei.

Mit einer solchen offiziellen Verlautbarung würden sich die Dinge natürlich wesentlich komplizieren, denn eine Tochter, die sich weigert und gar davonläuft, muß das älteste männliche Familienmitglied, in diesem Falle Claras Onkel Monaldo, notfalls mit Gewalt zurückholen und in die Ehe zwingen, denn sonst verlieren beide Familien ihr

Gesicht, und eine
Blutfehde ist unab-
wendbar.

Erst habe dieser Clara auferlegt, wie er einst —
und heute noch — in den Straßen von Assisi betteln zu gehen. Doch dann hatten ihm Bernardo di
Quintavalle und Pietro di Catanii klargemacht,
daß nichts so sehr den Argwohn der d'Offreduccios schüren wurde.

»Nun ist er auch so überzeugt« — Rufino stottert nicht einmal —, »daß Clara es ernst meint und
die Tiefe und Reinheit ihres Glaubens sie nicht
nur berechtigen, den Schritt zu gehen, sondern,
daß er, Francesco, geradezu verpflichtet ist, ihr die
helfende Hand zu reichen.« Rufino glüht vor Eifer, wie oft die Zwischenträger viel aufgeregter
sind als die tatsächlichen Betroffenen. »Hatte
nicht auch Jesus Frauen in seinem Gefolge?«

»Sicher, mein Sohn«, scherze ich. »Doch damals gab es noch keine alleinseligmachende Kirche!

Rufino will wieder hinausstürmen, erinnert sich
in letzter Minute, mir den Ring zu küssen. »Es ist
gut, daß Du mich auf dem laufenden hältst. Es
muß nicht jeder wissen, daß die Hand eures Bischofs schützend über euch Brüder — und Schwestern gehalten wird.«

Ich eile zurück in mein Ankleidezimmer, wo
Sylvia die ganze Zeit über auf mich gewartet hat.
An ihrer Hand entdecke ich einen meiner Ringe,
den ich schon vor Jahren abgelegt habe. Ich habe
keine Bedenken, ihn ihr zu schenken, nur die Be-
fürchtung, daß sie ihn rumzeigen könnte. Ich kann
mir diese Schwäche nicht leisten und streife ihn ihr
sanft vom Finger.

Sie läßt ihre kleine Hand länger als sonst in der
meinen, und ihre Augen funkeln. Wahrscheinlich

228

ist sie wütend, hält mich für geizig oder zumindestens ungalant. Ich habe keine Lust, es ihr zu erklären, verstehen wurde sie es sowieso nicht. Sie rutscht wortlos von meinem Schoß, wobei ihr Rock hochrutscht.

Doch ehe ich nach ihren braunen Schenkeln greifen kann, zieht sie den Stoff in einer heftigen Bewegung runter und rennt aus dem Zimmer.

Die kleine Wildkatze wird rollig!

VIERTER EINTRAG GUIDO

Hosianna filio David — Palmsonntag.

18. März

Clara wohnt mit ihren Eltern (das letzte Mal) der morgendlichen Messe bei, die ich in Santa Maria del Vescovado zelebriere. An diesem Tag beginnt die Karwoche, die heiligste des Jahres, kein ungeschickter Zeitpunkt für eine Flucht aus dieser Welt, vor allem im Hinblick auf die sicher zu erwartenden Verfolgungen.

Ich habe Ripke nicht eingeweiht — noch sonst irgend jemanden, aber verlangt, daß die Wachen in voller Wehr (zur Feier des Tages schimmernd geputzt) mich auf Schritt und Tritt zu begleiten hätten. Ihr Funkeln rechts und links zwischen den Arkaden der Apsis gibt mir Sicherheit.

Zum Ende des Hochamts ist es Brauch, daß die Gläubigen aus der Hand ihres Priesters einen Palmwedel erhalten. Alle treten der Reihe nach vor, um ihn in Empfang zu nehmen. Der Chor singt von Judenknaben mit Olivenzweigen. Doch Clara ist so verwirrt, daß sie die Kirche verlassen will, ohne sich den Zweig bei mir abzuholen.

Pueri hebraeorum portantes ramos olivarum . . .

229

Ich raffe also meine Gewänder, steige die Stufen hinab und drücke ihn ihr in die Hand. Eigentlich will ich ihr zuflüstern: »Heute nacht!« Doch die Nähe der Umstehenden erlaubt mir nicht, das vereinbarte Signal zu geben. Ich presse ihr die Hand und hoffe bei Gott, daß sie meine Geste verstanden hat.

dritter Cantus   Mit dem ›cum appropinquaret‹ leert sich die Kirche.

Fünfter Eintrag Guido

Traum während der Siesta.

Francesco reitet auf einem Esel in ein Jerusalem der goldenen Kuppeln ein, die in der Sonne glänzen. Hunderte von zerlumpten Brüdern bereiten ihm Palmwedel schwenkend einen begeisterten Empfang. Doch Francesco hat nur Augen für die eine, ihr Gesicht verhüllende junge Frau, die ihm folgt, ohne ein Wort zu sagen, ohne eine Geste. Sie verlieren sich in enge Gassen, deren Steinpflaster mit frisch geschnittenen Palmblättern bedeckt ist. Jetzt ist er es, der ihr folgt. Die Straße wird dunkler, von merkwürdig aufreizender Intimität. Ein zweifellos übel beleumdetes Viertel. Die Frau verschwindet in einem Hofeingang, Francesco läßt seinen Esel achtlos vor der Tür und folgt ihr eilenden Schrittes. Die Mittagshitze lastet spürbar über der Szene, wenn auch kein Sonnenstrahl seinen Weg zwischen den Mauern des Hinterhofes ertastet. Als er sie erreicht, vor der mit kostbaren Teppichen bedeckten Lagerstatt, kniet sie nieder, streift seine Kutte hoch, träufelt eine

ölige Flüssigkeit über seine staubbedeckten Füße.
Sie ölt mit geübtem Griff seine Waden, massiert
seine Knie, ihre Hände gleiten seine Schenkel
hoch, Francesco versucht, ihr die Amphore zu
entwinden: Ich sehe wie von glitzernden Tautrop-
fen bedeckt — die gekräuselte Scham der schönsten Jungfer von Assisi. Daß mich der Blitz treffe!
Ich schlage die Hände vor mein Gesicht, um das
ihre nicht zu erblicken, um nicht von Clara bei dieser gräßlichschönen Unkeuschheit ertappt zu werden. Gott hat Erbarmen mit mir: Die schattenhaf-
ten Figuren stürzen auf das Lager — ein Knäuel
dunkler Gewänder, aus dem Öl — oder ist es
Schweiß? — glänzende Haut funkelt. Die Sonne
bricht sich ihre Bahn durch ein hochgelegenes
Fenster, ihr Strahlen löst die Leiber der Liebenden
in goldsprühendes Licht auf, entzieht sie meinen
Blicken.

Ich wache auf, die helle Nachmittagssonne blendet
meinen Blick — ich bin nicht im Heiligen Lande,
sondern war nach dem lauwarmen Fußbad, dessen
Kräuterkomponenten mir Ermengarda verschweigt, rücklings auf meinem Bett eingeschlafen.

Ich leide an leichtem Blutstau in den unteren
Extremitäten, was wohl mit meinem Übergewicht
zusammenhängt. Fruges consumer natus.

zum Fressen gebo-
ren

Ermengarda bezieht die lindernden Gewächse
von einer verhutzelten Alten, der mein Vorgänger
schon vergeblich den Prozeß gemacht haben soll.
Ich denke gar nicht daran, mit solchen törichten
Verfolgungen mich dem Unmut mir zwar nicht bekannter, doch geläufiger ›Kräfte‹ auszusetzen.

»Ermengarda!« Ich läute vergebens. Sie hat wohl heute nachmittag ihren Ausgang. Hoffentlich hat sie mir den Krug kühlen Weines unter den laufenden Brunnenstrahl der Küche gestellt. Mich dürstet.

Sechster Eintrag Guido

In der darauffolgenden Nacht, genau gesagt in den ASS frühen Morgenstunden, verlassen Clara und ihre Cousine Pacifica, die ebenfalls Nonne werden will, heimlich den Palast der Offreduccios. Sie haben nur das Nötigste gepackt und benutzen die sogenannte ›Totenpforte‹, was die Gefahr ihrer Entdeckung wesentlich verringert (dafür sorgt schon der Aberglaube meiner Landsleute).

Ich habe eine Seitentür von Santa Maria die ganze Nacht über unverschlossen gelassen. Clara kennt den weiteren Weg durch den Gang bis hin zum Turm in der Stadtmauer längst auswendig.

Im Wald von Portiuncula werden die beiden Frauen von Francesco und allen Brüdern erwartet. Bei Fackellicht legt Clara ihren Schmuck, Armreifen und Ketten ab. Sie hat alles mitgenommen, was sie tragen konnte, um sich jetzt hier für immer davon zu trennen.

Es hatte lange Diskussionen darüber gegeben, ob Francesco ihr die Haare selber abschneidet. Doch wie der Möglichkeit einer letzten Berührung des Mädchens auch in diesem feierlichen Moment zu entsagen, hat Francesco bestimmt, daß jeder der Brüder die Schere in die Hand bekommen

232

sollte, um Clara von ihrer gerühmten Haarpracht zu befreien. Nur sich selbst schließt er aus.

Als die letzte Locke gefallen ist, zieht sich Clara zurück und erscheint kurz darauf bereits in einer Mönchskutte, von einem Strick umgürtet. Es herrscht tiefes Schweigen, alle sind festlich gestimmt, die ganze Gesellschaft wandert leise betend durch den frühen Morgen zum Frauenkloster BAU von San Paolo di Bastia, mit dem man vereinbart hat, daß die beiden Mädchen hier für die erste Zeit Unterschlupf finden sollen. Eine sehr wichtige und vorausschauende Maßnahme, um den guten Ruf von Clara und ihrer Cousine nicht zu gefährden.

Ich weiß dies alles von Rufino, der noch am gleichen Morgen zu mir eilt, um mir vom guten Gelingen zu berichten. Ich befürchte allerdings, daß damit die Sache noch keineswegs ausgestanden ist.

SIEBENTER EINTRAG GUIDO

›Crux fidelis‹. *erster Cantus des Karfreitag*

Die Männer des Hauses Offreduccio brauchten nur vier Tage, um den Aufenthaltsort Claras auszukundschaften. Ausgerechnet am Karfreitag, an dem in der gesamten Christenheit jede Fehde ruht, erscheinen sie bewaffnet und hoch zu Roß an der Klosterpforte.

San Paolo ist ein Stift ausschließlich adeliger Damen, die nach der Regel des heiligen Benedikt ROM von Nursia leben. Dem Konvent steht eine energische Äbtissin vor, die sich in höfischer Ettikette durchaus noch auskennt. Clara ist mutig (und leichtsinnig) genug, neben der Äbtissin ins Freie zu treten.

Als einer der Verwandten ihre Flucht als Kränkung der Familienehre darstellt, weist die Äbtissin dies zurück: »Clara hat die letzte Nacht in ihrem eigenen Bett geschlafen und wird die nächste Nacht hier verbringen. Wo ist da die Schande?«

Die Männer schweigen betreten, doch aus ihren Augen funkelt die Wut.

»Und nun möge euch der Herr verzeihen, die Ruhe des Tages gestört zu haben, an dem Er für uns ans Kreuz geschlagen wurde! – Ecce lignum crucis, in quo salus mundi pendebit!« Mit diesen Worten wendet sich die Äbtissin zum Gehen, doch einer der Männer greift brutal nach Clara, um sie auf sein Pferd zu ziehen.

Seht das Holz des Kreuzes, an dem das Heil gehangen ist. (Zweiter Cantus)

Clara reißt sich los, läuft in die Kapelle und umklammert den Altar.

Ein Zeichen für die Inanspruchnahme automatisch gewährten kirchlichen Asylrechts.

Da die Männer ihr nachgeeilt sind, immer noch bereit, Gewalt anzuwenden, schleudert Clara mit einer stolzen Kopfbewegung die Kapuze nach hinten: Sie hat sich die Haare scheren lassen. Damit steht sie nun für alle sichtbar unter kirchlichem Schutz, und nicht einmal die Offreduccios hätten es gewagt, sich wegen einer so offenkundigen Angelegenheit mit mir, dem Bischof, anzulegen. ›Popule meus!‹ Sie reiten wieder davon.

dritter Cantus

Diese Begebenheit erfahre ich von der anderen Seite: Einer der Männer schleicht sich sofort anschließend in meine Kirche, um sein Gewissen zu erleichtern.

234

Eines Tages waren sie da.

Wie im Herbst plötzlich aus dem Nichts Drosselschwärme in die Platanen einfallen, so tauchten die verlumpten blonden Kinder in Assisi auf. Erst einzeln, wie streunende Katzen der Nase nach, streichen sie durch die Höfe, vom Duft der Küchen angezogen.

Sie sprechen kein Wort unserer Sprache, außer ein heiser gebelltes ›famis‹, und der grimme Hunger läßt ihre kleinen Mägen knurren. Ermengarda weiß nicht, wie sie sich verhalten soll. Denn meine deutschen Wachen lassen sie zwar nicht durch, aber Sigbert rüttelt an der Tür zur Vorratskammer und brüllt: »Pan, pan, per misericordia, alter Drachen, pan par mi compatriotes!«.

Er sieht mich auf der Treppe, stürzt die Stufen hinauf: »Son morti di fame.« Er beugt sein Knie: »Par favor di Christo, Monsignor.« »Calma, calma, giovanotto«, beruhige ich ihn, sein ungebührliches Benehmen beiseitelassend (nicht etwa übersehend). Der unter Entschuldigungen herbeigeeilte Ripke führt ihn ab.

Carcer für drei Tage ist ihm sicher.

Die verwahrlosten Wolfskinder dürfen im schattigen Hof niederkauern, Ermengarda bereitet einen Riesenkessel von Gerstengrütze vor. Die Wachen müssen die Hungrigen mit Gewalt zurückhalten, nicht den rohen Brei herunterzuschlingen.

Wie mir Emilio unaufgefordert berichtet, spielen sich überall in der Stadt gleiche Szenen ab.

Kaum haben sie ihren Hunger gestillt, wandern

sie in Grüppchen singend durch Straßen, beten in jeder Kirche, deren Tür sie offen finden (San Rufino sei sofort geschlossen worden!) und verlassen Assisi durch die Porta Nova gen Süden.

Wie verhuschte Eidechsen starren mich in den nächsten Stunden noch hier und da harte grünblaue, verträumte himmelblaue und völlig abwesende wasserblaue Augen an. Sie schauen über die Mauern, ohne ein Wort von sich zu geben, stehen plötzlich in der Tür.

Bischof, hast du Hunger-Halluzinationen?

Ich bin merkwürdig erregt.

In der Bibliothek stoße ich auf Sylvia. Sie muß auf mich gewartet haben. Ich nehme sie an der Hand und ziehe sie in den Ankleideraum. Wir wechseln kein Wort. Sie läßt mit einer Bewegung, die ich weder als hastig noch als zögernd einstufen kann, ihr Kleidchen fallen.

Ihre Sicherheit verwirrt mich in dem Maße, als ich beim Herabgleiten des Stoffes — ersehnt, und doch verstört — feststellen muß, daß sie darunter nackt ist. Ich stehe herum wie ein dicker dummer Tölpel in der Brautnacht, dabei bin ich es doch nun weiß Gott nicht, der hier seine Unschuld verlieren will.

Soll ich niederknien und ihr dunkles Gärtchen mit Küssen bedecken, meine Zunge als Wegbereiterin für den verbotenen Rammbock, der mir unter der Soutane schwillt? Soll ich sie umarmen, zu mir emporheben und mit kräftigem Arm auf das nahe Lager betten?

Ich stehe wie versteinert.

Sylvia hat mich während all dieser Sekunden, die mir peinvolle Ewigkeiten erscheinen, nicht einmal angeschaut. Auf dem Betstuhl hängt seit Jahren die weiße Stola, mit der ich Francescos Nacktheit zum Abschluß des Prozesses bedeckt habe.

John hatte sie dort deponiert, keiner hat sie je weggenommen (noch etwa mal gewaschen). Mit den Jahren wurde sie zur Reliquie, von der nur ich etwas wußte. Sylvia konnte auf keinen Fall von der Bedeutung des Tuches wissen.

Und doch greift sie es, schlingt es sorglos um die Hüften und beginnt mit wiegenden Schritten einen Tanz. Ganz fremdartig, schlafwandlerisch, abwesend und — so empfinde ich es — auch abweisend.

Eine Herausforderung auf einer höheren Ebene als die kleinen verdrucksten Spiele. Kein Locken mehr, aber auch kein verlogenes Tätscheln. Entweder ich steh' jetzt meinen Mann, oder ich kann ihr gestohlen bleiben. Meine mir selbst zugewiesene Rolle als Mädchenverführer ist ausgespielt.

Sie hat ihren Körper in der Hand, führt ihn mir vor und ich . . . Mir kommt es vor, als wurden mich Hunderte von Kinderaugen, dunkel, wissend, grau, grausam, grün, funkelnd, blau, leuchtend aus allen Ecken abwartend anstarren. Sie fordern mich auf, sie hetzen mich, sie machen sich lustig über mich.

Sylvia wirbelt durch mein Schlafzimmer, die Stola immer triumphierender über ihrem Haupte schwenkend, und ich habe immer noch keinen Schritt zu ihr hin gewagt, bin immer noch angezogen in diese unzähligen Schichten, die ich jetzt auch nicht mehr loswerden kann, ohne mich der Lächerlichkeit preiszugeben. Genauso wie ihr

Verhalten es mir verbietet, nach ihr zu greifen, ja nur die Hand auszustrecken.

Ich werfe mich auf mein Bett und vergrabe mein Gesicht im Kissen. Kommt sie zu mir, dann habe ich gewonnen.

Im Nahkampf ist sie mir und meinen Griffen nicht gewachsen. Ich werde sie mit Küssen bedekken, sie zärtlich unter mir begraben, und wenn die kritische Phase der Penetration siegreich überstanden ist, dann will ich mich langsam wenden, sie zur Reiterin, zur jungen Diana erheben, und dann können wir uns endlich ins Gesicht lachen.

Die Vorstellung der Lust überwältigt mich, ich lausche, es ist so still — ich blinzle vorsichtig ins Zimmer.

Wo hat sie sich versteckt, das Luder!

Ich richte mich auf. Sie ist fort.

Die Stola hängt unordentlich über dem Betstuhl.

Ich bleibe liegen. Jetzt hab' ich erst recht keine Lust mehr, mich auszuziehen.

Morgen ist sie fällig. Noch einmal lass' ich mich nicht überrumpeln.

Soll sie ihre Geilheit bis dahin zügeln! Das ist ja wohl nicht zuviel verlangt!

Das kleine Biest hat einfach keinen Respekt mehr — morgen werd' ich ihr Bescheid stoßen!

Neunter Eintrag Guido

Unruhe und Aufruhr liegen in der Luft, sie stehen wie eine flirrende Staubwolke über Straßen und Plätzen von Assisi, wenngleich das Gros dieses seltsamen Kinderkreuzzuges längst im Süden verschwunden ist. Noch ziehen Nachzügler durch die Stadt, um dann auf der Straße nach Foligno Anschluß an den großen Haufen zu suchen.

Die Bürger haben ihre Kinder aus den Gassen gerufen und die Türen ihrer Häuser verschlossen.

Es ist wie eine Epidemie ohne Tote und Leichengestank, doch gerade dadurch in ihrer Unsichtbarkeit um so gefährlicher. Die Ansteckungsgefahr ist noch längst nicht gebannt.

Am Ostermontag gelingt es Claras kleiner Schwester, der noch nicht einmal 15jährigen Catharina, ASS trotz strengster Bewachung aus dem Palazzo der Offreduccios zu entkommen. Sie wird von allen ›Agnese‹ gerufen. Und gerade bei ihr war niemand auf die Idee gekommen, das Fluchtfieber könne auch sie befallen haben. *»Lämmchen«*

Kein Mensch weiß, welche Mittel und Wege die kleine Ausreißerin benutzt hat, wer ihr heimlich geholfen hat. Auf jeden Fall ist Onkel Monaldo diesmal fuchsteufelswild und festentschlossen, die Sache nicht auf sich beruhen zu lassen.

Mit einem Dutzend Reiter prescht er die Straße nach Perugia hinab und stürmt das Kloster San Paolo. Sie stöbern sofort das Kind auf, das gellend um Hilfe schreit, weswegen einer ihrer Verwandten abspringt und wütend auf Catharina einprügelt. An den Haaren schleift er sie vor das Tor, doch plötzlich wird der kleine Körper so schwer wie Blei, daß keiner der Männer es mehr vermag, Catharina vom Erdboden hochzuheben ... Bis hierhin verdanke ich die etwas hysterische Schilderung Pacifica, der Cousine, die Clara bei ihrem

Ausbruch zur Hand gegangen war, jedoch selbst dann davor zurückschreckte, sich den Kopf scheren zu lassen.

Sie war nach Hause zurückgekehrt, mußte aber feststellen, daß in der Familie keiner etwas dagegen hatte, wenn sie ins Kloster ginge. Und sie ist es — nach meinem Dafürhalten — auch wohl gewesen, die ebenfalls der kleinen Catharina den Fluchtweg gezeigt hat.

Beim Eintreffen der Reiter versteckt Pacifica sich wohlweislich, denn einen großen Teil der Hiebe, die auf die Kleine einprasseln, hätte sonst sie bezogen. Vor Angst zitternd erlebt sie alles mit.

_{ASS} Den Rest rapportiert mir Ripke von Rötgenstein, den ich mit seinen Mannen sofort in Marsch gesetzt habe, als er mir meldete, daß die Reiter der d'Offreduccios zum Nordtor, also in Richtung San Paolo, hinausgesprengt seien. So passiert es, daß die d'Offreduccios beim Verlassen des Klosters sich plötzlich der bischöflichen Garde gegenübersehen, von der jeder weiß, daß sie keinem Raufhändel aus dem Wege geht, mit dem ungeheuren Vorteil, von mir voll gedeckt zu werden. Inzwischen ist auch Clara aus ihrer Zelle herbeigeeilt und schreit ihre Onkel und Vettern an. Vater Favarone war nicht dabei. »Wagt es nicht, eine Schwester des Ordens zu berühren! Die ›Sorelle minore d'Assisi‹ stehen unter dem Schutz des Bischofs, des Papstes und Gottes!«

Da Ripke im gleichen Moment seine Leute blankziehen läßt, fertig formiert zur Attacke, geben die d'Offreduccios auf, denn einige von ihnen waren in der Hast des Aufbruchs nur unzureichend gepanzert.

Hier zeigt sich, daß es klug von mir war, den Alarmzustand für die bischöfliche Garde über die ganze Zeit hinweg aufrechterhalten zu haben. Die d'Offreduccios ziehen mit gesenkten Köpfen ab, Francesco erscheint atemlos mit seinen Brüdern, sie sind den ganzen Weg zu Fuß gelaufen, und er ist glücklich, daß die Gefahr ohne Blutvergießen abgewendet ist. Catharina strahlt, als er sie vor dem Kloster niederknien läßt und ihr persönlich das Haar abschneidet. Auch Pacifica läßt sich mit gleicher Geste zur Minderschwester Nummer drei weihen.

Francesco gibt Catharina nun auch den Namen ›Agnes‹ als endgültigen für ihr neues Leben.

Die Äbtissin von San Paolo ist nicht sonderlich entzückt über die Begleitumstände, mit denen die d'Offreduccio-Töchter Bräute Christi werden. Sie sieht die Ruhe ihres Konvents gestört (recht hat sie!) und deutet an, daß deren Verbleiben in San Paolo nicht von Dauer sein könne.

Soweit der Bericht meines Hauptmanns. Ich spendiere meiner Garde ein 50-Liter-Faß minderen Jahrgangs.

Zehnter Eintrag Guido

Ich habe meinen Hauptmann beauftragt, regelmäßige Patrouillenritte nach San Paolo durchführen zu lassen, um sicherzugehen, daß die d'Offreduccios keine weiteren Anschläge auf ihre verlorenen Frauen durchführen. Ripke berichtet mir, daß der Äbtissin trotz ihres beherzten Auftretens bei Claras Flucht der Schreck in die Glieder gefahren sei und sie die Übersiedlung der drei Minderschwestern in ein anderes Kloster organisiert habe. Es wird wohl auch so gewesen sein, daß Clara und ihre Gefährtinnen mit ihrem absoluten Anspruch nicht in den betulichen Betrieb dieses Stifts adeliger Damen gepaßt haben, die wohl nur darauf aus sind, ein Leben in Frieden zu führen.

BAU   San Angelo, wo Clara jetzt Zuflucht gefunden hat, liegt auf der anderen Gebirgsseite, aber auch hier sehe ich jetzt Schwierigkeiten. Ich werde ihnen San Damiano schenken. Zwar werden einige der ›Franziskaner‹ mit Vorwürfen über mich herfallen, zweimal habe Francesco mich um eine Bleibe angefleht, jedesmal habe ich ihn hartherzig mit leeren Händen davongeschickt, und kaum braucht Clara ein Dach über dem Kopf, da verehre ich ihr, ohne daß sie mich darum bitten muß, die wunderschöne Anlage von San Damiano, an der doch Francescos Herz so hängt. »Schwester müßte man sein«, werden sie sagen, »und nur zu dritt!«

Ich bin allerdings überzeugt, daß Clara sehr schnell ähnlichen Zulauf erfahren wird wie Francesco selber. Ripke wendet sich zum Gehen. Er informiert mich so betont beiläufig, daß bei mir sofort die Alarmglocken läuten. »Ach, übrigens«, schnarrt er, »Sigbert ist heute morgen nicht zum Rapport erschienen. Jemand hat ihn zwischen der dritten und vierten Nachtwache aus dem Karzer befreit. Völlig unnötig: Seine Disziplinarstrafe war eh abgelaufen. Da sein bischöfliches Rüstzeug unberührt in der Kammer ist, sein eigenes Pferd, mit dem er aus Deutschland kam, hingegen nicht mehr im Stall, muß ich annehmen, daß er den Dienst quittiert hat. Sich nicht von Euch verabschiedet zu haben, halte ich für schlechtes Benehmen eines Öxfeld, für das ich mich entschuldige!«

Er salutiert auf Söldnerart und erwartet offensichtlich mein oberhirtenhaftes Pardon. »Er hat es sich wohl zu Herzen genommen.«

Ich winke nur müde ab, mir schwant ganz anderes.

Mit einer Handbewegung entlasse ich ihn, im Hinausstolzieren scherzt er noch etwas von: »Kwesta Schoffinezza, supito pertere testa . . . ja, ja die Liebe!«

Ich läute sofort nach Ermengarda und spiele auch gar kein Versteck vor der Alten: »Wo ist Sylvia!?«

Ermengarda ist mir zu ruhig. Sie weiß Bescheid, sie ist Komplizin. »Als ich das Kind heute morgen in der Kammer wecken wollte«, murmelt sie scheinheilig, »war sie schon fort . . .«

Jetzt überlegt sie sich eine Lügengeschichte, um Zeit zu schinden. »Vielleicht ist sie früh in den Wald, um . . .« Ich entlasse sie mit einer brüsken Geste. Auch ein Bischof ist nicht immer ein feiner Mann, besonders, wenn es ihn in seiner Männlichkeit trifft. Ich denke gar nicht daran, die Wachen den beiden hinterher zu jagen.

Immer noch besser mit einem Soldaten durchgebrannt — als Nonne geworden. Die Hur ist jung und wird ihren Weg schon machen.

Besorgt eile ich in mein Ankleidezimmer und kontrolliere meine Schmuckschatulle. Zu meiner Beschämung fehlt nichts, nur der Ring ist weg. Recht hat sie, und mag sie ihn in Ehren tragen!

Der junge Öxfeld war mir nie besonders aufgefallen, bis auf seinen hysterischen Appell, die Kinder zu verköstigen. Als ob ich hartherzig wäre! War ich zu hart zu ihm? Er kann sicher nichts dafür. Ein hochgeschossener, blonder Junge mit einem stillen, fast feinen Gesicht, ein Träumer.

Und der mit meiner braungebrannten Wildkatze?

Er wird sie sicher Anna nennen!

Mögen sie glücklich werden!

Mir steht nicht einmal der Sinn danach, mich zu besaufen, zum Beten habe ich auch keine Lust. Eine kleine Reise! Das wär's — und zwar sofort!

Bewegung, etwas Strapazen, neue Eindrücke, ein galantes Abenteuer sind die beste Medizin — wie alt bin ich eigentlich?

PAUPERTAS MINORUM DELECTATIO

Armut ist der Minderen Freud'

ELFTER EINTRAG GUIDO

Acht Jahre zieht sich jetzt schon die Sassovivo- BAU
Geschichte wie züngelndes Gewürm durch die Jurisdiktion meines Amtsbereichs.

Der Prior Forte von Sant' Apollinare — unge- BAU
achtet seiner Exkommunikation — rebelliert weiterhin gegen seine Submission unter Sassovivo. Er
hat die Stirn, sich mit Spoleto zu verbünden, und BAU
besetzt das Kloster Sant' Asuino di Capro von Bevagna.

Ausgerechnet mich fordert mein Papst nun auf,
nicht nur gegen ›mein‹ Sant' Apollinare vorzugehen, sondern auch Emilio di Crescicompagna öf- ASS
fentlich anzuklagen — alles wegen dieses läppischen Überfalls am Sambro vor vier Jahren.

Ich lasse dem hitzköpfigen Edelmann einen Wink
zukommen und verdamme ihn dann, als er die Stadt
verlassen hat, in einer flammenden Rede, für die ich
auch noch päpstliches Lob einheimse. Mit der Zeit
verstummen auch die Vorwürfe (de audito hat mich
da der Kardinal Ugolino bei meinem Herrn Papst
angeschwärzt), ich hätte meine Hand bei der Gründung der ›Clarissen‹ im Spiel gehabt.

245

Der Palazzo der Offreduccios erlebt einen wahren
ASS Exodus seiner Weiblichkeit. Erst folgt noch Bea-
ASS trice ihren Schwestern nach, dann auch ihre Mut-
ASS ter Ortolana und deren alte Freundin Bona Di
Guelfuccio, nebst weiteren Damen aus der Ober-
stadt, aber auch aus einfacheren Schichten. Clara
nimmt sie alle in San Damiano auf. Aus kirchen-
rechtlichen Gründen habe ich sie überredet, den
Titel einer Äbtissin anzunehmen.

Die ›regula‹ hat Francesco beigesteuert. Ich
möchte nicht danach leben! Doch wird Francesco
schon wissen, was er dem zarten Geschlecht zumuten kann.

Ich mag nicht ewig streiten, Rom soll sehen, wie
es mit dem Starrkopf fertig wird — und zwischen
Francesco und Clara herrscht ja sowieso eine Art
transzendentales Einverständnis, in das Außenste-
hende wie meine Wenigkeit keinen Einblick erhalten. Ich setze also mein Siegel unter das Pergament und schicke es mit einem Reiter nach San
Damiano.

Ripke ist selber geritten. Francesco ist gerade zu
Besuch dort. Die Schwestern erwarten eine seiner
einfühlsamen Predigten.

Er kniet nieder und betet leise vor sich hinmur-
melnd. Dann läßt er Asche bringen, mit der er einen Kreis um sich zieht und den Rest auf sein
Haupt streut. So verharrt er schweigend, die Stirn
gegen die Steinplatten gepreßt. Schließlich erhebt
er sich und verläßt San Damiano. Ripke begleitet
ihn bis Portiuncula, seine Versunkenheit respek-
tierend. Plötzlich richtet Francesco das Wort an
meinen Hauptmann: »Der Herr hat uns davor be-

wahrt, Frauen zu nehmen — aber wer weiß, ob es nicht der Teufel war, der uns Schwestern geschickt hat?«

ZWÖLFTER EINTRAG GUIDO

Es ist Herbst geworden.

Welch ereignisreiches annum domini geht zur Neige, ich fühle mich um Jahre gealtert.

Francesco unternimmt genau das, was mir gut-täte: Er bricht auf ins Heilige Land.

Mit nur wenigen Begleitern wandert er nach Ancona — wohl auch eine Flucht vor den Frauen von San Damiano, vor allem vor der einen. An der Adriaküste will er ein Schiff finden, das sie für ›Gotteslohn‹ nach Syrien mitnimmt.

Wo immer noch König Jean de Brienne regiert und die Königin Maria ›La Marquise‹ im Kindsbett, bei der Geburt ihrer Tochter Yolanda gestorben ist. JER

Bei seiner Abreise hat er angeordnet, daß nur noch die Brüder den Predigtdienst im Schwester-kloster versehen dürfen, die sich nicht danach drängen. So kommt die Verlogenheit ins Spiel, lie-ber Francesco, und schon hat der Teufel seinen Schwanz drin!

Aber das ist auch nicht mein Problem — oder doch?

Wo Sylvia jetzt wohl weilen mag? Haben die Liebenden sich dem verrückten ›Kreuzzug‹ dieser deutschen Halbwüchsigen angeschlossen — sind sie vielleicht schon in Palästina oder gar — längst brutal auseinandergerissen — in einem Harem ge-landet?

Keine Frau, einen Harem sollte sich ein Bischof halten dürfen. Das wäre die Lösung zu Abstump-fung unserer Triebe! Kaum daß Francesco sich eingeschifft hat, treibt ein schwerer Sturm das Schifflein an die dalmatische Küste, ausgerechnet in der Nähe der Stadt Zara.

Ihre Plünderung war damals der ›Schritt ohne Wiederkehr‹, hier gingen die letzten Hemmungen über Bord. Den Rest habe ich ja selber miterlebt. Zehn Jahre ist das jetzt schon her! Als ›blinde Passagiere‹ (nicht mal bei solchen Unternehmungen erlaubt Francesco die Mitnahme von Geld) kehren sie zurück nach Ancona. Weil sie sich schämen, ziehen sie noch einige Zeit predigend durch die Mark.

So kann man ja auch nicht auf Kreuzzug gehen!

Dreizehnter Eintrag Guido

Wir feiern Weihnachten. Ich beschenke das Gesinde.

Ermengarda und Emilio bekommen als besondere Auszeichnung von mir abgelegte Mäntel und Umhänge, aus denen sie sich etwas schneidern lassen können (es sind ja gute Stoffe, und wenn man sie geschickt wendet, sieht's hinterher aus wie neu!). Ripke erhält frisches Tuch, das sieht sein Vertrag so vor.

Es gibt Mastgans mit Klößen und Blaukraut, von der ich ihn mitessen lasse, da der Platz des secretarius noch immer verwaist ist. Für alle hat Ermengarda Stollen aus Nüssen und Dörrfeigen gebacken. Davon bekommen auch die Armen — und jeder einen Apfel. Es ist das Fest der Liebe, und ich will ein guter Hirte sein.

Erster Eintrag Guido

Im Frühjahr meint Francesco, in Perugia predigen zu müssen. Sicher, es herrscht Frieden im Land, an dem er ja selbst maßgeblich mitgewirkt hat, doch die Stimmung ist nach wie vor gereizt.

Die traditionelle Rivalität, beziehungsweise eher ein verächtliches Herabblicken auf Assisi, läßt sich nicht in einer Generation auflösen, besonders wenn man so nah beieinander liegt wie diese beiden ungleichen Schwestern. Francescos Erinnerungen an Perugia können nur unangenehm sein, doch ist das für ihn just ein Grund (Überwindung der Ekelschwelle), sich dieser Prüfung zu unterziehen. Ich gehe davon aus, daß die Perugini auch nicht gerade erpicht darauf sind, Francesco auf ihrer Piazza di Signoria predigen zu hören, und lasse ihn unbemerkt von Ripkes Leuten beschatten. Eine ›Leibwache‹ hätte er empört abgelehnt, da aber meine Teutonen im imperialen Perugia von diversen Saufexkursionen bestens bekannt und wohlgelitten sind, fallen sie weiter nicht auf.

Francescos Predigt wird ständig unterbrochen durch eine Gruppe junger Adeliger, die gerade jetzt und gerade hier mit ihren Pferden hin und her sprengen und mit den Waffen klirren. Das Publikum wird unruhig, die ersten bösen Stimmen erheben sich. Die ›Söhne aus gutem Haus‹ lassen sich so leicht nicht einschüchtern, ihr Rädelsführer verlangt lauthals die Räumung der Piazza zur Abhaltung eines Lanzenstechens: »Was hat diese Vogelscheuche aus Assisi hier zu suchen?«

Da reißt Francesco der Geduldsfaden, er schreit den Burschen an: »Es gibt keinen Grund für euch, so übermütig zu sein, nur weil ihr die Stadt, aus der ich komme, gedemütigt habt! Gott der Herr spricht: ›Mein ist die Rache!‹ Er wird Aufruhr und Tod hinter eure Mauern tragen, auf die ihr so stolz seid! Euch zur Strafe!«

Einen Augenblick herrscht betretenes Schweigen auf dem Platz, das Volk von Perugia wendet sich nicht etwa gegen Francesco, sondern gegen den Tunichtgut. Bevor die ersten Steine fliegen, wenden die jungen Herrn ihre Pferde und galoppieren davon.

Francesco ist damit die Lust zu weiteren Auftritten in Perugia vergangen, und er verläßt die Stadt stante pede. Meine Wachen folgen ihm mit Abstand, um sicherzugehen, daß er unbehelligt die Straße im Tal erreicht.

Eine seiner nächsten Predigtwanderungen (für die ich keinen Augenzeugen habe) führt Francesco in die Romagna.

die Herren von Urbino, BAU

Auf der Burg von Monte Feltro findet ein Turnier statt, das Francesco uneingeladen zu einem Predigtauftritt benutzt.

Hier hat er mehr Glück, die Ritter lauschen andächtig seinen Worten, und als er geendet hat,

ihr Markgraf an der Grenze zur Toscana, ASS

nimmt ihn Orlando, der Graf von Chiusi, beiseite, dankt ihm und bietet ihm, für sich und seine Brüder, einen Berg in der Toscana an.

Francesco ist unsicher, ob er dieses großzügige Geschenk annehmen darf, doch der Graf bittet

ihn um seines und seiner Familie Seelenheil willen, den Monte La Verna in immerwährenden Besitz zu nehmen. Eine Urkunde wird sogleich aus-
gestellt, und Francesco ist plötzlich Grundbesitzer.

BAU

BRIEF JOHN

›Consummatum est!‹ *Es ist vollbracht!*

Ferner Freund,
ohne die von mir ob ihrer Redlichkeit sowieso an-
gezweifelte Entscheidung Roms abzuwarten, haben die päpstlichen Legaten alle beteiligten Partei-
en mit schier unglaublicher Böswilligkeit in eine
Sackgasse manövriert, aus der keine Verhandlung
mehr heraushilft.

Zu datieren auf Sep-
tember des Jahres
1213, Toulouse. Of-
fensichtlich auf
schnellstem Wege in
Assisi eingetroffen

Den aragonesischen Monarchen beleidigt Ar-
nold von Citeaux sogar mit der Androhung des
Kirchenbanns, wenn er seinen Umgang mit den
Ketzern nicht aufgebe. Dabei sind der Graf von
Toulouse und alle anderen Herren Romaniens
doch schließlich dessen Lehnsleute! Und hat nicht
König Peter gerade vom Papst den ehrenvollen
Beinamen ›El Catolico‹ verliehen bekommen? An
seiner Seite bin ich letztes Jahr in die Schlacht von
Las Navas de Tolosa geritten, und wir haben den
Almohaden-Wesir aufs Haupt geschlagen, das
weitere Vordringen der Muslimen abgeblockt.
Jetzt, so solle man denken, kann die vom ruhmrei-
chen El Cid begonnene ›Reconquista‹ spanischen
Bodens endlich auf die Hilfe des Abendlandes
hoffen! Doch Paris, diese gefräßige Spinne,
schiebt gleich wieder seinen landgeilen Sterz vor,

1212, DOK/ISL

Wiedereroberung,
REC

reckt den Giftstachel: Wieder predigen diese Legaten des Antichrist den Kreuzzug gegen den eigenen Süden.

Ludwig VIII von Frankreich, CAP

Der Dauphin Ludwig (den sein Vater ansonsten mit Recht nicht ans Regieren läßt!) hat mit seinem Hofstaat ›das Kreuz genommen‹. So *muß* sich Peter von Aragon auf die Seite seiner Untertanen jenseits der Pyrenäen schlagen.

Simon de Montfort, ihr Unterdrücker, beweist sich nochmals als erfolgreicher Kriegsheld. Bei

1213, DOK

Muret stoßen die Heere aufeinander. Bei den Franzosen steigt Weihrauch auf und frommer Gesang, bei der romanischen Koalition beißt man sich auf die vor ohnmächtiger Wut weißen Lippen.

In der letzten Nacht vor der Schlacht — viele

»Letzte Tröstung« der Katharer

lassen sich das ›Consolamentum‹ erteilen — kommt das Gerücht auf, der König von Aragon trage sich mit dem Gedanken, das Feldlager angesichts der bedrückenden feindlichen Übermacht zu räumen und die Verbündeten im Stich zu lassen. Die Noblen Romaniens schicken ihre schönsten Töchter, ja auch attraktive Ehefrauen in sein Zelt, um sich damit seiner Gunst zu versichern.

Am Morgen vor der Schlacht kann Peter bei der Messe kaum noch auf seinen Beinen stehen, man muß ihm anschließend aufs Pferd helfen.

Wir versuchen ihn so gut zu schützen wie irgend möglich, irgendwann bricht der Gaul durch, trägt ihn wie einen gepanzerten, hilflosen Käfer mitten in die Phalanx der Feinde.

CAP

Alain de Roucy und Florent de Ville, zwei französische Ritter, streiten sich um die Ehre, den Sieger von Las Navas de Tolosa, den Bannerträger des Papstes, den König von Aragon, erschlagen zu haben.

That's the end, Dear friend.

Ich habe mich nicht gefangennehmen lassen. Auf meinen Kopf steht zuviel Preisgeld — und da mich keiner auslöst, würde ich ihn verlieren! Meine Freunde vom Tempel haben meinen Abgang von dieser Bühne eines verlorenen Spiels organisiert. Offiziell bin ich wohl tot.

Von ihnen weiß ich auch, wie es den Kindern von Marseille erging: Zwei der gecharterten Schiffe zerschellen im Sturm bei San Pietro, einem Eiland an der Südwestecke Sardiniens. Die fünf übrigen werden kurz darauf von einem sarazenischen Geschwader umzingelt. Sklavenhändler! Der Eiserne Hugo und Wilhelm das Schwein lassen die Masken fallen. Diese Übergabe auf hoher See war vereinbart. Die Marseiller werden ausbezahlt, und die Fracht wird hinübergeprügelt. Dann geht die Fahrt nach Bougie, dem großen Sklavenmarkt Algeriens ...

Mir ist weh ums Herz, wenn ich an ihr weiteres Schicksal denke. Ich sehe immer noch diesen buntgemischten Vogelschwarm, wie er sich über Wiesen und Felder ergießt — ich kenne jemanden, der daran seine Freude gehabt hätte, der die Kraft verspürt hätte, die von diesen Kindern ausging, diese Potenz eines reinen, unverfälschten Glaubens. Ich bitte Euch, meinen Gruß aus der Fremde unverfänglich weiterzuleiten. Ab imo pectore! *aus tiefer Brust*

Frances wird niemals die ›ketzerische‹ Unterscheidung zwischen dem ›wahren‹ Jesus der Anfänge und dessen korrumpierter kirchlicher Gestalt vollziehen. Sein Jesusbild bleibt ein kirchlich vermitteltes (so sehr er es auch durch Visionen erhellen mag), was zur Folge hat, daß der Arme sich niemals zu einer echten Rebellion gegen die Kirche aufraffen wird. Hier scheiden sich unsere Wege!

Dies ist vielleicht für lange Zeit mein letztes Schreiben an Euch, geschätzter Freund.

Ich tauche jetzt erst mal unter, wie jener Jesus von Nazareth, von dem die Kirche behauptet, er sei am Kreuz für uns gestorben.

Zweiter Eintrag Guido

Francesco hat zu Pfingsten eine Versammlung aller seiner Brüder einberufen. Portiuncula ist längst zu klein geworden, sie leben verstreut in Umbrien, aber auch in der Toscana, Latium und den Marken, wandern zu zweit auf Anordnung von Francesco durch die Lande, aber sind eben getrennt. Ihr Treffen dient wohl weniger als Demonstration, wie stark die Bruderschaft inzwischen angewachsen ist, als einfach dazu, daß Francesco sich einen ihm längst verlorengegangenen Überblick über die Bewegung verschafft.

Ich erhalte eine Einladung als gern gesehener Gast und Schutzpatron, was mir schmeichelt, mich aber auch in meiner Selbstgefälligkeit bestätigt! Wo wären sie heute — ohne die nie erlahmende Protektion ihres Bischofs?

Ich verpasse meiner Garde neue Schabracken aus feinstem Tuch (Vater Bernardone räumt mir ein — für ihn — beachtliches Sconto ein. Insgeheim ist er längst stolz auf seinen Sohn!). Ripke bekommt einen neuen Küraß, die Pferde werden geputzt und gestriegelt, das Prozessionskreuz aus Santa Maria geholt. Die Waffen lassen wir demonstrativ zu Hause. Die Menge klatscht Beifall, als sich unser festlicher Zug würdevoll durch die Stadt bewegt.

Francesco sähe es sicher lieber, ich würde klein und bescheiden in einer Ecke Platz nehmen (hat er überhaupt einen Stuhl? — Besser auch gleich mitgebracht!).

Fahnenflatternd, weihrauchschwenkend kommen wir in Portiuncula an. Die Brüder hocken im Karree auf dem blanken Boden, und Francesco hebt gerade zu einer Rede an. ›Da kommt sein Bischof‹ denk ich mir, mein Auge versucht sich in das eines begeisterten Augenzeugen zu versetzen, ›seht nur, welche Macht und Herrlichkeit! Er kommt, um unserem Francesco die Ehre zu geben. Er steigt von seinem Roß, dessen Zügel die aufgesprungenen Brüder halten, er verwehrt dem Niederknienden demütig den Ringkuß, zieht ihn zu sich hoch und tauscht mit ihm den Bruderkuß! Welch ein Mann, dieser Guido II, Bischof von Assisi, Herr von unermeßlichem Besitz, Wiesen und Feldern, Fisch- und Waidrechten, Abteien, Klöstern und Burgen. Seht nur die Äbte, Prioren und die unzählige Priesterschar! Reichtum, Glanz und Gloria! Ecce homo!‹ Fährt es mir durch den Kopf, und ich bin plötzlich verwirrt, zutiefst beschämt.

Zwar läuft die Zeremonie so ab, wie geplant — nur, daß ich den mir angebotenen Stuhl (aus Ästen liebevoll von den Brüdern zusammengezimmert) ablehne, mich schweigend auf die Erde niederwerfe und still bete.

Sie sollen nicht sehen, daß ich Tränen in den Augen habe, daß ich heule, Tränen der Scham und des Zorns über meine aufgedonnerte Wichtigtuerei. Als ich mich endlich aufrichte (ich erfasse aus den Augenwinkeln, daß meine Entourage meinem Beispiel gefolgt ist) steht Francesco vor mir. Er zieht mich hoch.

In seinen Armen kann ich mich ausweinen.

Francesco hält seine Pfingstpredigt.

Die Vögel zwitschern in den Bäumen, Bienen summen im Gras. Mein Herz ist befreit.

Neue Brüder werden in die Gemeinschaft aufgenommen, andere zur Missionierung ausgesandt. Kein Abschied von den Jüngern, ein Neuanfang, das ist der tiefere Sinn dieser Wiedersehnsfeier, das Fest der Vereinigung — in spiritu sancti!

OFM Elia Bombarone von Cortona ist unter denen, die vor Franz niederknien. Wie beneide ich ihn!

Er war Konsul in Assisi, kaum daß der Stadt ihre Selbständigkeit zugestanden wurde, war dann als Notar nach Bologna gezogen, ein bekannter und gelehrter Mann. Jetzt läßt er alle Ämter und Würden hinter sich, um Francesco auf seinem strengen Weg der Armut zu folgen. Als dieser Teil des Programms erledigt ist, erhebe ich mich von meiner äußerst unbequemen Sitzgelegenheit, bedanke mich bei Francesco und gebe das Zeichen zum Aufbruch, so einer unausweichlichen Einladung zum Mittagessen aus dem Wege gehend.

Ermengarda hat heute Frischlingsrücken in Barolo mit gedünsteten Pflaumen vorbereitet!

Ripke versichert mir auf dem Heimritt, daß er

meine Variante des abgesprochenen Zeremoniells
als ›sehr erhebend‹ empfunden habe.

Na, bitte!

DRITTER EINTRAG GUIDO

Francesco renoviert mal wieder eine meiner Kirchen, diesmal ist San Gemini an der Reihe, der
Heiligen Jungfrau geweiht. Ich will mich wenigstens durch einen Besuch erkenntlich zeigen und
reite, nur von Ripke und Gunter begleitet, ins Tal.

Francesco, mörtelbeschmiert und verschwitzt,
schaut kaum auf, als er Besuch seines ›Bauherrn‹
bekommt, der sich die gepflegten Hände nicht
schmutzig machen will. »Seht, Herr Bischof, welch
feinen Bauarbeiter ich aus Eurem Besucher gemacht habe.« Er deutet auf den Mönch, der mit
hochgeraffter Kutte weiter hinten groben Sand
und Kalk verrührt: Es ist Roald of Wendower!

Ich hatte ihm vor langer Zeit nach St. Trinian
geschrieben und ihn nach Assisi eingeladen.

Er wollte mich überraschen. Das ist ihm auch
gelungen. Francesco hat ihn abgefangen und
gleich zu körperlicher Arbeit verpflichtet. »Was
soll ich dir geben, mein Bruder«, scherze ich, »damit ich meinen langerwarteten Gast freibekom-
me?«

Francesco überlegt keinen Augenblick. »Steigt ab,
meine Herren, legt die störenden Gerätschaften ab
(er deutet auf die Schwerter meiner Teutonen),
die hinderlichen Umhänge und Wämse, und packt
mit an.«

BAU

ASS

257

Er wartet meine Antwort gar nicht ab und greift wieder zu seinen Steinen.

So sieht man (hoffentlich sieht's keiner!) den Herrn Bischof und seine Ritter kurz darauf schwitzend in der Kette Ziegel aufs Gerüst reichen, wo Francesco fröhlich mauert.

Seine Fröhlichkeit steckt uns alle an, und nach getaner Arbeit erfreuen wir uns an gierigen Schlucken kühlen Wassers aus einem nahen Quell.

Dann darf ich Roald mit mir nehmen.

DOK Ein Bote bringt mir die Einladung meines Herrn Papstes zum IV. Laterankonzil.

VII.
DIARIUM
ANGELI CADUTI

Tagebuch
des gefallenen Engels
(1214-1219)

ANNO DOMINI 1214

Erster Eintrag Guido

Roald of Wendower ist damit befaßt, im Auftrag seiner Abtei St. Trinian ein ausführliches Exzerpt über die Armutsbewegungen des Abendlandes zu verfassen, ihre mögliche Bedeutung für die Erneuerung der katholischen Kirche und ihre notwendig gewordene Abgrenzung zur Häresie.

Die von Francesco ins Leben gerufene Bruderschaft ist daher für ihn eines der wichtigsten Studienobjekte, und Roald hat sich darauf eingerichtet, deswegen erst einmal auf unbestimmte Zeit in Assisi zu bleiben.

Seine ursprüngliche Idee war, unter ihnen zu leben — so wie sie.

Doch es gelingt mir, ihn zu überzeugen, daß es jeder vernünftigen Arbeitsmethodik widerspräche — bei den Brüdern hätte er nicht einmal einen eigenen Tisch, die Feder würde ihm nach drei Tagen vor Hunger aus der Hand fallen, er würde sich die Nieren und sonst etwas verkühlen, und außerdem würde ihm ständig jemand über die Schulter schauen.

Es sei daher sicher vorteilhafter, wenn er Francesco und die Seinen wenn schon nicht mit Distanz, so doch wenigstens nicht aus der schmutzigfeuchten Portiuncula-Enge beschreiben würde.

Ich biete Roald den Posten eines bischöflichen Secretarius an, damit wäre er unabhängig und hätte lediglich für mein »Archiv«, wie ich es nenne, von Zeit zu Zeit einen Bericht zu licfcrn. Ich weihe ihn nicht in die Existenz des geheimen Diariums ein, das ich mit John vor sieben Jahren begonnen habe und fortzuführen gedenke.

Erstes Referendum Roald

Ad Referendum:
Casus foederis der Parteien Capet/Staufer contra Anjou/Welfen war in beiden Territorialbereichen der Kampf der Dynastien um die Macht. *Grund zur Allianz Frankreich bzw. Deutschland*

Viribus unitis: Bei Bouvines wird er jetzt mit den Waffen ausgetragen. König Philipp — in Vertretung für König Friedrich — schlägt Kaiser Otto in Vertretung für John Lackland. Der Welf verliert das Reichsbanner, das der Franzose mit Glückwünschen dem Staufer schickt. Der setzt daraufhin die Wahl seines Sohnes zum Deutschen König durch. Otto klammert sich jedoch weiterhin an die Kaiserkrone. *mit vereinten Kräften*

Heinrich VII, DTR

Cave a signatis. Roald. *Sei auf der Hut vor Gezeichneten!*

Zweites Referendum Roald

Constellationis Figurae:
Konjunktion von Merkur und Saturn bei aufgehendem Steinbock und deutlichem Krebs im schwankenden Quincunx lebensverkürzend, wenn man

dem ›liber introductorius‹ des großen Aristoteles
folgt.

ROM In Rom Tod des hochbetagten Cardinal von
Sankt Paul, Giovanni Colonna. Freie Bahn für
den ehrgeizigen Cardinalbischof von Ostia, Ugolino di Segni.

Die Zügel werden in Assisi schärfer angezogen werden, für Francesco und auch für den Bischof.

ASS Die Kaufmannsgilde von Assisi verliert ihr
angesehenes Mitglied Messire Pietro Bernardone, früher einmal Vater meines Studienobjektes
Franciscus.

Eine Versöhnung hat nicht stattgefunden.
Requiescat in pace. Roald.

Zweiter Eintrag Guido

Immerhin konnte der Alte mit einer gewissen
Befriedigung die Augen schließen, daß sein
Sohn es zu etwas gebracht hat, von dessen Wert
er sich zwar keine Vorstellung machen konnte,
dem Filius aber eine weitaus größere Prominenz
bescherte als alle vom Vater erhofften Karrie-
ren. Ich bin nicht sehr glücklich über die Art,
mit der Roald, the Monk of St. Trinian, mich
als Zettelkasten betrachtet, in den er seine
flüchtig hingekritzelten Notizen ›ad referendum‹ wirft, ohne Ansprache, ohne profunde
Wertung der Geschehnisse! Das meiste eignet
sich nicht einmal, es für das ›Diarium‹ zu sammeln. Er ist ohne Gefühl fürs Zeitgeschichtli-

che, für Einflüsse und Auswirkungen — überhaupt ohne Gefühl!

Statt dessen diese düsteren Horoskope, mit denen er im nachhinein seine ›Todesfälle‹ als schicksalsgegeben hinstellt. Es muß die Gicht sein, unter der er leidet — was mir bei unserem Wiedersehen nicht gleich aufgefallen ist. Sie läßt ihn meist verkrümmt durch das Haus schleichen, wenn er sein Turmzimmer überhaupt verläßt. Die Schmerzen machen ihn wohl so verbittert? Ich will mich in Geduld fassen . . .

Die andere Seele, die Gott zu sich rief, war die ›Johannes des Einfältigen‹. Auch diesen Tod beweint OFM Francesco nicht, weil dem Dahingeschiedenen die ewige Seligkeit sicher ist. Schon zu Lebzeiten rief er den seltsamen Bruder ›heiliger Giovanni‹ und bewunderte, ja beneidete ihn um seine spirituelle Vollkommenheit, die dieser in völliger Abgeschiedenheit erreicht hatte — eine Abgeschiedenheit, die Franziskus für sich so sehr ersehnt, zu der ihn seine Brüder jedoch niemals gelangen lassen.

Nach meinem Ermessen treibt Francesco hingegen einer immer größeren Einsamkeit zu, und das mitten unter seinen Brüdern.

Ich hatte Giovanni Colonna zu Pfingsten eingeladen, als ich hörte, daß Francesco auch dieses Jahr wieder alle seine Brüder und Freunde um sich versammeln will, und es hätte mir wohlgefallen, an der Seite des beliebten Cardinals dort aufzutreten. Doch nun setze ich alle Hebel in Bewegung, um zu verhindern, daß statt seiner Ugolino aufkreuzt. ›Eigentlich ganz einfach‹ (so die Empfehlung meines neuen Sekretärs), ›man trägt dem stets mißtrauischen Heiligen Vater gerüchteweise zu, daß der andere Herr von Segni‹ (dessen Namensgleichklang ihm sowieso sauer aufstößt) ›ghibellinische‹ Umtriebe pflegt. Und schon ist der hohe Herr auf Wochen damit beschäftigt, den Heiligen Vater von seiner Loyalität zu überzeugen (Roald verfügt im Lager des Staufers über einen DTR entfernten Vetter, Roger, Mönch der Abtei von St. Alban). Findet Ugolino allerdings heraus, wer ihm das Pfingstfest verdorben hat!‹

Das Spiel mit dem Feuer ist mir nun mal zur zweiten Natur geworden, und ich verspüre keine Lust, mich auf meine alten Tage nach der Decke zu strecken!

Ich überlasse Roald of Wendower diesmal das Protokoll des ›Bischöflichen Auftritts‹. Nach meinen letztjährigen Erfahrungen bin ich verunsichert: Einerseits kann ich mich zum ›schlichten Hirten‹ mal für einen Tag wohl verstehen, andererseits möchte ich gerade in dieser Situation denen in Rom zeigen, wer Herr in Assisi und Beschützer Francescos ist. Roald löst die Aufgabe — hat er meine Ängste verstanden? — geschickt. Die episcopale Garde erhält über ihre schimmernde Rüstung eine bräunliche Tunika, im Farbton den Kutten der Brüder angeglichen und lediglich mit einem weißen Kreuz geschmückt. Sie erinnern mich an einen neuen Ritterorden, demütig, doch sehr Achtung heischend. Mein Klerus — ich lege diesmal auf vollzähliges Erscheinen Wert und zwinge auch die gesamte Bande von San Rufino, sich uns anzuschließen — hat einheitlich in Weiß ohne jede Ornamentik zu erscheinen. Das gilt auch für den Herrn Prior, der sich sonst oft darin gefällt, mich bei offiziellen Anlässen in Farbe und Prunk auszustechen. Diesmal schicke ich ihm sein Gewand als Geschenk, es ist weiß wie alle anderen, allerdings aus bestem Damast (was man aber auf Entfernung nicht sieht!). Nur ich trage ein weithin leuchtendes Violett, von den Schuhen bis zum Hut, dazu ein Holzkreuz, und sonst nichts! Nicht einmal einen Stab, eingedenk Francescos eigener Worte. Auf den Hanfstrick um den Bauch verzichte ich allerdings (er kleidet mich nicht). Die Mönche von Monte Subasio haben ebenfalls ihre Teilnahme zugesagt, und für alle ist der Treffpunkt vor meinem Palast. Roald läßt ihnen den Rückweg in die Oberstadt durch die Garde abschneiden, nachdem diese die Einhaltung meiner Kleidervorschrift kontrolliert und überflüssigen Schmuck eingesammelt hat.

Als die schwarzen Benediktiner, deren Abt ich gern den Vortritt lasse, und danach der weißgekleidete Klüngel von San Rufino samt Prior und Domherren das Stadttor verlassen haben und nicht mehr umdrehen können, holen wir die Marien-Statue, die ›Assunta‹, aus der S. M. del Vescovado, und auch ›meine‹ Magdalena muß mit. Das hatten wir wohlweislich verschwiegen (die aus der Oberstadt waren sonst natürlich auf die Idee gekommen, ihren Oberheiligen, den Märtyrer, mitzuschleppen). Und von den Kindern haben wir auch nichts verlauten lassen: Es sind die armen, die der ›Minores‹. Wie ein Lauffeuer hat es sich in der Nacht in den Gassen der Unterstadt herumgesprochen, daß ein jedes ein Kittelchen umsonst bekommt. Der Stoff ist der gleiche wie der für die

Tuniken, wir haben ihn günstig erworben: Francescos Bruder Angelo — dank des brüderlichen Erbverzichts nun Alleininhaber der Ditta Bernardone — hat sich unseren Preisvorstellungen nicht widersetzen können. Die Kleinen umschwärmen mich und die Assunta, und singend ›in aufgelockerter Formation‹ verlassen wir als letzte die Stadt, heiter wie es sich für einen Pfingstausflug gehört.

Als ich vom Tor aus den Zug betrachte, der sich den Abhang hinunter nach Portiuncula zieht, muß ich sagen, daß mein Zeremonienmeister seine Aufgabe glänzend gelöst hat: Wir sind eindrucksvoll! Ich wüßte nicht, was uns selbst böse Zungen vorwerfen könnten.

Francesco empfängt uns mit Freuden. Da ich mich bescheiden als letzter hintenanhalte, können alle mitansehen, wie er mich dann auf das herzlichste umarmt und wir den Bruderkuß austauschen. Wieder haben die Brüder für mich einen Hocker gezimmert (nur einen, leider, meine Herren!), und auf dem sitze ich, lila Bienenkönigin auf einer warmen braunen Blütendolde, gebildet von den Kindern und meinen Garden, während sich die Weißen und Schwarzen wie Blätter einer Sonnenblume um uns verteilen.

Alles in allem eine gelungene Huldigung an Franz und seine Freunde, wie mir mein Hauptmann Ripke bestätigte, auf dessen Urteil in solchen Dingen ich mich verlassen kann. Der Deutsche entwickelt eine seltsame Sensibilität, wenn es um zur Schau gestellte Innerlichkeit geht. Die OFM Neuigkeiten, die Francesco zu verkünden hat,

266

überraschen mich nicht. Ägidius, Bruder der ersten Stunde und berühmt für seine Schlagfertigkeit wie seinen Wandertrieb, erhält die Erlaubnis, sich mit einigen Gefährten nach Tunis zu begeben, und Francesco selbst wird unmittelbar nach den Feiertagen mit Bernardo di Quintavalle nach dem fernen Marokko aufbrechen. Er deklariert dieses Unternehmen zwar als ›Mission‹. Aber die Art, wie er von ihm tagträumt, lassen den starken Wunsch nach Martyrium, eine tiefe Todessehnsucht durchscheinen.

Ich beneide ihn um die Kraft, einem solchen Verlangen einfach nachzugeben. Er stellt sich wie schon so oft in seinem Leben auf die Probe: Besteht er sie, ist sein Leben um vieles reicher, begegnet er seinem Tod, ist ihm das Himmelreich gewiß. Und ich, nichtsnutzige lila Drohne, hock' weiterhin in meinem wabenförmigen Palast, nasche von dem Honig, den dusselige Bienen anschleppen, weitaus mehr, als ich verzehren kann, und sehne mich nach der Ferne, nach ihren Ungewißheiten, Wonnen und Gefahren. Aber ich trau' mich nicht weg, aus Angst, bei meiner Rückkehr das Flugloch verstopft zu finden.

Ich weiß genau, daß ein echter Abenteurer, so wie mein John, einfach gar nicht nach dem Nachher fragt. Ich kann nicht über meinen Schatten springen; mein Schatten ist nicht etwa die Bürde meines Amtes, sondern meine letztlich furchtsame Natur. Soll ich jetzt aufstehen und mich Franz anschließen, wie der einfachste seiner Brüder? Sicher nicht, ich kann mir bequemere Reisen vorstellen! Und Marokko muß es ja auch nicht sein. Wer weiß, was die unter ›Kochkunst‹ verstehen?

Täubchen in Blätterteig mit Zimt bestreut. Ich kann schon diese ewigen Gurrer nicht ausstehen, die mir die Fensterbrüstungen vollkacken, und dann noch gezuckert!

BRIEF DER JACOBA

Ave, Episcope!
Ein dicker, furchtsamer malvefarbener Frosch zwischen weißen Seerosen, die vorspiegeln, nie eine Sünde gekannt zu haben, und schwarzen Lurchen, die ihre vollgefressenen Benediktinerwänste zu verbergen suchen, umgeben von Kindern, die statt fröhlicher, farbenfroher Gewänder in Sackleinen gesteckt wurden, wie um ihre Bedürftigkeit noch mehr zu unterstreichen und dann deine Saufbolde von Palastgarde als Templer für Arme verkleidet – so mußt Du Dich wohl zu Pfingsten präsentiert haben, lieber Vetter!

Nicht daß mir Francesco diese Charakterisierung etwa wörtlich gesteckt hat – dafür ist der Gute Dir gegenüber von viel zu viel Respekt erfüllt (wieso eigentlich?). Aber seine blumige Beschreibung ließ vor mir dieses Bild entstehen.

Schon bei der Ankunft in Rom waren er und seine kleine Schar derartig ausgehungert (Proviant hatten sie natürlich keinen mitgenommen und zum Betteln braucht man Zeit – und die haben sie nicht, weil sie unbedingt sofort nach Marokko wollen, um den Miramolin von seinem Heidentum zu bekehren), daß sie wie kleine braune Feldmäuse in meinen Palazzo sausten, schnurstracks in die Küche!

Abd-al-Murmin, Herrscher von Marrakesch, ISL

268

Man kann sie diese weite Reise nicht alleine unternehmen lassen! Wenn Du schon zu faul bist, Deine überlasteten Füße selbst aus der Sichtweite Assisis zu setzen, hättest Du ihnen doch wenigstens die Hälfte Deiner teutonischen Recken mitgeben können! Zu was sind die sonst zunutze?

A propos: Inno (den sie hier jetzt Limo nennen) würde die Reduzierung Deiner Schlägertruppe — oder ihren spärlicheren Einsatz — nicht ungern sehen, gerade haben sich die Cruziger beklagt!

Anspielung auf das Magenleiden Innozenz' III (er aß angeblich ständig Zitronen)

Auf jeden Fall bin ich, alleinstehende Frau, in die Bresche gesprungen und habe Francesco kategorisch erklärt, daß ich mit ihnen reisen werde. Dazu habe ich Marzipan-Küchlein einpacken lassen, die Mitnahme meines Zuckerbäckers angeordnet (der Arme protestierte umsonst!) und eingewilligt, mit gebührlichem Abstand (Rufweite) von den keuschen Brüdern meine Sänfte und Bagage folgen zu lassen, so daß ihr Ruf nicht leidet.

Anfangs vollzog sich unsere Fahrt — in dem beschriebenen Ritus — noch ziemlich verkrampft. Aber kaum hatten wir französischen Boden betreten, wurde unser Francesco ganz heiter, und bereits beim gemeinsamen Nachtlager in der Höhe von Nîmes, unter den Bögen des Pont Du Gard, wurden wir in den Kreis der Sänger aufgenommen, ›um unseren lieben Bruder Jacoba zu schützen‹! Dabei ist mein halbes Dutzend Berittene, die sich Nacht für Nacht in die Wache teilen, wohl der einzig handfeste Grund, der das Gelichter der ›faidits‹ und anderer gewöhnlicher Wegelagerer davon abhält, über unser wehrloses Häuflein herzufallen. Wir ziehen schließlich durch ein vom

Verfemte

Krieg heimgesuchtes Land, und entsprechend heruntergekommen ist auch die Moral. Außerdem könnten die von den Franzosen verfolgten und unterdrückten Eingeborenen ja auf die Idee kommen, es handele sich bei Francesco und seinen Brüdern um besonders raffiniert getarnte Mönche dieses Domenicus, den sie hier hassen wie die Pest, arbeitet er doch mit seiner fanatischen Ketzerjagd dem gefürchteten Montfort in die Hand.

Ich bitte daher Francesco inständig, keine französischen Liedlein mehr zu singen, sondern den harmlosen italienischen Pilger heraushängen zu lassen. Aber wie Du Dir schon denken kannst, versteht unser Vogel- und Blumenfreund überhaupt nicht, was um ihn herum vorgeht, und schon gar nicht, daß es hier Leute gibt, für die sein ›Allerheiligster Herr Vater‹, der Papst, ein rotes Tuch ist, daß hier Frauen und Kinder im Namen des Kreuzes verbrannt wurden und immer noch werden, kurz, daß hier das Bekenntnis, ein Katholik zu sein, lebensgefährlich ist. Die Dolche der von Rom Verfemten sitzen locker, sie haben nicht mehr viel zu verlieren! Nicht dem geringsten Vertreter der römischen Amtskirche würde es einfallen, ohne Eskorte durch die aufgewühlte und verwüstete Grafschaft Toulouse zu ziehen oder gar des Nachts im Freien sein Haupt in der nächstbesten Wiese zu betten. Doch mit Francesco reisen (außer meinem zitternden Zuckerbäcker und meinen übernächtigten Soldaten) wohl noch Heerscharen von Schutzengeln mit. Bisher hat uns keiner ein Haar gekrümmt, doch manchmal denk' ich: wenn Blicke töten könnten . . .

Nach hastigem Durchqueren des alten Tolosa beginnen wir den Anstieg über die Pyrenäen und erreichen nach einigen Tagen Jaca, die ehemalige Hauptstadt des Königreiches Aragon. Selbst hier treffen wir noch auf Bitternis unter der Bevölkerung — sie sind selbst vom Krieg bisher verschont geblieben, doch wimmelt es von katharischen Flüchtlingen. Die Katholizität des Landes steht außer Frage. Von hier gesehen bietet sich der Krieg, jenseits der hohen Berge, auch nicht als Kampf um den rechten Glauben dar, sondern als erbarmungslos und brutal durchgeführter Eroberungszug der französischen Krone zum Nachteil des aragonischen Besitzes Carcassonne und Foix. Es ist die Eliminierung der provençalischen Kultur (man spricht hier die gleiche Sprache), die die Leute erregt. Bei Puenta la Reina, wo der ›Camino del Sud‹, also unsere Pilgerroute von Italien her auf die große Wallfahrerstraße nach Santiago trifft, sehen wir endlich ein erstes Ziel greifbar vor den Augen: Wir haben es rechtzeitig bis zum groß gefeierten Fest des Apostels Jacobus geschafft, in *25. Juli* Santiago de Compostela einzutreffen. Francesco BAU hält eine heitere Danksagung und behauptet, nur meinetwegen diesen Umweg auf sich genommen zu haben, »denn Santiago ist der spanische Na- *Santo Jago* mensvetter unseres Bruders Jacoba!«

Es sollte auch der Endpunkt unserer Missionsreise werden, denn Francesco wird krank, und an eine Überfahrt nach Marokko ist nicht zu denken. Zum anderen geht auch unter den Pilgern das Gerücht um, daß es keine Schiffe gäbe, denn Inno — sein langer Arm reicht bis Gibraltar — habe den Seerepubliken den Handel mit dem Miramolin

271

Genua, Venedig, Pisa lieferten hemmungslos Waffen an die islamischen Gegner.

ISL

untersagt, um seine eigenen Kreuzzugsvorbereitungen nicht unterlaufen zu lassen. Ich finde es höchst bedauerlich, nicht Augen- und Ohrenzeuge des Zusammentreffens zwischen unserem Francesco und dem Almohadenherrscher werden zu können, beruft sich doch dessen Dynastie auf einen gewissen Ibn Tumart, der auch nichts anderes war als ein Bußprediger und durch die Lande zog, die Menschen zu ermahnen, auf die reine Überlieferung der Schrift und eine gottgefällige Armut zu achten. Also ein Bruder im Geiste!

Aber es hat nicht sollen sein, und wir kehren zurück nach Italien. Ich wäre gern wenigstens nach Sevilla, nach Granada gewandert, wo wir schon mal hier sind, von deren Bauten und Gärten man sich Wunderdinge erzählt, auch wenn diese Heiden unsere Glocken als Lampen in ihren Moscheen verwenden. Doch Francescos Gesundheitszustand läßt nicht daran denken.

Al Mansur ließ 997 die Kirchenglocken von Santiago de Compostela von christlichen Sklaven nach Cordoba schleppen und in der Mezquita aufhängen. BAU/ISL

Nimm dir ein Beispiel, bequemer Mensch Guido, an Deiner unternehmungslustigen Base, schieb nicht immer den dicken Bischof vor und unternimm auch Du mal etwas für Körper und Seele. Ich weiß, daß Dich das Heil letzterer wenig schert, aber ich kann Dir versprechen, daß Du auf einer solchen Pilgerfahrt etliche Pfunde verlieren würdest. Sei umarmt. Ich muß Dir gestehen, daß Du einer der wenigen kirchlichen Würdenträger bist, mit denen ich mir eine Vereinigung im Fleische vorstellen kann, aber das wäre ja Sünde!

Salve, Jacoba.

272

Sic voluere priores
Meines Bischofs Wille, daß ich ihm mehr Anekdotenhaftes fabriziere, ist mir Befehl: Francesco ist wieder in Portiuncula eingetroffen, und auch Ägidius ist aus Tunis zurück. Die dort wohnhafte christliche Bevölkerung hatte die Brüder energisch an der Ausübung ihrer missionarischen Tätigkeit gehindert. Sie legten nicht den geringsten Wert darauf, ihr Verhältnis zu den Muslims trüben zu lassen, verfrachteten Ägidius gewaltsam auf ein Schiff und schickten ihn nach Italien zurück. Nur einem der Brüder, einem gewissen Electus (nomen atque omen), gelang es, sich zu verbergen, und er erlitt auch prompt den ersehnten Märtyrertod, kaum als das Schiff die Lagune verlassen hatte.

So wie es die Vorgesetzten wollen

OFM

Ein Name ist auch Schicksal.

   Dulcis in fundo!

(Endlich) süßes Ende!

VIERTES REFERENDUM ROALD

Ad usum episcopi
Eines Abends prescht mein Bischof bis vor die Hütte, in der Francesco wohnt. Die davor lagernden Brüder versuchen ihn vom Betreten abzuhalten: Francesco sei ins Gebet versunken! »Genau das soll er mir zeigen!« ruft mein Bischof aus. Er springt von seinem Pferd ab und reißt die Tür auf. Doch wie vom Schlag getroffen bleibt er gebückt (der Balken ist niedrig) in der Öffnung stehen, wie versteinert, unfähig, sich zu bewegen oder ein Wort herauszubringen. Langsam löst sich die Lähmung, und er kehrt ein paar Schritte zurück, um

Dem Bischof zur Lehre

einen erneuten Anlauf zu unternehmen, doch wieder blockiert ihn eine unsichtbare Kraft, die ihn diesmal sogar zurückwirft.

Es bietet sich uns das beklemmende Schauspiel, wie er immer wieder vorstürmt und jedesmal wieder noch weiter und noch heftiger zurückgeworfen wird. Es geht so lange, bis er stürzt und bewegungslos auf dem Waldboden liegenbleibt. Die Brüder, die uns umgeben, sinken auf ihre Knie und beten. Schließlich gibt sein Körper Zeichen von Leben, wir treten näher und heben ihn hoch. Seine Garde setzt ihn behutsam auf sein Pferd, das wir langsam zu Fuß am Zügel wieder nach Assisi hinauf begleiten. Vor der S. M. del Vescovado steigt der Bischof ab und begibt sich allein in die Kirche. Wir warten bis tief in die Nacht hinein, als er endlich wieder erscheint, ganz wieder der alte: »Ermengarda!« schreit er, »laß auffahren, Wir sind hungrig!«

Das alte Leiden! Vexata quaestio!

Dritter Eintrag Guido

Ich habe eine Horoskopsklzze gefunden, die zweifellos aus Roalds Hand stammt:

»Mars in den letzten Fischen, in conjunctio zur Sonne im aufgehenden Widder zeugt von Entscheidungsbereitschaft und kriegerischer Energie. Auch Luna und Merkurius geben sich ein Stelldichein im Aries: erleuchteter Geist, der sich frei bewegt, Herr über seine Zeit, voll Unternehmungs*Beständigkeit in* lust. Venus und Saturn vereinen sich im Stier: *Herzensdingen* stabilitas affectionis schlicßcn die Genußfreude ei-

274

ner potenten Persönlichkeit nicht aus, die allerdings — Saturn in Opposition zum Jupiter im Krebs — keinem Streit aus dem Wege geht. Der Kampf gegen die Auctoritas ist das Salz seines Lebens!«

Das kann doch eigentlich alles nur auf mich zutreffen! Ich stelle Wendower zur Rede (vielleicht etwas zu unwirsch). »Das ist das Bild eines in der Aequinox des Jahres 1176 Geborenen — seid Ihr *13. März* das?«

ANNO DOMINI 1215

Erstes Referendum Roald

Nulla dies sine linea
Ich lasse mich nicht schreibfaul schimpfen, noch mir vorwerfen, ich hielte wissenswerte Notizen zurück:

Kein Tag ohne eine Zeile (zu schreiben)

Der Fisch stinkt vom Kopf her, mein Bischof — auch wenn Euch die Benutzung dieses urchristlichen Symbols in solchem Zusammenhang zuwider ist! Mens agitat molem: Das Haupt der Kirche ist der Herr Papst. Es geht das Gerücht, er wolle auf dem Konzil durchsetzen, daß zur Bekämpfung der Häresie jedem Gläubigen — bei Androhung der Exkommunikation, nota bene! — auferlegt wird, einmal im Jahr die heilige Hostie zu empfangen.

Der Geist bewegt die Masse.

im November beginnenden IV. Lateran-Konzil, DOK

Klingt wie eine fürsorgliche Maßnahme des guten Hirten, doch vorher ist — abusus non tollit usum — die Beichte abzulegen. Da die Gewissensausforschung durch die ›Inquisition‹ — auch in ih-

Mißbrauch entbindet nicht vom (richtigen) Gebrauch.

275

rer ›hochnotpeinlichen‹ Form — keine zufriedenstellenden Ergebnisse zeitigt, sollen jetzt die tausend unsichtbaren Ohren der Priester in ihren Beichtstühlen Hilfestellung leisten. Das Beichtgeheimnis soll den Bedürfnissen der Inquisition untergeordnet werden.

Wehret den Anfängen! Principiis obsta!

MATER AMATRIX MAGNA

Große Mutter,
große Geliebte

Erster Eintrag Guido

Auf meinem Schreibpult in der Bibliothek liegt
plötzlich ein versiegeltes Schreiben. Kein Mensch
weiß, wie es dahin gekommen ist. Ich erbreche das
Siegel, es trägt zweifellos die Handschrift Johns:
»Eminenz, im Kloster der Karmeliterinnen
L'Immaculata del Bosco auf dem Monte Sacro
neigen sich die Tage der Mutter Livia
ihrem Ende entgegen. Eilt, mein Bischof!«

Der Herausgeber
hat dieses Schreiben
nicht finden kön-
nen. Da sein Inhalt
jedoch vom Bischof
aufgeschrieben wur-
de, ist anzunehmen,
daß dieser das Ori-
ginal vernichtete.
BAU/ROM

Meine Mutter! Ich habe sie so perfekt aus meinem
Leben verdrängt, als wäre ich ohne sie auf die
Welt gekommen. In meiner Jugend hatte mich die
Figur meines Erzeugers interessiert. Da jedermann sich in Schweigen hüllte, spekulierte ich in
wilden Knabenphantasien drauflos und ersann je
nach Alter und Stimmung immer neue Kombinationen, die mich aber nicht befriedigten. Als dann
der Schleier zerriß und ich die Wahrheit erfuhr,
war ich auch nicht glücklich, denn mit der dürren
Eröffnung des Abtes, dem höhererseits die Aufgabe zugeschoben war, mich namenlosen Novizen
›aufzuklären‹, war die Auflage strengsten Still-
schweigens verbunden. Ich hatte Schweigen gelernt. Jetzt lernte ich, ohne Eltern zu leben, denn

277

beide waren Unpersonen — wenngleich das Schicksal völlig verschieden mit ihnen verfuhr. Mein Vater machte es mir leicht, er war tatsächlich von dieser Erde verschwunden, als ich noch in den Windeln irgendeines Klosterhospitals lag. Meine Mutter lebte. Um so gründlicher mußte ich sie in mir totdenken. Ich entwickelte, da ich sie nie wissenden Auges gesehen habe, nicht etwa Bilder von feenhaften Wesen, schönen, üppigen Frauen voller Wärme und milchgebenden Brüsten der Geborgenheit, noch strenge, herbe Heroinen — sondern Wolken, Wolken, Wolken. So löste ich meine Mutter ins Nichts auf. Sie mußte steinalt sein, hatte sie mich doch als späte Jungfer empfangen. Meine erste Reaktion war, den Brief, den keiner gesehen hatte, verschwinden zu lassen, ans Fenster zu treten und so lange in den Himmel zu starren, bis ich sicher sein konnte, daß sich dieses eine Wölkchen unter den vielen anderen verloren hatte. Dann hätte ich vielleicht geweint, Selbstmitleid ist meine große Stärke, wäre ins Bett gegangen und hätte im Schlaf . . .

Das Schreiben Johns war keine Botschaft, die ich ignorieren konnte. Es war nicht einmal eine Aufforderung zur Ausführung nach Belieben: Es war *geharnischte Auf-* ein Befehl. Preces armatae!
forderung   Seltsame Macht dieses Menschen, der mir diente und gleichzeitig mein Meister war. Ich treffe unverzüglich die notwendigen Vorbereitungen zum Aufbruch, obgleich ich alles tue, diesen hinauszuzögern. Das fehlte mir gerade noch, sie, diese Wolke, noch etwa lebend anzutreffen. Womöglich stirbt sie noch in meinen Armen!

278

Ich schicke Roald zu Francesco. Seine notwendig gewordene Reise nach Rom ist für mich der beste Vorwand (auch waren mal wieder die ›ad limina‹ fällig). Wie mag sie ausschauen? Wie diese alten Frauen, voller Gebresten, die sich an ihren röchelnden Atem klammern, wenn sie mich zur letzten Ölung herbeirufen? Diese Gerippe, die zäh ihrem Herzschlag lauschen, der unter papierdünner Haut pocht? Diese weichen weißen Fleischmassen, die von aller Muskulatur verlassen in ihren Betten schwitzend und stöhnend dumpf ihrer völligen Auflösung entgegendämmern?

Ausdruck für periodisch vorgeschriebenen Besuch eines Bischofs beim Papst

Nein, ich will nicht daran denken. Sie ist eine Wolke, meinetwegen ein Zirruswölkchen allein und zierlich im Azur des Frühlingshimmels oder ein Schäfchen in heller Nacht, das sich am Mond vorbeischiebt.

Ich will sie nicht sehen!

ZWEITES REFERENDUM ROALD

Moniti meliora sequamur

Trotz Besserung ermahnt:

Ermahnt bessern wir uns.

Ich soll meinem Bischof handfeste Geschichten erzählen, in denen Francesco vorkommt:

Wir reisen nach Rom, wir reisen zu Fuß. Der Bischof hatte Francesco angeboten, ihn zu begleiten. Francesco in seiner unnachahmlich heiteren Art: »Von Herzen gern, nur muß er absteigen. Bruder Pferd wird sich auch freuen, am Zügel durchs Land geführt zu werden, anstatt einen so mächtigen Herrn Bischof im Sattel zu tragen und die prächtigsten, güldenen Sporen von ganz Assisi zu spüren!«

Also schreiten wir fürbaß, wobei Francesco als geübter Wanderer eine solche Geschwindigkeit vorlegt, daß der Bischof bald keuchend sich doch wieder aufs Pferd helfen läßt. Wenigstens hat unser armer Bruder eingewilligt, sich unterwegs von unserem Proviant verköstigen zu lassen, damit wir keine Zeit mit der Bettelei verlieren. Sicher hätte er es liebend gern gesehen, wenn sein beleibter Oberhirte neben ihm am Straßenrand die Hand oder seinen Bischofshut aufgehalten hätte, um eine milde Naturaliengabe heischend. Wir reisen eskortiert, ich lege keinen Wert darauf, durch Bittsteller und Wegelagerer aufgehalten zu werden. Ripke vorneweg mit vier Mann und hinten die beiden Kuriere Gunter von Öxfeld und Hartwolf vom Berghe.

Francesco hat sich ebenfalls eine Delegation von Brüdern mitgenommen. Einige, wie Peter di Catanii, Bernardo di Quintavalle und Elia di Cortona, kenne ich schon. Dem Bruder Leo, den er scherzhaft ›Lamm Gottes‹ nennt, diktiert er bei jeder Marschpause eiligst ›Verhaltensweisen‹ aufs mitgebrachte Pergament, die der fröhliche Francesco jedoch nicht als Regeln sehen mag, sondern als Leitfaden zur ›vita fraternitatis‹.

Wofür andere Orden kluge, alte Köpfe monate- ja jahrelang in Klausur sperren, das entsteht vor unseren Augen auf Steinen an plätschernden Bächen. Wo ansonsten vergilbte Folianten gewälzt werden und gelehrte Doctores aus Paris und Bologna sich über ein Komma erhitzen, schauen dem Francesco und dem Leo freundlich muhende Kü-

he über die Schultern und lassen auch ab und zu
einen Fladen platschen. Jedenfalls hat unser Bruder begriffen, daß er jetzt etwas Schriftliches
braucht, auch wenn er nicht einsieht warum.

Pax et bonum.

*Frieden und Wohl
(Gruß der Franzis-
kaner)*

ZWEITER EINTRAG GUIDO

»Bischof, Ihr müßt Euch sputen, deswegen habt
Ihr ja auch ein Pferd dabei! ›Sie‹ verlangt Euch zu
sehen, laßt ›Sie‹ nicht warten!«

Diese Aufforderung Francescos aus heiterem
Himmel hat mich überrascht. Liest er meine Gedanken? Ich bin es seit Tagen leid, mich seinem
Reiserhythmus unterzuordnen, denn er rastet
nicht etwa an dazu einladenden Orten wie bäuerli-
chen Tavernen oder wenigstens Heuschobern,
sondern meidet — wohl weil er sich nicht als der
arme Bettelmönch präsentieren kann — menschliche Behausungen und Verkehrswege und zieht
querfeldein. Gelagert wird, wo die meisten Mük-
kenschwärme in der Luft tanzen, und das Feuer
wird klein gehalten, um die summenden kleinen
Freunde nicht zu vergällen. Insofern bin ich froh,
nun endlich davonstieben zu können. Meine Garde muß ich mitnehmen, er bedürfe keines Schut-
zes, nur Wendower solle bleiben, was den sehr erfreut (aus Studiengründen), mich verärgert, weil
mir der Secretarius genommen ist. Auf der anderen Seite bin ich ihn los, denn meinen Reitern
brauche ich, in Rom angekommen, nicht zweimal
zu sagen, daß ich sie für den heutigen Tag entbehren kann.

Wir biegen vor dem Erreichen der mura von der Salaria ab in Richtung Porta Nomentana. Auf Fragen nach dem Kloster der Karmeliterinnen bekreuzigen sich die Leute, bevor sie mit spitzen Fingern in die Richtung weisen. Ich entlasse Ripke und seine Mannen, bestelle sie für den Abend zum Stadttor. Ich lasse mir noch beim Absteigen helfen und gehe dann allein weiter. Das Kloster ist von hohen Mauern umgeben. Auf mein Klopfen öffnet ein buckeliger Pförtner, den ich nach ›Schwester Livia‹ frage. Er weist mir lallend den Weg zum rosenüberwucherten Kreuzgang. Er ist taubstumm von der Art, als seien ihm mit Gewalt Zunge und Gehör unbrauchbar gemacht worden. Mein Pferd nimmt er fachmännisch in seine Obhut. Ich gehe weiter und atme den schweren Duft der Rosenblüten. Am Ende der Säulenkolonnade öffnet sich eine Tür.

Zwei blutjunge Novizinnen schauen mich fragend an, ohne jede Scheu. Sie sind ausnehmend gut gewachsen und kichern. Ich wiederhole mein Begehr.

»*Mutter* Livia!« werde ich belehrt. Sollte meine alte Dame es auf ihre letzten Tage zur Äbtissin gebracht haben? Die beiden eilen vor mir her, trippelnd und sich immer wieder amüsiert nach mir umschauend. Gott sei Dank, keine Leichenbittermienen und Sterbenstrübsinn. Sie öffnen eine Tür und lassen mich eintreten. Vor einem Lager an der Wand erhebt sich eine schlanke Frau, keineswegs verwirrt, mich zu sehen.

»Wir haben Euch erwartet, Eminenz!« Sie streicht mit lässiger Bewegung ihr knöchellanges, faltenloses Gewand zurecht. Die kupferroten

Haare quellen unter der Haube hervor. Ich muß sie fassungslos angestarrt haben.

»Ich habe mir erlaubt, etwas zu ruhen«. Sie sagt das keineswegs entschuldigend. Ihre Stimme gurrt wie Wildtauben in der Brunft, ihre granitgrauen Augen — Fältchen? ja, ein zarter Kranz — mustern mich, als stünde ich in Unterhosen da. Diese Löwin macht sich lustig über mich. Aber sie hat ja recht, noch immer kriege ich die Zähne nicht auseinander.

»Die Nachtwachen bei Mutter Livia sind anstrengend.«

»Ich danke Ihnen für Ihre Mühen um die Kranke«, murmele ich salbungsvoll. »Es ist nicht leicht, mit gebresthaften, alten . . .«

Da lacht sie schallend: »Anstrengend sind die Nächte, weil wir plaudern, uns vorlesen, diskutieren und nicht zum Schlaf finden, bevor der Morgen graut!« Sie öffnet die Tür zum Nebenzimmer. Aufgerichtet auf ihrem Bett sitzend, in anthrazitgrauer Robe mit schneeweißem Haar: Meine Mutter. »Komm her, Junge«, ihre Stimme klingt leise, aber herrisch, »ich wußte, daß Du kommen würdest!« Sie hat sich offenbar auf meinen Besuch vorbereitet, sich noch mal anziehen und herrichten lassen. Sie versucht sich zu erheben.

Ich stürze vor und falle ihr zu Knien. »Mamma!« Was Besseres fällt mir nicht ein. »Ich dachte, Du liegst im . . .«

»Sterben ist ein Vorgang im Bewußtsein«, kommt sie mir zuvor (ich bin es, der hier Schwäche zeigt, nicht sie). »Mein Tod klopft immer heftiger ans Tor, ich werde ihm nachgeben müssen.«

»Ach, Frau Mutter«, sage ich und erhebe mich schwerfällig. »Ihr seht nicht so aus, als würdet Ihr . . .«

»Das ist die Heimtücke der Krankheit. Ich weiß so ziemlich alles über sie, wie über alle Medizin, die hier nicht hilft. Averroëz sagt . . .«

»Wer?« frage ich töricht.

»Ibn Rushd, ein nicht unbegabter, arabischer Philosoph«, klärt sie mich lächelnd auf. »Er schreibt — schade, daß Du es wohl nicht lesen kannst? Ich bin des Arabischen hinreichend mächtig, ich kenne Moses Maimonides, es war nützlich für meine Studien der Arzneien, der Iatromathematik«, fügt sie hinzu.

Es ist wieder an mir, sprachlos zu sein. Da sitzt die rüstige Dame, sie muß über siebzig sein, habe ich ausgerechnet (dazu reichen meine zehn Finger gerade) und spricht von schwierigen Wissenschaften wie andere Mütter von Spinatrezepten oder der Aufzucht von Küken. Ich stehe vor ihr wie ein dikker, kleiner Junge. »Und was für einen großen Sohn ich habe!« versucht sie meine Verlegenheit zu überspielen. »Du hast die Statur zum Kardinal!«

»Tatsächlich?«

»Warum nicht! Du hast sicher nur zu viele Feinde!«

»Besser gute Feinde als schlechte Freunde.«

»Du hast auch gute Freunde, sehr gute sogar — sie wachen über Dich wie Schutzengel, sie führen Dich.«

»Sonst stünde ich wohl jetzt nicht hier?« Sie übergeht mein Aufbegehren souverän. »Verzeiht mir, Mutter!« Ich mache schon wieder Anstalten, in die Knie zu gehen.

Sie lädt mich ein, neben ihr Platz zu nehmen, und lehnt sich zurück in die Kissen. Sie ist doch erschöpfter, als sie wahrhaben will. »Ich wollte Dich nicht sehen, sowie ich Deinen Vater nicht mehr sehen wollte.« Sie lächelt müde: »Guglielmo — er war ein Mann wie ein Baum, er trug mich auf seinen Armen wie eine Feder, doch er zeigte sich schwach, als die grauen Kardinäle die Axt an den Stamm unserer Liebe legten. Er fiel nicht einmal krachend, er schlich sich davon.« *Wilhelm von Mont-ferrat*

»Er hatte dann nicht mehr viel von seinem Leben«, werfe ich trostspendend ein.

»Gar nichts mehr«, unterbricht sie mich hart. »Sie streiften ihm seinen Samen ab wie einem Bullen für die Zucht, und damit hatte er seine Pflicht für das Königreich von Jerusalem getan.«

»Er war wie ein Baum«, plappere ich gedankenverloren nach. Ich denke an meines Vaters sonstige Donationen, die man Spadalunga so nachsagte — und wie wenig davon auf mich übergekommen ist. Von Bulle ganz zu schweigen, vielleicht bin ich eher ein Ochs. Den Beweis des Gegenteils bin ich noch schuldig. »Wie eine Tanne mit einem Hirn wie ein Tannenzapfen!!« Meine Mutter lacht. »Du hast von ihm nicht viel geerbt.« Sie streichelt mir über den Kopf. »Außer etwas von seiner Feigheit!« Ich will protesticren. »Deine Eskapaden, Deine Bravourstückchen sind nur vergebliches Aufbäumen gegen diesen Charakterzug. Andere werden Trinker. Du frißt Dich voll und nimmst Deinen Wanst als Schutzschild her, Dich wirklich anderen Menschen zu stellen, von Frauen ganz zu schweigen!« »Madame«, sage ich, aber die Empörung will mir nicht gelingen. Hier bin ich Kind, und sie hat recht. Woher weiß sie das alles? Erst spielt Francesco diesen gottbegnadeten Seher, dann zerlegt diese Frau, die meine Mutter sein soll, mich wie einen Kadaver auf dem Seziertisch — das muß sie wohl von ihren arabischen Ärzten gelernt haben. Ich bin wütend vor Ohnmacht. Ich will zurück nach Assisi!

»Mein Sohn«, sagt sie und nimmt zärtlich meine Hand, »ich habe an Dir gefehlt, wie ich Dir gefehlt habe. Meine Bitterkeit Dir gegenüber ist das Eingeständnis meiner Schuld. Ich habe Dich in den Händen derer aufwachsen lassen, die Dich von meiner Brust gelöst haben, als Du nichts anderes brauchtest als Liebe. Ich habe sie Dir verweigert, und Stolz ist genauso schlimm wie Feigheit.«

Sie lächelt, hat sie eine Träne im Auge?

»Wir haben nichts aufzurechnen: Wir haben alles falsch gemacht! So einfach ist das Ergebnis am Ende — meines Endes zumindest. Deshalb schätze ich die Algebra des Fibonacci so sehr, weil richtig gerechnet die Resultate stimmen. Hadern wir also nicht mit unserem Leben, es ist die Summe unserer Fehler!«

Dieser, auch Leonardo »Pisano« genannt, führte 1202 in Italien die sog. arabischen Schriftzeichen ein und vor allem den Begriff der »Null«: arab. = sifre = chiffre = Ziffer. DTR

»Und an eine unsterbliche Seele, Frau Mutter, glaubt Ihr nicht? Haß, Liebe, Leidenschaften?« Ich will jetzt wirklich von dieser Frau wissen, was sie fühlt. »Alles saldierbar, Mutter?« »Letztlich sicher«, seufzt sie. »Doch wenn es Dich beruhigt: Ich habe Dich immer geliebt!« Sie ist jetzt müde, sie schließt die Augen, aber ihre Hand sucht nach der meinen. »Das ist das Wunder der Schöpfung, daß man alles in Erfahrung bringen kann und dann doch nicht weiß, warum man liebt.«

»Ich liebe Dich auch«, sage ich und meine es auch so aus ganzem Herzen.

»Bald werde ich durch die Türe gehen, hinter der man mir dieses letzte Geheimnis mitteilen wird.« Sie hat sich zurückfallen lassen und scheint in den Schlaf gesunken zu sein. Ich beuge mich über sie und küsse sanft ihre Stirn. Die Tür zur Liebe, die Tür zum Paradies? Ist sie Anhängerin der katharischen Lehre geworden? Johns Spuren scheinen mir plötzlich gegenwärtig in diesem Zimmer, wen sonst hat sie mit ›guter Freund‹ gemeint?

Ich erhebe mich. Auf der Schwelle steht die schöne junge Frau, die ich begehren sollte, illico et immediate, ohne Umschweife — wenn ich nicht so feige wäre. Sie ist der lebende Beweis für den Vorwurf meiner Mutter. Ich will mich an diesem Leib vorbeidrücken.

sofort und auf der Stelle

»Sie ist glücklich, Eure Mutter ist glücklich. Danke für Euer Kommen.« Sie hat meine Hand genommen und preßt sie fest. Wird sie mich umarmen?! Wir stehen im Türrahmen, meine Knie berühren ihre Schenkel (leider mein Bauch auch den ihren). Ich spüre ihren Atem und stammle dann so etwas Blödes wie »Wie konntet Ihr Nonne werden, Schwester!?« In ihren Augen glüht smaragdenes Glitzern auf. »Das fragt nicht der Bischof, so fragt der Mann! Und eigentlich lautet die Frage: Warum seid Ihr keine Hure geworden.« Sie will mich provozieren, und ich weiß, daß ich ihr unterlegen bin. Ich kann dieser Frau als Mann nichts bieten. Sie lacht: »Wie recht hat doch unsere Mutter Livia!« Ich versuche abzulenken und schiebe mich plaudernd aus der Tür, immer noch ihre Hand haltend, ich traue mich nicht, sie loszulassen. »Ihr habt meine Frage weder dem Mann noch dem Bischof beantwortet«, scherze ich. »Woher kommt Ihr?«

aus der Ferne und Gefahr »Ex longinquitate pericoloque.« Jetzt wird sie ernst. »Mutter Livia schützt uns.«

»Ist sie die Äbtissin?«

»Wir haben es ihr mehrfach angetragen, sie hat immer abgelehnt.«

»Warum?«

»Nichts liegt ihr ferner, als in dieser Kirche ein solches Amt zu bekleiden!«

Also doch ein Ketzernest! »Und wo ist die Äbtissin?« bohre ich weiter, wenngleich es mich erheitert, die Mutter eines — wenn auch umstrittenen — Bischofs der Katholischen Kirche als heimliche Patronin schöner Ketzerinnen zu sehen, und das mitten in Rom!

PLA »Laurence de Belgrave«, stellt sich die Hexe mit höfischem Knicks vor. »Zu Euren Diensten, Eminenz!« Ich laß mich nicht kirre machen.

»Wer ist hier die Äbtissin?« wiederhole ich streng.

»Ich bin die Äbtissin! Und nun verlaßt bitte diesen Ort.« Sie steht mir an Kraft nichts nach, das merke ich, als sie ihre Hand jetzt aus der meinen löst. »Laurence de Belgrave«, sage ich feierlich, »wißt, daß Ihr einen Diener habt, ob als Bischof oder als Mann (manchmal halte ich mich doch für Apoll), den Ihr rufen solltet, wenn Ihr in Not seid.« Laurence dankt mir mit einem Lächeln, das mehr ist als tausend Küsse, es ist ein Versprechen!

288

»Ich werde morgen wieder nach ›Mutter Livia‹ schauen.«

Sie sieht mich erstaunt an: »Das *war* der Abschied.« Der Bucklige erscheint, kaum daß sie die Tür zum Kreuzgang hinter mir geschlossen hat. Er begleitet mich zur Klosterpforte und hilft mir mit Bärenstärke aufs Pferd. Ich reite hinunter zum Aniene-Fluß, wo am Tor Ripke und meine Mannen auf mich warten.

DRITTES REFERENDUM GUIDO

Exceptis excipiendis

unwesentliches beiseite lassend

Die Ewige Stadt ist eine einzige brodelnde Gerüchteküche, was die bevorstehende Konzilseröffnung anbelangt. Abgesehen von den sowieso an der Kurie weilenden Kardinälen haben sich 71 Patriarchen und Erzbischöfe, 412 Bischöfe, mehr als 800 Äbte angesagt, dazu eine Unzahl von Prioren, Domherren, Delegierten und Legaten — sowie die Großmeister aller drei Ritterorden. Der Patriarch von Konstantinopel ist gekommen, zum erstenmal seit dem Schisma, denn seit der Eroberung regiert in Byzanz ja nun ein ›Lateiner‹. Die griechischen Bischöfe haben es abgelehnt zu erscheinen.

von 1052, DOK
von 1204, BYZ
römisch-katholisch bzw. griechisch-orthodox

Mein Bischof hatte uns als Treffpunkt den Palazzo Frangipane angegeben, doch schon vor der Stadt fängt uns ein Begleitkommando des Kardinals Ugolino di Segni ab, um uns in sein Quartier zu geleiten. Ich habe nicht die Kompetenz zu protestieren, und Francesco ist es egal, wo er sein Haupt betten kann.

Er ist nervös, die Aufgabe, die ihm bevorsteht, ist ganz und gar nicht nach seinem Geschmack; die emsige, tuschelnde, dienernde Umgebung irritiert ihn.

Der Herr Kardinal schlägt Francesco vor, seine ›Fraternitas‹ mit dem Orden des Domenicus zu verschmelzen.

Kirchenpolitisch sicher ein genialer Schachzug: Die ›Franziskaner‹ wären vom Geruch der Häresie befreit, und die ›Dominikaner‹ − bis heute zahlenmäßig völlig unbedeutend − würden endlich eine Massenbasis erhalten und vor allem eine klare, geistige Fundierung, nämlich die des Francesco. Doch selbst diese goldene Brücke wird von unserem Bruder aus Assisi schroff zurückgewiesen. Quod erat exspectandum.

Was zu erwarten war.

Francesco verläßt verärgert die Stadt und beginnt in der Umgebung zu predigen.

der Kirche nicht genehm

Auch wenn es der Kurie ›non expedit‹: Francesco ist populärer, als er selber wahrhaben will. Die erste Frage vieler Würdenträger, aus weitentfernten Ländern angereist, lautet oft: »Und wo ist Francis d'Assisi?«

11. November

Das Konzil wird am St. Martinstag in der Basilika San Giovanni del Laterano mit einer Ansprache von Papst Innozenz III eröffnet: »Sehnlich hat

Lukas 22,5

es mich verlangt, dieses Passahmahl mit Euch zu essen, bevor ich leide.« Die feierliche Ouvertüre gibt der Kirche die Möglichkeit, ihren ganzen Pomp zu entfalten, was schon dadurch gesichert ist, daß jeder versucht, die anderen durch äußeren

Prunk auszustechen. Francesco, der es nicht mit ansehen mußte, hätte sie alle zu Sack und Asche verdammt.

Francesco wird zurück in die Basilika geholt und mit den Konzilbeschlüssen konfrontiert. Die Abhaltung von ›Kapiteln‹ mindestens alle drei Jahre wird ihm zur Auflage gemacht. Francesco scherzt *dentibus albis:* »Wir treffen uns sowieso jedes Jahr zu Pfingsten — von mir aus nun auch zu Michaelis und zu Weihnachten!«

Generalversammlungen

bissig, ohne zu beißen (Horaz)

Die Aufsicht über solche Kapitel wird den Zisterziensern übertragen, aber das betrifft nicht nur die Minoriten, sondern auch alle anderen Orden. Die Mönche von Citeaux gelten zur Zeit als besonders vertrauenswürdig. Francescos ›Fraternitas Fratrum Minorum‹ ist der letzte Bettelmönchsverein, der zugelassen wird. Zu einer diesbezüglichen Bulle kann sich unser Herr Papst aber noch nicht entschließen, die von Francesco mitgebrachte ›Regel‹ ist ihm noch zu konfus, das Erscheinungsbild der Franziskaner noch zu schwankend. Francesco bedankt sich beim Papst und bei Ugolino, ihnen Hand und Ring küssend.

später O. F. M.

Das Konzil nähert sich seinem Ende. Es war eine gelungene Machtdemonstration der ›alleinseligmachenden Kirche‹ und sieht Innozenz III als unbestrittenes Oberhaupt an ihrer Spitze, kein Herrscher kommt ihm gleich.

Und insgeheim wird er auch erleichtert daran gedacht haben, daß die 666 Jahre, seit dem Tode des Propheten Mohammed, welche laut der Offenbarung des Johannes dem Erscheinen und der

ISL

Herrschaft des ›Antichrist‹ zugewiesen waren, nahezu verstrichen sind.

Ein Kreuzzug der gesamten Christenheit wird in der Schlußversammlung ausgerufen. Ein genaues Datum wird festgelegt: Der 1. Juni des Jahres 1217. Spielt der Papst mit dem Gedanken, sich in eigener Person an die Spitze zu stellen?

Plaudite Cives!

DRITTER EINTRAG GUIDO

Die Begegnung mit meiner Mutter, dem seltsamen Kloster und seiner rätselhaften Äbtissin — dieser Fee aus Fleisch und Blut — lassen mich nicht zur Ruhe kommen.

Ich habe mich zwar bei meiner Base Jacoba für die Zeit des Konzils als Quartiergast angesagt, doch diese Nacht ziehe ich mit Ripke und seinen Mannen durch die Kaschemmen der römischen Altstadt, zwischen Pantheon und dem Teatro des Pompeius, in dessen verfallenden Bogengängen sich Bacchus niedergelassen hat. Auf den Marmorstufen zeigen Frauenspersonen aus allen Ländern in Schamlosigkeit vereint Bein bis zum Garten der Lust, die hohen Treppenabsätze zur Spreizung der Schenkel, zum Klaffen der Hintern nutzend, die Hände frech in die Hüften gestemmt, tiefe Einblicke auf glatte Bäuche und pralle Brüste freigebend. Sie locken und gurren. Den Pfaffen erkennen sie sogleich, und mir wohlbeleibtem Monsignore gilt ihr besonderer Spott. Ich halte meine Gardisten frei und bekomme als Entgelt die spermafeuchten Erlebnisse ausgekotzt, als ob sie nach jedem Stoß in einer dunklen Ecke, hinter kaum verhüllenden Sackleinen, die Untaten ihrer Stößel beichten müßten. Dabei wollen sie nur voller Stolz ihre mannigfachen Männlichkeitsbeweise registriert wissen. Ich mache das Spiel mit und absolviere sie alle.

Mit dem Grad unserer Trunkenheit öffnen sich dann die Hosenlätze nur noch zum Pissen, die ersten erbrechen.

In den frühen Morgenstunden torkeln wir in eine der Thermen — ich weiß nicht mehr in welche. Im heißen Dampfbad und nach kalten Güssen schlafft die letzte Geilheit ab, und das Blut kehrt in die Köpfe zurück. Semel in anno licet insanire.

Einmal im Jahr darf man über die Stränge schlagen (Saturnalien, später Karneval).

Wir reiten bei der Porta Latina aus der Stadt, sprengen im weiten Bogen um die Mauern, bis der letzte Rest Weindunst aus den Rippen geschwitzt ist. Ich lasse sie wieder bei der Brückenwehr warten und nehme allein meinen Weg hinauf auf den Hügel zum Konvent der Karmeliterinnen.

Als ich mich auf zypressenbestandener Allee der Pforte nähere, sehe ich, wie das Tor sich öffnet und mein ›secretarius‹ Roald of Wendower vom buckligen Pförtner entlassen wird. Ich presse mich ins Unterholz und warte, bis er verschwunden ist. Und noch etwas länger. Woher weiß der Mönch von St. Trinian um meine Beziehung zu diesem Ort? Was wird hier gespielt? Dann klopfe ich, und nochmals muß ich lange warten — mit dem Gefühl, von vielen Augen aus unsichtbaren Schlitzen genaustens beobachtet zu werden. Der Taubstumme öffnet diesmal nur einen Spalt. Er reicht mir ein Schreiben zum Pferd hinauf, und schon ist er verschwunden, das Tor verschlossen. Wieder die gleiche Schrift Johns:

»Eminenz,
Ihr seid nicht zu spät gekommen, Mutter Livia hat sich sehr gefreut und läßt Euch grüßen. Heute nacht hat sie uns verlassen, getröstet, wie sie Trösterin für alle war. Eure Schwester dankt Euch und wird sich Eurer erinnern.«

Ich schaue mich vorsichtig um und zerreiße das Schreiben in kleine Fetzen, die ich im Wegreiten verstreue.

Meine sogenannte ›Mutter‹ hat also das ›consolamentum‹ empfangen, bevor sie sich auf den Weg machte? — Eine längerwährende ›endura‹ war wohl genausowenig ihre Sache wie eine von der Kirche vorgeschriebene Agonie des Leidens. Bei ihrem ärztlichen Wissen wird sie nachgeholfen haben. Hölle oder Paradies, sie war nun da, wo sie hinwollte. Ihr herrischer Charakter bestimmte sicher aber auch die Art ihres Lebens nach dem Tode. Warum hat sie mir von ihrer Stärke so wenig vermacht? Und meine ›Schwester‹? War sie ihre Tochter? Mein Lebtag lang habe ich meine ›Mutter‹ Livia mitleidsvoll (und voller Selbstmitleid) als Wolke abstrahiert — um ihr trübes Schicksal hinter Klostermauern zu verdrängen. Vielleicht führte sie ein viel aufregenderes, intensiveres Leben als das meine, war gereist, hatte geliebt und studiert? Was wußte ich schon von ihr?

Laurence de Belgrave: Ein solch geschwisterliches Rassegeschöpf überstieg meine kühnsten Wünsche. Der Inzestgedanke war pure Phantasmagoria.

Letzte Sterbephase der Katharer (nach Empfang des Consolamentum), in der keinerlei Nahrungsaufnahme mehr gestattet war und die somit zum Hungertod führen konnte.

Vorstellbar von meinem kranken Gehirn, aber nicht erfüllbar von meinem klerikal verkümmerten Schwanz. »Sie wird sich Eurer erinnern!« Diese Arroganz hatte sie von ihrer Mutter. Am Spätnachmittag begebe ich mich zum Palazzo Frangipane, empfange von meinem Secretarius Roald of Wendower ein Bündel von Notizen über den Verlauf des Konzils. Roald gibt sich jetzt schon sehr viel mehr Mühe, meinen narrativen Ansprüchen zu genügen. Doch erscheint mir immer noch weniges geeignet, in das ›Diarium‹ aufgenommen zu werden. Immerhin bin ich so einigermaßen über die ›Behandlung‹ im Bilde, die man unserem Francesco angedeihen läßt.

Verfügung des täglichen Gebets für die Geistlichkeit (Canti dell'Officium) Ämterverbot und Kleiderordnung für Juden.

Mein eigenes Erscheinen in der Basilika San Giovanni habe ich auf gewisse Pflichtauftritte reduziert und versucht, in der Masse der bischöflichen Confratres unterzutauchen, um ja nicht aufzufallen, denn noch immer ist der Heilige Vater schlecht auf mich zu sprechen. Nugis minimis episcopi pondus maximus exstimandum!

den kleinsten Scherzen des Bischofs größtes Gewicht beimessend

Meine Base Jacoba empfängt mich zu einem ›Umtrunk‹ in der großen Galerie. Die verwitwete Septemsoliis ist eine stattliche Erscheinung und gilt in Kurienkreisen als Gastgeberin ›per eccellencia‹. Bei ihr ist Rom zu Gast. Es wimmelt von Konzilsteilnehmern, die, ein Glas in der Hand, in Gruppen herumstehen oder kleine Würfel wurzigen Käses naschen, eingelegte Oliven und in Streifen geschnittenen Schinken, die von Dienern Jacobas pausenlos den erlauchten Gästen auf Silberplatten unter die geröteten Nasen gehalten werden.

Endlich tragen auch die Zuckerbäcker ihre

ofenwarmen, berühmten Mandelküchlein herein, und die hohen Herren lassen alle Zurückhaltung fahren, um mit gierigem Griff so viele wie möglich davon zu erhaschen. Als die Schüsseln geleert sind, leert sich auch der Saal. Die Gastgeberin verabschiedet jeden Gast persönlich, ein doppeldeutiges Scherzwort, noch schnell die neuesten Konzilsanekdoten, eine letzte geflüsterte, politische Sottise.

in Südwein getunktes Gebäck aus der Toskana

»Jetzt bin ich vollgesogen wie quaresimali in vi-no santo«, lacht meine Base, als wir dann allein sind und durch die Gänge auf ihre Privatgemächer zuschlendern. »Es ist schon vernünftig, was Brancaleone vertritt, den Empfang der Hostie an Ostern zur Pflicht eines jeden gläubigen Christen zu erklären, die Ohrenbeichte hingegen über das gesamte Kalenderjahr zu verteilen.«

»Stell Dir vor, alle wollten — oder müßten — in der Karwoche beichten, da bekämen wir Priester ja heiße Ohrwascheln!« scherze ich, »und kämen aus dem harten Gestühl gar nicht mehr heraus!« »Hart, wer?« Jacoba unterfaßt lachend meinen Arm. »Alle Sünden eines Jahres konzentriert in einer Woche, das kann man ja auch keinem Mann zumuten, schon gar nicht, wenn er der Keuschheit sein Leben geweiht, wie Ihr, lieber Guido!«

Wir sind im Trakt des Palazzos angelangt, den sie von allen anderen Räumlichkeiten sorgsam abschirmt. Ein baumlanger Morus, ganz schwarz wie Ebenholz, dient seiner Herrin als Türsteher (will ich hoffen). »Laß uns noch etwas plaudern und trinken«, zerstreut sie mein Zögern, »oder willst Du von Geschäften reden?« Ich finde keine rechte Antwort.

»Sei nicht so verklemmt, Du könntest mir mein Küchleinrezept abkaufen und darauf ein Monopol an Osteroblaten errichten.« »Und die nennen wir dann ›Assissini‹«, überspiele ich albern scherzend meine dumme Scheu.

Wir treten ein in die Welt des Orients: Alabasterleuchter verteilen gedämpftes, warmes Licht in der Szenerie. Kostbare Teppiche am Boden und nichts als Seidenkissen zum Lagern. Wir lassen uns nieder (ich etwas ächzend und weiß Gott nicht im Kreuzsitz wie meine gelenkige Base). Sie klatscht in die Hände, und aus dem Nichts erscheint ein dunkelhäutiger Knabe. »Mein Fußsohlenkitzler!« Mit einem ziselierten Kupfertablett mit Karaffen und zierlichen Pokalen, das er vor uns niedersetzt. »Ein Eunuch«, raunt sie mir zu, »ich hab's kontrolliert.«

»Nichts?«

»Nichts!« Mir ist unwohl bei dem Gedanken. Jacoba schenkt mir ein. Sie ist wohl kaum älter als ich, schließlich hat sie auch zwei erwachsene Söhne, doch ihr Körper hat sich jugendliche Geschmeidigkeit erhalten, die Reife des Alters verleiht ihr laszive Weiche. Das fällt mir auf, als sie wieder ins Zimmer tritt, diesmal nur von einer arabischen Djellaba bekleidet, die ihre Konturen mehr als ahnen läßt. Das fließende Gewand ist fast durchsichtig. Die Dame lagert sich mit Geschick mir gegenüber in die Kissen, damit meinen Blicken auch ja nichts verlorengeht, über ihre üppigen Schenkel gleiten, in ihrem wogenden Busen versinken können. Doch als sei das alles das Natürlichste auf der Welt, setzt sie die Konversation fort. So sind wohl die Regeln des Spiels. »Erzähl

in der Anspielung finden sich »Assisi« und die »Assassinen« wieder (jene bekannte Mördersekte) mir von Francesco! Wie reagierte er auf diesen Musterschüler Dominik?«

Mir ist heiß und schwül, und ich rutsche unruhig in meinen Kissen. Gern steige ich auf ihr ›Plaudern‹ ein: »Du hättest die beiden mal sehen sollen: hier unser ausgewählt ›lumpig‹ gekleideter ›Armer aus Assisi‹ mit seiner leuchtenden Demut, Du weißt, ›sie strahlt aus dem Innern‹. Und da unser Soldat Christi, das Ordensgewand wie eine Uniform, makellos und von bestem Stoff!« »Und was hatten sie sich zu sagen?« will Jacoba wissen. Sie greift zum Glas. Jede Bewegung eine wohlberechnete Provokation meiner, unter Schichten von Unter- und Übertuniken, Soutanen, Rocchetto und Fascia pochenden Männlichkeit. Francesco, steh mir bei!

»Sie ›plapperten‹ Belanglosigkeiten, weil sie sich hüteten, das Thema anzuschneiden, weswegen — das wußten beide! — sie hier auf dem Konzil zusammengebracht waren. Sie machten sich Komplimente über ihre ›Größe im Glauben‹, weil sie jeder den Weg des anderen für total falsch halten.«

»Und dann, und dann«, bettelt Jacoba wie ein Kind um die Fortsetzung eines Märchens (eine Fortsetzung, die sie schon im Kopf hat — nur ich stell' mich noch so unbeholfen an). »Dann lädt der Dominik den Francesco nach Fanjeaux in Südfrankreich ein — damit er mal sieht, wie man wirkungsvoll Ketzer bekämpft, was den Francesco eine Bohne interessiert, und unser Francesco . . .« »Unser Francesco lädt den Dominik ein«, fällt mir meine Base lachend ins Wort, und ihr einladender Körper bebt, und meine Lendenzier drückt und ruckt, »nach Assisi zu kommen, auf daß er lernt, wie man Brotrinden erbettelt, was den Domenicus sicher von Herzen anödet. Guido, liegst Du bequem?« Wie eine Schlange rutscht sie zu mir herüber, aber immer den Faden der Geschichte weiterspinnend. ». . . und Inno war glücklich?«

»Unser Heiliger Vater sah die beiden zusammen stehen, und der Gedanke an ihre Vereinigung erfüllte ihn mit Wohlgefallen.« Die letzten Worte habe ich nur noch herausgepreßt, denn nun war sie mir so nahe, daß ich gar nicht anders konnte, als sie in meine Arme zu schließen.

»Weiter, weiter«, flüstert Jacoba. »Was sagt Inno?« Sie preßt sich an mich, wir wühlen uns durch Kissen.

»Er sagte gar nichts!« Endlich fühle ich die Kühle ihrer Hand an meiner Glut. Sie schiebt ihren Hintern seitlich vor mich. »Er war einfach glücklich.« Sie kümmert sich um alles, streift Hinderliches hoch und legt Nützliches frei. Langsam fühle ich ihr, mein Eindringen in sie. Ich liege regungslos, während ihr wundervolles Hinterteil sich immer tiefer in meine Lenden bohrt, sich über mich stülpt.

Ein betörender Duft steigt auf. Ich folge vorsichtig dem Rhythmus ihrer Bewegungen, meine Hände tasten um ihre Schulter herum nach ihren Brüsten, klammern sich an sie, während ihre Stöße kreisender, heftiger, wilder werden. Jetzt will ich ihr auch nicht mehr die Herrschaft über unsere Lust allein überlassen. Meine Hände gleiten hinab zu ihrer Hüfte, ich ziehe, ich reiße sie an mich. In meinen Ohren dröhnt es, mir flimmert es vor den Augen, und dann kommt die Explosion. »Weiter,

weiter«, wimmert Jacoba, während ich schon in herrlicher Erschlaffung den Takt meiner Stöße reduziere. Wie in Trance bewegen wir uns voreinanderliegend — wir haben uns nicht ins Gesicht geschaut, nicht geküßt. Ich wende ihren Kopf zu mir und vergrabe den meinen in ihrer dunklen Haarpracht, die im Toben aufgegangen ist und sich über die Kissen gebreitet hat. Ihre Hände nehmen mein Gesicht zu sich und — wir lachen beide schallend.

»Ist Inno glücklich?«

»Ja, Inno ist sehr glücklich!«

Wir bleiben noch lange so liegen immer noch in der Tiefe unserer Leiber vereint, spaßeshalber immer dann zuckend oder klemmend, wenn der andere gerade nicht darauf vorbereitet ist.

BAU »Was weißt Du über das Kloster der Karmeliterinnen auf dem Monte Sacro?« nehme ich das Gespräch wieder auf.

Jacoba schaut mich erstaunt an: »Willst Du meine Tugend prüfen?«

Ich bin an der Reihe, etwas töricht aus der zerknitterten Wäsche zu blicken. »Was kannst Du mir über ›Mutter Livia‹ erzählen?«

»Tu doch nicht so harmlos!« spottet Jacoba und kneift ihre Schenkel kräftig zusammen. »Du wirst doch wohl wissen, was Deine Mutter —.«

»Sie ist tot — und ich weiß gar nichts!« Jacoba scheint mir zu glauben, sie streichelt mir übers Gesicht.

»Die Familie, unsere Familie, hat bald nach ihrer Übersiedlung dorthin den Kontakt zu ihr verloren. Meist war sie nicht erreichbar, sie war wohl viel unterwegs. Schon als ich ein kleines Mädchen

300

war, munkelte man über ihren Lebenswandel. Das Kloster wurde in gewisser Weise berühmt für seine ausnehmend wohlgewachsenen Novizinnen, die Tante Livia aus aller Herren Länder zusammensuchte, und dann begannen auch die Gerüchte . . .«

»Welche?« bohre ich weiter (und ermuntere auch ›Inno‹, das gleiche zu tun). »Mach mir nicht weis, daß der Bischof von Assisi, ein bekannter Lebemann und Tunichtgut, nichts davon gehört hat?«

»Ich schwöre Dir!« (Inno schwört mit.)

»Ich glaube, es war heute abend kaum einer unter meinen hochwürdigen Gästen, der noch nie dort −.«

»Was? Ein Haus der Sünde, Mutter Livia Patronin käuflicher Lüste, meine Mutter!«

»Als frommes Kind − Tante Livias Name durfte hier im Haus nicht fallen − dachte ich auch so. Dann begriff ich ihre Rache an ihrer verlogenen Umwelt, und wir haben uns sehr gut verstanden, auch wenn wir uns nie begegnet sind. Das Kloster ist übrigens kein Freudenhaus: Die Mädchen werden abgeholt und morgens − oder nach Tagen − wieder dort abgeliefert. Das weiß hier jeder im Dunstkreis von San Giovanni. Es ist ja schließlich ein Dienst an der Kurie, ein unverzichtbarer −.«

›in Laterano‹, Sitz des »Vatikans« (den es damals als Begriff noch nicht gab). BAU

»Und Inno?«

»Bevor er Papst wurde − oder nach Antritt seines hohen Amtes?«

»Weiter, weiter«, scherze ich, während meine Phantasie sich ausmalt, was mir Provinzler da entgangen ist. (Inno regt sich, was dankend quittiert wird.)

»Ich bin sicher, daß er sich seine Toleranz — wenn nicht frühere Dienste — kompensieren läßt: Eine bessere Informationsquelle gibt es doch gar nicht! Sein persönlicher Beichtvater ist allein berechtigt, den Mädchen die Beichte abzunehmen. Täglich!«

»So hat er sie alle in der Hand! Genial!«

»Praktisch«, schließt Jacoba trocken ab, aber ich will noch mehr wissen.

»Und meine Schwester?«

»Hast Du sie getroffen?«

Ich nicke.

»Laurence de Belgrave — sie soll schön sein.« Ich kann wieder nur nicken (Inno auch — ein bißchen Eifersucht macht geil).

»Eines Tages brachte Tante Livia sie mit — nach einer längeren Reise — aus Frankreich. Ob sie ihr eigenes Fleisch und Blut ist, wer der Vater ist, wir wissen es nicht. Keiner kann sich rühmen, sie je besessen zu haben! Ist sie wirklich so schön?« Als Antwort schlinge ich meine Hände um die bebende Base — aber meine Gedanken fliehen hinweg über Rom — Babylon, zur Äbtissin auf dem heiligen Berge der Venus, der schaumgeborenen — Laurence de Belgrave! Ich will den Namen nie vergessen! Wird sie sich meiner erinnern? — Jacoba, erbarm Dich meiner!

ANNO DOMINI 1216

ERSTES REFERENDUM ROALD

Nigro signanda lapillo

Das Jahr wird das Sterben großer Fürsten bringen. Mehrfach habe ich die Angaben des weisen Albumasar nachgerechnet: Die Konjunktion von Mars und Jupiter im Widder kann nicht anders ausgelegt werden: Der Hyleg!

Und dann rafft der Tod König Johann von England hinweg, diesen ungeliebten Herrscher — stets, auch nach dessen Tode, im Schatten seines illustren Bruders Löwenherz. Ihm folgt sein neunjähriger Sohn Henry III — nicht gerade unter favorablen Auspizien geboren: Drohend schiebt sich der Mond vor Saturn.

Eine lange Herrschaft muß keineswegs gleich ›major fortuna‹ bedeuten.

Der Alptraum, den die spanische Adelige Johanna von Aza vor der Geburt ihres Kindes hatte, machte ihr mit Recht Angst: Unter ihrem Herzen trug sie einen Hund, der, als sie ihn zur Welt brachte, in seinem Maul eine lodernde Fackel hielt, mit der er die Welt in Brand setzte.

Als sie eines gesunden Knaben genesen war und dieser getauft wurde, hatte die Patin eine schönere Vision:

›Mit schwarzem Stein zu verewigen‹, d. h. als Unglück zu vermerken.

Arabischer Astrologe, Schüler des Al-Kindi, um 850 p. c., ISL

Astrologischer Ort am Himmel, der über das Leben des Menschen entscheidet.

PLA

REC

Sie sah auf der Stirn des Täuflings Domingo de Guzman einen kreisenden Stern, der mit seinem Glanz die Erde erhellte. Doch ich sehe ihn noch fünfmal den Zodiacus durcheilen, bevor auch er zischend verlöscht.

Wer (es) verstehen will, wird (es) verstehen.

Qui vult capere capiat.

ZWEITES REFERENDUM ROALD

Dem Reinen ist alles rein. (Apostel Paulus an Titus. 1,15)

Omnia munda mundis

Wider alles Erwarten macht der Herr Domenicus von seiner Einladung Gebrauch. Er erscheint plötzlich auf dem Pfingstkapitel, das im Walde vor Portiuncula abgehalten wird. Rund 3000 Brüder lagern sich auf einer Wiese und umringen Francesco, der ihnen predigt:

»Keiner von Euch soll sich um das nötige Essen und Trinken kümmern, überlaßt Gott die Sorge um die Notdurft des Leibes!«

Was die Notdurft anbelangt, so hat die feine Nase des Spürhundes Domenicus sie sicher schon im Walde wittern können, was aber die Nahrungsaufnahme anbetrifft, kommen ihm Zweifel.

»Du kannst doch nicht erwarten, Bruder, daß für so eine große Anzahl hungriger Münder und knurrender Mägen plötzlich es Manna vom Himmel regnet?« hält er dem zuversichtlichen Francesco vor.

Doch der schaut an ihm vorbei, und sein Gesicht erfüllt sich mit Leuchten. Domenicus wendet sich um, und nun sieht auch er die Bauern mit ihren Maultieren, behängt mit dickbauchigen Amphoren voll des süßen Weins, Handwerker kommen mit ihren Karren, beladen mit Brot, Bohnen und in Tüchern eingeschlagenem Frischkäse. Sogar feine Bürger und Ritter erscheinen zu Pferd und schleppen saftigen, geräucherten Schinken, Kränze von fetten, gepfefferten Würsten und Körbe voll Kuchen und Naschwerk an.

Sie kommen nicht nur aus Assisi, sondern von allen Seiten, aus Perugia, Foligno und Spoleto. Es reicht für alle. Dominik macht gute Miene zu diesem Spiel der Wunder, insgeheim hält er es natürlich für puren Zufall und ärgert sich, daß der Herrgott solche Naivität und soviel Planlosigkeit auch noch belohnt.

Auch wenn mir mein Bischof droht, er werde mir Stockschläge verabreichen lassen, vor allem auf die Fingerspitzen, wenn ich weiterhin wie eine Ratte sein Wohlbefinden durch meine Horoskope annagen würde; mein Astrolabium würde er zertrümmern, meine Papiere verbrennen — ich kann nicht anders, ich muß es ihm jetzt und hier schriftlich mitteilen: Schreckliches steht der Kirche bevor! Anareta, der Lebensvernichter richtet seinen schlimmsten Aspekt auf den Hyleg, so daß Almutin nur noch kurze Lebensdauer gewähren kann.

astronom. Winkelmeßgerät

auch Almuth genannt, in der apokryphen Astrologie der beherrschende Lebensplanet.

Der Herr bestrafe mich!

Erster Eintrag Guido

Im Mai beschließt mein Herr Papst, sich nach Perugia zu begeben. Assisi wäre natürlich stolz drauf gewesen, die hohen Herrschaften in seinen Mauern zu beherbergen.

Es waren mehr als 20 Kardinäle, die Bischöfe und Äbte nicht gezählt.

Ich nehme nicht einmal an, daß er uns überging, um mir seinen Unwillen zu zeigen, sondern daß das reiche Perugia ihm bessere Konferenzmöglichkeiten bot.

Und letztlich ist es mir auch nicht unrecht, den gestrengen Herrn nicht direkt auf der Pelle zu haben und ihm zweifellos Tag und Nacht während der Dauer seines Aufenthalts zu Diensten sein zu müssen. Der Anlaß seiner Reise durch Umbrien war politischer Natur.

Nachdem Venedig in der Vergangenheit immer wieder die päpstlichen Kreuzzugsvorhaben behindert und wahrscheinlich sogar vereitelt hat, sieht Innozenz III jetzt sein Heil in der Versöhnung der beiden tyrrhenischen Seerepubliken, Genua und Pisa, die untereinander trotz der Rivalität zur Serenissima ständig im Streit liegen, schon deswegen, weil zumindestens eine von ihnen sich gerade päpstlich, die andere kaiserlich gebärdet. Ihrer beider Flotten sollten nun, anstatt sich zu bekriegen, das Heer ins Heilige Land transportieren. ROM

Ich habe für die Zeit dieses Treffens einen Quartiergast, den Herrn Jacques de Vitry, der gerade zum Bischof von Akkon ernannt worden war, jedoch darauf brannte, seine Weihe aus den Händen des Papstes persönlich zu empfangen.

Immer wieder wird der Herr vertröstet, so daß er mir als angenehmer Gesprächspartner erhalten bleibt, zumindestens für die Abende, denn jeden Tag in aller Herrgottsfrühe macht er sich auf nach Perugia, in der Hoffnung, der vielbeschäftigte Innozenz würde doch noch die Zeit finden zu dem erhofften symbolischen Akt.

Herr Jacques stammt aus Vitry-sur-Seine, hat zu Paris studiert und wurde dann 1210 als Curé nach D'Oignes-sur-Sembre berufen, was in meinen Ohren alles sehr gelehrt und nach feinster Lebensart klingt. Als ich ihm meinen secretarius vorstelle, stutzt er: »Wendower? — Wendower, der probate Ketzerjäger, der diese ehrlosen Strolche vom ›Bund der Rose‹ zur Strecke brachte?«

Mein Roald reagiert überaus heftig: »Das war DTR Roger of Wendower, ein Vetter von mir!«

Doch Vitry läßt nicht locker: »Ihr wißt sicher, daß ich damals als Prediger — nicht ohne Erfolg — an dem Kreuzzug gegen die Albigenser teilnahm und mich sehr wohl erinnere, wer für und wer gegen uns war!« Selbst seine Pausen, in denen er sein sich windendes Opfer betrachtete, zeugen von inquisitorischem Talent!

»Den anderen Wendower wurde ich nicht mal als Papisten bezeichnen! Der hat bis heute keinen Ketzer ans Messer geliefert, geschweige denn dem Scheiterhaufen überantwortet, obgleich er dem Staufer anhängt!«

Mein Sekretär beherrscht sich: »Roger und ich sehen uns äußerlich entfernt ähnlich, doch seine Abtei ist die von St. Alban, und ich«, trumpft er ärgerlich auf, »ich bin Trinianer!« Vitry läßt es dabei bewenden — nur ich mache mir meine Gedanken.

Ich denke an John.

Wie jeden Morgen begibt sich Jacques de Vitry unmittelbar nach Erreichen Perugias in die Kathedrale, um sich im Gebet auf seine Weihe vorzubereiten.

Heftiger Verwesungsgeruch schlägt ihm diesmal entgegen, und er entdeckt im Halbdunkeln den Heiligen Vater nackt auf dem Kirchenboden liegend, der Katafalk umgestürzt. Tot! Stab, Tiara und die Prunkgewänder hatten Diebe im Schutz der Nacht geraubt.

»Quia dies Domini, sicut fur in nocte, ita veniet«, zitiert der noch völlig verstörte Vitry den *Der Tag des Herrn kommt (unvorher-*

gesehen) wie der Dieb in der Nacht.
1. Thess. 5,2

16. Juli

›So vergeht der Ruhm . . .‹ (es fehlt ›mundi‹ = der Welt)
›Von der Verachtung der (irdischen) Welt‹ (Titel eines berühmten Traktats aus der Feder Innozenz' III)

Apostel Paulus. »Die Hand des Herrn hatte den großen Papst Innozenz III von der Erde weggewischt! Einfach so: Ictus! Am Abend zuvor. In der Aufregung bahrt man ihn für die Nacht in der Kathedrale auf – ohne eine Totenwache zu organisieren, weil sich die Herrn Kardinäle sofort ins Konklave begeben. Sic transit gloria . . .!« schließt Vitry erschüttert seinen Bericht ab, » . . . de contemptu mundi!« setze ich maliziös dagegen. »Wenn ich ihm auch viel, wenn nicht alles verdanke: Lotharius war ein Menschenverächter!«

Wir hatten – in der berechtigten Hoffnung, unseren Gast würdig feiern zu können – schon seit Tagen ein ›welsches Gramangir‹ vorbereitet, dessen Zutaten zu besorgen Emilio einiges Organisationstalent und Ermengarda etliche Überwindung abverlangt hatten. Die kostbaren Speisen drohten nun zu verderben, und selbst in Anbetracht, daß ›Haut-Gout‹ bei den Franzosen als Synonym für ›alta cucina‹ stehen mag, lasse ich das Gericht jetzt servieren, als Überraschung! Als antipasto Weinbergschnecken in ihrem Gehäuse und diese in siedendem olio ed aglio schwimmend (das Rezept hatte mir John angedient). Doch der Herr Jacques ekelt sich vor Knoblauch (ich ekel mich vor Schnecken!), so daß Wendower alles allein verzehren muß.

Wir sind (nichts als) Staub und Schatten.

»Pulvis et umbra sumus«, mischt der sich, Schalenstücke ausspuckend, ein. »Wer wird der nächste Papst? Savelli oder Ugolino?«

»Ugolino ist ihnen zu ehrgeizig, der würde sofort auf Friedrich losgehen!« gebe ich meine Meinung kund, während Ermengarda als nächstes die gebratenen Froschschenkel aufträgt. Vitry zieht ein Gesicht, das nur noch von dem Mienenspiel meiner Haushälterin übertroffen wird. Ich gehe mit gutem Beispiel voran. Die grünen Hüpfer (weiß der Teufel, aus welchem Tümpel Umbriens Emilio sie gefangen hat!) sind ungenießbar, doch jeder muß jetzt zugreifen. Ich denke an alle meine Sünden des letzten Monats und schlucke alles einfach runter, mit Haut und Haar, während ich versuche, den Schock der Nachricht zu verwinden. »Hingegen ist Savelli, der Pate des Staufers, alt genug, um aus seiner Berufung keinen Machtanspruch herzuleiten.«

»Und um bald zu sterben!« kümmert Jacques de Vitry.

»Er wird Euch alle täuschen!« unterbricht uns verschwörerisch mein secretarius mit seinem typischen Prophetengehabe. »Der gütige und weise Savelli hat noch mindestens zehn Jahre vor sich!«

»Wenn keiner nachhilft!« schließe ich das Gespräch. »Wir müssen sofort Francesco benachrichtigen!«

Meine Tischgäste springen auf, die Gelegenheit ergreifend, meinen weiteren Darbietungen gallischer Küche zu entkommen. Da trägt Emilio stolz den Fasan herein, goldbraun und mit Morcheln köstlich duftend garniert, seine im Sterz eingesteckten Schwanzfedern wippen verlockend — doch keiner hat mehr Appetit. Ich hebe die Tafel auf, lasse den Vogel zu Ripke raustragen — und bleibe mit knurrendem Magen.

›Mit weißem Stein zu verzeichnen‹, also ein Glücksfall.

Mit Chancen, zum Papst gewählt zu werden. Um den gültigen Dekret Alexanders III nachzukommen, wonach ebendort die Wahl vorzunehmen sei – und zwar von der Hälfte aller Stimmberechtigten ›plus unum‹.

heute: ›in petto‹

Möge er seinem Namen Ehre machen!

Albo notanda lapillo

Francesco war schon von Ugolino verständigt worden und hatte sich sofort mit vielen seiner Brüder nach Perugia begeben, um dem Heiligen Vater die letzte Ehre zu erweisen. Ugolino, der gleich etlichen ›papabilen‹ Cardinälen an den Todesort geeilt war, versprach sich von Francescos Auftreten eine starke Einflußnahme zu seinen Gunsten, ad usum pectorum! Zu seinem grenzenlosen Ärger ernennt das Konklave nach nur zwei Tagen den alten Savelli, der den Namen ›Honorius III‹ annimmt. Nomen sit omen!

Zweiter Eintrag Guido

Eine der ersten Amtshandlungen des neuen Papstes ist, Jacques de Vitry als Bischof zu weihen.

Um ihm eine Freude zu machen, habe ich auch Francesco überredet, mitzukommen und bei dem feierlichen Akt zugegen zu sein. Der eigentliche Grund ist jedoch, daß ich die Stunde für günstig halte, meinem Schützling eine Audienz bei Honorius zu verschaffen, bevor noch die lähmende Bürokratie der Kurie sich über den Elan des frischgewählten Hirten gelegt hat.

An Wohlwollen Francesco gegenüber mangelt es Honorius nicht. ›Die Armen von Assisi‹ stellen genau alles das dar, was er gern selbst in seinem Leben verwirklicht hätte, von dem seine Ämterfülle, sein Dienst an der Kirche ihn abgehalten ha-

310

ben und das er nun im hohen Alter durch Francesco verkörpert sieht.

Er ist jugendlich genug im Geiste, die unbekümmerte Mission der Brüder über die Ordnung eines geregelten apparatus, eines ›Ordens‹ zu stellen. Schon als Kardinal hatte er die Brüder insgeheim unterstützt. Jetzt als Papst konnte er sich offen zu Francesco bekennen. Tiefbeglückt reiten wir heim. Vor der Porta San Paolo trennen wir uns.

Francesco küßt bewegt meinen Ring, dann umarmt er uns alle, bevor er nach Portiuncula hinab eilt. Mit Roald und Jacques (der uns bald schon verlassen wird) kehren wir nach Assisi heim.

»Zuversicht schöpfe ich aus der Tatsache«, deklamiert Vitry in seiner Art ›schlichter Frömmigkeit‹, bei der man nie weiß, wie ernst er seine Sprüche meint, »daß in dieser Gegend eine große Anzahl von Frauen und Männern lebt, die all ihrem Besitztum entsagt haben, um der Liebe Christi willen, und ›aus der Welt gegangen‹ sind.« Dabei schaut er mich mit gespieltem Vorwurf an. »Das hebt als Gegengewicht die ausgeprägte ›Weltlichkeit‹ des hiesigen Bischofs auf . . .« Im Palais angekommen, schicke ich den tattrigen Emilio in den Weinkeller und lasse eine mit Öl und Korkeiche versiegelte Amphora des köstlichen Jahrgangs 1204 heraufholen, im Angedenken an meine eigene Weihe vor 12 Jahren.

Wir trinken, doch Jacques de Vitry hat das Bedürfnis, noch weiter Francesco zu zitieren, dessen Exempel er offenbar mit sich ins ferne Akkon nehmen will, wie andere das Bildnis ihres Lieblingsheiligen. »Ich will nämlich vom Herrn dieses

Privileg, daß ich niemals von einem Menschen ein Privileg erhalte, außer daß ich allen Achtung erweise und gemäß dem ›Gehorsam gegenüber der heiligen Regel‹ mehr durch das Beispiel als durch das Wort alle bekehre!«

Roald of Wendower versucht den Enthusiasmus des frischgebackenen Bischofs auf seine dunkel ›hellseherische‹ Art zu dämpfen. »Ich wollte, ich könnte Euch prophezeien, hochedler Herr Bischof, daß Euch in Eurem Amt keine Steine in den Weg gelegt werden, doch ich sehe etliche, sie gleißen und glitzern – und viele heißen: Privilegien!« – »Dann will ich über sie hinwegschreiten!« begehrt Jacques auf, dem Weine zusprechend, »korrumpieren lasse ich mich nicht!«

Düsterer Einspruch meines Secretarius, der in letzter Zeit immer häufiger sich in sein ›Observatorium‹ zurückzieht, das Turmzimmer, das er sich mit allerlei astronomischem Gerät eingerichtet hat, und dort über den Lauf der Gestirne brütet.

»Sie werden Euch die Füße zerschneiden, über glühende Kohlen werdet Ihr laufen!« Roald sieht immer alles so negativ!

Ich versuche dem Gespräch eine etwas heiterere Wendung zu geben (wenngleich mir gar nicht so sehr danach zumute ist, denn der plötzliche Tod meines Protektors macht mir mehr und mehr Sorgen – und Trinken hilft da nicht viel).

»Das Vorbild unseres Francesco ist nicht so ohne weiteres in eine andere, nicht selbstgewählte, schon gar nicht exotische Umgebung zu versetzen. Francesco hat leicht reden, wenn er sagt: Das Kloster der Armen ist die weite Welt!«

»Wie herrlich!« begeistert sich Jacques, »ist doch das Bild der Brüder, die ›die Herrin Armut‹ auf einen Berg führen und ihr die Welt zu Füßen legen. Sie gehen auf Wanderschaft und tragen ihr Kloster einfach mit sich: Der Körper ist die Zelle, die Seele der Eremit — für den Rest sorgt Gott, unser Herr!«

Der Träumer! Ich will ihn nicht entmutigen, doch bischöfliche Aufgaben lassen solche Freiräume der Lauterkeit einfach nicht zu, selbst wenn einer weniger an den Freuden dieser Erde hängt als ich.

»Vielleicht sollten wir tauschen!« schlage ich vor. »In Assisi ist solch Bild vielleicht zu verwirklichen — vergeßt mein schlechtes Beispiel! —, aber niemals in Akkon. Dort ist der Bischof eine Figur im politischen Schachspiel divergierender Kräfte. Er muß sich mit Macht umgeben — das sind die glitzernden, farbigen Steine, ob nun echt oder aus Glas! Er kann sie nicht ignorieren. Es geht nicht um seine Privilegien oder seine persönlichen Reichtümer, sondern um die der anderen. ›Sich arrangieren‹ ist noch keine Korruption!«

»Ach«, seufzt Jacques de Vitry, »Ihr wärt wirklich der geeignete Mann auf diesem Thron im Heiligen Land — wie gern wurde ich hierbleiben!«

»Mein Herr Innozenz wußte, warum er Euch erkor und nicht mich!«

»Ich werde Euren klugen Rat missen!«

Wir prosten uns ein letztes Mal zu und begeben uns zur verdienten Ruhe. Zum Abschied schenke ich ihm das Traktat des Burkhard von Ursperg ›De Minorum‹, das mir der Propst kürzlich hat zukommen lassen. (Das Werk des Fiore mir zurück-

wörtl. »über die minderen (Brüder)«

313

zuerstatten, hat der gute Ursperg wohl vergessen. Ich werde ihn nicht daran erinnern!) So weiß ich bei Vitry ›Die Minoriten‹ in würdigen Händen.

Viertes Referendum Roald

Palme, wem Palme gebührt. Palmam qui meruit ferat

Unser Gast Jacques de Vitry hat Assisi verlassen.

Bevor er sich auf seine Reise zur Predigt des Kreuzzuges nach Frankreich und von da aus selbst ins Heilige Land begab, ist er noch bei Francesco in Portiuncula gewesen und hat sich eine Widmung mit auf den Weg geben lassen:

»Ein Diener Gottes muß durch Leben und Heiligkeit

in sich selbst glühen und erstrahlen,

daß er alle Gottlosen durch das Licht seines

Beispiels und die Sprache des heiligen

Lebenswandels beschämt.«

Das wird den ehrlichen Hirten wieder aufgerichtet und seine — von uns in sein Herz gestreuten — Zweifel weggeblasen haben!

So war es auch beabsichtigt. Quod erat in votis

Fünftes Referendum Roald

Selig (sind) die schlichten Geistes Beati pauperes spiritu

Vielleicht hat das Zusammentreffen dieser beiden frommen Gemüter den Francesco dazu animiert, von der Mutter Gottes zu träumen, auf daß er sich eine Gnade erbitten solle, die Gott verherrlicht und die Menschen rettet.

314

(»Kein geringes Unterfangen!« würde mein Bischof sagen.) Doch Francesco glaubt an Visionen und deren Materialisierung. Er macht sich nochmals auf nach Perugia zum Papst.

Ich muß mit (mein Herr Bischof findet Francescos Anliegen ›unbescheiden‹ und will sich nicht exponieren).

Honorius gewährt dem Francesco sofort Audienz und erkundigt sich leutselig nach des Poverellos Begehr.

»Einen Ablaß möcht' ich, soll ich erbitten! — aus Anlaß der Weihe unseres kleinen Kirchleins Santa Maria degli Angeli — Ihr solltet es unbedingt einmal kennenlernen, Heiliger Vater. Ich habe es selbst vor Jahren mit eigenen Händen wiederhergestellt, und es soll nun den Brüdern als Ort regelmäßiger Andacht dienen. Und ein jeder, der es am Weihetag besucht, soll aller Sünden ledig werden . . .« Hier unterbricht ihn Honorius ziemlich sachlich, schließlich sind Ablaßforderungen in unseren Tagen keine Seltenheit. Jeder Kreuzzug, wohin er auch führte, zog automatisch den Erlaß kirchlicher Strafen und Auflagen nach sich.

»Auf wie viele Jahre also?« Francesco schaut ihn erstaunt an, antwortet aber nicht. »Ein Jahr? Drei Jahre? Sieben?« fragt ihn der Papst.

»Nicht Jahre, Seelen will ich, Heiliger Vater!«

Im Audienzsaal tritt für einen Moment Stille ein, dann beginnt das Tuscheln der hohen Würdenträger. Unerhört, oder zumindestens doch ungewöhnlich ist die Forderung dieses zerlumpten Minderbruders aus Assisi.

Doch Honorius bleibt souverän und gütig: »Du meinst, daß jedem, der Deine Kirche betritt —

nach frommer Beichte und Empfang der Hostie wohlgemerkt und vorausgesetzt! — alle Buße für seine Sünden erlassen werden soll? Fürwahr ein großzügiges Geschenk, das Du da verlangst und gegen jeglichen Brauch der Kurie.«

»Christus hat mir gesagt, daß man einen neuen Brauch machen soll!« Francesco wirft sich dem Papst zu Füßen und umklammert dessen Knie (eine Methode, die ihm schon oft Erfolg eingebracht hat).

Honorius — wohl mehr um seiner Umgebung zu zeigen, wer der neue Herr im Hause ist — erhebt sich und verkündet: »Plenam suorum peccaminum veniam idulgemus!«

Vollen Ablaß erteilen wir Euren Sünden.

Soviel Latein kann Francesco, er springt auf, küßt dem Heiligen Vater die Füße und eilt dem Ausgang zu.

»Rara ave, seltsamer Vogel, warte doch!« ruft der ihm nach. »Willst Du nicht wenigstens auf die Ausfertigung Unserer Bulle warten?«

Da kniet Francesco wieder theatralisch nieder: »Meine Urkunde ist die selige Jungfrau, und Christus heißt mein Notar!«

Solche Aussprüche tragen nicht dazu bei, die Sekretäre des Herrn Papstes zufriedenzustellen. Sie setzen sofort das Papier auf, wobei sie den Ablaß in der Art einschränken, daß er nur von der Stunde der Vesper des Vortages bis zur Vesper des Weihetages in Kraft ist.

Dennoch ist Francesco hocherfreut, und wir kehren nach Assisi zurück.

Wie die edle Olive auf dem Feld (Eccl. 24,9)

Quasi oliva speciosa in campis.

Molle atque facetum

das Süße und das Wohlgefällige

Am 2. August wird die Neueinweihung der Portiuncula gefeiert. Nicht weniger als sieben Bischöfe folgen der Einladung der Minderbrüder: Der von Perugia, von Todi, Spoleto, Gubbio, Nocera, Foligno und der meine.

Francesco steigt auf einen Stuhl und verkündet den hohen Herren: »Ich will Euch alle ins Paradies schicken!« Seinen Brüdern aber empfiehlt er: »Die Augen fest auf die Hostie richtet, wenn unsere Priester sie emporheben, damit ihr aus tiefstem Herzen die wirkliche Gegenwart Christi erlebt!«

In Anwesenheit der etwas betretenen Herrn Bischöfe, die er als Träger des Leibes Christi preist, ereifert sich Francesco über das Geheimnis der Transsubstantiation, was etwas Rührendes an sich hat.

Fleischwerdung

Ich denke derweil an die mögliche Gnadeninflation, die unser Poverello mit diesem eigenwilligen Portiuncula-Ablaß eingeleitet hat. Nun wird jeder Orden Ähnliches für sich beanspruchen, jede Gemeinde mit heiligen Stätten, wenn nicht jedes Kirchlein am Tag ihres Heiligen. Doch das kümmert Francesco nicht, und mich sollte es auch nicht belasten. Mein Bischof ist jedenfalls stolz auf die neueste Errungenschaft seines Hausheiligen.

utile dulci

Nützlich und süß zugleich

Was (an-)schwillt,
drängt. (Gilt im
Vulgärgebrauch als
anzüglich.) BAU

Quod turget, urget

Francesco stattet den Benediktinern von Subiaco einen Besuch ab.

Es ist einmal eine Danksagung, denn schließlich waren es ihre Mitbrüder vom Monte Subasio, die ihm einst die verfallene Portiuncula schenkten, als er nicht wußte, wohin er und seine ersten Minoriten ihr müdes Haupt betten sollten.

Aber es ist auch ein Sichzurückziehen in die Einsamkeit und in die Kontemplation. Es ist ein turbulentes Jahr gewesen, und er braucht jetzt neue Kraft und Stunden der Besinnung, um über seinen weiteren Weg nachzudenken.

Ein ähnliches Sich-Besinnen möchte ich auch meinem Bischof anempfehlen; denn nach dem Hinscheiden von Innozenz, mit dem er wohl einige gemeinsame Leichen im Keller hatte, in des Wortes wahrster Bedeutung, ist seine Position jetzt nicht mehr so unerschütterlich, und vieles wird man ihm in Zukunft nicht mehr durchgehen lassen, wenn man schon nicht Geschichten der Vergangenheit ausgräbt.

BAU Doch unser Vertrauensverhältnis ist seit Jahresfrist leicht gestört, seitdem er mich aus dem Kloster der Karmeliterinnen hat kommen sehen, sich allerdings nie dazu aufraffte, mich nach der Bewandtnis zu fragen.

Wir werden sehen. Videbimus

An Anzahl und Fleiß gemessen, sollte ich über die schriftlichen Ergüsse meines seltsamen secretarius nicht klagen, doch jetzt frage ich mich zunehmend, ob er mich nicht verspottet. In jeder Notiz ist irgendwo eine Frechheit eingestreut. Soll ich darüber hinwegsehen? Eine Tracht Prügel — und danach eine Aussprache sind wahrscheinlich demnächst an der Reihe, damit der Kerl sich nicht einbildet, er hätte mit mir irgend etwas gemeinsam im Keller oder sonstwo — oder hat er doch? Ich hasse Vertraulichkeit, wenn sie nicht von mir als klare, freiwillige Vorgabe in ein Verhältnis eingebracht wird.

Nach längerem Eremitendasein auf dem Monte Subasio — ich nehme an, daß er auch die ausgezeichnete Klosterküche meiner confratres benedicti verschmäht hat — kehrt Francesco voll Tatendrang unter uns zurück. Das heißt, er erscheint eines Tages vor meiner Santa Maria del Vescovado und begehrt, diese zu verschönern. BAU

Ich finde, daß dem ehrwürdigen Gemäuer eigentlich es an nichts mangelt. Gut, es ist nicht mehr taufrisch und hat an einigen Stellen Alterspatina angesetzt, aber befindet sich keineswegs in einem Zustand des Verfalls oder der Verwahrlosung, das gemeinhin Francescos Eingreifen notwendig macht. Doch er besteht darauf, den Chor zu renovieren und über dem Hochaltar einen neuen Baldachin anzubringen. Auch das Tabernakel möchte er erneuern. Ich kann ihn an diesem Liebesbeweis (wohl mehr der Mutter Gottes, als etwa mir, dem Hausherrn gegenüber) nicht hindern, und so beginnt unser Baumeister seine Tätigkeit. Die Bevölkerung nimmt regen Anteil, und Francesco sorgt auch für beste Unterhaltung, indem er einen musikalischen Bruder mitbringt, der zur Freude meiner Palastwache ihm während der Arbeit aufspielt.

wahrscheinlich Pacificus. OFM

Dieses Vergnügen dauert allerdings nur einen Tag, denn dann erscheint Bruder Elia und erklärt dem verdutzten Francesco, daß sich derartige Lustbarkeiten für den ›Orden‹ nicht schickten. Seltsamerweise fügt sich Francesco nach außen hin; doch kaum ist Elia verschwunden, beginnt das Musizieren aufs neue.

Von seinen Brüdern will er sich bei der Arbeit nicht helfen lassen, aber ich stelle ihm ein paar Mann meiner Garde ab, denen solche Tätigkeit mal ganz gut tut, das sieht auch Francesco ein.

Zum Abschluß der Arbeiten — Francesco turnt oben an der Apsis auf seinem Außengerüst herum, kommt mir die bescheidene Idee, der Nachwelt Zeugnis von diesem löblichen Tun — des Francesco — und seines Bischofs, dem gütigen Bauherrn, der es ihm schließlich ermöglicht — zu geben: Ich schlage vor, eine Gedenk-Platte in die Außenmauern einzulassen! Mein Maurermeister befindet, ich sollt' mein Geld lieber den Armen geben, als es für so eitlen, irdischen, ... und außerdem, fügt er mit verschmitztem Lächeln hinzu, als ihm wohl grad klar geworden ist, an wessen Gewissen er da appelliert, muß die Tafel dreieckig sein! Er gestikuliert mir ihre Maße hinunter, ich spende den herumlungernden Bettlern (die sind immer da, wo der »kleine Diener der Armut« werkelt, die Faulpelze haben begriffen, daß er für

sie besser bettelt, als wenn sie selber das Maul aufmachen oder die Hand hinhalten!), lasse den alten
Steinmetz holen und diktier' ihm den Text. Er
versteht weder Latein noch sein Handwerk, aber
Francesco drängt. Mir hatte eigentlich etwas in der
Art vorgeschwebt, wie ich es in Rom am Tri-
umphbogen des Constantin oder des Titus gesehen
hatte, in schönen Lettern und kunstvoll gerahmt,
doch nun meißelt der Alte unter Francescos
Schutz, der von oben zur Eile antreibt. Während
ich noch über einen würdigen Platz an der Außenmauer nachsinne (und mich über die Schreibfehler
dieses Analphabeten ärgere), hat sich Francesco
wie ein Eichhorn das Gerüst hinunter gehangelt,
die Steinplatte an sich genommen und dort oben in
den höchsten Mauer-Kranz eingefügt, wo sie natürlich kein Mensch sieht, geschweige denn lesen
kann. Recht geschieht mir, ich kann ihm nicht böse
sein!

Sie trägt folgende Inschrift:

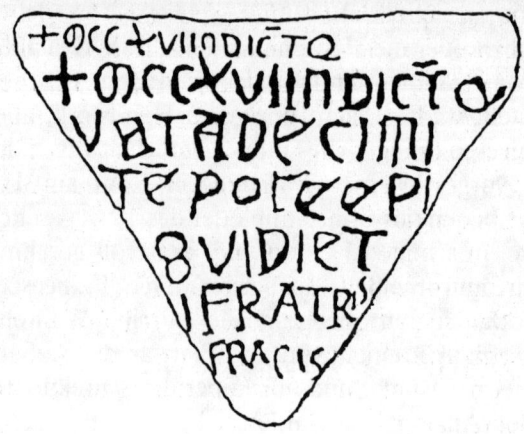

›indicto‹ ist eine
Steuerperiode, die
15 Jahre währt. Zie-
hen wir vom Datum
4 x 15 + 10 ab, so
ergibt sich das Jahr
1156. 1155 war die
Kaiserkrönung Bar-
barossas zu Rom,
1156 der Reichstag
zu Regensburg.
1158 der Hoftag auf
den roncalischen
Feldern, auf dem
(›constitutis de re-
galibus‹) die Festle-
gung der Abgaben
in Italien erfolgte.

1216
In ver vierten Indik-
tion und (dazu)
zehn Jahre. Zur
Zeit des Bischofs
Guido und des Bru-
ders Franziscus.

MCCXVI.
INDICTIONE QUARTA.
ET. ANNI. DICIMI.
TEMPORE EPISCOPI GUIDI.
ET. FRATRIS FRANCISCI.

»Ein wichtiger Brief für Euch«, mit diesen Worten
händigt mir mein Secretarius ein dreifach versiegeltes Schreiben aus. Im Lack erkenne ich den
Eindruck zweier kopulierender Schlangen – auf
welchem Ring habe ich das Symbol schon mal gesehen? Ich erbreche es, ohne es zu zerstören, und
mein Blick gleitet als erstes zur Unterschrift:
»Laurentia Belgravis Abb.«

Aus dem Bild der Schlangen entwirft sich ohne
Umweg über die weißen Finger, die der rotgoldene Reif schmückte, der ranke, fordernde Leib meiner Schwester. Die Nachricht ist kurz und alarmie-
rend und ohne jede Anrede und Floskeln.

»Wir sind in Gefahr — die gewölbten Hände sind abgezogen worden; die sich jetzt nach uns strekken, werden uns beschmutzen oder vernichten. Wir sind weder zur Erduldung des einen bereit noch zur Hinnahme des anderen. Es bedarf des zugesagten Dienstes, mein Freund, und dessen bald und umsichtig.«

Dieses Schreiben ist ebenfalls nur in seiner Wiedergabe durch den Bischof vorhanden.

Ich rufe Roald herein. »Ist es dringend?«

»Nein«, entgegnet er ohne Zögern. »Es ist vorausschauend.«

»Kannst Du die kommenden Ereignisse kontrollieren?«

»Das nicht, aber übersehen: Wenn die Zeit gekommen ist, werde ich — mit Eurer Erlaubnis — eingreifen, Eminenz!«

»Ich verlaß mich auf Dich, Roald of Wendower! Bruder des Teufels!« Spontan muß ich ihn umarmen. Ich weiß nicht, wie vielen Herren er dient, aber diesen Dienst wird er mir nicht versagen.

»In fiduciam silentii«, sagt er leise. »Vielleicht kann ich Euch eines Tages mehr . . .«

Im Vertrauen auf die Verschwiegenheit

»In silentium fiduciae!« Ich will gar nicht alles wissen. Und Laurence, meine Zauberin, die sich als Schwester offenbart, wenn meine Gedanken unkeusch ihre raffiniert schlichte Robe unterlaufen — meine Sinne im Dunkeln sich zwischen ihre Schenkel schleichen, meine fiebrigen Hände die Wölbung ihres Leibes ertasten, meine gierigen Lippen sich in ihre Scham versenken . . .? Keiner hat sie je besessen? Daß ich nicht lache! Und was ist mit John, dem Draufgänger, und mit Roald, mag er noch so unansehnlich sein? Ich bin nicht

Im Schweigen des Vertrauens

eifersüchtig. Das verbietet sich bei einer Gestalt
der Magie und der Welt der Mythen. Einer Göttin
haben wir Irdischen nichts vorzuschreiben. Dankbar gebeugt nehmen wir Huld entgegen — so sie
uns vergönnt.

Es gibt kein Vorher und kein Nachher und keinen Vergleich: Laurence de Belgrave! Vergiß unsere geschwisterlichen Bande, damit sie nicht zu
Fesseln werden, besteige Deinen unwürdigen Bruder, laß ihn Deine Sporen und Deine Knebel spüren! Reit ihn zusammen, bis er schweißüber-
strömt, keuchend, röchelnd schäumt und spritzt!
Laß den jämmerlichen Haufen — ohne bischöfliches Ornat nichts als wabbeliges Fleisch — liegen.
Erhebe Dich, Göttin, und schreite von dannen!

Draußen schneit es in dunkler Nacht. Mich fröstelt
plötzlich. Warum muß ich Weihnachten eigentlich
hier in diesen naßkalten Hügeln verbringen? Warum können wir nicht einfach ins sonnige Palästina
reisen — meinetwegen will ich auch an sämtlichen
heiligen Stätten beten, kniend! So vermöchte ich
einmal dieser handgeschnitzten Krippe zu entgehen, die meine Schäfchen jedes Jahr spätestens zu
San Nicolo ausgerechnet in die Kapelle meiner
Magdalena einbauen, mit viel Moos, Stroh und
Baumrinde — die heilige Familie aus Bienen-
wachs. Dazu zünden sie Talglichter an und singen,
und von mir verlangen sie, daß ich die Messe an
den Festtagen möglichst fünfmal zelebriere, als
wär' ich ein Muezzin!

Warum bin ich nicht Bischof von Akkon, oder
Askalon oder wenigstens Beirut! Ich könnte natürlich auch ein weltliches Leben annehmen. John

könnte wieder in meine Dienste treten. Laurence de Belgrave wurde zu uns ziehen (natürlich mit neuer Identität!) und auch alle ihre Mädchen. Am besten wir konvertieren samt und sonders zum Islam und lassen uns in dessen Herrschaftsbereich nieder: Den Titel eines Emirs würde mir der Sultan nicht verweigern — Ghidu Ben-Assiz — oder so!

ANNO DOMINI 1217

Brief Jacques de Vitry

Verehreter Collega in schwerem Amte
— wie recht hattet Ihr doch! Es ist leider alles ganz anders, als sich mein gläubiges Herz das ausgemalt hat. Nicht, daß ich des Kampfes schon müde bin: Es gibt gar keinen! Ich steh' allein auf weiter Flur. Nach meiner Antrittspredigt in Sankt Andreas schüttelten mir alle die Hand — und ließen mich stehen mit meinem Aufruf zu neuen Taten wie einen armen Irren! Franciscus, der mir versprochen hat, hier demnächst seine Schritte hinzulenken, wird sich wundern, auf welchen Boden seine Worte fallen — steinig ist gar kein Ausdruck, so vertrocknet sind hier die Seelen! Oder soll ich das Königreich von Jerusalem als Sumpf beschreiben, der letztlich so wenig einen Samen zu Blüte und Frucht bringt wie die Wüste! So gesehen kann ich sagen, daß sich unser Franciscus einen besonders glücklichen Zeitpunkt für seine Mission gewählt hat.

Der große Kreuzzug des Kaisers Friedrich läßt auf sich warten; außerdem will hier eigentlich keiner durch neue Kreuzfahrer gestört werden:

Die einheimischen Christen verweigern uns die Gefolgschaft im Alleinvertretungsanspruch, mit dem wir hier kraft (und Verpflichtung) unseres Amtes antreten.

Und die Neuangekommenen? Ihren Bischof suchen die Böcke und Schafe nur auf, wenn einer ihrer intriganten Händel zu schlichten ist, unmoralische Scheidungen angenehm und Erbschaftsangelegenheiten vorteilhaft zu lösen sind. Das Heilige Kreuz und das Heilige Grab, die Nennung des Namens Jerusalem überhaupt, macht sie lachen. Sie kennen nur ihr persönliches Wohlergehen. Viele haben muselmanische Untertanen, von denen sie Steuern erheben. Oder sie sind sogar arabischen Emiren tributpflichtig, haben ihnen Lehnseid und Treue geschworen. Warum auch nicht, aber was schickt uns das Abendland dann noch ›Kreuzzüge‹? Sie beeinträchtigen den Handel, der zwischen den Häfen in unserer Hand und dem arabischen Hinterland blüht. Ich vermag in einem solchen Gebaren weder Konzept noch Vernunft zu sehen.

In Ägypten existiert bereits eine Kolonie von 3000 Italienern. Wir besuchen den Bazar von Damaskus und reisen zu den Pyramiden von Gizeh. An den Burgen der Ordensritter ziehen friedlich Kamelkarawanen vorbei.

— welch schöne Zukunft!

Saint-Jean d'Acre

Jacobus I episcopus

326

SORORES CAELI TERRAEQUE

Schwestern des Himmels und der Erde

Erster Eintrag Guido

Kurz vor Pfingsten — die Vorbereitung des diesjährigen Kapitels berührt auch mich, denn Ugolino hat uns wissen lassen, daß er uns diesmal mit seinem Besuch beehren will — trifft ein neuer Brief meiner Schwester Laurence de Belgrave ein, nicht versiegelt. Die wenigen Zeilen sind hastig, wenn auch von energischer Hand hingeworfen:

Freund und Bruder,
ich hoffe Ihr schätzt mich als Person, die keinen blinden Alarm schlägt.

Besagtes Schreiben befand sich bei den Unterlagen und wird vom Herausgeber hier eingefügt.

Unserem Sein hier ist nicht mehr viel Frist vergönnt. Jeden Tag fliegen Steine über die Mauern, und schon löschen wir nächtens mutwillig gelegte Brände. Wir befinden uns in der Situation von Belagerten. Noch ist es der Pöbel aus näherer Umgebung, doch schon tauchen fremde Gesichter auf, die nichts Gutes verheißen. Fanatische Mönche predigen vor unserem Tor. Sind erst größere Volksmengen aus den Quartieren aufgewiegelt, werden wir dem Ansturm der Massen nicht standhalten können.

Und dann gnade uns Gott!
Ich verachte Panik, doch dieser Fanatismus

macht mir Angst! Holt uns hier raus, besser heute als morgen! Unser gemeinsamer Freund Roald of Wendower weiß, wie er mit uns Eingeschlossenen Verbindung aufnehmen kann. Die Stunde des zugesagten Dienstes ist gekommen, auch wenn Ihr ihn Euch anders vorgestellt habt.

Seid umarmt

Laurentia Belgravis Abb.

›Abb.‹: Abbatissa-
Äbtissin

Roald steht während meiner Lektüre des Briefes wartend. »Ich kann die Damen jetzt über Pfingsten unmöglich hierher bringen«, bescheide ich ihn abschlägig – mit einem flauen Gefühl im Magen.

»Der aufgepeitschte Plebs wird sie schänden und in Stücke reißen«, wendet er ruhig ein, »oder erst morden und sich dann an ihnen vergehen.«

»Also müssen wir sie schützen, bis wir wissen, wohin mit ihnen. – Wieviel Mann von den Palastwachen können wir entbehren?«

»Kommt darauf an, wieviel Ugolino mitbringt.«

»Kann Francesco seinem Gönner nicht zustecken, daß er kein Waffengeklirr auf dem Pfingstkapitel will?«

Roald ist einverstanden und begibt sich sofort nach Portiuncula.

Ich rufe Ripke rein, verjage Emilio (der schon wieder lauscht), lasse Ermengarda Wein bringen. Wir nehmen unsere Gläser und gehen in den Garten, wo wenigstens keine ›Wände mit Ohren‹ sind: »Eine galante Aufgabe, mein Herr Hauptmann!«

Nicht, daß ich Roald nicht traue, aber ich möchte

in dieser ›Herzensangelegenheit‹ mich nicht völlig in seine Hand begeben. Der Mönch von Sankt Trinian ist mir zu sehr — und ich weiß eben leider nicht, wie! — auf seine dunkle Art mit dem Kloster verbunden. Ich habe es versäumt (oder war ich zu feige?), ihn damals gleich zur Rede zu stellen, obgleich er mir signalisiert hatte, daß er sich erklären möchte. Vielleicht will ich die Wahrheit gar nicht wissen?

Ich hatte gerade noch Zeit, Ripke und seine Mannen im gestreckten Galopp nach Rom zu hetzen, bevor das Pfingstkapitel der ›Franziskaner‹ eröffnet wurde.

Einige Tage später berichtet mir mein Kurier Hartwolf vom Berghe (im Auftrag von Ripke) über den Verlauf des Unternehmens:

Nachfolgender Bericht des Kuriers in der Schrift des Secretarius, der offenbar den Auftrag hatte, ihn zu protokollieren.

Der offizielle Anlaß für unsere ›Truppenbewegung‹ ist, daß sie Ugolino nach Assisi begleiten sollen. Doch die Garde begibt sich schnurstracks auf den Monte Sacro. Wie von unserem Herrn Hauptmann vorgesehen, ist es bereits Nacht. In den Straßen vor dem Kloster herrscht nicht die übliche Ruhe. An Lagerfeuern hockt ortsfremdes Gesindel auf dem Vorplatz und trinkt sich unter Absingen wüster Zoten Mut an. Ein hagerer Dominikaner (jedenfalls aus seinem Habit zu schließen) hält eine Hetzrede, emphatisch breitet er seine Arme aus. Die flackernden Flammen werfen seinen Schatten wie ein überlebensgroßes schwarzes Cruzifix an die Mauern des Klosters, aus dem kein Lichtschein dringt. Einige von den Strolchen erheben sich torkelnd, wanken zum Tor und pissen breitbeinig dagegen. Ihre Kumpane grölen.

Das Tor öffnet sich einen Spalt, und ein Weinfaß wird vom Pförtner mit einem Tritt auf die Straße gerollt. Die Pisser fallen über das Faß. Alle lachen. Wir haben von unserer Montur das bischöfliche Wappen entfernt, nur die Kreuze leuchten im Dunkel dräuend auf. Wir klappen die Visiere herunter und ziehen schweigend die Eisen. Der Herr Hauptmann läßt sich mit Bedacht viel Zeit: Die Drohung soll wirken. Ganz langsam rükken wir in breiter Front vor. Einige Weiber kreischen auf, die Haßtiraden des Predigers brechen ab, er rafft seine Kutte und verschwindet. Im Nu ist die baumbestandene Allee leergefegt. Mit den Pferdehufen treten wir die Feuer aus. Eine plötzliche Scheinattacke nach allen Seiten verjagt auch die letzten Neugierigen. Unser Hauptmann — stolz auf die Reitkunst seiner Mannen — läßt wenden: Das Tor öffnet sich, und wie Pfeile gleiten wir in Doppelkette hinein, — vom Erdboden verschluckt. Im Innenhof steigen wir leise ab.

›Mater Laurentia‹ läßt bitten. Die Äbtissin ist die Würde selber, und auch alle Nonnen verbergen zuchtvoll Körper und Gesicht unter schweren Hauben und Kutten. Bei aller feierlichen Disziplin spürt man doch das Aufatmen, das durch ihre Reihen geht. Der Herr Secretarius stellt den Herrn Hauptmann vor. Das Gros der Garde bleibt unter dem Herrn Hauptmann im Kloster, der Herr Secretarius wählt mich und meinen Kumpanen, Gunter von Öxfeld, zu seiner Begleitung aus.

Wir reiten zum Palazzo der Frangipane, und der Herr Secretarius bittet Donna Jacoba ›im Namen ihres Cousins‹ um die zeitweilige Überlassung einiger Reisiger — der hochwohlmächtige

330

Herr Ugolino stünde uns ins Haus, und wir wollten eine besonders gute Figur machen. Donna Jacoba lacht über uns. ›. . . Eitle ›Assisinaten‹! Daß ja dem Cardinal zu Assisi kein Leid geschieht!‹, droht sie ihm schelmisch und heißt ihre Leute die von uns mitgebrachten Schabracken auflegen. Da das Stemma unseres erlauchten Herrn Bischofs — seltsamerweise, wie ich bei dieser Gelegenheit feststelle — eine gewisse Ähnlichkeit mit dem Wappen der Septemsoliis hat, fällt unsere unterschiedliche Kostümierung nicht weiter auf. Mit solcherart stattlichem Aufgebot holen wir dann den Herrn Cardinal ab, das heißt: wir dürfen uns seinem reichen Gefolge bescheiden anschließen.

Hier endet der vertrauliche Bericht meines Kuriers, und ich bin froh, daß mein Mißtrauen gegenüber Roald unbegründet war. Abbitte kann ich ihm immer noch leisten.

ERSTES REFERENDUM ROALD

Occasio facit furem

Gelegenheit macht Diebe.

Denn wenn sich Ugolino auch den Wunsch seines Schützlings Francesco zu Herzen genommen hat, nicht mit einer Armee in Assisi zu erscheinen, kann er es doch nicht lassen, auf Macht und Glanz zu verzichten. Ich hoffe nur, mein Bischof wird sich etwas Ebenbürtiges einfallen lassen.

Wir haben kaum Foligno hinter uns gelassen, da zieht uns von Portiuncula her ein festlicher Zug entgegen: Francesco und mein Bischof vorneweg, und dahinter die Brüder, allesamt zu Fuß, singend und mit frischgepflückten Feldblumen in der Hand, um den Cardinal zu begrüßen. Und wie es höfische Vasallensitte ist, hält mein Bischof ihm mit freundlichen Begrüßungsworten sogar die Steigbügel, als Ugolino schnellstens von seinem hohen Roß herabsteigt. Francesco nimmt beide an die Hand, und so wandern wir zur vorbereiteten Festwiese.

Vor dem Kirchlein hält der Cardinal uns allen Messe, mein Bischof ministriert, Francesco singt solo ›Veni creator spiritus‹ und die Brüder fallen in machtvollem Chorus ein. Dann lagern sie auf dem nackten Boden, um des hohen Herrn Predigt zu lauschen. Ugolino wird von tiefer Rührung ergriffen — oder spielt es jedenfalls meisterlich:

»Seht!« wendet er sich an sein Gefolge, das zwar auch sofort abgestiegen war, sich aber nicht auf die Erde hockte, aus Angst, sich schmutzig zu machen. »Da liegen die Brüder! Unter sich Gottes Boden und über sich den Himmel! — Übel wird es uns ergehen, die wir soviel Überflüssiges zu unserer leiblichen Bequemlichkeit verlangen und soviel eitel Nutzloses in unsere Köpfe stopfen!«

Das sind Worte, die Francesco gefallen. Er läßt aber doch zwei Schemel (für den Cardinal und für meinen Bischof) holen. Ich bemerke, daß Elia di Cortona sogleich hinter Ugolino getreten ist und höchst vertraulich mit ihm flüstert.

Die Stimmung unter den Brüdern ist längst nicht so einmütig und friedlich, wie das kindliche Willkommen hätte vermuten lassen. Spannungen liegen greifbar in der Frühlingsluft. Francesco eröffnet den Disput, der offenbar schon seit einiger

Zeit in der Fraternitas schwelt, nun aber vor dem Ohr des Cardinals ausgetragen werden soll.

Francesco spricht leise, so daß einen Augenblick Stille eintritt: »Zur Armut zwingt uns niemand! Wir sind die ›besitzlosen Brüder‹ . . ., die ›minderen Brüder‹ . . . und nicht die ›höheren‹. Ich verurteile nicht, wer sich über uns stellt, die ›majores‹. Ich sage nur: Wir haben die Wahl getroffen, die ›minores‹ zu sein . . . Ritter ohne Reichtum . . . und ohne Macht . . . und daher ohne Furcht . . . frei!«

Francesco lächelt beglückt, aber schon während seiner Rede haben viele Brüder angefangen zu flüstern; das Murmeln schwillt an. Die Getreuen aus seiner Umgebung sind beunruhigt. Aus der Menge erhebt sich ein mir unbekannter Bruder: »Wir sind hier zusammengekommen, um Beschlüsse zu fassen, wir wollen eine ›Regel‹, ein Programm! Wir reden und reden darüber, aber nie kommen wir zu Potte!«

Francesco weist ihn zurecht: »Die ›Regel‹ existiert: Es ist die Bibel! Alles ist bestens geordnet, lieber Bruder: In ihr wartet Dein Programm auf Dich!«

Doch das Gemurmel steigert sich, Francescos schlichte Worte sind genau das, was sie nicht hören wollen. Ich schaue hinüber zu Ugolino, doch der zwinkert gerade Elia zu, dessen Ausdruck nicht verrät, was er denkt.

Ein anderer Bruder erhebt sich, seine Stimme ist schon etwas aggressiver: »Bruder!« wendet er sich an Francesco. »Genau so sollte die Bibel eben nicht gelesen werden. Du nimmst sie zu wörtlich!«

Francesco beherrscht sich: »Das ist wahr . . .

wie es geschrieben steht. Willst Du die Heilige Schrift neu schreiben?« Der protestierende Bruder ist von der Antwort überrascht und zieht es vor, sich schnell wieder zu setzen. Ugolino, und diesmal auch Elia, können ein Schmunzeln nicht unterdrücken. Nur Francesco ist wenig zum Lachen zumute. Er tritt vor Elia di Cortona, seinen heimlichen Widersacher, der erst spät in die Brudergemeinschaft eingetreten war und vor Ehrgeiz brennt, eine Führungsposition zu erringen: »Dich, Bruder Elia, dürstet es nach Auslegung und Verkündung des Wortes. Du sollst aber auch dessen Hüter sein. Ich ernenne Dich zum ›Kustos‹ von Syrien. Dort erwartet Dich eine Aufgabe, die Deinen Vorstellungen entspricht!«

Francesco kniet vor ihm nieder und verbeugt sich tief, bis sein Gesicht den Staub berührt. Die Ernennung war wohl abgesprochen, nicht aber die Form.

So beeilt sich Elia, ebenfalls den Boden zu berühren, und da Francesco schon kniet, wirft er sich flach auf den Bauch. Doch Francesco läßt ihn unbeachtet liegen, er ist mit sich selber beschäftigt, die Kapuze tief über den Kopf gezogen, ein Bündel der Verzweiflung. Dann richtet er sich endlich auf, und rutscht auf den Knien zum Cardinal. »Vater, ich bin blind . . . Kann ein blinder Mann andere führen?«

Ugolino beugt sich zu ihm herab, sein umgehängter großer Cardinalshut kommt ihm ins Gehege. Es wird mehr ein Tätscheln der Wangen, als ein Auf-die-Schulter-Klopfen. Francesco wendet sich — immer mit gesundem Sinn für Ausgleich und Proportion — seinem Bischof zu. Völlig unprotokollgemäß, mit einer Behendigkeit, die keiner dem Dicken zugetraut hätte, läßt der sich von seinem Stühlchen aufs Knie gleiten, schlingt seine Arme um den ›poverello‹ und umarmt ihn zärtlich — aus gleicher Höhe. Welche Geste der Brüderlichkeit!

Nur ich bin entsetzt, die Brüder klatschen Beifall, vergessen ist für einen Augenblick aller Hader, doch Ugolino zischt ihm etwas zwischen den Zähnen zu, das in meinen Ohren klingt wie »Drecksau«!

Ich will das nicht beschwören, doch immerhin fängt sich mein Bischof einen Blick ein, als er wieder schnaufend auf seinem Hocker Platz genommen hat, der einen Ochsen auf der Stelle wie vom Blitz gefällt hätte!

Ich nehme mir die Freiheit, die Tiervergleiche damit abzuschließen, daß mir eine derartige Provokation zumindestens wie eine Rieseneselei vorkommt!

Francesco beginnt wieder zu sprechen. Er kratzt die Erde mit seinen Händen auf: »Ihr . . . geliebte Brüder, studierte Brüder . . . die ihr wißt, wie man spricht und die ihr predigen könnt . . .« Er nimmt eine Handvoll Staub und reibt ihn über sein blasses Gesicht. »Ich . . . ich bin so niedrig, daß ich mich mit Staub und Schmutz vermenge. Ich weiß nichts. Ich bin nur fähig zu lauschen . . . zu lauschen . . . zu lauschen.« Die Brüder sind für einen Moment still geworden und sind überrascht über seine Worte.

». . . und schließlich ist es mir gelungen, diese Worte zu vernehmen: Gesegnet sind die Armen, denn das Himmelreich ist ihrer; gesegnet sind, die da Hunger leiden, denn sie werden gesättigt werden . . . gesegnet sind die, die da weinen, denn sie werden lachen . . .« Und Francesco lacht. Es ist etwas Unnatürliches, etwas Verzweifeltes in seinem Gelächter, und es fällt auch niemand ein.

»Manchmal lache ich, anstatt zu weinen . . .« Er schaut etwas irre um sich. »Gesegnet sind auch die, die euch beleidigen . . . wenn euch jemand schlägt, so wehret ihm nicht, liebt ihn, umarmt ihn —. Es ist kein großer Verdienst, jemanden zu lieben, der euch seinerseits liebt! Lernt vergeben und vor allem lernt geben . . . geben . . . geben . . .«

Ich weiß nicht, wie oft er dieses ›Geben‹ noch wiederholt, denn seine schwache Stimme geht unter in dem Protest, den Pfiffen und den Buhrufen von den Brüdern, die absolut unzufrieden sind mit seiner Attitüde und dem brausenden Beifall der anderen, die wie wild klatschen, obgleich ihnen die Tränen herunterlaufen.

Francesco erlebt sehenden Auges, wie die Einigkeit der Fraternitas zerbricht. Er kniet vor Peter di Catanii hin, worauf Stille eintritt.

»Dich, Bruder Peter, ernenne ich jetzt zu meinem ›Vicarius‹. Alles, was Du sagst, soll Rechtens sein und befolgt werden —.« Peter versucht bescheiden abzuwehren, aber Francesco läßt sich nicht beirren:

»Sei mein Stellvertreter, lieber Bruder — ich werde für eine Zeit nach Frankreich gehen, um dort den rechten Glauben zu predigen!«

Und ohne sich nach seinen — nun endlich betroffen schweigenden — Brüdern umzusehen, geht er von dannen. Der Cardinal gibt seinem Gefolge

das Zeichen zum Aufbruch. Von meinem Bischof
verabschiedet er sich nicht.

Insalutato hospite!

Zweiter Eintrag Guido

Kaum ist Ugolino weg, schicke ich Wendower mit
einem der beiden Kuriere nach Rom und begebe
mich selbst nach San Damiano zu Clara. Ich mache nicht viel Umschweife, sie schuldet mir jede
Art von Gefälligkeit.

Die Äbtissin der ›minderen Schwestern‹ empfängt mich auch sofort. Um ihr Gewissen nicht unnötig zu belasten, erzähl' ich beiläufig von den
Insassen eines Karmeliterinnen-Konvents, die beschlossen hätten, sich auf Pilgerreise ins Heilige
Land zu begeben, und auf ihrem Weg nach Ancona bei uns ein paar Tage rasten wollten. Clara
stellt kaum eine Gegenfrage, daß ich annehmen
muß, daß sie meiner Geschichte keineswegs Glauben schenkt, mir aber dennoch zu Diensten sein
will.

»Nur ein paar Tage«, schränkt sie ein. »Wir haben weder Vorräte noch Lagerstätten übrig. Jetzt
im Sommer können meine Schwestern und ich im
Freien schlafen und den Damen Gastfreundschaft
gewähren − wenn die Tage kühler werden, wird es
schwierig!«

Ich versichere ihr, daß es sich nur um eine Sta-
tion handeln wird, und sende den anderen Kurier,
Hartwolf vom Berghe, mit einer Depesche zum
Hafenkommandanten von Ancona, in meinem
Namen und auf meine Rechnung ein Schiff bereit-

zuhalten. Da ich nun niemanden mehr habe, kann ich Laurence de Belgrave nicht einmal entgegenreiten.

Ich sitze in meiner Festung und warte. Der heiße Sommerwind fegt über die Terrasse, ich schreite auf und ab, ich träume von der rothaarigen Schwester und lasse mir von Ermengarda kühlen Wein servieren.

Warum werfe ich den ganzen Kram nicht hin und segle mit ihr nach Syrien. Eine leichte Brise bläht die Segel, es kräuseln sich des Meeres Wellen, neben mir am Mast steht hochaufgereckt die Frau meines Lebens, und wir schauen in die Ferne, fernen Gestaden und ungeahnten Abenteuern entgegen. Ich trage eine schimmernde Rüstung, stütze mich auf meinen Schild und habe die Hand um ihre Hüfte gelegt – sie schaut zu mir empor, ihrem Herrn und Retter.

Gerade als ich ihren schneeweißen Nacken küssen will, tritt schlurfend der alte Emilio ein, räuspert sich und meldet die Rückkehr des Kuriers Gunter von Öxfeld aus Rom.

Öxfeld trägt den Arm in einer Binde und blutet aus einer Stirnwunde. Sein Bericht ist knapp:

»Wir konnten es nicht riskieren, auch nur eines der Mädchen herauszulassen, die draußen lauernde Menge hätte sie auf der Stelle gesteinigt oder verbrannt. Ein verrückter spanischer Kardinal namens Pelagius, der früher bei jedem Romaufenthalt die ›Dienste‹ der Novizinnen in Anspruch nahm, ist über den abschlägigen Bescheid so empört, daß er mit Waffengewalt versucht sich Zugang zum Kloster zu verschaffen. Die Spanier waren wie von Sinnen, sie rückten mit einem

Dieser Bericht ist in des Bischofs Handschrift geschrieben, was ja auch logisch erscheint, da sein Secretarius ihm nicht zur Verfügung stand.
ASS

ROM

338

Rammbock an und sprengten das Tor. Erst im Klosterhof konnten wir sie im blutigen Kampf — Mann gegen Mann — zurücktreiben. Ich hatte Rom zusammen mit Eurem Herrn Secretarius gegen Abend erreicht. An der Porta Nomentana erwartet uns ein Trupp Berittner. Sie tragen das Wappen des Kardinals von Segni und heißen Roald of Wendower, ihnen zu folgen. Es war wie eine Verhaftung. Ich darf weiterreiten, werde allerdings — vor dem Kloster — leicht ›behelligt‹. Spät in der Nacht stößt der Herr Secretarius wieder zu uns, und wir beschlossen, zur gleichen Stund den Ausbruch zu wagen.«

Ich konnte ihm, außer einem Schluck Wein, keine Ruhepause gönnen und schickte ihn sofort zurück, damit er den Zug — ohne Assisi zu berühren — direkt nach San Damiano geleitet. Jetzt sind sie sicher schon in der Höhe von Spoleto und werden wohl in den frühen Morgenstunden eintreffen. Mir ist der Kopf schwer, und ich lege mich im Schatten nieder.

Laurence ist angekommen, sie hat zwar ihr kostbares Mobiliar auf dem Monte Sacro zurücklassen müssen, doch den wertvollsten Schmuck und viel teures Gerät mit sich nehmen können. Großzügig möchte sie Clara und ihr bescheidenes Kloster beschenken, doch die ›suore minore‹ weichen entsetzt zurück, als ob Satans blaue Flammen aus den kostbaren Kelchen und edelsteinverzierten Kruzifixen zucken würden. Laurence de Belgrave weigert sich, ein Bett anzunehmen. Sie will im Walde schlafen, doch kaum allein gelassen, schreitet sie zielsicher durch Gestrüpp und Unterholz, sie erreicht die Stadtmauer beim alten Wachturm — hat ihr Clara den bewegten Ablauf ihrer Flucht geschildert? Laurence tritt in meinen Garten — von niemandem gesehen. Ich eile ihr entgegen, mit wehenden Gewändern, derer ich mich im Laufen entledige, erschöpft falle ich ihr im Rosenhag zu Füßen, bedecke sie mit brennenden Küssen, doch sie steht feierlich über mir, bricht einen Dornenzweig und versetzt mir einen Streich.

Ich flehe sie an, mich zu erhören — stimmlos.

Meine Herrin, meine Priesterin, meine Göttin — sie hebt huldvoll wieder ihren Arm, der weiß aus ihrer Tunika wächst, und schlägt nochmals zu.

Ich spüre die Dornen mein Fleisch aufreißen, ich möchte schreien vor Lust, und sie peitscht meinen Rücken, mein warmes Blut spritzt über ihre Haut, es läuft warm meine Schenkel hinunter, ich bäume mich auf — und erwache schweißgebadet.

Kein Mensch ist auf der Terrasse. Die Sonne verfärbt sich zur Abendstunde. Schuldbewußt vernehme ich das Angelus-Läuten. Mühsam erhebe ich mich und wanke ins Innere des Hauses, um meine Kleidung zu wechseln.

Am Abend erscheinen Roald of Wendower und Ripke zum Rapport. Die Karmeliterinnen sind gut untergebracht, nur meint Roald, man sollte sie nicht zu lange bei Clara lassen, denn nach dem ersten Austausch von Freundlichkeiten zwischen Gastgeberinnen und erschöpften ›Pilgerinnen‹ würde die Ausfragerei sicher neugieriger und intensiver werden. Da bestünde doch die Gefahr . . .

Angesichts der Präsenz des Hauptmanns führt er seinen Gedanken nicht weiter aus. Ich habe verstanden.

Hartwolf vom Berghe kommt aus Ancona zu-

rück. Das Schiff liegt bereit. Ich lege den Termin
für die Weiterreise fest. Ich weiß, daß ich Laurence
de Belgrave in den verbleibenden drei Tagen nicht
sehen werde, nicht sehen kann (ohne sie — oder
mich — zu kompromittieren). Ich werde sie nie
wiedersehen. Das sind die Opfer, die man einer
großen Liebe bringt. Ihre Rettung ist mein Lohn.

Als wir endlich wieder allein sind, frage ich so
leichthin meinen Secretarius: »Was hat Ugolino
denn derart Dringendes auf dem Herzen gehabt?«

Roald lacht: »Der Kardinal wollte wissen, was
des Bischofs von Assisi Leute im Kloster der Karmeliterinnen verloren hätten?

›Ihre Unschuld!‹ entgegnete ich vielleicht zu
keck, doch der hohe Herr war nicht zum Scherzen
aufgelegt, und ich mußte ihm zusichern, daß wir
den Ort unverzüglich räumen würden — was ja
auch der Wahrheit entsprach!«

»Si vera sunt exposita...« Ich habe keinen
Grund, an der Schilderung Roalds zu zweifeln,
auch wenn mich ein ungutes Gefühl beschleicht.
Zu keck? Zu keck!

Vorausgesetzt, das Vorgebrachte stimmt!

Ich weiß eben nicht, wieviel er weiß! Ist er ein
Spitzel Ugolinos, über den er sich nur zur Tarnung
mokiert? Wie soll ich das herausfinden? Die An-
wendung von Folter erscheint unangemessen —
nur, weil er mich ›Dicker‹ genannt hat? Das tun
wahrscheinlich viele hinter meinem Rücken, und
mich kränkt das auch nicht. Aber was anderes ist
es, wenn mein secretarius sich herausnimmt, es
mir — mit Feder auf Pergament verewigt — unter
die Nase zu halten. Doch ist es eben nur ein hoch-
gehaltenes Fähnlein, das mir signalisieren soll,
wieviel sich der Mönch von St. Trinian leisten

kann. Ich könnte natürlich Ripke einen Wink geben (ich bräuchte nicht einmal in die Tasche zu greifen dafür), und Wendower bekäme eine formlose Abreibung. Andererseits will ich auch nicht, daß von unseren Spannungen das innere Gefüge des Palazzo beeinträchtigt wird oder gar etwas nach außen dringt —. Also belassen wir es erst mal beim status quo — Scheiß Argwohn!!

Brief Jacques de Vitry

Hochgewichtiger Bruder im leichteren Amte,

meine Gebete sind erhört worden! Zwar nicht BYZ der Kaiser, aber Andreas, der König von Ungarn, DTR ist gekommen! Mit ihm Herzog Leopold von Österreich, der sich schon vor fast 30 Jahren so wacker für die Stadt geschlagen hat, deren Bischof ich jetzt bin!

Und so will ich auch nicht bleiben, sondern an seiner Seite in den Kampf ziehen.

Wir setzen über den Jordan, reiten das Ostufer des Sees Genezareth hinauf, an Kapernaum vorbei. Ich kann König Andreas einen der Krüge verschaffen, die auf der Hochzeit von Kanaa verwendet wurden. Seine Majestät ist hocherfreut. Unter Vermeidung jeder Feindberührung marschieren wir durch Galiläa und kehren nach Akkon zurück. JER Inzwischen ist auch Hugo, der König von Zypern, eingetroffen, unsere Armee ist die stattlichste seit den Zeiten des Löwenherz. Aber Andreas und Hugo reisen nach Tripolis, um dort an den Hoch- JER zeitsfeierlichkeiten für Prinzessin Melisinde teilzunehmen. Hugo ist den Strapazen der Festlichkeiten, zu denen auch alle Muselmanen der Umgebung kommen und das Paar reich beschenken, nicht ganz gewachsen. Während der Völlerei eines der zahllosen Gastmähler erleidet er einen Schlagfluß und scheidet aus dem Leben.

Andreas hat seiner Reliquiensammlung das Haupt des heiligen Stephan einverleiben können. Überglücklich teilt er mir seine sofortige Abreise mit. Er hat sein Gelübde erfüllt! Unter sicherem Geleit des Seldschuken-Sultans führt er seine Truppen unbeschädigt zurück nach Konstantinopel.

Daß Leopold von Österreich noch unter uns weilt, liegt an seiner knappen Kasse. Er hat sich bereits beim Dschebail 5000 Byzanthii leihen JER müssen. Unser alter König Jean de Brienne hat seine junge Frau, die armenische Prinzessin Stephanie, verloren. Wahrscheinlich hat er sie zu Tode geprügelt, als er sie beim Versuch ertappte, sein Kind aus der vorigen Ehe, Yolanda, zu vergiften. JER Wenigstens hat er jetzt Zeit, sich um unseren Kreuzzug zu kümmern.

Eine friesische Flotte ist im Hafen von Akkon vor Anker gegangen. Mit ihr werden wir gen Ägypten segeln!

Jacques de Vitry,
Evêque de St. Jean d'Acre

DRITTER EINTRAG GUIDO

Nach nur zwei Nächten sorge ich für den Weitertransport der Karmeliterinnen. Der Mönch von St. Trinian benimmt sich seit seiner Rückkehr aus

Rom derart merkwürdig, daß ich beschlossen habe, ihn von der weiteren Betreuung der Schwestern (insbesondere *der* Schwester) zu suspendieren. Auf der einen Seite schlürft Roald of Wendower, noch gekrümmter als sonst, durchs Palais, mit düsterer desperater Miene, wenn er sich nicht unter Verweigerung jeglicher Nahrung in seinem Turmzimmer vergräbt. Oder er entwickelt eine geradezu hysterische Aktivität, macht mir die Kuriere verrückt, die er ständig mit Botschaften nach San Damiano jagt, oder er setzt mitten in der Nacht die Garde in Alarmbereitschaft, packt seine Habseligkeiten wie in Panik zusammen und begegnet mir mit irrem Blick — sagt dann aber nichts.

Da er als mein secretarius bekannt ist wie ein bunter Hund, bin ich dagegen, daß er die Nonnen nach Ancona aufs Schiff begleitet. In Assisi wird schon geredet — ich weiß das von Emilio, wobei ich nicht sicher bin, ob nicht ein Großteil der Gerüchte erst von ihm in die Welt gesetzt wird!

Kaum habe ich Roald durch Ripke mitteilen lassen, daß seine Mitwirkung an Evakuierung und Weiterreise der Schwestern nicht vonnöten sei, stürmt er wie von Sinnen in mein Studierzimmer und ›verlangt‹, daß die Aufgabe ihm übertragen bleibt.

Ich mache ihm ruhig meine Situation klar:

»Die Ankunft der Schwestern ist nicht unbemerkt geblieben. Schließlich ziehen ja nicht jeden Tag Nonnen unter militärischer Bewachung durch Umbrien, was leicht den Eindruck von Deportation oder Schlimmerem erwecken kann. Und was hat der Bischof damit zu schaffen?«

»Jagt mich mit Schimpf und Schande davon, prügelt mich aus Eurem Palazzo, mein erhabener Herr Bischof – so, daß alle Welt sieht, daß ich Eurer Dienstherrschaft nicht mehr würdig bin, daß Ihr nichts mehr mit mir am Hut habt – aber laßt mich gehen, bitte!« Mein secretarius wirft sich auf die Knie. »Ich bitte Euch flehentlich!«

»Steht auf, Roald of Wendower!« Ich komme mir grausam vor, aber auch befriedigt, was meine offene Rechnung mit dem Kerl angeht, von dem ich immer noch nicht weiß, ob er mich hintergeht – oder sich für mich aufopfert! Beides will ich nicht!

Ich will dem Eklat mit Ugolino keinen zweiten hinzufügen. »Die Rachesucht des Kardinals wünsch' ich weder mir noch Euch an den Hals! Meine Antwort bleibt ein klares ›Nein‹!«

Roald wirkt wie erschlagen: »Mein Bischof, Herr über Leben oder Tod! Von einem Versprechen könnt Ihr mich nicht entbinden. Laßt mich also wenigstens Abschied nehmen!« Also gestatte ich ihm, sich mitten in der Nacht mit Ripke und seinen Mannen nach San Damiano zu begeben.

Allerdings weise ich den Hauptmann unter vier Augen an, dafür Sorge zu tragen, ›daß der Secretarius uns nicht mit den Damen abhanden kommt!‹

»Also unter Arrest?«

»Nein, Ripke: Diskretes Eskortieren eines noblen Mannes – verwirrten Gemüts, doch von Ehre!«

Hartwolf vom Berghe erstattet mir Bericht:

»Die Damen hatten schon gepackt und waren reisefertig. Der Abschied zwischen den beiden

Auch dieser Bericht ist vom Bischof selbst notiert. Ob

seines Inhalts schloß sich die Hinzuziehung des Secretarius wohl aus.

Äbtissinnen fiel frostig aus. Mutter Clara, als die jüngere, gab sich keine Mühe zu verbergen, wie froh sie war, die ungebetenen Gäste wieder loszuwerden; und Mutter Laurence strahlte eisige Kälte aus. Ihre ›Dankesworte‹ waren an Arroganz und Häme nicht zu überbieten. Im Licht der Fackeln vollzieht alles sich in der Eile und Präzision einer von beiden Seiten sehnlich erwünschten Trennung. Der Herr Secretarius übergibt das Kommando an Hauptmann Ripke. Er ist bereits aufgesessen und will seinem Pferd die Sporen geben, doch Euer getreuer Gunter von Öxfeld fällt ihm in die Zügel: ›Hiergeblieben — lebend oder tot!‹ fährt er den Ertappten an, der unter seinem Griff keucht. ›Dann gebt mir den Tod!‹ Doch Gunter steckt lachend sein Schwert weg. ›Das taugt nicht für ein Mönchlein. Ihr bleibt am Leben — und in Assisi!‹ So steigt Herr Roald wieder ab, kreideweiß und verabschiedet sich knapp und förmlich von Laurence, der Äbtissin: ›Euer Bruder wünscht Euch gute Reise und verbleibt weiterhin Euer Diener!‹ sagt er leise. Beim Wegreiten, sie macht eine gute Figur zu Pferde, winkt sie ihm ein letztes Mal zu.«

Zweites Referendum Roald

auftragsgemäß wiedergegeben

Relata refero

Kaum ist der Zug im Dunkel der Nacht verschwunden, befiehlt mich ›Mutter‹ Clara zu sich: »Mir mangelt es an jedem Verständnis«, kanzelt sie mich ab. »Das könnt Ihr dem Bischof ausrichten — diese Frauen sind des Teufels! Das sind kei-

346

ne Schwestern Karmeliterinnen — noch sonst irgendeines Ordens, der im weiten Schoße unserer Kirche Platz hat, das sind als Nonnen verkleidete Dämonen, Töchter der Hölle!«

»Ehrwürdige Mutter«, versuche ich einzulenken, »die Strapazen der Pilgerreise . . .«

»Daß ich nicht lache: Pilgerreise? Pilgerinnen des Satans! Ihr Ziel ist nicht das Heilige Land, sondern Babylon! Keine von denen wußte das Ave Maria aufzusagen, aber über Verhütungsmittelchen, da wußten sie Bescheid! Von denen war keine mehr Jungfrau — und ihre Äbtissin, das ist eine Ketzerin!«

»Schwere Beschuldigung!« erwidere ich trokken. »Wie konntet Ihr nur zu solchen Erkenntnissen schweigen? Die heilige Inquisition . . .«

»Mistkerl!« faucht sie, zum ersten Mal die Contenance verlierend. »Wie der Herr, so das Gescherr!«

Clara ist wütend: »Sagt Eurem Bischof, daß ich schweigen werde, aber damit seien wir quitt!«

Sie läßt mich stehen. Ich reite zurück nach Assisi. Der Morgen graut . . .

Bischof Guido ist noch wach.

»Man kann nicht ungestraft zwei Herrinnen dienen«, ist seine müde Reaktion.

»Nil medium est! Laurence de Belgrave hat uns da an Konsequenz einiges voraus. Vielleicht sollten auch wir den Laden hier dichtmachen und . . .«

Einen Mittelweg gibt es nicht!

»Und was, mein Bischof!?« entgegne ich patzig. »Den Komfort eines Bistums wird Euch im

Heiligen Land keiner bieten, alle Stühle sind schon besetzt und Ugolino . . .«

»Zum Teufel mit Ugolino! Noch ist er nicht der Papst, und da er mich nicht absetzen kann, kann er mich mal!«

»Immerhin kann er eine derartige Berufung hintertreiben. Und wenn Ihr erstmal Assisis sichere Mauern, dieses bischöfliche Palais und seine Garde aufgegeben habt, seid Ihr nicht nur schutzlos, sondern vogelfrei!«

»Roald of Wendower«, sagt mein Bischof, »Ihr nehmt Euch eine kühne Sprache heraus. Soll ich das so verstehen, daß Ihr vom Verlauf meines Schicksals nicht betroffen seid? Habt Ihr Euch abgesichert?« Es ist mehr Hohn als Drohung in der Stimme meines Herrn.

»Mächtiger Bischof«, erwidere ich. »Ich wollte, Ihr könntet mich schützen. Doch mein Leben liegt nicht in Eurer gütigen Hand . . .«

»Ach«, spöttelt mein Bischof, »die Macht der Sterne! Daß Francescos Mission zu den Franzosen schon zu Florenz ihr unrühmliches Ende nahm, das wißt Ihr allwissender Sterngucker allerdings noch nicht?«

»Nein, mein Bischof!«

»Und wer hat ihn dort wohl abgefangen und heimgeschickt? Ugolino!«

Vierter Eintrag Guido

Jedesmal, wenn der Name Ugolino fällt, bekreuzigt sich mein secretarius heimlich. Ich glaube, er könnte auch nicht anders, wenn er wüßte, daß ich es bemerke. Der Schreck fährt ihm wie der Blitz in die Glieder. Oder will er mich nur täuschen?

Nach einem Tag und einer Nacht kehrt Ripke heim — allein! Nicht, daß es eine Meuterei gegeben hätte. Die Äbtissin, bei der er immer glaubte, sich Chancen ausrechnen zu können, hatte ihn — nachdem das Schiff beladen und alle es bestiegen hatten — kühl eröffnet, daß sie sich entschlossen habe, die Dienste der Garde noch länger in Anspruch zu nehmen. Das sei mit dem Herrn Bischof so abgesprochen. Erst da sei ihm aufgefallen, daß all seine Mannen bereits an Bord waren, samt Waffen und Pferden. Nicht einmal seine Kumpane aus frühen Tagen, wie Gunter von Öxfeld, hätten Anstalten gemacht, das Schiff wieder zu verlassen. Er, Ripke, habe sich entschlossen, das Spiel nicht mitzumachen, und hier sei er nun:

»Ein Hauptmann ohne Leute! Einzig Hartwolf ASS vom Berghe ist mir geblieben!«

»Und dann sind sie abgefahren?« will Roald wissen. Er zittert am ganzen Leib.

»Ja«, meldet Ripke zerknirscht. »Kurs auf Constantinopel!« Ich lasse mir kein Erstaunen anmerken. »Danke, Ripke! Seht Euch nach neuen Leuten um!«

Jetzt ist die Verblüffung auf seiten Ripkes. »Wie? Ihr wollt mich nicht aus Eurem Dienst entlassen!?« Er stürzt nieder und küßt mir Hand und Ring.

Der Bischof wächst über sich hinaus: Ich greife nach einem Beutel voller Goldmünzen — mindestens 50 Byzanthii — und werfe ihn Ripke zu:

»Intelligenz und Treue schließen meist einander aus — Wir belohnen das Letztere!«

Der Hauptmann hat nichts verstanden und stampft beglückt von dannen.

»Neue Leute?« knurrt Roald. »Woher nehmen? — Gesindel, das ein Handgeld einsteckt und kaum, daß es vertrunken, wieder das Weite sucht — deren gibt es viel. Aber eine Palastwache, die meinen gefährlich lebenden Bischof mit ihren Leibern schützt — eine Garde von Kerlen, wie wir sie hatten?«

»Da hat es König Friedrich leichter, der umgibt sich gleich mit Sarazenen. Die sind gegen Einflüsterungen der Kirche gefeit.«

»Und sie wissen, daß nur der Staufer und kein anderer sie nach ihrer Fasson selig werden läßt: eine Schutzbeziehung auf Gegenseitigkeit!«

»Also schaffen wir uns auch Muselmänner an«, werfe ich lachend ein. »Das fehlt mir in Assisi gerade noch!«

»Nein«, erwidert Roald, »aber wir halten uns an Friedrichs Vicarius, den Herzog von Spoleto. Ich finde, wir sollten wieder Deutsche nehmen!«

»Die mit dem erstbesten Nonnenschwarm durchbrennen«, erlaube ich mir zu spotten.

»Das waren keine erstbesten, sondern die ersten und die Besten!«

»Ihr habt das letzte Wort, Roald of Wendower.«

Der Staufer unterstellte die von seinen Vorgängern, den Normannen, unterdrückten »Sarazenen« seinem persönlichen Schutz (so verfuhr er übrigens später auch mit den Juden seines Reiches), was diese ihm mit beispielloser Treue dankten. Aus ihnen rekrutierte er auch seine Leibwache und Leibärzte.
DTR

PLAGAE NOMEN PELAGIUS

Eine Pest namens Pelagius (wobei der Eigenname auch noch die Bedeutung von Purpur = Cardinal hat, folglich auch ›zur See‹ bedeuten kann. Also voller Anspielungen!)

ANNO DOMINI 1218

ERSTES REFERENDUM ROALD

Lex est quod notamus

Gesetz ist, was wir festlegen.

Immer, wenn ich meinem — über alles — erhabenen Bischof mit astrologischen Erkenntnissen daherkomme, ernte ich Spott und Hohn. Und doch steht alles in den Sternen geschrieben, und die düsteren Konstellationen, die sich über dem seit Bouvines glücklosen Welfen, dem abgedankten Otto, zusammenzogen, deuteten klar auf ein elendes Ende hin. Honorius löst den Bann nur, damit der Leichnam im Dom zu Braunschweig bestattet werden kann. Sein Tod schafft nun auch beim Herzog von Spoleto Klarheit. So fällt es mir nicht schwer, ihn zu überzeugen, daß eine deutsche Garnison (Rocca Alta ist ja leider nicht mehr zu gebrauchen) in Assisi, wenngleich in Diensten des Bischofs, eine gute Strategie wäre — auch im Hinblick auf das unzuverlässige Perugia — und zumal ihr Sold von uns bestritten würde. Der Herzog ist einsichtig: exequatur! Ripke kann sich seine Mannen aussuchen, und wir sind beide wieder ›arrondiert‹ und wieder ›stauferisch‹!

Verlassen von allen Freunden, zurückgezogen auf ein einsames Schloß im Harz, verfällt er der Schizophrenie. Er läßt sämtliche Fenster vernageln, die Räume schwarz ausschlagen und fleht bei Kerzenschein Gottes und des Papstes Verzeihung herbei. Als sich nichts rührt (der Kirchenbann wird nicht aufgehoben), bittet er Mönche, ihn zu geißeln, bis ihm ein Zeichen der Vergebung zuteil würde. Blutüberströmt verendet er auf den nackten Fliesen seiner Rüstkammer. DTR

So soll verfahren werden!

Damit ist der todesverheißenden Konjunktionen noch kein Ende. Weitere Sterbefälle stehen ins

Haus ... große Fürsten werden fallen ... in Frankreich ... in Ägypten. Ich weiß, daß ich recht behalten werde, auch wenn es meinem aufgeklärten Bischof schwer ankommt: Auf den Wandel der Planeten ist Verlaß!

BRIEF DES JACQUES DE VITRY

Beneidenswerter Inhaber eines Stuhles, den wir uns nicht aussuchen können! Wie gern würde ich sonst mit Euch tauschen, erbauliche Gespräche mit dem erleuchteten Franciscus führen, während Ihr hier als Kriegsmann sicher brillieren würdet.

24. Mai Am Himmelfahrtstag sind wir in Akkon losgesegelt, und schon nach drei Tagen erreichen wir das Nildelta und gehen ziemlich ungestört bei Damiette, dem ›Schlüssel‹ zum Nil, an Land. Wir, das sind König Jean de Brienne, Herzog Leopold von Österreich und die Großmeister der drei Ritterorden. Das hat der Feind nicht erwartet. Die Stadt liegt zwei Meilen flußaufwärts und ist — wie die bösen Erfahrungen des Jahres 1169 zeigten — wirkungsvoll nur von Land und Wasser gleichzeitig anzugreifen. Über den Nilarm ist eine schwere, eiserne Kette gespannt, hinüber zu einem Turm auf der anderen Uferseite. Oliver, Bischof von Paderborn, ersinnt seinerseits ein Bauwerk, das er auf zwei zusammengebundenen Schiffen errichtet. Nach einem Bittgottesdienst greifen wir an! Wir stürmen den Turm und hacken die Kette in Stücke. Ungehindert können unsere Schiffe nun unter die Mauern von Damiette segeln.

Das war die Zeit von Saladins Aufstieg in Ägypten. Das christliche Heer — verstärkt durch eine byzantinische Flotte — unter König Amalrich I mußte die Belagerung aufgeben und abziehen. ROM

Den Friesen reicht der bisherige Erfolg. Sie segeln heim. Der Kreuzzug sitzt fest.

Ich bin mir — historisch ziemlich unbeschlagen — nicht sicher, ob ich einem Unternehmen von Tragweite beiwohne. Stellt Euch vor, wir erobern das Land der Pharaonen für die Christenheit mit all dem, was sich dahinter verbirgt, hinter den Quellen des Nils, jenseits der ungeheuren Wüste, namens Sahara. Dort soll es schwarze Königreiche geben von unermeßlichem Reichtum und Wälder, die keinen Winter kennen — und nach Westen? Wie sollen uns die maghrebinischen Sultanate widerstehen?

Wir rollen sie auf, Tunis und Algier bis hin zur Meeresenge von Tingis.

Wir kommen den Glaubensbrüdern im fernen Kastilia bei ihrer mühseligen ›Reconquista‹ zu Hilfe und schaffen ein einziges, riesiges christliches Mittelmeerreich, dessen Hauptstadt natürlich Jerusalem ist.

Dort auf dem heiligen Boden des Lebens und des Leidens Christi wird der Papst regieren!

Und nach Osten? Heißt es nicht, dort lebt das Volk der Tartaren, und es hängt dem christlichen Glauben an? Sein Herrscher Dschingis Khan unterwirft sich gerade Transoxanien, schlägt die ungläubigen Choresmier und erobert die sagenhaften Städte Buchara und Samarkand. Er wird auch die lästigen Seldschuken vernichten und sich mit uns in Bagdad vereinen. Seht, mein Bruder in Assisi, so träumt sich der Bischof der provisorischen Hauptstadt eines fragwürdigen ›Königreiches‹ von Jerusalem die christliche Weltherrschaft herbei, während er auf einer der vielen sumpfig-fiebrigen

Sultan El-Adil lag krank in Damaskus, als ihn die Nachricht vom Fall seiner Nilfestung erreicht. Der Schlag war zuviel für ihn. Mit 75 Jahren stirbt Saphadin, wie er genannt wurde. Er hatte nie den Glanz seines Bruders Saladin erreicht, aber er war nicht unfähig. Unter seiner Herrschaft hat sich die Dynastie der Ayubiten fest etabliert. In Syrien folgt ihm sein jüngerer Sohn El-Mu'azzam, der ältere El-Kamil übernimmt Ägypten.

Inseln im Nildelta hockt, vor sich die ungebrochene Macht Ägyptens und hinter sich das Meer, in das er jeden Augenblick zurückgeworfen werden kann.

»Läuse am Saume meines Herrschaftsmantels« pflegte Saladin die christlichen Küstenbesitzungen zu bezeichnen, wenn man ihn auf die Bedrohung durch unsere Burgen und Kastelle ansprach. Eine solche Laus bin also auch ich, eine Purpurlaus. Wenn man sie zerdrückt, kann man mit ihrem Blut wenigstens Herrschermäntel einfärben. Die Venezianer haben sich das Monopol gesichert. Venedig ist an allem schuld! Auch daran, daß ich hier auf einer Sandbank sitze, mit Malariamücken kämpfe und schlechtem Trinkwassser — und Euch von Herzen Assisi neide.

Giacomo I, Vescovo di San Giovanni d' Acri

(So heißt das auf italienisch — falls Ihr doch mal kommen wollt!)

ERSTER EINTRAG GUIDO

Als ich hörte, Ugolino habe Francesco mit ›Warnungen‹ an der Weiterreise nach Frankreich gehindert, erschien mir das erst als eine der vielen Finten des Cardinals (es war auch sicher eine, nur weiß ich nicht, welche).

Doch gibt es tatsächlich an der Kurie Strömungen, die ein aufmerksamer Beobachter (und das ist Ugolino) als ›franziskanerfeindlich‹ ausmachen könnte. Sie richten sich vor allem gegen Francesco, ihren Anführer — weshalb ich annehme, daß unter den Brüdern ›talpe‹ (Maulwürfe) tätig sind,

354

Unzufriedene, denen sein Führungsstil nicht paßt, Zuträger, die von oben Veränderungen — sprich: Erleichterungen! — durchsetzen wollen.

Wäre Francesco weit ab vom Schuß gewesen, hätten sie vielleicht ihr schmähliches Ziel erreicht. Denn, sowenig ich mich selbst mit Francescos Idealen — oder besser: ihrer Realisierung im täglichen Leben — identifizieren vermag, so erahne ich doch die Größe seines Konzepts und weiß mich da mit Ugolino leider einig, daß solche Ideen nur konsequent verfolgt werden können, sonst verwässern sie und werden von den allgemeinen Zeitläufen aufgesogen und sind eines Tages verschwunden. Ich kann mich also der Aufforderung des Cardinals an Francesco, nach Rom zu kommen, nicht widersetzen. Er soll vor dem Papst persönlich predigen.

Ugolino hat sogar den Text schon aufgesetzt und ihn Francesco geschickt, damit er ihn auswendig lernt. Ich habe Francesco angeboten, ihn in die Ewige Stadt zu begleiten. Sie fasziniert ihn ob ihrer Massierung von ›Heiligkeit‹, flößt ihm aber auch Scheu und Furcht ein, mit ihren Umtrieben, Intrigen und stets demonstrierter Machtfülle.

Eigentlich verspüre ich wenig Lust, mich in die Höhle des Löwen zu begeben, doch Roald of Wendower, der Weitsichtige, dringt in mich: »Es ist absolut zu vermeiden, daß ›Francesco‹ von ›Assisi‹ separiert wird, daß nun nach Jahren des Kampfes — angesichts eines unbestreitbaren ›Breitenerfolges‹ — die Bewegung der ›minores‹ von Rom vereinnahmt wird, abgetrennt von ihren Wurzeln. Es sind immer noch: ›Die Armen von Assisi‹, und Ihr, Guido II, seid ihr Bischof. An

Euch kommt keiner vorbei, das ist wichtig!« Francesco hat meine Begleitung mit Vergnügen akzeptiert. Ich darf auch reiten. Und noch mehr Spaß bereitet es ihm, die Geleitmannschaft des Cardinals abzuhängen.

Wir ziehen auf aberwitzigen Umwegen nach Rom — in mannigfacher Verkleidung. Plötzlich kostümieren sich alle Brüder als Nonnen, mit der typischen Kopfhaube, die mich sofort an die Karmeliterinnen erinnert — Francesco hat sich unter sein Tuch einen Fuchsschwanz gehängt, dessen rote Haare vorwitzig herausschauen.

»Wir sind die Schwestern«, flötet er mit Fistelstimme, »auf Pilgerreise ins Heilige Land!«

Ich lache, so gut ich kann, auch Ripke fällt dröhnend ein. Den letzten Teil des Weges benutzen wir den Tiberfluß und treiben auf Fischerbooten — unter den Brücken der Stadt hindurch — bis zum Ripa-Hafen, gleich nach der Leprosen-Insel.

Ich bringe den ganzen Verein in einem Nebengebäude des Frangipane-Palazzos unter. Jacoba ist außer sich vor Freude, Francesco so überraschend als Gast bei sich zu haben. Sehr gesprächig ist er allerdings nicht, denn hier in Rom ist ihm siedendheiß wieder die Predigtrede eingefallen, deren Vortrag man von ihm erwartet. Ich beruhige ihn, er solle sich nur die wesentlichen Punkte merken und deren Themata dann ruhig mit eigenen Worten behandeln. »Leg das Manuskript über Nacht unter Deinen Kopf«, scherze ich, »das hilft!« Am nächsten Morgen tritt Francesco vor unseren Heiligen Vater, umgeben von vielen mächtigen Purpurträgern, denn die Neugier auf den ›poverello d'Assisi‹ ist größer als die Fronde der Ablehnung (die auch ihr Gesicht nicht zeigt). Ugolino übersieht mich geflissentlich und nickt Francesco aufmunternd zu. Doch Francesco kriegt keine einzige der wohlüberlegten lateinischen Phrasen über die Lippen, er ist total blockiert. Aber deswegen noch lange nicht hilflos. Bescheiden bittet er den Herrn Papst um dessen Gebetsbuch, schlägt aufs Geratewohl einen Psalter auf und liest laut vor: »Meine Schmach ist mir vorgehalten, Schamröte bedeckt mein Gesicht!« Und dann beginnt er frei und kühn diesen Vers dazu zu benutzen, den anwesenden Prälaten und Kardinälen (seinen Bischof eingeschlossen) ihre Sünden vorzuhalten. Erst geht ein Räuspern des Unmuts durch die Reihen, dann macht sich betroffenes Schweigen breit. Francesco spricht — und er beginnt dabei vor Aufregung zu hüpfen, was sehr komisch kontrastiert zu der deftigen Bußpredigt — vom besudelten Antlitz der Kirche, das der Christenheit ein schlechtes Beispiel sei. »Reinigt es, reinigt Euch! Damit es wieder in Schönheit erstrahlen kann wie das Angesicht unseres Herrn Christus selbst!«

Zum Schluß weinen alle vor (echter) Rührung und (falscher) Reue, und der alte Honorius umarmt Francesco.

Die Gefahr eines päpstlichen Bannfluches für die ›Minderen Brüder‹ (darauf hatten die Feinde jeder Veränderung nämlich gehofft!) ist vorüber. Eine Gefahr, die Francesco gar nicht gesehen hatte.

Für ihn ist die Ketzerei so fern, wie ihm der nächstbeste Priester der Kirche nah ist. Er sieht da keinen Unterschied, noch irgendwelche Divergenzen. Mit der gleichen unschuldigen Bockigkeit lehnt er auch jetzt wieder die Annahme einer Regel ab, die ihm der Heilige Vater, wohl gedrängt vom konservativen Teil der Kurie, anempfiehlt. Es sind die gleichen, die eben noch den Kopf des ›poverellos‹ verlangt hatten! Honorius insistiert nicht. Er hat seine Pflicht getan, die Frage noch mal aufs Tapet gebracht, und nun ist er müde. Francesco wird mit seinem ausdrücklichen Segen entlassen. Es ist alles so offen wie zuvor.

Man muß sich vor Augen halten, daß — bald nach seinem Ableben — die ›Fundis‹ unter den Franziskanern wie Ketzer verfolgt und auch verbrannt wurden.

Die Feinde haben eine Schlacht verloren, nicht aber den Krieg. Ob Francesco es wohl schon als Sieg empfindet, so ungeschoren davongekommen zu sein? Wahrscheinlich hat er den Ernst seiner eigenen Lage gar nicht begriffen — vielleicht weiß er nicht einmal so recht, warum er nach Rom kommen mußte. Doch: um den hohen Herren mal den Kopf zu waschen!

Ugolino ist unzufrieden mit diesem Ausgang, was zur Folge hat, daß ich Francesco auch wieder nach Assisi zurückführen darf. Bei Jacoba feiern wir dennoch den Tag mit einem großen Festessen, das Francesco ausnahmsweise nicht von sich weist. Allerdings müssen die Türen offen bleiben und jeder Bettler, der auf der Straße vorbeikommt, wird von ihm persönlich an die Tafel gebeten. Es bedarf großer Überredungskunst Jacobas den Speisezettel etwas aufzulockern, denn Francesco läßt seine Gefährten sich ihre Lieblingsspeisen wünschen und dabei kommen rührende, doch recht bäuerlich-deftige Freßträume zum Vorschein:

›Eierfisch‹ mit Käse! (wohl das Einfallsloseste an Speisezubereitung: ein Ei in die fettige Pfanne,

etwas Käse darüber, zusammengeklappt, fertig!)
Andere wünschen sich (eine wahre Beleidigung
für die Frangipane-Küche!): Roggen-Grütze, Hir-
sebrei, Borretsch, Linsen mit Essig, Saubohnen
mit Speckschwarten! Endlich einigen wir uns auf
Schweinebacken mit Rübenkraut und einem aus
Sesam, Rughetta und Gallinelle gemischten Salat.
Und zum Abschluß natürlich die Küchlein! »Aber
da muß auch das Gesinde mitessen!« verlangt
Francesco, der den anderen Wein erlaubt, selbst
aber bei Wasser bleibt.

Bevor wir wieder heimreisen, lasse ich mich von
Ripke auf den Monte Sacro begleiten (vielleicht
wollte ich auch vermeiden, die einzig freien Stunden allein mit Jacoba im Palazzo zu verbringen,
denn Francesco macht doch noch seine Ab-
schieds-Honneurs bei Ugolino).

Zwischen dem Hauptmann und mir fällt kein
Wort, als wir zur Porta Nomentana hinaustraben,
die baumbestandene Allee entlang. Als sie sich
zum Platz erweitert, stehen wir vor einem wüsten
Freigelände — vom Kloster der Kameliterinnen
keine Spur mehr, nicht einmal Reste der Mauern,
kein Stein, nur eine von Unkraut überwucherte
Einöde.

Ripke fragt arglos einen der herumlungernden
Bettler nach dem Verbleib des Konvents. Der
schlägt sofort ein Kreuz: »Dämonen haben es in
der Nacht hinweggetragen, samt den jungen Teu-
felinnen — geradewegs zur Hölle! Ein unheiliger
Ort, den keiner betreten soll!« Er starrt uns feind-
selig an, und wir geben den Pferden die Sporen.

»Den Pelagius hat übrigens der Herr Papst zum

Legaten ernannt«, unterbricht Ripke unser Schweigen, »— und hat ihn an die Spitze des großen Kreuzzuges gesetzt, der demnächst ins Heilige Land fahren soll . . .«

Ich denke, wie sich wohl Francesco mit meiner Mutter verstanden hätte. Ich sollte ihr vielleicht ein Denkmal setzen, mitten dort auf der freien Fläche, einen Obelisken? Falls ihr Wunsch in Erfüllung geht, und ich werd' doch noch Cardinal!

Soll ich es geloben? Besser nicht, kein Gelübde!

BRIEF JACQUES DE VITRY

Erhabener Bürdenträger zu Assisi, der mir immer noch einen Besuch schuldet — oder schickt doch wenigstens endlich Euren Francesco!

Sultan El-Kamil hat inzwischen seine Truppen herangeführt und versucht, die bedrängte Stadt zu entsetzen. Die ägyptischen Pioniere bauen eine Brücke, worauf Pelagius hinter ihr einen Kanal graben läßt, doch gelingt es ihm nicht, ihn mit Wasser zu füllen. Eine Sturmflut überschwemmt das Lager der Kreuzfahrer hüfthoch, aber wenigstens ist der Kanal jetzt voll, so daß Pelagius Schiffe hinter die Brücke bringen kann. Eine Epidemie wütet im christlichen Lager.

Statt dessen erleben wir die nächste Heimsuchung in Form des eifrigen Glaubensstreiters Pelagius, Cardinal von Santa Lucia, den der Papst zum ›Legatus‹ bestimmt hat. Der alte Honorius ist auch nicht mehr auf der Höhe seines Amtes. Das gewaltige Heer, mit dem der Spanier eintrifft, setzt sich vor allem aus französischen und italienischen Kontingenten zusammen. Mir scheint, daß in Frankreich die Bischöfe die Aufgaben der Ritter übernommen haben, in Italien hingegen der Plebs und die Händler sich an deren Stelle drängen.

Gleich bei seiner Ankunft gerät der stolze Herr mit König Jean de Brienne überquer, weil er den Oberbefehl für sich beansprucht.

Sultan El-Kamil schickt uns als Parlamentäre zwei gefangene Ritter. Der ältere hatte wohl schon längere Zeit in morgenländischer Gefangenschaft verbracht. Er nennt sich Omar Djebel El-Maliki, okz stellt sich aber uns unter dem Namen Doughfors vor.

Der andere ist blutjung und erst vor ein paar Monaten hier gelandet, Crean de Bourivan. Sie okz überbringen ein für uns alle überraschendes Angebot: Wenn der Kreuzzug Ägypten räumt, könnten die Christen Jerusalem, ganz Mittelpalästina und Galiläa besetzen — außerdem würde ihnen der Sultan das ›wahre‹ Kreuz zurückgeben, das sie seinerzeit an Saladin verloren hatten.

Der König und alle Ritter aus dem Abendland plädieren für die Annahme dieser Offerte, doch Pelagius läßt sich nicht beirren, und der Ritterorden unterstützt ihn: Ohne die Burgen des Oultrejourdain wäre keiner dieser Orte zu halten, schon gar nicht das geschleifte Jerusalem. Das reiche Damiette hingegen liegt wie eine reife Frucht in ihrer Hand. Sie brauchen die Faust nur zu schließen, um es zu zerquetschen. Die Italiener, die mit dem Cardinal gekommen sind (und die sich durch besondere Disziplinlosigkeit auszeichnen), sind nur an der Beute interessiert, und die ist weder in Bethlehem noch Nazareth zu erwarten.

El-Mu'azzam läßt sofort die Mauern von Jerusalem schleifen, um die Stadt im Tausch für Damiette anbieten zu können. Einige Fanatiker wollen die Heilige Grabeskirche ebenfalls niederreißen, was der Sultan jedoch unterbindet. ISL

Und das ›wahre‹ Kreuz? Inzwischen gibt es davon so viele ›authentische‹ Splitter, daß man davon ganze Golgatha-Wälder errichten kann!

Herzog Leopold, der uns jetzt verläßt, nimmt auch so einen Holzspan mit sich nach Österreich!

Der widerwärtige Streit zieht sich in die Länge. Meiner Meinung nach, auf die niemand hören will, hat El-Kamil sowieso die Offerte nur vor uns ausgebreitet, weil er Zwietracht säen wollte, um

Pelagius tritt die Flucht nach vorne an, doch der Feind hat seine Zelte über Nacht abgebrochen.

Grund für El-Ka-mils unerwartete Flucht war eine Pa-lastverschwörung. Sie wurde zwar in letzter Sekunde ent-deckt, verunsicherte den Sultan jedoch derart, daß er es vorzog, seinem jün-geren Bruder El-Mu'azzam entge-genzueilen, der sich endlich bequemt hatte, ihm aus Sy-rien zu Hilfe zu kommen. Damit hatte El-Kamil zwar seinen Thron geret-tet, aber Damiette verloren.
ISL

Zeit zu gewinnen. Der Sultan war nämlich heim-lich abgereist, und keiner wußte, ob und wann er wiederkommt.

Ich kehre nach Akkon zurück und beende mein Schreiben an Euch Glücklichen in den grünen, kühlen Hügeln Umbriens. Allerdings lauert hier noch mein neuer secretarius John Turnbull, der sich — mit einer Empfehlung von Euch! — in mei-ne Dienste eingeschlichen hat (ich habe seitdem das Gefühl, ihm zu dienen).

Er schickt mich zurück an meine Residenz, während er selbst hier beim Kreuzzug meine Inter-essen wahren will. Ich beuge mich, hat er doch schon Euch, wie er behauptet, durch die Gefähr-dungen und Klippen gesteuert, die dem weltlichen Aspekt eines Bistums drohen.

Dort in Akkon ist nämlich der Herr Elia di Cortona, einer der Brüder Eures Francesco, mit Eifer dabei, meine Position auszufüllen. Also übergebe ich lieber die Feder als das Amt (an dem wir so hängen, Herr Bruder!). John Turnbull (heißt er wirklich so?) wird Euch in Zukunft mit Berichten von der Front versorgen, während ich mein verbittertes Herz von Akkon aus gelegent-lich vor Euch ausschütten werde.

In nomine Christi und aller Händler, die er zwar aus dem Tempel verjagt hat, die jetzt aber durch die Hintertür wieder hereingekommen sind.

Jacobus Episcopus
Sancti Ioanni
Ptolemaiici

lat.: kirchl. Name für das Bistum Ak-kon

Erster Eintrag Guido

Vor dem diesjährigen Pfingstkapitel habe ich eine längere Unterredung mit Francesco, und zwar bei mir im Palazzo. Mir ist zu Ohren gekommen, daß er gleich anschließend ins Heilige Land aufbrechen will.

Nicht, daß ich etwas dagegen hätte — nur zu gern würde ich ihn begleiten, doch ich sehe für uns beide Gefahren heraufziehen, falls wir unseren Platz hier verlassen. Dazu brauche ich Roalds düstere Horoskope nicht!

Bei mir ist die Sorge nicht genau definiert, denn ich kann mir nicht ausrechnen, wann, von wo und wie meine Feinde zuschlagen werden — vielleicht bilde ich mir alles auch nur ein!

Bei Francesco sehe ich ganz klar: Nachdem die Kurie erkannt hat, daß zu Lebzeiten des alten Honorius sie die Bruderschaft der Minoriten nicht in den gewünschten Griff bekommt, spekuliert sie nun auf — wenigstens zeitweise — ›Entfernung‹ des Trotzkopfes, um während seiner Abwesenheit das Gesicht der losen Vereinigung so umzumodeln, daß es endlich wie ein Orden aussieht: ›Ordo Fratrum Minorum‹ — der Begriff geistert schon durch die Wandelgänge des Lateranpalastes, auch einfach ›Franziskaner-Orden‹ genannt, wohl in der Hoffnung, damit dem sperrigen Anführer zu schmeicheln und ihn ruhigzustellen.

Und wenn Francesco meint (bedauerlicherweise tut er das), Ugolino würde solchen Bestrebungen gegensteuern, dann täuscht er sich.

Der Cardinalbischof von Ostia ist erst einmal selber ›Kurie‹ (und nicht Schutzherr von Assisis Minores!), und zweitens rechnet er fest damit, wenn schon nicht demnächst, wenigstens als nächster selber den Stuhl Petri zu besteigen. Wenn Francesco für eine gewisse Zeit ›ausgeschaltet‹ ist – eine ... Reise ins Heilige Land dauert ihre Zeit und nichts ist einfacher, als diese beliebig zu strecken, vor allem, wenn der Pilger arm ist und nicht einfach sich ein Schiff für die Rückfahrt aus eigener Tasche kaufen kann! – also ... bei längerer Abwesenheit Francescos fänden sich genügend Brüder, die eine solche ›Umwandlung‹ sofort mitmachen würden. Sie bräuchten nicht einmal ein schlechtes Gewissen haben oder sich Francesco gegenüber als Verräter fühlen: Alles geschieht ja zu seinem Besten – und der (ziemlich ahnungslose) Papst gibt seinen Segen dazu.

Ich trage diese, meine Befürchtungen Francesco mit der gebotenen Behutsamkeit vor, denn noch immer geht in seinen Kopf nicht hinein, zu welchen Machenschaften Rom fähig ist. Doch jeder ›Angriff‹ auf die Kirche, ihre Priester, die Kurie, den Papst wird von ihm leidenschaftlich (das heißt, ohne zu überlegen) rundheraus abgewehrt. So geschieht es auch jetzt. Ich muß mir von ihm sagen lassen:

»Nur böse Menschen denken Böses von unserer heiligen Kirche, der ich voll vertrauen will – und wenn mir der Heilige Vater durch den Mund seines Cardinals, meines Freundes, die Erlaubnis erteilt, endlich zu den heiligen Stätten eilen zu dürfen, so will ich das gewiß tun!«

Das hab' ich nun davon. Ich sag': »Francesco, ich mag zwar an anderen gemessen ein böser Mensch sein, aber ich habe Dich nie verraten! Etiamsi omnes, ego non! Den Judaskuß wirst Du von mir nicht erhalten. Geh also, wohin es Dich zieht. Ich werde versuchen, Dir Nachricht zukommen zu lassen, wenn mir Deine Rückkehr unumgänglich erscheint!«

Wenn auch alle (Dich verraten), ich nicht! (Petrus)

Das macht ihn nun doch nachdenklich, und er umarmt mich. »Mein Bischof«, sagt er, »ich liebe Euch. Wie immer auch andere darüber denken mögen, und solange ich auf Erden bin, werde ich für Eure Seele beten, von der ich weiß, wie schwer sie sich mit Eurem mächtigen Körper tut!«

Das Pfingstkapitel verläuft dann auch wie vorausgesehen. Es wird als ›Matten-Kapitel‹ in die Geschichte eingehen, denn es kamen so viele Brüder wie noch nie.

Wendower zählt an die 5000. Sie lagern alle auf geflochtenen Matten sub Jove im Freien, denn das einzige feste Haus, das die Stadt Assisi, um einen nützlichen Beitrag zu leisten, bereitgestellt hat für die Alten und Gebrechlichen unter den Brüdern — die gibt's inzwischen auch schon —, hat Francesco, als er meinen Palazzo verließ und von der Einrichtung erfuhr, wutentbrannt höchstpersönlich abgedeckt.

Unter dem Zelt Jupiters, unter freiem Himmel

Er kletterte wie eine Furie aufs Dach und begann die Ziegel hinunterzuwerfen. Sein leiblicher Bruder Angelo, der inzwischen zu den Notabeln der Kommune zählt, versucht ihn aufzuhalten, aber Francesco ist außer sich: »Ein Haus! Du willst mir die Armut beleidigen!« Und er setzt sein Zerstörungswerk fort. Mit Maurerarbeiten bestens vertraut, hätte er es bis auf die Grundmauern niedergerissen, wenn ich − von Emilio herbeigeholt − ihm nicht hätte klarmachen können, daß das Gebäude Eigentum der Stadt sei und nicht etwa das seine!

26. Mai Die Eröffnungsmesse findet am Pfingstsonntag statt. Ich beschließe, mich während der Versammlung im Hintergrund zu halten und Ugolino allein vorn auf seinem Stühlchen präsidieren zu lassen. So gerät der Cardinal auch prompt in das zu erwartende Gewitter. Francesco nimmt ihn bei der Hand und betritt mit ihm zusammen die Szene:

»Brüder! Meine Brüder!« ruft er ungewohnt laut. »Gott hat mir den Weg der Einfachheit gezeigt. Ich will nichts mehr hören von ›Regeln‹! Gott hat mir zugestanden, als ›Pazzo‹, als Verrückter, zu leben, und hat mir das Himmelreich versprochen. Die aber, die da glauben durch Gelehrsamkeit oder gar eigene Weisheit zur Erkenntnis gelangen zu können, die wird er mit ihren eigenen, untauglichen Waffen schlagen! Er wird sie strafen, und ich vertraue ihm!« Dabei läßt er die Hand Ugolinos nicht los, der sofort begreift, daß bei dieser Stimmungslage es besser ist, den Mund zu halten. Die Brüder, denen Francescos Unmut galt, zitterten zwar nicht, aber es war ihnen unwohl zumute, vor allem als sie sehen mußten, daß ihre ›Hoffnung auf Veränderung‹, der große Cardinal, vor ihnen stand wie ein gemaßregelter Schuljunge und schwieg . . .

Dem Klagen, daß die Bischöfe die ›minderen Brüder‹ immer noch am Predigen hindern, macht ein Schreiben von Papst Honorius ein Ende. Es ist auf den 11. Juni datiert und wirkt wie eine Bulle: Der Papst weist darin die widerspenstigen Bi-

Im weiteren Verlauf wurde zur besseren Organisation der Missionen beschlossen, Provinzen einzurichten, und ›Provinzial-Minister‹ wurden gewählt (samt und sonders solche, die Francesco genehm waren).

schöfe ausdrücklich an, die Arbeit der Missionare nicht mehr zu sabotieren.

OFM

Als dieses alles ›unter Dach und Fach‹ ist (Francesco würde sich so nie ausdrücken, wohl aber seine Gegenspieler), verkündet er endlich, daß er ins Heilige Land fahren wird, nicht als Pilger, sondern als Missionar. Und Ugolino kann (mit einem Stoßseufzer der Erleichterung!) die Schlußmesse halten.

Francescos erklärtes Ziel ist es, die Ungläubigen zu bekehren. Als Missionar kommt er seiner tiefen Sehnsucht nach dem Martyrium am nächsten. Ich will Ugolino nicht unterstellen, daß er in diesem Moment Francescos Tod als Märtyrer herbeifleht — zu den Mamelucken und in die Wüste wird er ihn schon gewünscht haben!

Dem Beispiel Francescos folgend, erbieten sich nun allenthalben Brüder, als Missionare in fremde Länder zu ziehen (zu Ugolinos Wonne genau die eingeschworenen Francesco-Anhänger), einige sogar ins ferne Marokko. Als Vertreter während seiner Abwesenheit bestimmt Francesco OFM Matthäus von Narni und Gregor von Neapel.

Am Sankt-Johannis-Tag besteigt Francesco das *24. Juni* Schiff in Ancona. Viele Brüder haben ihn dorthin begleitet, in der Hoffnung, mit ihm fahren zu können. Ich habe Roald of Wendower mitgeschickt, damit Francesco zum Abschied noch einmal sieht, wie ich mich um jeden seiner Schritte kümmere. Das Boot faßt nur noch weitere elf Passagiere.

Francesco überläßt die Wahl einem Kinde, das mit dem Finger auf die Ausgelosten zeigt. Roald tritt schnell einen Schritt zurück.

Noch am selben Tag werden die Segel gesetzt . . .

VIII.
EX TERRA SANCTA

Aus dem Heiligen Land
(1219-1220)

Zweiter Eintrag Guido

Ich warte noch immer auf das erste Lebenszeichen von John nach so langer Zeit, das mir Jacques de Vitry angekündigt hat. Mehrfach habe ich ihm schon über dessen Adresse geschrieben, doch eine Antwort steht immer noch aus. Was ich vor allem von John wissen will, ist, welche Rolle er im Kloster, im Leben meiner Mutter und meiner ›Schwester‹ spielte und warum er mir diese Beziehungen verheimlicht hatte. Und was Roald, mein jetziger secretarius mit dem allem zu tun hat. Seit der Abreise der Karmeliterinnen schleicht der Mönch von St. Trinian wie eine ausgeblasene Talgkerze durchs Haus, die Gicht verkrümmt ihn immer mehr, seine Haltung ist ein einziger Vorwurf gegen eine widrige Umgebung, vor allem gegen mich! Nur seine Referenda sind ausführlicher geworden, als flüchte er sich in die phantasiereiche Welt des geschriebenen Wortes, weil ich, sein despotischer Herr Bischof, ihn nicht mit den Schwestern hab' davonsegeln lassen.

Es gibt noch vieles, das ich von John wissen will, über mich selbst, und auch wie es unserem Francesco ergangen ist, doch es trifft nur ein weiteres Schreiben des Bischofs von Akkon ein.

Bruder in der Ferne, vereint mit uns im Glauben!
— von den sieben Geißeln Ägyptens nach Akkon
zurückgekehrt, weiß ich erstmal wieder, wie gut es
mir geht.

Und damit ich nicht übermütig werde, oder gar
dem seichten Genuß verfalle, hat uns der Herr
Euren Franciscus geschickt. Von Zypern kommend ist er heute gelandet. Sein Bruder Elia (oder
besser: ›der Kustos von Syrien‹!) nimmt ihn in
Empfang. Der Herr hält es nicht für nötig, mich zu
benachrichtigen, aber Caesar von Speyer gibt mir
rechtzeitig Bescheid.

*ein deutscher Bru-
der, der in Palästina
zu den Franziska-
nern stieß. OFM*

Franciscus ist ziemlich sprachlos, geblendet von
den Kontrasten: draußen in der gleißenden Helle
die Armut der einheimischen Bevölkerung, sie liegen im Staub der Straße, durchzogen von trüben
Rinnsalen, und hinter den Mauern die Höfe der
Reichen, wie der Palast des Kustos, mit seinen
schattenspendenden Gärten, den Vorhallen mit
ihren Springbrunnen und dem erlesenen Dekor
arabischer Baumeister auf den marmornen Bö-
den, den in Mosaiken eingelegten Wandornamen-
ten und den Kassettendecken aus Zedernholz —
wie märchenhafte Tropfsteinhöhlen. Die angeneh-
me Kühle der Räume umfängt den Besucher,
kostbare Teppiche fangen jeden Laut seines
Schrittes auf.

»Hier müßte man seine Schuhe ausziehen, nicht
wahr, hochwohlgeborener Bruder Elia — wenn ich
nicht schon barfuß wäre!« spöttelte Franciscus,
und ich spüre durch seine Befangenheit den auf-
steigenden Ärger.

»Hochwohlgeborener Bruder Franz —«, geht Elia ungerührt auf die Rüge ein. »Darum will ich Euch als erstes die Füße zur Begrüßung waschen!« Und er klatscht in die Hände.

Maurisches Personal bringt Becken, Rosenblätter schwimmen auf dem Wasser, und Tücher.

Franciscus läßt es mit sich geschehen.

Elia ist ein hervorragendes Beispiel, wie selbst engagierte Christen nach nur kurzer Zeit des Aufenthaltes hier dem Zauber des Orients erliegen. Nicht, daß er seine Aufgaben darüber vernachlässigt hätte: Elia von Cortona ist ein genialer Organisator und ein Redner von großer Überzeugungskraft, und er ist ambitioniert: Für ihn ist das Amt (und der Titel!) eines ›Kustos der Ordensprovinz Syrien‹ nur eine Sprosse auf der Leiter des Erfolges, des Aufstiegs in die Führungselite der ›Franziskaner‹.

Ich habe die anschließende Diskussion nicht miterlebt, aber Caesar berichtet mir. Die Vorwürfe hagelten nur so.

Francesco wirft Elia nicht sein süßes Leben vor — das solle er mit seinem Leitbild Jesus Christus ausmachen!

Elia sei auch aus der Ferne — wie von Anfang an, seitdem Elia der Brüdergemeinschaft beigetreten — das Haupt der Résistance geblieben — gegen den von ihm, Franciscus, eingeschlagenen Wege der Armut, der Demut, der Simplicitas. Er, Elia, verneine die Armut als störend und unappetitlich, — die Demut als Hemmschuh der Machtentfaltung — und anstelle der Schlichtheit der Gemüter wolle er: straffe Führung, womöglich mit hierarchischem Überbau, Gelehrsamkeit — womöglich gleich mit Lehrstühlen an den Universitäten — kurzum: Er ziele auf einen ›Orden‹! Elia wolle ihm all die Seelen, die er, Franciscus, mit seines Leibes Leben um sich gesammelt habe, stehlen und seines Kopfes Führung unterstellen!

»Noch nie«, sagt mir Caesar, der ein aufmerksamer Beobachter ist, »habe ich von Franciscus derartig wortreiche, zusammenhängende und wohlformulierte Beschuldigungen gehört!« Jetzt bedauere ich noch mehr, nicht mit eigenem Ohr teilnehmen zu können, wie hier, auf dem Boden der Terra Sancta die Entscheidungsschlacht um die Zukunft des ›Ordo fratrum minorum‹ geschlagen wird, wie Elia bereits unverblümt die Bruderschaft bezeichnet.

Und Elia schlägt zurück: »Bruder«, sagt er, »Du hast Großes geschaffen — doch es ist nun mal die Gesetzmäßigkeit sich ausbreitender Größen, daß sie eines Tages nicht mehr mit den freien, improvisierten Lebensformen auskommen, die ihnen leicht reichten, als sie noch nach Dutzenden zählten! — Bei dem Pfingstkapitel, auf dem Du mich nach Syrien ›weglobtest‹, promoveatur ut amoveatur.¹ — Ja, Du wolltest mich vom Halse haben! — da warst Du stolz, daß 3000 unorganisierte Brüder dennoch spontan von den umliegenden Gemeinden aus Neugier, aus Mitleid, verköstigt wurden.

¹ *jdn. loswerden, entfernen, durch Beförderung, Promotion*

Dieses Jahr waren es schon 5000, und sie litten Hunger. Und nächstes Jahr!? Du hast Großes geschaffen, keiner macht Dir das streitig, aber nun gilt es, das Erreichte zu halten, seine Zukunft zu sichern!

Die Bruderschaft kann nicht zur Spielwiese, zum Experimentierfeld Deiner Launen, Deiner Rigorositäten, Deines Ego werden. Sie hat ein Recht auf *ihr* Leben, sie hat ein Recht auf eine ›Regel‹!

Du hast Großes geschaffen, aus Deiner Spontaneität, aus Deinen Visionen, Deinem Glauben, Deiner Liebe heraus. Gib uns die Möglichkeit, diesen Schatz zu fassen, wie man einen kostbaren Stein faßt, lasse uns Dein Werk, Deine Lehren in Worte fassen — nichts anderes will eine ›Regula‹!

Du hast Großes geschaffen, Bruder Francesco, hüte Dich davor, daß es vor Dir geschützt werden muß!«

Franciscus ist bleich geworden. Das ist also die Liebe des Elia, den er vor anderen ausgezeichnet hat, den er schweren Herzens (und fast mit Neid) ins Heilige Land hat ziehen lassen. Doch wenigstens endlich mal einer, der sein Gesicht zeigt, einer, der alles in klare Worte bringt, wie ein Advocatus vor Gericht.

Dafür könnte er ihn lieben!

»Mit allem magst Du recht haben, Bruder. Ich weiß es nicht, Du weißt es nicht! Nur Gott. Ich bin froh, daß es nun ausgesprochen ist, denn jetzt kann ich frei den Weg gehen, um dessentwillen ich gekommen bin!«

Betroffen bittet Elia ihn, sich doch erst einmal auszuruhen, auch wolle er ihm einige Informationen über El-Kamil geben, damit Francesco sähe, daß eine Friedensmission nicht so einfach sei.

Doch Franciscus will nichts davon wissen. »Elia, mein lieber Bruder, Ihr habt mein Leben abgerechnet, laßt mir wenigstens mein Martyrium! Und dem Sultan werde ich von Angesicht zu Angesicht gegenübertreten, und dann soll Gott entscheiden. In seine Hände empfehle ich meinen Leib — nicht länger in die von Beratern! Lebt wohl!«

Franciscus hat sich auch nicht von mir verabschiedet, was ich ihm nicht übelnehme. Bei Auseinandersetzungen, bei denen derart um die Seele der Dinge gerauft wird, da mag schon einer die gebotene Höflichkeit mal vergessen. Ich meine, daß Franciscus nur hier — also weit weg von Assisi und eigentlich nur gegenüber dem Elia — ganz bewußt den einfachen ›Poverello‹, also den ›idiota‹, kurz abgestreift hat. Anders kann ich mir (und ich sehe keinen Grund, an Caesars Erinnerungsvermögen zu zweifeln) diese Sprache nicht erklären, denn solche ›scholastische‹ Rede von Franciscus ist uns ansonsten völlig unbekannt. Doch ich finde, Ihr, sein Bruder Guido, solltet darum wissen, wie auch, daß nach meinem Dafürhalten Franciscus nun durchaus die Gefahr suchen wird, in der er umzukommen hofft. Ich werde für ihn beten, und Ihr solltet es auch tun.

Ave Maria
Jacques de Vitry
Episc. Saint Jean d'Acre

BRIEF JOHN

Eminenz,
Ihr müßt mein langes Schweigen entschuldigen, aber Ihr werdet sicher das unglaubliche Glücksge-

fühl mit mir teilen wollen, das mich durchströmte (und mir keine Zeit zum Briefeschreiben ließ), als ich in dem jungen Emissär des Sultans meinen verloren geglaubten Sohn erkennen durfte. Bei der Nennung seines Namens ›Crean‹ stockte mir der Atem — wie sollte es wahr sein? Aber wer würde sich sonst so nennen! Es war wie ein letzter Gruß meiner geliebten Alazais, dieses letzte Lächeln, bevor sie in die Flammen schritt.

Ich schloß ihn in meine Arme. Das Erstaunen auf seiner Seite war ebenso groß.

Seine Mutter hatte ihn erst nach dem Ableben des Mannes, dessen Namen er trägt, mit meiner Existenz vertraut gemacht. Nach ihrem Flammentode, den man ihm lange verheimlichte, lief er seinen katharischen Erziehern davon, verdingte sich als Knappe bei verschiedenen Edelleuten, bis er einen fand, der ihm die Rüstung seines Sohnes schenkte. Damit — und sich älter ausgebend — schloß er sich zwei Herren an, die, der Navigation wie der politischen Lage völlig unkundig, direkt in Alexandria landeten.

Ihre Tollheit rettete ihm das Leben. El-Kamil gerade vom Vizekönig zum Sultan von Ägypten aufgestiegen, hörte von dem Vorfall, begnadigte ihn ob seiner Jugend und ließ ihn Arabisch lernen.

Viel Zeit ist uns beiden nicht gegönnt, denn die Führer des Kreuzzuges holen Crean pausenlos zu verhörähnlichen Ausforschungen der Pläne des Feindes, was dem Jungen äußerst unangenehm ist, hatte er doch die Ägypter nur von ihrer besten Seite kennengelernt und als wesentlich zivilisierter als uns Kreuzfahrer.

Ich kann ihn gut verstehen — schließlich frage

ich mich auch oft, was zum Teufel ich hier eigentlich verloren habe?! — Unser Zusammensein ist nicht von langer Dauer, denn — wie zu erwarten war — setzt sich der Cardinal durch, und das Friedensangebot El-Kamils wird abgelehnt.

Als Parlamentäre auf Ehrenwort müssen die beiden, Omar und er, mit diesem niederschmetternden Ergebnis wieder zum Sultan und damit in das ungewisse Schicksal der Gefangenschaft zurückkehren.

Beim Abschied lächelt Crean mir zu, es ist nicht das Lächeln Alazais', sondern das eines früh Gereiften, der mir Zuversicht signalisiert.

Ach Eminenz,
jetzt spüre ich erst wieder die Wohltat, Euch so anreden zu können.

Frances ist bei uns im Lager angekommen, hat dem Heer eine Predigt gehalten und anschließend sich die hohen Herren einzeln vorgenommen. Einige waren von ihm so angetan, daß Pelagius, dem er wie eine lästige Fliege erscheinen muß, nicht umhin kann, Frances' seltsamer Bitte zu entsprechen: Er will den Sultan besuchen! Und das jetzt, mitten in den Kampfhandlungen, denn die täglichen Scharmützel gehen weiter, auf beiden Seiten wird mit Erbitterung gekämpft. Einen Status als offizieller Parlamentär lehnt er ab. Nur begleitet von Bruder Illuminatus verläßt er unsere Schanzen und marschiert durch das Niemandsland auf das Heerlager des Sultans zu. OFM

Keiner glaubt, ihn jemals lebend wiederzusehen.

Die muselmanischen Vorposten greifen die beiden auf, es kommt zu Tätlichkeiten (Illuminatus gesteht mir später, sie waren regelrecht verprügelt worden).

Nur der Tatsache, daß Frances, der kein Wort Arabisch kann, gellend und wiederholt nach dem Sultan schreit, ist es zu verdanken, daß die beiden lebend — anstatt als abgeschnittene Köpfe vor El-Kamil geschleppt werden. Dessen Umgebung ist anfangs argwöhnisch, doch den Sultan erinnert Frances sofort an die von ihm verehrten ›Sufis‹, die sich ebenfalls asketisch in grobe Wolle kleiden und deren mystische Poesie und Leben in völliger Armut er hoch schätzt.

Wer so einfältig, so sanftmütig und so schmutzig daherkäme, sei weder Spion, noch gedungener Meuchelmörder, sondern ein Mann, den der Finger Allahs berührt habe.

So ist die erste Frage gleich, ob die beiden gekommen seien, um zum Islam überzutreten. Omar wird gerufen und muß übersetzen.

Frances weist das nicht empört, aber leicht irritiert zurück. Er sei gekommen, um die Sache Gottes zu vertreten und um die Seele des Sultans zu retten.

El-Kamil muß befürchten, von dem merkwürdigen Gast nun in einen längeren religionsphilosophischen Disput verwickelt zu werden, woran ihm — angesichts der politischen Situation — nichts liegen kann.

Dazu saß er noch nicht fest genug auf dem Thron von Kairo, und als Sultan war er ja auch das geistliche Oberhaupt des sunnitischen Teils des Islams.

Zudem befindet man sich (leider) im Kriegszustand mit diesen dickköpfigen, unberechenbaren Christen, die partout einen der Propheten zum Gott erheben wollen.

El-Kamil tauscht also ein paar belanglose Höflichkeiten mit Frances aus und bietet ihm an, so lange zu bleiben, wie es ihm beliebe. Damit ist Frances gnädigst entlassen. Doch hat der Sultan seine Rechnung ohne unseren ›Missionar‹ gemacht, der in seiner sanften Art (die dennoch vom Hofstaat als unhöflich betrachtet wird) insistiert, daß der Glauben der Christen der bessere sei und er, Frances, bereit sei, für diese, seine Überzeugung zu sterben! El-Kamil lächelt und läßt einen mit Kreuzen gewirkten Teppich hereinbringen und vor Frances ausrollen.

Gleichzeitig zieht der Scharfrichter, ein baumlanger Nubier, sein Krummschwert.

Frances besinnt sich nicht lange und schreitet über den Teppich, wobei er keineswegs vermeidet, auf die Kreuze zu treten (das ist zwar beabsichtigt, bereitet aber dennoch Enttäuschung).

»Ich habe meinen Glauben nicht verraten«, wendet sich Frances verschmitzt an den Sultan, »das hier sind die Kreuze der bösen Schächer! Die will ich gern mit meinen Füßen treten! Das wahre Kreuz habt Ihr nicht, Sultan!«

Frances konnte nicht wissen, daß er jetzt mit seinem Leben spielte, ihm war nicht geläufig, daß das ›wahre Kreuz‹ (oder, was man dafür hält) sich sehr wohl im Besitz der Muselmanen befindet.

Doch El-Kamil läßt es dabei bewenden, wiederholt seine angebotene Gastfreundschaft, geht auch nicht mehr auf Frances' Angebot ein, sie beide sollten sich der Feuerprobe unterziehen, ein in den Augen der zivilisierten Araber barbarisches Unterfangen, um ›die Wahrheit‹ unter Beweis zu stellen, das fast immer einem Todesurteil gleichkommt — ohne daß Gottes Wille irgendwo — es sei denn in ekelhaften Brandverletzungen — sichtbar wird.

Die Frage erledigt sich auch von selbst, weil Frances von einem Fieberanfall niedergeworfen wird und so in den Genuß arabischer Krankenpflege und Heilkunst kommt, die der unseren weit überlegen ist. Und da sie freundlich und barmherzig ausgeführt wird, mit aller Hochachtung, wie von El-Kamil persönlich den Ärzten anempfohlen, wirkt Frances nach seiner Genesung sehr nachdenklich, ja fast beschämt. Er weist beim Abschied natürlich alle Geschenke zurück, nimmt aber doch einen Passierschein für die heiligen Stätten an. Er werde dort für den Sultan beten.

Während Frances und Illuminatus mit allen Ehren zum Kreuzfahrerlager zurückbegleitet werden, seufzt El-Kamil. »Gewiß ein heiliger Mann, aber warum muß er so furchtbar stinken?«

Illuminatus hatte man, während Frances krank darniederlag, angeboten, ob er eine Moschee besichtigen wolle.

Er hatte — ganz im Sinne seines Meisters — geantwortet. »Aber ich werde dort nur zu meinem Gott beten!« Daraufhin hätten ihn die Muselmanen ganz erstaunt angeschaut: »Es gibt nur einen Gott! — Und der ist überall!«

Inzwischen holen die kriegerischen ›Notwendigkeiten‹ uns wieder ein. El-Kamil schickt noch einmal Omar (Crean habe sich geweigert, ein weiteres Mal als ›Parlamentär‹ den Kreuzfahrern ausgeliefert zu werden, lasse mich aber grüßen —

380

er hoffe, mich unter würdigeren Umständen wiederzusehen!).

Doch Pelagius schert sich nicht um Jerusalem,
er will keine Vereinbarungen und Tauschgeschäf-
te, er will den Kampf bis zur völligen Vernichtung
des Gegners.

Einige Tage später meldet uns ein Spähtrupp,
daß der Außenwall von Damiette unbesetzt sei.
Am folgenden Tag, fünf Tage nach Allerheiligen, *Dienstag, 5. Novem-*
rücken wir in voller Stärke vor, überrennen beide *ber*
Mauern und dringen in die Stadt ein, ohne ernsthaften Widerstand zu finden.

Eine Seuche hatte dem Kreuzfahrerheer die
Arbeit abgenommen. Gegen die Überlebenden
geht man mit der üblichen Brutalität vor.

Frances ist entsetzt. Was sich vor seinen Augen
›im Namen Christi‹ abspielt, hatte er nicht einmal
in den schaurigsten Alpträumen gesehen, er vermeint, in die Hölle versetzt zu sein.

Sein Mahnen, seine flehentlichen Ansprachen
verhallen ungehört. So wenig wie vorher, als er
zum Frieden riet, hört man jetzt auf ihn, als er um
Milde, um christliche Nächstenliebe bittet und
bettelt.

Schockiert und tief traurig verläßt er den
Kreuzzug und begibt sich mit König Jean zurück
nach Akkon.

Auch Jean de Brienne ist es nun endgültig leid,
noch einen Tag länger im Dunstkreis des fanatischen Cardinals zu verharren.

Ich hoffe, der verstörte Frances vergißt nicht,
Euch meine Grüße zu überbringen — vielleicht
trifft mein Schreiben auch schon vor ihm ein, da er
ja noch Jerusalem, Bethlehem und Nazareth besu-

chen will, um — nicht nur für den Sultan, sondern vor allem für uns zu beten.

Doch wird Frances diese Welt verändern können?

Ergebenst, Euer John

ANNO DOMINI 1220

BRIEF JACQUES DE VITRY

Seid bedankt, Bruder, für Euren Engel des Herrn, der die Spanne von Assisi bis hier zu uns nach Akkon leicht wie die Schwalbe im Herbst überwand; dessen Flügelschlag unsere Herzen erbeben läßt. Seit Franciscus unter uns weilt, weiß ich — in aller Bescheidenheit —, daß zumindest zwei unbeirrbar gläubige Seelen in den Mauern dieser Stadt zu finden sind.

Auf dem Schiff, das sie beide zurück nach Akkon bringt, schließen Franciscus und unser König Jean de Brienne Freundschaft, nicht zuletzt ausgelöst von einer Fußnote der Geschichte, daß vor vielen Jahren, wie Franciscus gesteht, er als Ritter in die Dienste von dessen Bruder Walther treten wollte.

Er nimmt auch nicht mehr im Palais des Kustos seinen Aufenthalt, sondern akzeptiert für die ihm verbleibenden Tage die Gastfreundschaft des Königs. Immer in Begleitung seiner elf Gefährten. Auch wenn sie, was den Ruhm anbelangt, in seinem Schatten stehen, treten sie doch aus ihm heraus, wenn sie als Prediger auftreten, was sie allesamt, wo sie nur konnten, auch furchtlos taten.

Franciscus macht mir einen Besuch, um sich für meine großherzige Tat zu Damiette zu bedanken. Ich weiß von nichts! Francesco rühmt mich, ich habe die Kinder der eroberten Stadt vor der Sklaverei bewahrt, indem ich sie kurzerhand taufte. Dieses Vorrecht eines Priesters muß sich wohl John Turnbull angemaßt haben, doch angesichts der guten Tat – hier heiligt ausnahmsweise der Zweck das Mittel! – will ich ihm verzeihen und kassiere als Dank, daß Franciscus mir meinen englischen Sekretär Colin entwendet, der allerdings schon lange mit der Idee liebäugelte, ›Minderbruder‹ zu werden (weswegen ich auch schon vorsorglich John engagiert habe!)

Als ob er mich strafen wolle, für die nichtbegangene, doch rühmlich zugeschriebene ›Gute Tat von Damiette‹, macht Franciscus mir noch zwei weitere Mitarbeiter abspenstig, was zwei unbesetzte Pfarrstellen bedeutet. Meinen Kantor konnte ich gerade noch zurückhalten! Die ursprüngliche Lebensweise der Apostel wirkt hier auf historischem Boden natürlich besonders attraktiv, aber ich glaube, daß bei vielen auch die Verzweiflung (über die total verfahrene Situation hierzulande) eine Rolle spielt oder ein genereller Fluchtgedanke, sich dieser Welt zu entziehen?

Franciscus ist mittlerweile von seiner Pilgerreise durch Palästina zurückgekehrt, was eine weitere

heute wieder St. Ge-
org (griech. ortho-
dox), BAU

›Fahnenflucht‹ bewirkt: Monsignore Rainiero, mein Prior an Sankt Michael, läuft zu ihm über.

Ich glaube, ich muß tatsächlich bald John zum Priester weihen. Dann könnte ich wenigstens die

die damalige Kathe-
drale von Akkon,
BAU

Pfarre zum Heiligen Kreuz wieder besetzen!

Andererseits kann ich Franciscus nicht tadeln, denn sein ›Passepartout‹, das ihm El-Kamil gewährt hat, wird jetzt auch auf alle ›Minderbrüder‹ insgesamt erweitert, so daß sich Missionarstätigkeiten in Gebieten eröffnen, die uns bisher verschlossen waren. Franciscus zeigt seinem Kustos Elia, wie man's macht! Und dazu braucht er Leute!

Der priesterliche Aderlaß in meiner Diözese nimmt ein jähes Ende, als im Juli aus Italien Bruder Stephan eintrifft (wohl von Euch geschickt?) mit für Franciscus beunruhigenden Nachrichten.

Matthäus von Narni
und Gregor von
Neapel, OFM

Seine beiden von ihm ernannten Stellvertreter hatten auf dem diesjährigen Pfingstkapitel eigenmächtig Neuerungen eingeführt, die die ›Franztreuen‹ Brüder in Aufruhr versetzten: Änderungen der Fastenvorschriften im Angleich an bestehende

OFM

Orden. Giovanni di Capella, ein Bruder der ersten Stunde, hatte sich abgespalten und einen eigenen ›Leprosen-Orden‹ gegründet. Filippo Longo hatte

OFM

von Ugolino Privilegien für die ›Armenschwestern‹ erwirkt, um die Clara gar nicht gebeten hatte. Überhaupt, der Verkehr — immer unter dem Mantel der seelsorgerischen Betreuung — mit den minderen Schwestern habe in bedenklicher Weise zugenommen. Dann reist auch Peter di Catanii an,

OFM

um das Gerücht an Ort und Stelle zu prüfen, daß Franciscus *tot* sei.

»Was tun?« fragte Franciscus, als sie sich gerade im Palais des Elia zu Tisch gesetzt haben.

»Ihr seid der Meister«, erwidert Peter. »Ich bin bereit, Euch zu gehorchen!«

»Nun wohl, Meister Peter, gehorchen wir dem Evangelium, das uns vorschreibt, zu essen, was uns vorgesetzt wird!«

Doch die ruhige Überlegenheit ist nur gespielt. Es drängt Franciscus, so schnell wie möglich nach Italien zurückzukehren. Zusammen mit Elia di Cortona, Caesar von Speyer, Peter di Catanii und den anderen (soweit er sie nicht als Missionare zurückläßt) nimmt er das nächste Schiff nach Venedig.

Auch wenn er sie Euch nicht ausrichtet, seid gewiß, daß ich ihm meine aus vollem Herzen kommenden Grüße aufgetragen habe, die ich hier nur noch einmal wiederholen kann.

Jacques de Vitry,
Episc. St. Jean d'Acre

BRIEF JOHN

Eminenz,
kaum habe ich den verlorenen Faden unserer brieflichen Verbindung wieder aufgenommen, fühle ich mich von unserem ›Diarium‹ in die Pflicht genommen. Wie ein Gedanken, Freud und Leid schluckender Lindwurm hockt es in den Tiefen der Katakomben und fordert gefräßig seinen Tribut an Frances-Geschichten und Berichten zum Zeitgeschehen. Ich will ihm gleich noch was zu fressen geben:

In Akkon empfängt Frances eine Nachricht, die jeden anderen hätte erschauern lassen, sein Herz aber mit Freude zu erfüllen scheint: Die Brüder, die nach Marokko ausgezogen waren, hatten den Märtyrertod erlitten!

Peter III v. Aragon, REC Die Botschaft kam vom Hofe des spanischen Infanten Don Pedro. Die fünf Minderbrüder gelangten – entsprechend der toleranten Handhabe für die Einreise von Juden und Christen – ungeschoren bis nach Sevilla hinein. Sie rannten sofort in die Moschee und begannen den Koran zu schmähen.

BAU Wütende Gläubige prügelten sie hinaus. Am nächsten Tag stiegen sie zur Stunde des Gebets auf das Minarett und verleumdeten Mohammed als Betrüger. Sie wurden der Stadt verwiesen und nahmen ein Schiff, das sie hinüber nach Marokko brachte.

ISL Hier wurden sie allerdings sofort festgenommen und quer durch das Land nach Marrakesch vor den Amir al mu'minim, den Befehlshaber aller Gläubigen, gebracht, den wir ›Miramolin‹ nennen.

Im Verhör behaupteten sie, der Islam sei eine einzige Lüge, worauf sie gefoltert wurden. Als sie nicht schwiegen, wurden sie so lange ausgepeitscht, bis sie ohnmächtig wurden. In diesem Zustand transportierte man sie zurück an die Küste. Doch unterwegs entwichen sie ihren Bewachern, schlugen sich wieder durch nach Marrakesch, schlichen sich in die große Al-Koutoubia-BAU Moschee und predigten von neuem gegen die Lehre des Propheten und zeugten für Jesus Christus als Gottessohn. Da der spanische Infant schon bei ihrer ersten Inhaftierung sich für sie verwendet hatte, ließ der Miramolin auch diesmal noch Milde walten.

Er versuchte sie mit Geschenken zu besänftigen, doch die wiesen sie natürlich höhnisch zurück. Sich gegenseitig übertrumpfend gerieten die Fünf in eine religiöse Raserei, die sich darin äußerte, daß sie nun alles, was den Muselmanen heilig ist, beschimpften und bespuckten. Sie wurden mit siedendem Öl begossen, sie schrien ihre Verwünschungen nur noch lauter, sie verlangten nach den Henker. Der Miramolin kam ihrem Wunsch endlich nach und ließ sie auf die Djemna Ef'Na führen und dort der Reihe nach enthaupten. So geschehen am Tag der heiligen Märtyrer Fabian und Sebastian.

der große Markt- und Hinrichtungs- platz von Marra- kesch, BAU

20. Januar

Ich finde diese Geschichte widerwärtig, peinlich — und auf keinen Fall nachahmenswert, doch Frances feiert die Brüder als Helden und bedauert, den Sultan nicht ebenso bis aufs Blut gereizt zu haben, dann wäre er jetzt mit den Fünfen im Märtyrertum vereint.

Der Infant trug Sorge dafür, daß die Leichen in aller Verschwiegenheit nach Coimbra überführt wurden, wo sie in der Kirche der Augustiner beige- setzt wurden.

Für mich ist Frances' Todessehnsucht makaber und sein Gehabe geschmacklos. Er läßt mich auch an allem echten Friedenswillen zweifeln, den er hier — vor allem nach dem Massaker an den Überlebenden von Damiette, so demonstrativ an den Tag legte. Der Fanatismus solcher christlichen Märtyrer ist dann genau das apokalyptische Gespann, das solche Vernichtungsmaschinen wie diese Kreuzzüge über Länder und Kontinente schleppt.

Sie sind die Einpeitscher, auf sie berufen wir uns, sie ›rächen‹ wir — und plötzlich sind den

Untaten und Verbrechen keine Grenzen mehr gesetzt!

Euer John

Post Scriptum: Eine erfreuliche Nachricht konnte
mir noch Crean hinterlassen (emotionslos wie
Kinder sein können!): Bei einer der zahllosen
Versuche, die Stadt Toulouse in seine endgültige
Gewalt zu bringen, wurde das Wildschwein Mont-
25. Juni 1218) fort von einem geschleuderten Steinbrocken erschlagen.

Raimond VII. OKZ   Tolosanische Frauen hatten bei der vom jungen
Grafen angeführten Verteidigung das Katapult
bedient, dessen Geschoß dem Vergewaltiger Romaniens, dem Mörder Alazais', den ehernen Helm
ins Gehirn trieb und seine Seele in die Flammen
der Hölle! Gott der Gerechte! — Warum rafft der
Tod ein solches Scheusal so spät und dann so
schnell hinweg!

Brief John

Die Verhandlungen mit El-Kamil gehen weiter.
Ich freunde mich mit Omar, dem Dolmetscher, an,
nachdem ich ihm seine katharische Herkunft auf
den Kopf zugesagt habe: Das Austauschverfahren
von ›Schem‹, wie wir Juden sagen, von Namen
und Identität, ist mir zu geläufig: Hinter Omar
OKZ Djebel-el-Maliki verbirgt sich ein ›Ramon von
Montreal‹, beste Ketzerfamilie von höchstem
Adel! Aber warum führte er sich bei uns mit
›Doughfors‹ ein?

»Mein Vater verteidigte unser Castrum, bis seine Schwester niedergekommen war, dann tötete er sie und fiel im Kampf. Ich wuchs mit den Kindern meiner Amme auf, deren Namen alle auf ›on‹ enden mußten, Talmon, Byron, Hakon.

Diese Irin war für mich wie eine Mutter, und ich halte ihren Namen in Ehren — somit: Ramon Doughfors!«

»Das muß aber weit vor den Albigenser-Kriegen gewesen sein?« hake ich ein. Omar ist auf jeden Fall älter als ich. »O ja«, lacht er bitter auf, »nicht jede Bluttat in Okzitanien muß mit dem Gral zu tun haben! Das ›Sang Real‹ ist ein heißes Blut, und wenn es auch keine Sünde kennt, kann es doch böse aufkochen — es ging um eine rein dynastische Frage — das ist Euch wohl geläufig?« reagiert Omar auf mein verständnisvolles Nicken.

»Parallelen«, sage ich, »und die gleiche Heimat«.

Sein Mißtrauen bleibt: »Von mir habt Ihr nichts zu fürchten«, setze ich hinzu, »außerdem steht Ihr sowieso unter dem Schutz des Sultans!«

»Auf Christenwort verlaß ich mich nicht, schon eher auf meine Nase!«

»Also fahrt fort — ich bin sicher: irgendwann kreuzen sich unsre Wege.«

»Mutter Doughfors starb, als ich 13 war, und ich kam zu Lionel de Belgrave, einem Freund Simon de Montforts . . .«

»— ausgerechnet!«

»Im Schatten der Kathedrale schläft der Teufel am besten«, witzelt Ramon-Omar.

»— von Graf Lionel erfuhr ich meine wahre Herkunft und wurde wie ein Sohn gehalten, bis —«,

Omar verfällt in Schweigen, ich lasse ihm ein wenig Zeit.

»Graf Lionel liebte eigentlich keine Frauen, bis auf eine Ausnahme: Lady D'Abrayville! Sie tauchte nur sporadisch auf, aus dem Nichts und unter den umfangreichsten Vorsichtsmaßnahmen. Sie trug immer einen Schleier, und keiner durfte ihr nahe kommen. Der Donjon, den sie regelmäßig bezog, wurde Tag und Nacht bewacht, im doppelten Cordon, von ihren Leuten und von ausgesuchten Soldaten Lionels. Und doch gelang es mir, hinter sein Geheimnis zu kommen.

Des Turmes dicke Mauern verbargen das schönste Mädchen auf Erden vor unseren Blicken: Lionels und ihre gemeinsame Tochter Laurence! Doch davon später! Das geheimnisvolle Treiben der Lady bestand darin, daß sie im ganzen Land die Töchter verfolgter, getöteter Katharer zusammensuchte, durch ihr Wirken im Verborgenen, manchmal auch durch ihr beherztes Eingreifen, vor dem Scheiterhaufen rettete.

Es hieß, sie sei mit dem Teufel im Bunde, jedenfalls haftete ihrem Verbindungsmann ein derartiger Ruf an. Ich bekam ihn nie zu Gesicht, diesen ›Chevalier du Mont-Sion‹.« Mein veränderter Gesichtsausdruck läßt seinen Erzählfluß stocken. Nein, ich werde mich nicht offenbaren, jetzt nicht.

»Der Name kommt mir bekannt vor«, — sage ich beiläufig. »Ah ja?« mustert mich jetzt wieder Ramon-Omar. »Ich habe bisher niemanden getroffen, der irgend etwas über ihn wußte — die Linie, unbedeutender Verdienstadel im Lateinischen Kaiserreich, ist mangels Erben schon kurz nach der Belehnung erloschen. Wie dem auch sei: dieser unsichtbare, undurchsichtige Chevalier warb auch Knaben aus unseren Familien an, soweit sie Gefahr liefen, der brutalen Sippenhaft des Montfort anheimzufallen. Über ein Netz von Verschwörern und Faidits, den Verfemten, schmuggelte er sie auf Burg Belgrave, wo keiner sie vermutete, BAU denn Lionel war in früheren Tagen Bundesgenosse des verhaßten Leicester gewesen.

Dort wurden sie zu Rittern erzogen, im Untergrundkampf ausgebildet, bekamen eine Rüstung und wurden wieder losgeschickt — keiner kehrte zurück, keiner konnte Belgrave verraten — sie trafen mit verbundenen Augen ein und verließen auch so den Ort ihrer konspirativen Schulung nach dem Ritterschlag, ohne zu wissen, wo er lag und wie er hieß, ein fast esoterischer Orden —, sie hüllten sich in weiße Tuniken und nannten sich die ›Diener der Rose‹.« OKZ

»Und wer war die Rose, wer war der Herr oder die Herrin der Rose?« will ich wissen.

»Bei seinem Leben, das wird Euch keiner je sagen — ich gehörte nicht dazu, ich war wie der Sohn des Hauses. Zuerst dachte ich natürlich, und das tat jeder Nichteingeweihte, der Herr und die Herrin könnten nur Lord Lionel und Lady d'Abrayville sein — dann sah ich zum erstenmal das Zauberwesen im Donjon, eine Haut wie Alabaster, rote Haare, grüngraue Augen —, und es war um mich geschehen! Laurence! Ihr Bild biß sich in meinem Augapfel fest, nichts half es, die Lider zu schließen — von dort aus fraß es sich in mein Hirn.

Meine Gedanken kreisten um sie wie die züngelnden Flammen feuersprühender Räder in der Sonnenwendnacht, sie versengten mein Herz, erstickten meinen Atem, ich aß nicht mehr, ich trank nicht mehr — ich strich Tag und Nacht um den Turm herum — versteckte mich im Gesträuch, lernte ihn Stück für Stück zu erklimmen, nur mit meinen Fingerkuppen Halt in den schmalen Fugen der Granitsteine suchend.

Als ich das hohe Fenster erreichte, sah ich, ›wer die Herrin der Rose war — und ist‹, ich verlor mein Gleichgewicht und stürzte rücklings zurück auf die harte Erde.«

»Und was hast Du gesehen!?«

»Nie wird ein Wort über meine Lippen kommen! Ihr könnt mich foltern!«

»Also, und dann?« dränge ich ihn enttäuscht.

»Als ich wieder zu mir kam, auf meinem Bett in Belgrave, eröffnete mir der alte Lionel, daß Lady d'Abrayville gekommen sei und ihre Tochter mit sich genommen habe, weil er sich widersetzt hatte, mich wegzuschicken. Er umarmte mich unter Tränen und küßte mich auf den Mund. Als ich spürte, daß es damit kein Bewenden haben wurde, verließ ich — kaum daß ich von meinem Sturz genesen — eines Nachts den Belgrave, unter Zurücklassung meiner Ausrüstung und aller Geschenke, mit denen er mich im Laufe der Jahre überhäuft hatte, ich verschwand — seltsamerweise war auch das Bild Laurences seit dem Aufprall aus meinem Kopf verschwunden —, ich konnte mich nicht mehr an sie erinnern. Ich irrte ziellos umher, bis ich die Küste erreichte. Ein Schiff nahm mich übers Meer, wir wurden von tunesischen Piraten aufgebracht, mir war alles egal, nein, es war mir sogar recht. Meine Gleichgültigkeit, mit der ich mich erst strafen, dann sodomisieren ließ, brachte

392

mich durch viele Hände und Lager schließlich nach Kairo.

Inzwischen sprach ich so gut arabisch, daß ich in der Hofkanzlei des Großwesirs beschäftigt wurde. Irgendwann bin ich zum Islam übergetreten.«

Hier endet die Erzählung Omar-Ramons — und ich denke an meinen eigenen Sohn Crean, der offensichtlich auch eine Zeitlang auf dem Belgrave verbracht hatte. War auch er ein Diener der Rose? Wie viele Fragen könnte ich ihm jetzt stellen —. »Und Crean? Wo habt Ihr Euch kennengelernt?«

»Auf dem Sklavenmarkt, ich habe ihn mir gekauft, weil er hübsch war und mir gefiel.«

Für einen Moment will ich ihm an die Gurgel springen, ihm ins Gesicht schlagen — dann wird mir klar, wie sehr wir alle vom gleichen Schicksal geschlagen sind, herumgewirbelt werden und Freud und Leid, Lust und Schmach zugeteilt bekommen. In-Sch'allah!

»Euch hat er auch gefallen, das habe ich gesehen?« sagt Omar versonnen, ohne jede Spur von Spott oder Eifersucht. »Ihr müßt ihm zu nahe getreten sein, daß er Euch nicht mehr sehen wollte?«

Soll ich ihm jetzt, wie im Schmierentheater, den Satz vor die Füße werfen. »Er ist mein Sohn!« — und dann erhobenen Hauptes abgehen? Nein, ich habe genug erfahren — und keinerlei Verlangen, nun meinerseits meine und Creans Geschichte auszubreiten. Ich muß dringend für mich allein sein.

»Er ist schweigsam?« antworte ich fragend.

»Sehr!« bestätigt mir Omar-Ramon. »Ich weiß nichts über seine Vergangenheit, und wenn er etwas verlauten läßt, bin ich mir nicht sicher, ob er nicht lügt.

Crean lügt mit der gleichen Selbstverständlichkeit, wie er die harte Wahrheit, ohne mit der Wimper zu zucken, einsteckt.« Omar geht kurz darauf zurück zu El-Kamil. Ich trage ihm keine Grüße auf noch weihe ich ihn in die Zusammenhänge ein, die er mir aufgedeckt hat.

Pelagius verschenkt seinen Erfolg. Wäre er jetzt direkt auf Kairo losmarschiert, hätte der Sultan ihm wenig entgegensetzen können. Seine Untertanen litten Hungersnot, sein Heer war entmutigt. Doch das eroberte Damiette entwickelt sich zum Klotz am Bein der Kreuzfahrer. Und das Warten *Friedrich II, DTR* auf Friedrich! Hier munkelt man sogar, der Staufer stünde seit einiger Zeit im regen Briefverkehr mit El-Kamil und dächte gar nicht daran, den Sultan jetzt oder später anzugreifen. Die Kurie in Rom weiß sicher auch davon — und wenn Honorius zu schwach und zu nachgiebig ist, so gibt es doch Kreise um den Cardinalbischof von Ostia, Ugolino di Segni, die Friedrichs Verhalten nicht länger hinnehmen wollen.

Sie betreiben eine Politik, die sich nicht mit den absehbaren Fakten abfindet. Ist Friedrich erstmal Kaiser, hat er sein Spiel gewonnen. Also: der Staufer muß weg! Vorher! Sofort!

Für seine Liquidierung werden zwei übel beleumdete Sklavenhändler angeworben, die in Palermo Kontakt zu Kreisen finden, in denen immer noch die Erinnerung an die Grausamkeiten seines

Vaters Heinrich wach ist — und, die Zugang zum ›Palazzo Reale‹ haben. *Heinrich VI*, DTR

Doch der Anschlag wird rechtzeitig entdeckt. In der Folter geben die beiden Attentäter, ein gewisser ›Hugo Le Fer‹ und Gustavo, genannt ›il porco‹, ihre Hintermänner nicht preis, die Torturen werden verschärft, man hackt ihnen Stück für Stück die Extremitäten ab, bis auf die Zungen, doch sie rücken die Namen ihrer Auftraggeber nicht heraus. DTR

Man hängt sie schließlich, bevor sie ihren Verstümmelungen erliegen. Erst dann kam jemand auf die Idee, daß sie die beiden Verbrecher waren, die im Jahr der Kinderkreuzzüge von Marseille aus ganze Schiffsladungen gläubig verrannter Jungen und Mädchen den Mauren in die Hände gespielt hatten. Jetzt tat es allen leid, sie so einfach stranguliert zu haben. Friedrich nimmt den Vorfall zum willkommenen Anlaß (»Instabiles tempora currunt«), seinen Kreuzzug abermals zu verschieben. Honorius ist tief betrübt, kann seinem Mündel aber nicht widersprechen. Er wie der Staufer wissen, aus welcher Ecke die gedungenen Mörder kamen. *Unsichere Zeiten*

El-Kamil gratuliert Friedrich zu dieser weisen Konsequenz.

Wir hocken weiterhin in diesem ungesunden Damiette, das allein, ohne Hinterland, nicht zu halten ist. Viele reisen ab. Ich denke an Crean, dem ich soviel zu sagen hätte. Ich will ihn nicht mehr aus den Augen verlieren, ihm ein besserer Vater sein und den ungünstigen Eindruck verwischen, den er von mir hat, haben mußte — wie schnell kann es zu spät sein. *Der Sultan hat Ägyptens Flotte instand gesetzt und schickt ein Geschwader den Rosetta-Arm des Nils hinab. Pelagius, rechtzeitig informiert, mißt dem keine Bedeutung bei.* ISL

Die Ägypter tauchen überraschend vor Zypern auf, kapern und versenken eine Kreuzfahrerflotte, die ahnungslos im Hafen von Limassol vor Anker lag. Sie machen Tausende von Gefangenen. Damit ist weiterer Nachschub für Damiette erst mal unterbunden, und alle hochfliegenden Eroberungspläne des Herrn Pelagius lösen sich in Luft auf.

Ich denke dabei auch an Euch, Eminenz, und ich bin glücklich, daß ich Eure Schritte zu Eurer Mutter Livia, dieser einzigartigen Frau, lenken durfte, bevor sie ihre Augen schloß. Ich schulde Euch vielleicht (nein, ich schulde nicht, aber ich gebe sie gern!) eine Erklärung, welche Rolle Roald of Wendower auf dem Monte Sacro spielte, ehe Ihr ihn zu Unrecht verdächtigt oder gar verstoßt. Wendower war über lange Zeit hinweg der von Innozenz eingesetzte ›Beichtvater‹ der Karmeliterinnen.

Er spielte ein doppeltes Spiel gegenüber seinem Auftraggeber. Er deckte Livias Reisen, indem er sie von Fall zu Fall ›krank‹ schrieb in seinen Berichten oder ihre ›völlige Zurückgezogenheit ins meditative Gebet‹ verkündete. Als er vor ein geheimes Inquisitionstribunal geladen wurde (wegen des Verdachtes der Ketzerei), mußte Innozenz ihn austauschen. Das Ganze war wohl eine Intrige des Cardinalbischofs von Ostia, der einen eigenen Mann auf diesem Schlüssel-(Loch)-Posten sehen wollte. Roald fiel also beim Papst in Ungnade. So habe ich mir erlaubt, ihm Assisi als Zuflucht zu empfehlen. Allerdings konnte ich mich bei unserem letzten Zusammentreffen des Eindrucks nicht erwehren, daß der Arme sich unsterblich – oder besser: sterblich in Laurence de Belgrave verliebt hat. Eine völlig aussichtslose, einseitige Zuneigung.

Ich bin mir nicht sicher, ob Eure betörende Schwester überhaupt gewillt ist, einen Mann zu erhören. Ich kenne keinen, der sich dessen rühmen kann oder könnte. Noch würde ich ihn beneiden! Im tiefen Süden von Ägypten, hinter den Quellen

des Nils, wo die Sonne die Menschen schwarz
färbt und das Korn auf den Feldern verbrennt,
gibt es fliegendes Getier wie einen Strohhalm, das
sie ›die Gottesanbeterin‹ nennen, ein Weibchen,
das seine Männer nach der geschlechtlichen Vereinigung auffrißt — hütet Euch vor Laurence!

Ihr werdet jetzt einige Zeit nichts mehr von ihr
hören. Mein Entschluß ist beim Schreiben dieses
Briefes gereift und steht nunmehr fest: Ich werde
(›mal wieder!‹ werdet ihr spotten) die unsichtbare
Grenzlinie überschreiten, die uns hier von den
Ägyptern trennt, und ins Lager des Sultans wechseln. Ich werde zum Islam übertreten (wenn's sein
muß), aber ich will nicht länger auf meinen Sohn
verzichten — ob er mich nun braucht oder nicht!
Es geschieht auch um meiner selbst willen.

Mit mir muß mal wieder was geschehen: was?
Allah wird es mich wissen lassen! — Euch werde
ich stets treu verbunden bleiben. Ich weiß sogar, es
verschafft dem Bischof von Assisi eine angenehm
prickelnde Erregung, seinen konspirativen Freund
in der Welt des Islam zu wissen! Weniger erfreut
wird Jacques de Vitry sein. Ich kann ihm nicht helfen.

IX.
DIARIUM VIRTUTIS
EPISCOPI

Von der Tugend des Bischofs
(1220-1221)

So wie die Dinge stehen. Rebus sic stantibus

Nach dreiwöchiger Seereise ist Francesco mit seinen Gefährten in Venedig angekommen. Unterwegs hatte er viel Zeit, mit seinen ›Getreuen‹ (soll ich Elia dazurechnen?) die Schritte seiner Widersacher zu diskutieren und geeignete Gegenmaßnahmen zu überlegen. Wie von meinem Bischof gewünscht, reite ich ihm unverzüglich entgegen, sobald sich die Rückkehr bis zu uns nach Assisi herumgesprochen hat. Als ich auf die Wandergruppe stoße, haben sie Verona bereits hinter sich gelassen, offensichtlich drängt es Francesco nicht, mit seinen Brüdern daheim oder mit irgendwelchen hohen Tieren aus dem Klerus zusammenzutreffen. Francesco will in der Lombardei predigen. Plaudernd berichte ich ihm von Dingen, die während seiner Abwesenheit hier passierten, und er hört mir auch ruhig zu, als ginge ihn das alles nichts an.

Doch dann lobe ich die Einrichtung des neuen ›Studienhauses‹ zu Bologna, das den dort studierenden Brüdern das Leben ungeheuer erleichtere. Wie von einer Natter gebissen, fährt Franz herum. Sofort wird die Marschroute geändert, stracks gen Bologna und dort gleich vor das Haus. Er befiehlt wütend allen Bewohnern, auf der Stelle herauszukommen, auch den Kranken, als würde das Gebäude im nächsten Augenblick in sich zusammenstürzen. Die meisten haben ein schlechtes Gewissen und nehmen ohne Murren die strengen Bußübungen auf sich, die ihnen Francesco zur Strafe auferlegt.

Nur einer, der ›Provinzial‹ von Bologna, Pietro OFM Stacia, wagt zu widersprechen. Er sieht nicht ein, warum das neue Haus, ein Geschenk Ugolinos übrigens, preisgegeben werden soll — die dort untergebrachten Brüder könnten sich so viel besser auf ihr Studium konzentrieren — Francesco läßt ihn gar nicht ausreden, sondern verflucht ihn in des Wortes wahrster strenger Bedeutung.

Ich habe selten einen so wütenden, bitterbösen Francesco erlebt.

Und er nimmt den Fluch auch nicht zurück, als wir ihn drängen, allen voran Caesar von Speyer, der von Elia gelernt hat, Kompromisse zu schließen, doch Franz bleibt stur: »Ich kann den nicht segnen, den Gott verflucht hat, also bleibt er verflucht!« Ich sehe harte Auseinandersetzungen auf Francesco zukommen. Er will jetzt erst recht nicht zurück nach Assisi, sondern unverzüglich den Papst sprechen. Also begleite ich die Gruppe nach Orvieto, wo Honorius zur Zeit Residenz genommen hat.

Noch vor uns trifft Ugolino, der uns in Bologna suchte, in Orvieto ein. Wir werden sofort vorgelassen, und Francesco kommt ohne Umschweife auf seine Lage zu sprechen.

Er beschwert sich nicht, er klagt nicht, er bittet den Papst um Einsetzung eines ›Protektors‹, eines

In Rom war der Druck stauferischer Parteigänger zu stark geworden, die — um die Krönung Friedrichs zu erzwingen — in bewährter Methode den Pöbel der Stadt aufgewiegelt hatten.

Schirmherrn im Cardinalsrang, der, mit allen erforderlichen Vollmachten ausgestattet, von nun an die Bruderschaft unter seine Fittiche nehmen solle.

Und er hat auch schon einen Vorschlag zur Hand: der Herr Cardinalbischof von Ostia! Jetzt ist sogar Ugolino verblüfft. So unvermutet seinem (heimlichen) Ziele einen Riesenschritt näher zu kommen, ohne Intrigen, Finten und versteckte Drohungen, das ist er nicht gewöhnt!

Oder ist es ein raffinierter Schachzug Francescos (den ich ihm nicht zutraue), seinen mächtigsten ›Gegner‹ matt zu setzen? Doch die vertrauensvolle, fast naive Art, mit der er den Cardinal zu seinem ›Schutzengel‹ erklärt, erübrigt solche Interpretationen.

Francesco hat begriffen, daß er jetzt gewichten und gegebenenfalls Opfer bringen muß, damit ihm das Heft nicht gänzlich aus der Hand gleitet. Honorius stimmt ohne Zögern zu. Das Ersuchen Francescos entspricht auch seinen eigenen Vorstellungen von einer eleganten Lösung der schwelenden Probleme aufs beste und zeugt von einem beispiellosen Gehorsam Francescos gegenüber dem Heiligen Stuhl.

Folglich wird auch ein weiterer Vorschlag Francescos sogleich angenommen: Es wird ein ›Dritter Orden‹, gegründet, der allen, Männern und Frauen, offenstehen soll, die geloben, nach seiner Regel zu leben.

Um zukünftig zwischen dem ›harten Kern‹ der ›echten Brüder‹ und den lauen ›Sympathisanten‹ unterscheiden zu können, die mit ihren laschen Vorstellungen von der Verwirklichung eines ›franziskanischen Lebens‹ — in Damit zieht er sich geschickt aus der Affäre, denn nun kann er in dem eigentlichen ›Franz-Verein‹ (wie Jacques de Vitry die Brüderschaft mal nannte), die um sich versammeln, die ihm bedin-

402

gungslos folgen, und alle anderen auf diese Möglichkeit der ›Tertiorum‹ verweisen. (Da stört ihn nicht mal mehr das verpönte Wort ›Ordo‹!)

Einfachheit, absolu- ter Armut und tota- ler Unterwerfung — dessen Rigorosität nur aufweichen.

Und auch nicht, daß die Kurie, seine Bereitschaft zu Zugeständnissen nutzend, auf einem Noviziatsjahr besteht. Wie eine Schlange, die sich häutet, ist es Francesco gleich, was mit der alten Hülle geschieht. Er fühlte sich nicht mehr wohl in seiner Haut, jetzt ist er draußen! Erleichtert, befreit können wir uns auf den Weg nach Assisi, nach Portiuncula machen.

tempora mutantur et nos mutamus in illis

Es ändern sich die Zeiten, und wir än- dern uns mit ihnen.

Erster Eintrag Guido

Quantum mutatus ab illo!

Wie hat er sich seit- dem verändert!

Was mein eifriger Secretarius übersehen hat, ist der Gesundheitszustand Francescos. Ich bin erschrocken, als er mir, bevor er nach Portiuncula weiterzieht, seinen üblichen Antrittsbesuch macht (»meinem Bischof den ihm geschuldeten Respekt zu zeugen und ihm für die stets erwiesene Huld zu danken!«). Er braucht sofort einen Arzt. Nicht einen, den besten!

Ich jage auf der Stelle meine Kuriere nach Rom, Jacoba soll Himmel und Hölle in Bewegung setzen, und wenn's die berühmten arabischen doctores des Staufers sind! Das ist für mich auch der eigentliche Grund seines so überraschenden Nachgebens gegenüber der Kurie: Er ist krank! Die Seereisen, das Klima — und sicher auch die Speisen des Orients — haben Leber, Magen, Darm angegriffen, ihn derart geschwächt. Und was noch

403

schlimmer ist, er hat sich in dem gleißenden Licht und dem Salzwasser ein schweres Augenleiden zugezogen. Doch Francesco schickt (kaum in Portiuncula angekommen, schon wieder der alte kindische Trotzkopf) die Ärzte wieder weg und beginnt statt dessen, ein Sonderkapitel vorzubereiten, das *29. September* er für Sankt Michaelis einberuft.

Er arbeitet, schreibt Tag und Nacht (mit den entzündeten Augen!), er spürt, daß er jetzt hellwach sein muß, um nicht unter die Räder der Lateran-Karosse zu kommen. Nicht mehr das Evangelium gilt es zu zitieren, sondern die Päpstliche Bulle ›Cum secundum consilium‹, gegeben am *22. September* Tag des heiligen Thomas (der Ungläubige), gilt es, auf Hintertürchen und Fallstricke zu interpretieren. Sie ist bezeichnenderweise nicht an Francesco gerichtet, sondern an die ›Priores seu Custodes‹, an die ›Vorgesetzten‹ der Minderbrüder — wie hat er das Wort ›Prior‹ Zeit seines Lebens gehaßt!

Und jetzt hat er sie über sich, den Schlimmsten sogar von ihm selbst erwählt! Er wußte wohl, daß er ihn sich in Wahrheit nicht aussuchen konnte, er durfte nur den benennen, der dafür ohne Frage als einziger in Frage kam.

Jetzt muß er darum kämpfen, von seinem Prior-Cardinals-Protektor nicht abgesetzt zu werden. Inzwischen liegt auch ein Bericht des Bischofs von Akkon der Kurie vor. Jacques de Vitry will Francesco sicherlich nicht übel, aber er stößt zur Unzeit ins gleiche Horn:

» . . . die Bruderschaft erscheint Uns deshalb so gefährlich, weil sie nicht nur die bewährten, sondern auch die jungen, unerfahrenen (imperfecti), welche letztere vorher unbedingt in klösterlicher

Diszplin gehalten und geprüft gehören, unvorbereitet in fremde Länder auf Mission aussendet ...«

Auch die Stimmung, die Francesco in Portiuncula vorgefunden hat, war mit keiner Heimkehr früherer Zeiten vergleichbar. Die Hirne und die Zungen (welche nicht dem gleichen Körper angehören müssen!), die das Gerücht von seinem Tode in die Welt gesetzt hatten, waren auch fähig gewesen, dafür zu sorgen, daß kein besonderer Jubel ausbrach, als er jetzt lebend zurückkam.

Viele Brüder weichen seinen Blicken aus, wenige suchen seine Nähe. Gespräche verstummen, wenn er auftaucht — das herzlich-arglose Klima der jungen Tage ist zerstört. Mißtrauen und Neid herrschen zwischen den Brüdern, die sich in Gruppen und Parteien aufgespalten haben. Da hilft es auch nicht, daß auf Betreiben Francescos als erstes der ›Leprosen-Orden‹ des Giovanni Di Capella aufgelöst wird, der männliche und weibliche Leprakranke unter einem Dach vereinte.

Ich hatte das als eine sehr menschliche Lösung begrüßt, denn wer sonst sollte einem Aussätzigen Liebe bezeugen, wenn nicht die mitleidende Schwester! Aber Francesco in seiner prüden Fleischesverstocktheit, sieht hier nicht die praktizierte Nächstenliebe, er fürchtet sich nur vor der Idee, zwei dieser armen Körper könnten sich in Lust vereinen —. Na, wenn schon!

Nur weil er Clara auf ein Piedestal gestellt hat, wo kein Schwanz rankommt, müssen sich's jetzt alle durch die Rippen schwitzen. Ich kann Leprösen nur raten, nicht auch noch Mönch oder Nonne werden zu wollen, sondern ihre — von der Gesellschaft ihnen sowieso aufgezwungene — Einsamkeit ohne ›Regula‹ auszuleben.

Zum Sonderkapitel ist natürlich auch Ugolino erschienen. Es ist sinnlos, in meiner Lage noch weiter gegen ihn zu agieren. Zumindest, was Francesco anbetrifft (im Einfluß auf diesen und im zurückstrahlenden Prestige), hat er mich klar überholt. Wenn ihm kein Dachziegel auf den Kopf fällt, wird sich das so schnell nicht mehr ändern. Honorius andererseits ist alt und wird sicherlich bald sterben (auch wenn Wendower dafür keinerlei Anzeichen sieht).

Also tue ich gut daran, mich irgendwie mit dem Cardinal zu arrangieren. Von Versöhnung kann keine Rede sein — Ugolino verzeiht nicht, er schiebt nur auf. Fernbleiben kann ich von der Veranstaltung keinesfalls, obgleich mir danach zumute ist.

Die Frage ist nur: Wo ist für mich der beste Platz? Soll ich mich vorne, neben Ugolino auf ein niedrigeres Stühlchen setzen? Soll ich mich mitten unter die Brüder hocken? Wenn ja, unter welche? Reformflügel? ›Elia-Partei‹? Unter die ›Francesco-Fideles‹?

Jede Plazierung stimmt nicht, kann mir zum Nachteil ausgelegt werden. Am besten ich lasse ausstreuen, ich sei gestürzt, käme aber doch — und treffe somit als letzter ein (tapferer Bischof!), lasse mir dann einfach einen Platz anweisen (›bitte keine Umstände!‹ oder so —).

Als ich, auf einer Bahre von meiner Garde behutsam getragen, oben an der Wegbiegung eintreffe, von der aus man die Wiese von Portiuncula übersehen kann, erkenne ich deutlich den Cardinalbischof, der in vorderster Reihe ›präsidiert‹. (Einen weiteren freien Schemel vermag ich nicht zu entdecken.)

Ugolino ist jetzt erhabener Schiedsrichter, Mittler zwischen den Fronten, der neue Übervater. Allerdings fehlt Francesco . . .

Der weite Ring der Brüder wartet, murmelnd und tuschelnd . . . Ich lasse mich — Elia ist so zuvorkommend, mich zu begrüßen — am Rande ›abstellen‹, einige Brüder stehen auf und kommen zu meinem Lager, um sich nach meinem Wohlergehen zu erkundigen. Das läßt Ugolino nicht ruhen. Wahrhaftig, er erhebt sich und schreitet gemessenen Schritts, sehr würdevoll (ich schaue schnell weg, um ihn nicht die ganze Zeit, die er sich nimmt, freundlich anstarren zu müssen) quer über den Platz zu meiner Lagerstatt.

Am Fußende bleibt er stehen, hebt wie segnend die Hand, ich zwinge mir ein dankbares Lächeln ab.

»Hast Du Dir die Knochen gebrochen, Bruder . . .«, seine Stimme ist von geölter Lautlosigkeit, jeder Umstehende muß es für eine Geste brüderlichen Mitgefühls halten, » . . . dann brauche ich sie Dir nicht mehr brechen zu lassen!«

Er schlägt das Kreuz über mir wie über einen lieben Toten und wendet sich zum Gehen.

»Tragt ihn weg!« herrscht er Ripke an. »Warum soll er hier leiden!?« In dem Moment taucht vom Himmel gesandt Francesco auf, bahnt sich seinen Weg durch die Brüder. An seiner Hand führt er ein Kind, oder er läßt sich von dem Kind führen. Ugolino beeilt sich, wieder seinen Platz einzunehmen.

Francesco kniet inmitten der Menge und betrachtet seine Brüder reihum. Elia tritt an ihn heran:

»Wir haben auf dich gewartet . . .«, flüstert er vorwurfsvoll. »Du mußt jetzt sprechen, die Reihe ist an Dir!«

»Ich muß jetzt schweigen!« antwortet Francesco fest. »Sprich Du nur . . .« Elia schaut sich nervös nach Unterstützung um. Ugolino nickt ihm zu (zwischen den beiden herrscht ein Einverständnis, daß er es nicht mehr für nötig ansieht, sich zu verbergen!)

»Sprich, mein Sohn . . .« (so spricht man mit Kranken, Kindern – oder Irren!) »Nichts soll *Widerspruch in sich* gegen Deinen Willen geschehen.« (contradictio in se!)

Francesco schiebt das Kind vor:

»Wenn ich sprechen muß, dann sage ich Euch: Geht durch die Welt mit leeren Händen, wie dieses Kind . . . Gott allein genügt, füllt ihn in Eure Hände, füllt ihn in Eure Herzen!« Bei den letzten Sätzen beginnt er zu lachen, ein irres Kichern. Die Brüder werden unruhig. Die Reformpartei bellt und hustet Mißvergnügen, die Getreuen versuchen sie niederzuzischen.

Stimmen wie » . . . Verrückt, ein Verrückter! . . .« werden laut und überschrien, die Haufen brodeln, jeden Augenblick kann sich die Spannung gewaltsam entladen. Francesco heizt die Stimmung weiter an:

»Gott will, daß ich verrückt bin – sein Verrückter –, und er wird euch alle verrücken, die ihr meint, euer Wissen sei unverrückbar, mehr Wissen würde euch vorrücken lassen. Ich aber sage euch: Er wird euch zurückwerfen — bis ihr mit leeren Händen dasteht!«

Diese Worte hat Francesco mit der Stimme des Propheten hinausgerufen, er legt seine ganze gewaltige Predigergabe in diesen letzten Satz — und plötzlich schweigen alle — in die Stille hinein sagt Francesco leise vor Erschöpfung: »Vergeßt mich! Für euch bin ich von nun an tot!« Er tritt zu Peter di Cantanii, umarmt ihn und wendet sich noch einmal an alle:

»Ab heute ist Peter di Catanii euer Führer. Wir alle werden ihm gehorchen!« Und er kniet vor Peter nieder, der vor Verlegenheit rot anläuft und vor Scham weint. Francesco erhebt sich und, ohne Elia oder Ugolino anzuschauen, räumt er das Feld.

»So schafft Rom sich und den Brüdern ein ewiges Leben«, kommentiert der neben mir stehende Wendower flüsternd das Ereignis. »Es schneidet das Herz heraus.«

»Ewig? — einen Bestand von Dauer allenfalls —«, erwidere ich knurrig, »so geht man beim Einbalsamieren vor und schafft auch kein Leben, sondern: Mumien!«

Francesco tritt an meine Bahre und wirft sich über meine Brust. Ich lasse ihn, streichle nur sanft seinen Kopf. Schließlich springt er auf und rennt davon. Da richte ich mich ruckartig von meinem ›Krankenlager‹ auf, weise die Unterstützung des hinzugesprungenen Ripke zurück. — ›Surge et ambula!‹ — (alle sollen sehen, ihr Bischof kann wieder gehen!) — und besteige mein Pferd, hinter mir ein »Wunder, Wunder!« — Gemurmel und einen geplatzten Ugolino zurücklassend.

Steh auf und wandele!

Unwerter Cousin, nichtswürdiger Bischof, treulo-
ser Freund, wenn Du eines Tages eines unnatürli-
chen Todes stirbst, wunderst Du Dich höchstens
noch selbst. Dabei wird es immer wahrscheinlicher
— abgesehen von Deiner Freßsucht, die zu jeder
Stunde den Schlagfluß zeitigen kann, scheinst Du
nur einer Leidenschaft zu frönen: Dir Feinde zu
machen! Ugolino läuft rot an wie ein Krebs im ko-
chenden Wasser, wenn er Deinen Namen nur hört,
Du dickwanstiger Lazarus! Du mußt Dich ihm unterwerfen, wenn Du — post Honorium — noch Bischof von Assisi bleiben willst.

Nimm Dir ein Beispiel an Friedrich, viel jünger
als Du, viel mächtiger als Du und viel klüger: Er
gewährt in einem (jederzeit wieder aufkündbaren)
Pakt mit seiner ›confoederatio cum principibus
ecclesiasticis‹ den geld- und machtgeilen geistlichen Fürsten wohlklingende ›Regalien‹, schenkt
ihnen Markt, Zoll und Münzrechte, läßt sie ihre
Prunksitze mit Mauern bewehren und gesteht ihnen sogar ihre eigenen Henker zu. Dafür spielen
sie blind sein Spiel.

Der Papst kann die Kaiserkrönung gar nicht
mehr hinauszögern, auch wenn allen klar ist, daß
selbst danach der Staufer keineswegs den versprochenen Kreuzzug antreten wird — Ugolino als
Vertreter der unnachgiebigen Front ist überspielt,
Honorius beugt sich resigniert:

Am letzten Sonntag vor Advent setzt er mit
zittriger Hand seinem Patenkind die Kaiserkrone
aufs Haupt. Friedrich hält anschließend wohlerzo-
gen die Steigbügel des alten Mannes, der zu ihm

Vereinbarung mit
den (deutschen)
Fürsten geistlichen
Standes

›Königsrechte‹

22. November

410

wie ein Vater war und ist. Elefanten, Geparden und eine Art geschecktes Dromedar mit einem unsäglich langen Hals werden auf seinem Krönungszug gezeigt, das seine Treiber ›Zuraja‹ nennen. *arab.: eine Giraffe*

Dankbar (und vor allem diplomatisch, mein lieber Vetter!) schenkt er noch weiter her, was ihn nichts kostet, aber tiefen Eindruck hinterläßt: Er zieht in einer Rede ›gegen die Schlangensöhne des Unglaubens‹, über die Ketzer her, die jetzt auch — außer dem kirchlichen Bann — die Reichsacht treffen soll!

Da muß ich an Euren früheren Secretarius denken! Der glaubte doch wahrhaftig, gerade Friedrich würde den bedrängten Katharern zu Hilfe kommen. Wie haben sie auf den Staufer gehofft!!

Francesco war übrigens hier wie immer mein Quartiergast, doch sonst nichts. Er fand nicht einmal Zeit, meine Küchlein zu essen, geschweige denn ein Wort mit mir zu wechseln. Er kam nur zum Schlafen. Die übrige Zeit eilte er zwischen Lateran, Sankt Peter und dem Palazzo Ugolinos hin und her, das heißt: er wird gehetzt.

Was treibt die Kurie für ein Spiel mit dem Armen? Jeden Tag höre ich von neuen Auflagen, von neuen Bestimmungen. Als sei Ugolino als Aufpasser nicht genug, werden jetzt auch noch die Zisterzienser beauftragt, eine Mixtur zwischen Spionen, Buchprüfern und Krankenpflegern, deren Kontrolle die Minoriten nun einmal jährlich zu schlukken haben, wie verwahrloste Kinder ihre Medizin, damit sie ordentlich und brav werden. *ROM*

Ich habe ja nichts dagegen, wenn sie sich — und ihre Kittel, vor allem ihre Unterhosen — endlich

mal waschen, aber hier geht's um die Herzen —
und die sind rein! Dem Ugolino wohl zu rein!

Und damit er sich nicht jedesmal schämen muß,
kommen die Armen jetzt in den großen Gemein-
schaftszuber der Kirche, dessen Lauge über alle
ausgeschüttet wird, damit sie alle gleich sind —
nicht schwarz, nicht weiß, nein alle mausgrau, säu-
erlich riechend, blaß, angepaßt und verlogen! Da
war mir der Gestank von Portiuncula doch lieber,
denn das Quellwasser, das Francesco dort anbie-
tet, ist klar und erfrischend.

Ach Vetter, warum konntest Du es nicht zum
Cardinal-Protektor Deiner ›Kinder‹ bringen?!
Weil Du ein egoistischer Streithammel bist, ein
kurzsichtiger Provinzfürst, ein aufgeblasener
Frosch ohne Visionen! Du hättest als ›Francescos
Bischof‹ in die Geschichte eingehen können, aber
Du warst zu bequem, zu feige, zu dumm! Von
Franz werden die Leute noch in tausend Jahren
reden — und vielleicht wird einer mal sagen:
»Assisi? — ach, war da auch ein Bischof?« Du
kannst von Glück reden, daß der Staufer den Car-
dinalbischof von Ostia nicht leiden kann, vielleicht
schafft er ihn rechtzeitig beiseite, bevor der seinerseits zum Papst wird. Das wäre Deine Chance!

Also halt Dich an Francesco, egal, was immer
mit ihm geschieht, er ist die Sonne, nur von ihm
kann ein Lichtstrahl auf Dich fallen. Halt Dich an
den Staufer, nur er kann Dich zum Glanz erheben
— (den Du nicht verdient hast — bisher jedenfalls
nicht!) — und halt Dich an Deine Jacoba, die Dich
gräßlichen Kerl immer noch liebt!

P. S. Und versöhn Dich mit Ugolino schnellstens (schalt Francesco ein)! Sonst ist bald die

Sargwand Dein einziger Halt! Um noch eine Zukunft zu haben, muß man vor allem am Leben
bleiben.

ANULUS CARDINALIS

ANNO DOMINI 1221

Erstes Referendum Roald

Umdrehung des
Sprichwortes
»Durch Leiden zum
Ruhm«. Hier also
im Sinne von
»Durch die Sterne
zur Bitternis«.

Per astra ad aspera

Ich sage meinem Bischof nicht, was ich gesehen habe, doch die Konstellationen — Venus in den Fischen, Saturn im Sextil von Skorpion und Krebs, Mercurius im finalen Triangel —, das alles deutet auf ein unnatürliches Ende hin. Da ist Gift im Spiel! Und Peter di Catanii, der mich beunruhigt, heimlich in meinem Turmstudio aufsucht, ist ein gezeichneter Mann. Das war kurz nach dem Dreikönigsfest, und zwei Monde später, genau am Tag der 40 allerheiligsten Märtyrer ist er tot. Cui bono? Elia di Cortona tritt wie selbstverständlich seine Nachfolge an, womit Ugolino ein weiteres Mal seine Macht erweitert hat.

10. März

Ich schreibe das nieder. Mein Bischof wird es lesen. Es ist an ihm, mich darauf anzusprechen.

apparebit latens veritas

Die verborgene
Wahrheit wird ans
Licht kommen.

Erster Eintrag Guido

rasch, wie ge-
wünscht

Sponte sua kommt es zur Aussprache über diese ungeheuerliche Unterstellung.

»Peter di Catanii«, sage ich, »war Gefährte

414

Francescos der ersten Stunde und ihm treu ergeben. Ein aufrechter und bescheidener Mann, er
hatte keine Feinde — im Gegenteil: Er war von allen geliebt und geachtet! Es gibt also keinen
Grund, an der offiziellen Verlautbarung zu zweifeln, er habe sich auf der Reise nach Syrien infi-
ziert. Schließlich ist ja auch Francesco krank zurückgekehrt.«

Mein Secretarius hat mich schweigend ausreden
lassen. »Und bei wem war er dort abgestiegen?«

»Wie Francesco im Hause des Elia«, beantwortet er sich seine Frage selber, »das verschlimmert
mein böses Gefühl nur noch, obgleich sich alles in
mir dagegen sträubt, den Kustos in eine derart
üble Angelegenheit verstrickt zu sehen.«

»Auch ich halte Elia zwar für skrupellos in seiner Machtbesessenheit«, unterbreche ich ihn mit
aufsteigendem Ärger, »doch für viel zu klug, sich
auch nur dem geringsten Argwohn auszusetzen!
Es sind Hirngespinste, Roald of Wendower!«

Doch mein Secretarius bleibt unbeirrbar »Keine
Feinde? — sic vera sunt exposita, bleibt dann noch
Eure Aussage: ›Von allen geliebt und geachtet.‹ —
hic habemus confitentum reum ignotum, gerade
das kann der Grund gewesen sein, ihn zu beseitigen: seine Loyalität zu Francesco und seine Be-
liebtheit bei den Brüdern!«

*Wenn die Vorausset-
zungen stimmen —
haben wir hier das
Geständnis des un-
bekannten Ange-
klagten! (Cicero)*

»Bleibt also nur die kalte Mörderhand«, spotte
ich, »aus dem höhergestellten Hintergrund, lautlos
unter dem weiten Mantel des Mannes hervorglei-
tend, dem niemand etwas anhaben kann, der über
jeden, speziell so absurden, Verdacht erhaben
bleibt?«

»Ihr seid auf der richtigen Fährte, mein Bischof.

Munkelte man nicht schon immer, es sei besser, den Ring des Cardinalbischofs zu küssen, als von ihm geküßt zu werden? Ein Meisterstück florentinischer Goldschmiedekunst, dessen Scharniere sich öffnen, wenn die schmale Hand sich einem freundlich entgegenstreckt und dabei über ein dargebotenes Glas hinweggleitet.«

»Basta!« sage ich — und meine das auch so! »Ich will von solchem Unsinn nichts mehr hören! Verschwörungen, Meuchelmord an einem kleinen Mönchlein! Lächerlich! Lächerlich machen wir uns!«

Doch Roald ist von sturer Besessenheit. »Wir Mönche von St. Trinian verstehen genug von Giften, die keiner spürt, die keine Spuren hinterlassen und folglich auch nicht nachzuweisen sind. Wenn ich recht habe mit meiner Vermutung, dann existiert irgendwo im Dunkeln — oder im Licht — eine Seele mit schlechtem Gewissen, und ein schlechtes Gewissen ist immer ansprechbar. So wenig ich Beweise in den Händen halte, so wenig weiß der Mörder, was und wieviel mein Bischof weiß.«

»Ich weiß von nichts«, beschließe ich das unerfreuliche Gespräch, »und will auch nichts davon wissen!«

ZWEITES REFERENDUM ROALD

Die Maus verläßt sich nicht auf ein Loch allein. (Plautus)

Mus non uno fidit antro

Ich kann meinen Bischof nicht in meine astrologischen Hinweise einweihen, er würde spontan und unbedacht die Indikatoren in Indizien um-

416

münzen und ohne Sicherheit und Rückendeckung in öffentlicher Anklage auf den Cardinalbischof losgehen — und sich damit sein eigenes Grab schaufeln. Aber er sollte nunmehr endgültig gewarnt sein — und Francesco übrigens auch.

Wenn keiner auf mich hören will, muß ich die Sache selbst in die Hand nehmen.

Ich werde den Spieß umdrehen und Ugolino die Chance geben, sich mit meinem Bischof gut zu stellen, sehr gut sogar! Drohung ist sowieso die einzige Sprache, die der Cardinalbischof versteht. Reagiert er nicht, heißt das noch lange nicht, daß er ein reines Gewissen hat, sondern gar keines. Dann sind wir wieder auf demselben Punkt wie zuvor.

Zum Pfingstkapitel versammeln sich wieder über *30. Mai* dreitausend Brüder auf der Wiese zu Portiuncula, und ich habe diesmal dafür gesorgt, daß für den Cardinal und meinen Bischof zwei gleichgroße Stühle in der vordersten Reihe stehen. In letzter Sekunde muß ich noch einen dritten hinzufügen, denn diesmal hat sich auch Rainer von Capoccio ROM angesagt, der Cardinaldiakon der Zisterzienser. Der dritte Stuhl hat eine höhere Lehne, und ich laß ihn in der Mitte plazieren (als kleine Aufmerksamkeit für Ugolinos Eitelkeit). Doch als ob er den Braten gerochen habe, neben meinem Bischof sitzen zu müssen, weist Ugolino mit nobler Geste den Ehrenplatz Rainer von Capoccio zu und separiert sich auf diese Weise elegant. Es kommt zu keinem Wortwechsel, und ich, der ich hinter den Rückenlehnen Aufstellung genommen habe, weiß auch nicht, wie ich den Turm ohne Damendekkung angehen soll. Meine einzige Hoffnung ist Francesco. Doch der sitzt ausdruckslos zu Füßen der hohen Herren und betrachtet den Ablauf der Veranstaltung wie ein abgeräumter Springer, der froh ist, sich nicht länger mit den Problemen seiner Bauern-Brüder herumschlagen zu müssen.

Als offiziell zur Akklamation des Elia di Cortona als ›Generalminister‹ aufgerufen wird, hebt er seine Hand wie alle anderen, höchstens teilnahmsloser. Francesco hat die Führung niedergelegt, dieser Entzug gilt erst recht für den Nachfolger des von allen beweinten und betrauerten Peter di Catanii. Eine neuerliche Ergebenheitsadresse erscheint Francesco überflüssig. Er weigert sich auch dieses Jahr, eine Predigt zu halten. Da niemand sich darauf vorbereitet hat, tritt ein junger Mönch auf, der erst vor kurzem aus Portugal zu den Minderen Brüdern von Assisi gestoßen war. Er stammt aus adliger Familie und nennt sich jetzt schlicht Antonius. Dieser Antonius hält eine hinreißende Rede, voll dunkler Anspielungen auf Tod, Fegefeuer und Apokalypse. Den Peter di Catanii konnte der portugiesische Bruder gar nicht mehr persönlich gekannt haben, doch er geht in einer Weise auf dessen Vita, das Leben als Opfer und Martyrium und dessen Sterben als Einzug ins Paradies ein, daß Ugolino, den ich aus den Augenwinkeln beobachte, unruhig auf seinem Sitz hin und her rutscht. Ich beuge mich flüsternd zu meinem Bischof, was den Cardinal noch nervöser macht, vor allem weil ich dabei Blicke auf ihn werfe, die nichts Gutes verheißen, während Guido — non alere flammam! — dumpf vor sich hinstarrt.

Das auslösende Moment war für Antonius die Ankunft der fünf enthäupteten Franziskaner zu Coimbra gewesen, wo er Chorherr der Augustiner war.
BAU/OFM

Kein Öl auf die Flammen gießen!

418

Dann steht auch noch Francesco unvorhergesehenermaßen auf und bittet Elia demütig, ihm das Wort zu erteilen, das dieser ihm natürlich nicht verweigern kann. Francesco läßt sich von Caesar von Speyer zur Überraschung aller ein Foliobündel reichen und beginnt, daraus vorzulesen. Es sind die ersten Entwürfe zu einer ›Regel‹, zu deren Abfassung er sich nun doch entschlossen hat, allerdings ohne sich mit Elia oder gar Ugolino abzustimmen.

Die Verlesung dauert Stunden. Francesco hat das Werk mit erbaulichen Passagen durchsetzt, die selbst die Gegner unter seinen Brüdern zum Schmunzeln bringen. Elia sieht seine Felle wegschwimmen, denn nach dem Wildbach von Bußpredigt des Antonius und jetzt dem breit dahinfließenden Strom einer Regellektüre durch Francesco ist die Aufnahmebereitschaft für seinen Grundsatzvortrag wie ein Rinnsal im Boden versickert, er kann ihn sich eigentlich sparen.

Die Hauptperson ist mal wieder der zurückgetretene Francesco, der zum Schluß auch noch alle damit überrascht, daß er Antonio umarmt und ihn bittet, im Namen der Brüder an die neueröffnete Universität von Padua zu gehen. Ausgerechnet Francesco, der letztes Jahr in Bologna noch so heftig gegen die Studierwilligen unter den Brüdern vorgegangen war und nie aus seiner Abneigung gegen Geisteswissenschaften ein Hehl gemacht hat, verkündet jetzt von sich aus einen solchen Vorschlag. »Mein Bruder ›Antonius von Padua‹, es gefällt mir, daß du die Brüder in der heiligen Theologie unterrichtest, sofern du bei diesem Studium nicht den Geist des Gebetes und der

Frömmigkeit auslöschest, wie er in der Regel vor-
geschrieben ist.«

Und damit war die Veranstaltung für diesen
Tag zu Ende.

Ugolino sieht sich veranlaßt, mit der gebotenen
Würde an die Seite seines überspielten Schützlings
Elia zu eilen. Der Generalminister steht verloren
mitten im Rund zwischen den Brüdern, die natürlich allesamt das Pro und Contra der Regelent-
würfe des Francesco diskutieren.

Um ihn kümmert sich keiner. Francesco, der an
den Elia heute nicht mehr Ansprache gerichtet
hat, als die Form gebietet, sieht diesen mildtätigen
Schritt seines Cardinal-Protektors dennoch mit of-
fensichtlichem Mißvergnügen.

Ich packe die Gelegenheit beim Schopf und
biete Francesco unser Haus, also das bischöfliche
Palais als einen Ort zu einem vertiefenden Gespräch mit Antonio an. Er solle doch bitte mitnehmen, wen er wolle. Francesco willigt spontan ein
(wie einfach ist es doch, auf verletzte Gefühle zu
setzen). Er nimmt seinen Bischof unter den Arm
und zieht ab, nur von ›Antonio von Padua‹, Caesar von Speyer, Bernardo di Quintavalle und Leo,
dem ›Lamm Gottes‹, begleitet.

Das sieht gerade noch rechtzeitig der aufmerk-
same Ugolino, und der hohe Herr versucht sich
durch Gestik bemerkbar zu machen. Ich komme
ihm entgegen und lade seine Exzellenz wie selbstverständlich im Namen meines Bischofs zu einer
kleinen Erfrischung ein, bevor er die Heimreise
nach Rom antritt. Laut genug, daß auch die Vor-
ausgegangenen es hören. Sie halten inne und lassen den Cardinal nachkommen. Ugolino wirkt

verunsichert, so plötzlich die Gastfreundschaft seines alten Widersachers und von ihm herzlichst verachteten Bischofs annehmen zu müssen, aber eines will er auf keinen Fall: ausgeschlossen sein.

Mein Bischof ist nicht minder verwirrt ob des unerwarteten Gastes.

Ich bitte natürlich auch den Herrn Cardinaldiakon hinzu, doch Rainer von Capoccio hat schon dem Abt der Zisterzienser von San Giovanni seine Teilnahme an der Falkenjagd zugesagt, die zu seinen Ehren veranstaltet wird. Er ist in eiligem Aufbruch.

BAU

Wie es der seit Jahren geübten Tradition entspricht, wird im bischöflichen Palais — als eine Art Gegenfeier zur kärglichen Kapitelverpflegung — »Das Kleine Schlachtfest« zelebriert. »Solange nicht das Solstiz Einhalt gebietet!«, mag mein Bischof nicht auf dieses archaische (und völlig ungesunde) Völlerei-Ritual verzichten. »Und danach beginnt die leichte Sommerkost!«, ist die ebenso jährlich wiederholte Entschuldigung.

Was natürlich vom Datum nie der Fall sein kann, es handelt sich doch um die Sommersonnenwende.

Die Speisefolge besteht aus einer fetten Brühe mit grünem Dinkel, mit Rapunzelsalat in Sauermilch, gebrutzelter Blutwurst mit Bratäpfeln und dann als Hauptgang Schweinerücken am Spieß mit verschiedenen Kohlsorten und endet (wer dann noch kann!) mit Schüsseln abgehangenen Frischkäses mit Tannenhonig ... und Walnüssen garniert! »Ein Schmaus für Freunde!« pflegt mein Bischof zu verkünden. Und man spürt, wie ihm das Wasser im Munde zusammenläuft. Und jetzt muß er ihn mit Ugolino teilen, was ihm sicher auf den Magen schlägt! Die Kuriere sind sofort vorausgeschickt worden, und wir finden oben angekommen die heiße Metzelsuppe schon dampfend auf dem Tisch.

Die Soldaten des Cardinalbischofs werden — samt einem Faß billigsten Weines — Ripke in Obhut gegeben, der Troß wird in der Vorhalle verköstigt, und nur wir lassen uns in kleinem Kreis im Speisesaal zum improvisiert festlichen Umtrunk nieder, den Emilio aus den Tiefen des Kellers heranschleppt: irischer, schäumender Met! Das kleine Schlachtfest ist auch die letzte Gelegenheit im Jahr (bis St. Martin), im bischöflichen Palais von dem köstlichen Naß zu trinken, das die Benediktiner in den Bottichen von Subasio aus der Gerste brauen. Ugolino verdrießt sich nicht, als erster den Humpen zu heben und auf das Wohl von ›Assisi‹ zu trinken, was immer er damit meinen mag.

Der Herr Cardinalbischof hat einen gewaltigen, fast gewalttätigen Zug, er wischt sich den Schaum von der Lippe und sieht mit verächtlichem Grinsen über den Krug Wasser hinweg, der Francesco und den Seinen gereicht wird. Oh, wie ich ihn hasse!

Ich lasse kaum eine Zeit des Anstandes vergehen, da beginne ich mein Spiel.

Auf den von Amethysten gefaßten Rubinring des Gastes weisend, wende ich mich ›verschwörerisch‹ an meinen Bischof: »Das ist der Ring, über den wir sprachen . . .«, was schon genügt, daß Ugolino verlegen an ihm dreht, am liebsten hätte er ihn abgezogen und ihn verschwinden lassen. Mein Bischof reagiert — uneingeweiht — völlig zerstreut und damit besonders gefährlich ›wissend‹. Er prostet seinem hohen Gast zu. Sie trinken und alle starren jetzt natürlich auf den Ring.

»Wir sollten ein paar Worte miteinander wechseln, Bruder«, seufzt der Cardinal sich erhebend, »inter pocula, unter vier Augen.« Mein perplexer *bei einem Glase* Bischof hilft ihm hoch, und sie verschwinden beide mit den Humpen in der Hand in der anschließenden Bibliothek.

Francesco ist so sehr in sein Gespräch mit Antonio vertieft, an dem auch die anderen teilnehmen, daß sie den Vorgang gar nicht bemerken. Zumal sie ihr Wasser trinken und den Krug Met, den die beiden mitgenommen haben, gar nicht vermissen. Nur mir fehlt er.

Vor allem bedaure ich, daß ich aufgrund des lautstarken Disputs beim besten Willen kein Wort von dem vernehme, was hinter der Tür gesprochen wird. Über eine Stunde sitze ich bei Wasser wie auf Kohlen, denn das fette Essen ist mir plötzlich zuwider. Endlich öffnet sich die Tür wieder, und mein Bischof mit dem Cardinal tritt heraus.

Ugolino hat seinen Arm um Guido gelegt, sie haben beide offensichtlich dem Met kräftig zugesprochen. Sie umarmen sich wie liebende Brüder — an der Hand Guidos sehe ich den Ring blitzen. Mein Bischof begleitet seinen Gast bis vors Palais, noch ein Bruderkuß. Er hält ihm die Steigbügel, und unsere Gäste ziehen ab durch den lauen Maienabend.

Ich steige hinauf in meinen Turm und befrage die Sterne. Ich kann mir nicht helfen. Ich sah schon wieder — binnen zwei Monden — einen neuen Tod auf uns zukommen, es ist wieder ein Mann der

Kirche, ein großer, ein ganz großer sogar — ein ›creator‹, Begründer einer Bewegung, die die Zeiten überdauern wird. Ich sehe einen Heiligenschein über seinem Haupt, aber ich sehe nicht sein Gesicht . . .

Ich sehe auch eine Reise — ganz im Zeichen der Frau Venus — für meinen Bischof und mich . . . doch das muß wohl eine Täuschung sein . . . oder?

So ist unser Schicksal veränderlich wie der Mond

sicut luna variabilis fortuna

ZWEITER EINTRAG GUIDO

Was mich am meisten ärgert, und da dauert mich auch Ermengarda, die sich soviel liebe Mühe mit der Zubereitung gegeben hat, daß der Kerl uns das kleine Schlachtfest verdorben hat. Nicht einen Bissen hat er angerührt, nur den Met hat er gesoffen. Und danach — eigentlich schon davor! — war mir der Appetit restlos vergangen. Der feine Schmaus wurde an die Garde verfüttert.

Die Art und Weise, mit der Roald seinen abstrusen Phantasiegemälden ›Leben‹ einhaucht, erinnert mich an die Hexenküchen der Alchemisten, die wir als junge Priester in Rom aufsuchten, um mutig den Pestilenz-Gestank des Teufels zu schnuppern! Ohne Astrologus zu sein oder hellseherische Fähigkeiten zu besitzen, spüre ich das ›Böse‹ wabernd in der Luft, die uns umgibt, die ich atmen muß. Quieta non movere, keine schlafenden Hunde zu wecken, hätte ich ihm strikt befehlen sollen. Nun, Höllenhunde schlafen nie, und es ist jetzt auch zu spät!

Der Mönch von St. Trinian schreibt in seinen

Aufzeichnungen die Unwahrheit: Roald ist keineswegs direkt hinauf in seinen Turm gestiegen, sondern Ugolino hatte ihn — kein Widerwort duldend — herrisch herbeigewinkt und sich von ihm bis zum Stadttor begleiten lassen. Roald kann das nicht vergessen haben. Wenn es harmlos war, warum verschweigt er es mir? Was wollte Ugolino von ihm?

Statt dessen bestürmt mich mein Secretarius, ich solle ihm doch erzählen, was Ugolino so Geheimnisvoll-Wichtiges mit mir zu besprechen hatte. Ich weiß es auch nicht! Es war fast wie eine Beichte, viel hätte nicht gefehlt, und der Herr Cardinalbischof wäre vor mir niedergekniet und hätte mir seine Sünden gestanden, die läßlichen jedenfalls, die großen spart sich ein Mann wie er doch wohl für ein direktes Gespräch mit seinem Schöpfer auf.

Er insistierte, wobei er immer davon auszugehen schien, ich wüßte sowieso alles über ihn. Ich wimmelte ihn ab, suchte mein Heil — denn Mitwisser eines Ugolinos zu sein, halte ich nicht für sonderlich gesund! — darin, ihn zum Trinken zu animieren.

Da er seine Seele nicht erleichtern konnte, löschten wir so das, was ihm darauf brannte, mit meinem feinsten Met. Er versicherte mir, daß er nur Francescos Bestes wolle, wie nützlich es sei, Elia mit den administrativen Aufgaben belehnt zu haben, so daß Francesco endlich Kopf und Hände frei habe, sein geistiges Werk in Worte zu fassen und nachfolgenden Generationen als Testament eines Heiligen zu hinterlassen.

Ja, er sprach immer von Francesco als ›il santo‹

– und wie sehr er mir danke, in schweren Tagen meine Hand schützend über ihn und seine Brüder gehalten zu haben.

»Schon mein Vorgänger Innozenz (er bemerkt in der Sufflaune seinen lapsus linguae gar nicht, mit dem er seine Ambitionen hemmungslos vor mir ausbreitet!) wußte, was er an Euch hatte, Bischof – wie hieß noch der katharische Podestà, der sich bei Eurem Amtsantritt noch blühender Gesundheit erfreute?« Er zwinkert mir kumpelhaft zu und hebt seinen Humpen.

»Peter di Catanii war zwar kein Ketzer, aber er war – was noch schlimmer ist –, er war der falsche Mann zur falschen Stunde!« Mit geröteten Augen gewaltiger Jäger und Trinker nach ›erfolgreicher Strecke‹ prostet er mir zu: »Ihr habt das Richtige erkannt und richtig gehandelt. Dafür kann ich Euch nur danken!« (Was meint er denn, will er mir etwa unterstellen, der Tod des Vicarius sei nicht mit rechten Dingen zugegangen, und ich hätte meine Hand da im Spiel?)

»Seht in mir und Elia Eure Helfer – sind wir doch alle Helfer einer genialen Idee zur Wiederentdeckung der christlichen Werte unserer Kirche, die es unter allen Umständen – und mit allen Mitteln . . .« (wieder dieses komplizenhafte Schlachtergrinsen, das auch das Rind noch wohlwollend tätschelt, bevor es ihm die Stirn einschlägt) ». . . zu erhalten gilt.« (Mir wird ganz mulmig bei soviel Erhaltungstrieb – schwach und krank darf da keiner werden.) ». . . Francescos gesundheitliche Misere, die ich sehr ernst nehme . . .« (wie fürsorglich!), ». . . die mich schon oft das Schlimmste hat befürchten lassen . . .« (Vorbereitet sein ist alles, dafür ist ja jetzt Elia da!), ». . . darf auf keinen Fall den jungen Orden gefährden . . .« (Ist Francesco nicht sowieso schon eine Gefahr für die ›Franziskaner‹. Jetzt auch noch malade, vielleicht sogar im Kopfe?)

». . . Ich weiß, daß ich auf Euch zählen kann, Bischof . . .« Er legt mir den Arm um die Schulter, ich starre auf seinen Stiernacken, sein stickig-saurer Metatem schlägt mir ins Gesicht. Ich dränge ihn zur Tür, während er unsere neue ›Freundschaft‹ beschwört.

Pathetisch nimmt er seinen Ring ab, auf den — ich weiß nicht, warum — Wendower angespielt hat, und steckt ihn mir an den Finger. Mit letzter Kraft, ich glaube, gleich muß ich kotzen, öffne ich die Tür und lache . . .

Nein, ich werde Roald of Wendower nicht erzählen, was sich in der Bibliothek abgespielt hat, es ist zu ekelhaft. Und außerdem nicht der Rede wert, denn ich glaube nicht daran, daß die ›Gunst‹ des Cardinalbischofs lange anhalten wird. Sie hat mir nur etwas Luft verschafft — schlechte!

Brief John

Eminenz,
ich reise mit meinem Sohn Crean von Alexandria
aus nach Griechenland, um ihn in sein Erbe einzusetzen.

Mein Sultan hat mir großzügig eines der Schiffe
zur Verfügung gestellt, die sein Admiral vor Limassol kaperte. Es ist mit christlichen Sklaven be-
mannt, und er stellt mir frei, sie nach beendeter
Mission laufen zu lassen.

Ihr wolltet doch immer mal die Plätze Eurer jugendlichen Schandtaten wiedersehen. Ich werde
also Otranto anlaufen (der Kapitän hat einen Frei-
brief für Friedrichs italienische Häfen) und auf
Euch eine Woche ab dem nächsten Vollmond warten. Ich rechne auf Euch samt Gefolge. Für zwanzig Mann und Pferde ist Platz an Bord.

Seid mein Gast!
Ergebenst, Euer John

P. S.: Wenn Euch dieses Schreiben erreicht, sind
wir schon auf See, und Euch bleiben nur wenige
Tage, Eure Reisevorbereitungen zu treffen. J. T.

P. S. P. S.: Wenn ich Euch jetzt noch nicht überzeugt habe — und Euer altes Abenteurerblut nicht mehr feurig durch die Adern rinnt, verspreche ich Euch, anschließend Constantinopel anzulaufen.

Gibt es doch genügend Gründe für Euch, die Stadt am Bosperus wieder heimzusuchen!?

Macte anime! J. T. *Nur Mut!*

Dritter Eintrag Guido

Ha! Konstantinopel! Hat Ripke nicht gesagt, Lady Belgrave habe Kurs dorthin genommen? John, der alte Fuchs, weiß genau, wie er mich nehmen muß.

Et quacumque viam dederit fortuna sequamur! Ich lasse den Vergil froh auf der Zunge zerge-hen, rufe nach Wendower und Ripke. »Alea iacta est! — Wir fahren nach Byzanthium!« sage ich ein-fach und denke, die freuen sich wie ich. Nach dem Zusammentreffen mit Ugolino brauche ich Luft-veränderung. Jedes Ziel ist mir recht — nur weit weg von hier und seinem Dunstkreis! Doch Ripke grummelt etwas vor sich hin, das sich nach Land-rattenschiß vor Seereisen anhört —, deswegen ist er also damals ›so treu und brav‹ von Ancona zu-rückgekehrt, statt meiner kühnen Schwester aufs Meer zu folgen!

Welchen Weg (auch immer) uns Fortuna weist, wir folgen (ihr). ROM

Und der Mönch von St. Trinian? Gehen jetzt nicht seine uneingestandenen Wünsche in Erfül-lung? Roald ist von meiner Eröffnung völlig kon-sterniert. Er zieht ein Gesicht, als habe ich ihm den Schierlingsbecher aufgedrängt.

Si possibile est, transeat a me calix iste! Er sagt das nicht, ich gemeiner Tyrann denke es für mei-nen geschlagenen secretarius, der sich plötzlich —

Wenn es möglich ist, laß diesen Kelch an mir vorübergehen! Matt. 26,39

ehe ich ihm Prügel androhen muß! — panisch in die Vorbereitungen stürzt. Wie habe ich mir immer gewünscht, ein Reisetagebuch zu führen!

REISEAUFZEICHNUNGEN GUIDO

Otranto. Das letzte Nest im Süden von Apulien.

Im hellen Licht glühende Felsen, tiefblaues Wasser, sonst nur Kakteen. In Nord-Afrika kann es nicht viel anders aussehen, maurische Bevölkerung auch hier, sie sprechen eine Art Greco-Arabo, ohne es schreiben zu können. — Eine Landzunge am Ende der Welt. Ausgerechnet hier müssen wir auf John warten!

Wenn ich die Fischerboote im windgeschützten *fern, frei von Pflich-* Hafen betrachte (procul negotiis hab ich viel Zeit *ten* dazu), frag' ich mich, auf was für ein Abenteuer ich mich da eingelassen habe. Sicher werden wir alle seekrank werden, in einem der plötzlich aufkommenden Sommerstürme an irgendwelchen Klippen zerschellen, die stummen Männer werden das Flicken ihrer Netze kurz einstellen und unsere angeschwemmten Körper von Rüstungen, Kleidern und Schmuck befreien, bevor sie uns im Sand verscharren, wenn sie uns nicht zurück ins Meer werfen, den Fischen zum Fraß.

Ich denke an Francescos erste Versuche, mit einem Schiff übers Meer ins Heilige Land zu kommen. Aber wahrscheinlich hat ihn sein missionarischer Eifer die mißliche Situation gar nicht — oder ganz anders — verspüren lassen?

Wir sitzen auf der Kaimauer vor dem Stauferi-

430

schen Wachturm (der ›Hafenkommandant‹ beäugt uns mißtrauisch von oben, er ist normanni-
scher Abstammung und spricht einen Dialekt, von
dem nur Roald of Wendower behauptet, ihn zu
verstehen, weswegen wir unsere Waffen im Sok-
kelgeschoß des Turmes ablegen mußten). Wir
starren seit Tagen hinaus auf das Meer, und unsere
Augen brennen.

Es ist glühend heiß, als würden die Winde direkt von der Wüste zu uns herübergetrieben —
endlich erscheint die Silhouette eines Seglers, die
sich von den Fischerkähnen unterscheidet — ein
großes, dreieckiges Segel fremdländischen Zu-
schnitts, dann erkennt man auch den Ruderschlag
— wie ein vielfüßiger Wasserfloh gleitet die ägyptische Triere in den Hafen.

Am Bug John! Und neben ihm hochaufge-
schossen ein junger Mann, Crean, sein Sohn.

Irgendwo an der Küste des Landes der Hellenen.

John — wir haben uns zwölf Jahre nicht gesehen —
ist ganz der alte, etwas grau an den Schläfen, aber
sonst der gleiche Traumtänzer! Quaerens quem
devoret! Daß ich Ripke und das Gros meiner Garde mitgebracht, kommt dem Hasardeur nicht nur
gut zupasse, er hat sie einkalkuliert. Wir sind ein
kleiner Heereszug. Und langsam — wie wir uns
fortbewegen — kommt auch zutage, daß er das
›Erbe‹, in das er Crean einzusetzen versprochen
hat, längst nicht mehr in seinem Besitz hat.

Ein entfernter Verwandter des Villehardouin BYZ
hatte es an sich gezogen, kaum daß damals der

Jemand, der ständig nach Händeln Aus-schau hält. (Petrus, über den Geist des Versuchers)

431

›Chevalier Du Mont-Sion‹ das Lehen im Stich gelassen hatte. Wir müssen es zurückerobern! Auch recht! Ich lasse mich täglich von Ripke mit dem Gebrauch von Schwert — und vor allem Schild! — vertraut machen. Ein schweißtreibendes Exerzitium, mir schmerzen alle Knochen im Leibe.

An Geldmitteln fehlt es meinem John wohl nicht, er muß einen tiefen Griff in die Kasse des Sultans getan haben. Als erstes — das fällt mir zu — nehmen wir uns die Galeerensklaven einzeln vor. Ich stelle ihnen nicht nur Freiheit in Aussicht, sondern auch Sold — genug für jeden, um anschließend seine Heimat zu erreichen, dazu Rüstung und Pferd. Doch Bedingung sei, daß sie uns treu zu dienen hätten, bis wir unser Ziel erreicht BAU und Blanchefort (so benennt John seine Burg) genommen hätten.

Wer will, könne bleiben und alldorten seßhaft werden, ansonsten ende der Dienst, sobald wir wieder italienischen Boden unter den Füßen hätten. Es gibt keinen, der nicht einverstanden wäre. Also lösen wir ihre Ketten und führen sie Mann für Mann ans Ufer, wo Ripke sie in Empfang nimmt. Waffen und Rüstung hatte John vorausschauend schon reichlich für alle an Bord genommen (alles christliche Beutestücke aus dem Arsenal von Kairo). Der ägyptische Kapitän lichtet den Anker und segelt mit seiner moresken Stammbesatzung eiligst davon, in der nicht unberechtigten Sorge, die jetzt befreiten und bewaffneten Rudersklaven könnten sich an ihm rächen für das strenge Regiment seiner Nilpferdpeitsche, mit der er die Triere zügig bis hierher getrieben hatte.

ASS Ripke und sein Vice-Capitano, Hartwolf vom

432

Berghe, gebieten jetzt über 38 Mannen, dazu kommen John, Crean, Wendower und ich (mehr als Belastung, denn von Nutzen!). Wir sind eine verschworene Gemeinschaft: John und ich wühlen in gemeinsamen Heldentaten (die so gemeinsam gar nicht waren, standen wir doch damals in verschiedenen Lagern!) der Zeit, ›als wir Konstantinopel eroberten‹. Wir necken den unglücklichen Wendower, der beim Namen der sündigen Stadt am Bosporus natürlich an Laurence de Belgrave, die ›Dame Unseres Herzens‹, erinnert wird — wahrscheinlich denkt er die ganze Zeit an nichts anderes und ist nur mitgekommen in der Hoffnung, sie wiedersehen zu können. Doch vor die weichen Pfühle am ›Goldenen Horn‹ hat der Herr den Steinhaufen Blanchefort gesetzt.

John heuert noch eine Anzahl von Knappen und Saumpferden an. Dann setzt sich unser Troß in Bewegung. Ganz stattlich! — in meinen Augen ausreichend, um ein mittleres Königreich zu erobern. Vorneweg reiten der junge Crean und mein Vicecapitano Hartwolf vom Berghe. Die beiden verstehen sich auf Anhieb und sind von nun an unzertrennlich. John, der für alles in dieser Welt geschaffen ist, nur nicht für die Rolle eines Vaters, sieht offensichtlich nicht, was sich da anbahnt. Doch Ripke, der nachts wie ein Schäferhund wachend unser Lager umkreist, macht mich — etwas konsterniert — darauf aufmerksam, wie die beiden engumschlungen unter ihrer Decke eingeschlafen sind.

Amor reist in verschiedenartigster Gestalt mit uns! Auch ich träume, wie aus den Fluten des Hel-

lespont die schaumgeborene Aphrodite empor-
steigt, und ihre Züge, von rotgoldenen Locken
umrahmt, gleichen denen meiner verschollenen
Schwester . . .

Ein Steinhaufen namens Blanchefort.

Steinhaufen ist noch geschmeichelt! Nach tagelan-
gem Marsch durchs Gebirge weist John von einer
Anhöhe ins karge Tal: an einem ausgetrockneten
Flußbett ein windschiefer Turm und drum herum
ein paar Hütten.

Eine eingefallene Mauer säumt den ›Herren-
sitz‹ mehr ein, als daß sie etwa Schutz böte —. Da
keine Verteidiger auf den Wällen erscheinen, nur
drei grunzende Schweine aus dem offenen Tor
trippeln, muß Ripke seine Angriffsformation wieder in ›lockeren Trab‹ befehlen. Um die Bewohner nicht unnötig zu verschrecken, lassen wir unser
Heer in Rufweite absitzen, und nur wir vier edle
›Ritter‹ reiten durch das Tor.

Auch jetzt zeigt sich kein Mensch. John steigt
die brüchige Steintreppe zum Turm empor und
öffnet behutsam die Tür: Niemand! Wir suchen in
den Stallungen und Nebengebäuden. Schließlich
entdeckt Crean eine Gruppe verängstigter Menschen in der Zisterne. Das Gesinde hat uns kommen gesehen und sich versteckt. Der Herr des
Hauses und seine Tochter haben sich oben im
Turm zusammen mit dem Diener verschanzt. Es
wird uns erlaubt, eine zögernd herabgelassene
Leiter hinaufzuklimmen. Ein junges Mädchen mit
dichten, schwarzen Flechten (die Mutter muß

434

Griechin sein) hat sich schützend vor ihrem alten Vater aufgebaut, der auf ein improvisiertes Lager gebettet ist: Sir Thomas Litte-d'Arcady ist ge- lähmt! Elena, seine scheue Tochter, heißt uns willkommen, wobei sie gleich bedauert — durch das offene Fenster auf unseren Heerhaufen weisend —, daß Blanchefort uns weder beköstigen noch beherbergen könne — nicht einmal für eine Nacht. John ist feinfühlig genug, zu diesem Zeitpunkt nicht mit seinem Begehr nach Übergabe des Besitzes herauszurücken. Er stellt sich mit seinem katharischen ›Nom-de-guerre‹ vor: ›Odo Crean of Saint-Liargue‹.

Während er diskret den Diener beiseite winkt und ihm einige Goldstücke in die Hand drückt, damit er etwas zur Verköstigung aller organisiert, bemerke ich, wie der junge Crean und Elena sich anstarren, als seien sie sich auf dem Mond begegnet — ›Coup de foudre‹! fährt es mir durch den Sinn —, welch schöne Lösung!

Wir lassen Sir Thomas nach unten schaffen in seine kargen, aber wenigstens weiträumigen Wohnräume. Ripke und seine Mannen kampieren auf dem Felde (sie finden immer was zu essen!), und in der Zwischenzeit ist auch für uns der Tisch gedeckt.

Immer mehr Bauern aus der Umgebung strömen herbei. Stolz weisen sie jede Bezahlung zurück für Wein, Brot, Oliven und Käse. Nur für die Musikanten dürfen wir Geld ausgeben! Welch Fest! Alle tanzen, doch niemand so glückverloren wie Elena und Crean. An eine Säule gelehnt, schaut Hartwolf ihnen zu. Ich fange einen Blick auf, den er mit Crean wechselt, lachend, aufmunternd, als der Junge schuldbewußt, sich entschuldigend seine Nähe sucht. Crean überläßt das Mädchen den Armen seines Freundes und eilt zu John und mir herüber. Er flüstert mit seinem Vater, der begibt sich zum Tragstuhl von Sir Thomas.

Die beiden Alten haben nicht viel zu reden. Es ist noch nicht Mitternacht, da wird das Verlöbnis bekanntgegeben. An den Rest der Nacht erinnere ich mich nicht, nur daß ich mich breitschlagen ließ, mit den Bauern, die Hände über die Schultern verschränkt, seltsame einheimische Sprung-Tarantellas zu tanzen. Das wenige Geschirr des Hauses wurde auf dem Boden zerschmettert, und immer wieder wollten alle mit mir anstoßen, um meine Ausdauer und Trinkfestigkeit zu prüfen. Irgendwann muß ich wohl unter den Tisch gerollt sein . . .

In den Hafengassen von Constantinopel.

John ist nicht auf Blanchefort geblieben — soll das junge Glück allein mit der Wiederinstandsetzung des verrotteten Anwesens fertig werden. Er hat ihnen genug Geld dagelassen. Vor allem haben sich 15 der Freigelassenen entschlossen, dort zu siedeln, denn der zugehörige Landbesitz ist groß genug, um sie alle zu ernähren.

Wie nur von mir erwartet, hat Hartwolf vom Berghe um seinen Abschied gebeten. Er wird bei dem Paar bleiben. John ist darüber hocherfreut und setzt ihm ein fürstliches Salär als Kommandeur der Leibwache aus. (Ich bin sicher, daß er sich dieses Vertrauens würdig zeigen wird — doch, was gut ist für Blanchefort, muß nicht unbedingt der Ehe guttun!) Nur Ripke — er hatte sich Hartwolf als seinen Nachfolger in Assisi aufgebaut, als Gunter von Öxfeld damals Laurence aufs Schiff gefolgt war — kann seine Enttäuschung schlecht verbergen.

Wir übrigen erreichen die Hauptstadt des alten Byzanthiums auf dem Seewege, steigen in einer Hafenherberge ab und — ohne uns abzusprechen — beginnen wir sofort mit der Suche nach Laurence. Ich ziehe meine Erkundigungen im kaiserlichen Palast ein, wo ich allerdings niemanden mehr vorfinde, den ich seinerzeit kannte, und auch niemanden, der mir den geringsten Anhaltspunkt über Ankunft oder Verbleib einer Lady Belgrave geben kann — John macht dem Patriarchen seine Aufwartung, klappert Klöster und Konvente ab, doch auch er zeitigt keinerlei Ergebnisse — Roald of Wendower, der dem Wiedersehen mit meiner Schwester derart entgegengefiebert hat, daß er die letzten Tage vor Aufregung keine Nahrung zu sich nahm, geht ganz andere Wege.

Er streift durch die übel beleumundeten Hafenspelunken, fragt Seeleute aus, besucht Bordelle und Absteigen — Tag für Tag, Nacht für Nacht —, seine Augen sind rot unterlaufen vor Müdigkeit, sein Körper abgezehrt. Er hat Angst, gesteht er mir schließlich, Laurence dort zu finden, wo er sie sucht — doch er will nicht aufgeben!

Es muß noch etwas geben, das ihm schwer auf der Seele lastet: Mehrfach macht der seltsame Mönch von St. Trinian Ansätze, sich mir zu erklären, kommt aber über düster gestammelte Andeutungen nicht hinaus: »La Piovra purpurea hockt in

ital.: die purpurne Krake

437

der Tiefe des Brunnens, der Euch so rein anmutet! Francesco soll nur Wasser trinken, das er selber geschöpft hat — si possibile est, transeat a me calix este! — Laßt ihn nicht aus den Augen, des Nachts, wenn alle schlafen —!«

Ich schüttel Roald, doch es ist ihm weiter nichts zu entlocken, wie einer verschreckten Pythia, oder einem, der furchtbare Angst hat — wovor? — Die verzehrende Sucht nach Laurence muß seine Sinne verwirrt haben. Und Francesco? Wer sollte ihm Böses wollen, steht er doch unter höchstem Schutz, wacht doch der Generalprotektor selbst über ihn!

Als die Stunde unseres Aufbruchs gekommen ist (John hat ein Schiff gechartert, das uns zurück bis nach Ancona bringen soll), erscheint Roald of Wendower wie ein Schatten seiner selbst an der Mole: Er verabschiedet sich von uns, er wird hierbleiben. John drückt ihm heimlich einen Beutel in die Hand. Wir legen ab. Am Kai winkend die immer kleiner werdende Figur des Mönchs von Sankt Trinian — hat er sie vielleicht doch gefunden, verlebt, verkommen und verdorben? Er würde sich damit bescheiden, für immer ihr Sklave zu sein — gleich unter welchen Umständen.

Das ist die wahre Liebe! Ich ziehe es vor, mich meiner schönen Schwester zu erinnern, so wie ich sie das erste und letzte Mal in meinem Leben sah.

»Warum bist du keine Hure geworden?« Nicht ich, sie hatte den Mut, so zu denken.

Eminenz!
Welche Freude, wieder an meinem alten Platz zu
stehen und für unser Diarium zu schreiben. Heute
nacht habe ich mich hinuntergeschlichen in den
›Gang‹, habe das Versteck geöffnet und begonnen
zu lesen. ›Anima disperata‹: wie könnte ich Euch *verzweifelte Seele*
nur helfen!

Meinem Bleiben hier ist nur kurze Frist gesetzt,
Ihr wißt, welchem Herrn ich diene. Es ist nicht das
Gold, über das ich verfügen kann, ich bin von dem
politischen Konzept El-Kamils überzeugt, sich mit
der weltlichen Macht des Abendlandes zu arrangieren, nachdem die geistliche sich derart unkonzi-
liant, verbohrt und töricht verhält. Friedrich ist
unsere Hoffnung, er hat als einziger den notwen-
digen Weitblick, die alte ›pax romana‹ wiederauf- *der Frieden des rö-*
erstehen zu lassen, nicht zwischen Okkupanten *mischen Weltreiches*
und Okkupierten, sondern zwischen freien, gleich- *(Augustus)*
berechtigten Partnern, die sich im Geiste messen
und nicht mehr auf die niedere Ebene der Gewalt
herabsteigen.

Anfang August ist Dominik von Guzman ge- *6. August, ROM*
storben. Ich vermag darüber jetzt nicht mehr in
Jubel zu verfallen, sicher nicht in Trauer — zuviel
Leid hat er über die Welt gebracht, wahrlich ›ein
Hund mit einer Fackel im Maul!‹

Da bedaure ich schon eher das Hinscheiden unseres alten Emilio, auf dessen vertraute Begrüßung »Habt Ihr schon gehört?« ich mich eingestellt hatte.

Meine ersten Schritte auf vertrautem Boden
meiner zweiten Heimat (Griechenland ist mir

fremd geworden, ein Leben auf Blanchefort wäre mir ein Alptraum!) lenkte ich hinab nach Portiuncula zu Frances. Ich fand ihn erschreckend gealtert, von seinen Gebresten ganz zu schweigen.

»Die Kirche hat viel Wasser in deinen Wein gegossen«, sagte ich ihm zum Abschied. Er schaute mich nur erstaunt an, als wäre ihm diese Sicht seines Schicksals noch nie gekommen, aber erwiderte nichts. Kein Aufbäumen mehr, nur noch Resignation und selbst auferlegtes Leiden.

Ein für mich unerträgliches Bild stillen Jammers!

BRIEF JOHN

ISL

Als der Sultan, in Anbetracht seines grundsätzlichen Einverständnisses mit dem Staufer jetzt wieder die gleichen großzügigen Bedingungen — sowie zusätzlich eine Entschädigung für die Schleifung der Mauern von Jerusalem — offeriert, schlägt Pelagius jede Diskussion aus und berichtet erst nach dem Abbruch der Verhandlungen an die Kurie. DTR

Eminenz,

ich mußte Euch verlassen — leider, doch stehenden Fußes! Obgleich diesmal auch Honorius den Pelagius strengstens aufgefordert hat, kein Friedensangebot El-Kamils mehr abzulehnen, bevor es in Rom vorgelegen hat, schert sich der Kardinal-Legat den Teufel um diese Anweisung seines Papstes. Auch Friedrich hatte dem Führer seiner Vorhut, dem Herzog Ludwig von Bayern, befohlen, keine Offensive zu unternehmen, bevor er, der Kaiser, nicht selbst auf dem Kriegsschauplatz erschienen sei. Doch Ludwig wollte unbedingt ›Christlichen Ruhm‹ ernten und wurde so zum willfährigen Handlanger des unversöhnlichen Pelagius.

Wegen der bevorstehenden Nilüberschwemmungen ist sofortiges Handeln — oder Unterlassen! — geboten!

440

Spione des Sultans unterrichteten diesen von allen Entwicklungen im Kreuzfahrerlager. Als dann auch noch König Jean de Brienne eintrifft (voll düsterer Ahnungen, aber zu feige, sich der Feigheit zeihen zu lassen), ziehen sich El-Kamil und seine Brüder angesichts des gewaltigen christlichen Heeres anscheinend fluchtartig zurück. Die Kreuzfahrer drängen stürmisch nach. Der Nil steigt, die Kanäle hinter ihnen füllen sich: Der Rückweg wird ihnen abgeschnitten!

Pelagius kann die Panik nicht verhindern. Die deutschen Ordensritter verbrennen ihre Vorräte, was den Feind endgültig auf die Flucht aufmerksam macht. El-Kamil läßt jetzt alle Schleusen öffnen und überschwemmt das zurückflutende Christenheer.

König Jean geht als Geisel zu El-Kamil, desgleichen Herzog Ludwig, bis zur erfolgten Übergabe.

Der Herr ›Cardinal zur See‹ Pelagius wird (hatte der Böse seine Hand im Spiel — oder war's himmlische Fügung?) an der ägyptischen Sperrflotte im strömenden Hochwasser vorbeigetrieben, während der Rest seines Heers umzingelt festsitzt. Nach Damiette können sie nicht zurück. Die starke Besatzung weigert sich erst, die Stadt als Gegenleistung für die Öffnung des Belagerungsringes auszuhändigen. Nicht lange, dann nimmt El-Kamil Damiette wieder in seinen Besitz, und die Christen dürfen abziehen. Schön wär's, wenn jetzt wenigstens alles so wieder wäre wie vor Beginn dieses unseligen Kreuzzuges, doch so gnädig verfährt die Muse der Geschichte sicher nicht.

Endlich macht sich der Hunger in Damiette bemerkbar, Pelagius steckt auf, der Sultan gibt noch ein prächtiges Gastmahl für den König, und dann tauschen beide Seiten Pfänder aus und lassen ihre Gefangenen frei.

Eminenz, ich bin schon auf dem Wege nach Sizilien, denn meine Präsenz als Sonderbotschafter am Hofe von Palermo ist nach diesem ›Schlamas-

Tausende von ital. Kaufleuten in Ägypten verlieren ihre Vorzugsbehandlung, der Handel mit Venedig erliegt zwar nicht, aber das gute Verhältnis zwischen den Christen und Muslimen will sich nicht wieder einstellen.

OFM

sel‹ unumgänglich. Ich hatte sehr gehofft, mich etwas bei Euch in Assisi erholen zu können, doch ist mir in diesem Leben wohl keine Rast vergönnt. Ich empfehle Euch Caesar von Speyer als Secretarius. Er ist vertrauenswürdiger, als Ihr denkt, und vor allem verschwiegen. Irgendwann werden wir uns wiedersehen! — Sicher nicht im Himmel.

Euer John.

ASS P. S.: Apropos Hölle: Roald of Wendower hat bisher — trotz aller Magie, Beschwörungen, Pendeln und Orakelbefragungen die Äbtissin des Teufels in Konstantinopel nicht aufgespürt, statt dessen sollte er auf Blanchefort die Trauung vollzogen haben. Mein Enkel müßte jetzt schon das Licht dieser Welt erblickt haben!

Your's truly

John, Großvater in spe

X.
DIARIUM ANIMAE DESPERATAE

Verzweifelte Seelen
(1222-1226)

ANNO DOMINI 1222

Erster Eintrag Guido

Die Reise nach Konstantinopel hat mir gezeigt, daß derartige Fluchtversuche für mich wenig taugen. Das Wiedersehen mit John hat mein Gemüt etwas erheitert. Ich wollte ihn noch so vieles fragen, wozu wir auf der Reise nie gekommen waren, nie waren wir unter vier Augen, ›sine testimone‹.

Wir schoben es auf die ›ruhigen Tage in Assisi‹ auf, doch nun ist er schon wieder fort, mein unsteter Bruder, unverbesserlicher Abenteurer! Selber hemmungsloser Spötter, sieht er nicht, wie grotesk er in seiner Vaterrolle wirkt. Und jetzt auch noch Großvater! Und dann dies Getue mit seiner geheimnisvollen Abstammung. Von Crean habe ich erfahren, daß seine »natürliche« Großmutter eine Gisors war, während er vom Vater seines leiblichen Vaters nur wußte, daß er Rodrigo hieß, was meine Vermutungen bezüglich Johns enger Bindung an die ›Prieuré‹ nur bestätigte. Gut, ich habe keine so mysterienumwitterte Familie, eher gar keine! — Von Jacoba mal abgesehen — wahrscheinlich würde ich eine ähnlich lächerliche Figur abgeben — mein verkorkstes Verhältnis zu meiner Schwester läßt das vermuten. Ich bin eben ein typisches Waisenkind — launisch, verzogen und verbogen. Ich hatte gehofft, John halten zu können —

aus purem Egoismus, denn Assisi entlockte mir nur noch ein Gähnen der Langeweile, als ich aus der Ferne seine Türme aufragen sah.

Mich fesselt eigentlich nichts mehr an dieser Provinzstadt und ihrem Bischofsstuhl, nachdem Francesco sich etabliert hat. Das Gezerre um die ›wahre Lehre‹, die Regel und alles, was damit zusammenhängt, ödet mich an. Soweit habe ich mich nie mit diesem eifrigen Narren — oder närrischen Eiferer — identifizieren können, daß ich jetzt seine Partei ergreife und mich für die Durchsetzung seiner strengen Vorstellungen einsetze. Ich bin ein Lauer, lieber Francesco!

Ich habe jedenfalls Johns Rat beherzigt und Caesar von Speyer zum Secretarius bestellt. Francesco ist belustigt ob meiner ›Teutomania‹: »Ihr müßt ihn Euch allerdings irgendwo zwischen Augusta Vindelicorum und Ratisbona suchen oder auch beim Bruder Andreas zu Wirzeburgum!« Ich lasse Ripke reisen, der sich in seiner alten Heimat auch nach einem würdigen Nachfolger für sich umschauen und vielleicht selber dableiben wird (so meine stille Hoffnung!).

Francesco hatte ihn auf Deutschland-Mission geschickt.

Augsburg und Regensburg

Hartmod von Würzburg

Francesco war es wichtig, einen ›seiner‹ Brüder als Verbindungsmann bei mir zu wissen. Ich bin mir allerdings nicht sicher, ob Caesar nicht insgeheim — oder uneingestanden — dem Flügel des Elia angehört.

Ich werde ihn erst mal nicht ins Vertrauen ziehen, sondern ihn nur mit den Francesco betreffenden Angelegenheiten betrauen, einmal um mich zu entlasten (es muß ja keiner wissen, wie mir der ganze Portiuncula-Rummel zum Halse raushängt), zum anderen, weil ich gegenüber Ugolino

— trotz Waffenstillstandes! — einen Aktivposten vorweisen können will.

Bischof Guido kümmert sich um seinen ›santo‹ wie kein zweiter! Bravo!!

Mein Ripke ist überraschend schnell wieder da. Auf den Herrn von Speyer muß ich allerdings den ganzen Sommer über warten, da er erst Albert von Pisa in das Amt des Provinzial-Ministers einweisen muß.

Caesar ist ein stiller Geselle, von gleichbleibender, unaufdringlicher Freundlichkeit. Er geht mit meiner Gereiztheit behutsam um und macht sich unsichtbar, wenn ich nicht nach ihm rufen lasse. Ich habe ihm — nach gründlicher Inspektion ob irgendwelcher verräterischer oder suspekter Notizen! — das Turmzimmer Roalds angeboten, aber er zieht es vor, in einer Kammer neben dem Stall zu schlafen. Bitte! Wenigstens wäscht er sich am Küchenbrunnen, wie mir Ermengarda zufrieden mitteilte.

Caesar soll mir nichts erzählen, sondern alles ihm bemerkenswert Erscheinende als Notiz aufschreiben.

Ein anderes Problem stellt sich mit Ripke. Er ist alt geworden. Seit Konstantinopel sieht er das auch selber ein. Wir einigen uns darauf, daß er die Truppe noch in Schuß bringt (einen neuen Capitano will John mir besorgen), diesen seinen Nachfolger einarbeitet und sich dann auf das Amt des Majordomus zurückzieht, das seit Emilios Tod unbesetzt ist. Er will auf jeden Fall bei mir bleiben, und ich habe keine Veranlassung, der treuen Seele

das Gnadenbrot zu verweigern (worauf es hinaus-
laufen wird). Ermengarda braucht ebenfalls jemanden, der sie mit der Zeit ablöst. Eifersüchtig
hat sie bisher alle Küchenmädchen und Zofen
subaltern (und von mir fern) gehalten, damit ihr
keine die Herrschaft über Küche und Waschtrog
streitig macht. Den Keller weise ich Ripke zu und
weihe ihn auch in das Geheimnis des ›Ganges‹ ein
(was unnötig war: Er kannte den Weg von Santa
Maria del Vescovado ins Palais seit Claras Flucht,
wie er mir gestand).

Eigentlich hatte sich Ripke vorgestellt, Hartwolf vom Berghe wurde seinen Posten als Kommandeur der Garde übernehmen, aber der hatte
sich — in seinen Augen — bei der Verlobung von
Blanchefort disqualifiziert und war ja dann auch
dort geblieben.

Von John kommt Nachricht, daß er noch niemanden gefunden habe, zumal das Königreich von
Sizilien gerade den Tod der Landesmutter, der
Kaiserin Constanze, betrauert, die plötzlich in Catania gestorben ist.

*Friedrichs 1. Frau,
Constance v. Ara-
gon,* REC

23. Juni, DTR

Zur gleichen Zeit beschließt König Jean de Brienne, sich in persona nach Europa zu begeben, um
ernsthafte Hilfe für den Erhalt des ›Königreiches
von Jerusalem‹ zu fordern. Er hatte die Siebzig
überschritten und mußte auch daran denken, die
Thronfolge zu sichern, obgleich seine Tochter Jo-
landa erst elf Jahre alt war.

Als nützlich ließ sich dann noch mit der Reise
verbinden, daß er den Cardinals-Legaten Pelagius
überreden konnte, mit ihm Palästina zu verlassen
— in der Hoffnung, ihn dort nie wieder sehen zu

*Für Friedrich ein
schwerer Schlag,
denn trotz des Al-
tersunterschiedes
hatte sich in den
Jahren des Kampfes
um die Krone erst
ein Vertrauens-,
dann ein echtes Lie-
besverhältnis her-
ausgebildet. In sei-
nem Schmerz mag
der Staufer nicht
glauben, noch je-*

mals eines solchen
Gefühls fähig zu
sein. Er läßt ihr die
›corona di ferro‹,
die eiserne Königs-
krone der Norman-
nen, mit ins Grab
senken. DTR

müssen. Der Großmeister des Deutschen Ritterordens Hermann von Salza war bereits nach Rom
vorausgereist.

Das teilt mir Jacques de Vitry mit, der in Akkon
zurückbleiben mußte – im Gegensatz zum Patriarchen von Jerusalem (»aber der hat auch nichts
zu tun!«). Die Fahnenflucht Turnbulls hat er leicht
verschmerzt, war ihm doch klar, daß jemand wie
John immer ein ›Durchreisender‹ bleiben würde.

Er hatte sie auch gedeckt, um sich nicht peinli-
chen Fragen auszusetzen, wieso ausgerechnet der
Secretarius des Bischofs von Akkon zum Islam
überläuft (»Dort wird der Chevalier du Mont-Sion
es auch nicht lange aushalten! Wetten?«).

Die Frage nach der Neubesetzung des Postens
von Ripke wäre beinahe gelöst worden, denn
REC plötzlich taucht mein erster ›capitano‹, Pedro
Peyrignac, wieder in Assisi auf, der damals mit
John in den Albigenserkrieg gezogen war. Ich bin
sofort bereit, ihn wieder einzustellen (habe ich
ihm doch längst verziehen), weil ich weiß, daß er
aus Loyalität zu Turnbull so handelte, der ihn einfach samt drei Mann ›abkommandierte‹, als ich
gerade in Rom weilte. Doch Ripke sträubt sich,
dem ›Deserteur‹ seinen Platz zu übergeben. Pedro hatte sich auch gar nicht mit diesem Vorsatz
bei mir gemeldet.

Er kam aus Toulouse und war auf der Suche
nach John. Bevor ich ihn nach Palermo »– oder
sonst irgendwo zwischen Konstantinopel und Tu-
OKZ nis« weiterverwies, erzählte er, daß sein Graf, Raimond VI, unglücklichster Fürst des Abendlandes,
nunmehr auch elendiglich verstorben sei. Er

konnte nicht mehr sprechen, als der Abt von Saint-Sernin ihm die letzte Ölung geben wollte. BAU Ein Ritter vom Hospital warf seinen Mantel über den Sterbenden, um seinem Orden die im Testament ausgelobte Beerdigungsprämie zu sichern. Der Abt riß den Mantel wieder weg und nahm mit Geschrei das Begräbnis für sich und sein Kloster in Anspruch.

Währenddessen verschied der Graf — ›ohne Segen der Kirche‹, blieb infolge unbestattet und wurde im Haus der Hospitaliter schließlich von den Ratten aufgefressen.

Unter seinem Erben, Raimond VII, weiterzudienen, verspürte Pedro keine Lust mehr (»da gibt's nichts mehr zu erben! Der Erbe ist Frankreich!«), und so macht er sich erneut auf die Suche nach seinem alten Herrn. Ich gebe ihm ein Pferd mit und trage ihm für jeden Fall Grüße auf.

Erste Notiz Caesar

Ave Episcope,

Bruder Francesco hat sich in die Einsiedelei BAU von Fonte Colombo oberhalb Rieti zurückgezogen. Er hat nur den Bruder Leo, seinen unerläßlichen treuen Schreiber, mitgenommen und Bruder Bonizo, der zu Bologna Jurisprudenz studiert hat. OFM Der alleinige Zweck dieser selbsterwählten Einsamkeit ist (was nur wenige wissen), endlich ›die Regel‹ zu schreiben, und zwar ›ungestört‹.

Euch darf ich es anvertrauen, hat Bruder Francesco ausdrücklich gesagt.

Die Notwendigkeit zu diesem Schritt liegt in

den Ereignissen, deren Bedeutung für die Zukunft niemand so feinfühlig und argwöhnisch wittert wie Bruder Francesco. Und er hört von ähnlichen Bestrebungen auch aus Padua, wohin er selbst den Antonius delegiert hat.

Die neuentstehende Lehre der Scholastik ist eine Gefahr! Ihre Bekämpfung muß in der Regel aufgenommen werden. Ein anderer Punkt, der Francesco am Herzen liegt, hat mit Euch, seinem Bischof, direkt zu tun.

Ihr habt es sicher gut gemeint, als ihr ihm endlich eine generelle Predigterlaubnis für alle Diözesen durchzusetzen anbotet. Doch Bruder Francesco will dieses Privileg nicht. Für ihn widerspricht selbst diese kleine (und nützliche) Vergünstigung dem Prinzip der absoluten Armut.

Die Brüder sollen nichts besitzen, auch kein ›Recht‹. Sie sollen es sich von Fall zu Fall erbetteln, in aller Demut. Aus der gleichen Überzeugung schlägt Bruder Francesco auch dem Herren Cardinal-Protektor Ugolino di Segni den geäußerten Wunsch ab, Minoriten für höhere und hohe Kirchenämter abzustellen: »Wir Armen können der Kirche nur — und nur dann — einen Dienst erweisen, wenn wir arm, klein und demütig bleiben und dies als unser einziges Privileg ansehen!«

Der Herr Cardinal-Protektor ist darüber natürlich vergrätzt und beschwert sich bei seinem ›moderaten‹ Vertrauensmann Elia di Cortona.

In Portiuncula beginnen die zurückgelassenen Brüder nervös zu werden, was Bruder Francesco da oben in seiner Eremitenklause wohl wieder aushecken mag. Je mehr Zeit verstreicht, desto länger und härter sehen sie die Regel werden, die ihnen Bruder Francesco mit der ihm eigenen Unnachsichtigkeit auferlegen wolle. So machen sich schließlich mitten im Winter mehrere ›Minister‹ unter Elias Führung auf den Weg.

Sie kommen hoch zu Roß, und allein das läßt Bruder Francesco augenblicklich wie ›ein störrischer Maulesel‹ reagieren. »Wir haben gehört . . .«, beginnt der Herr Vicarius Elia, ». . . Du schreibst uns eine Regel. Wir sind in Sorge, nach ihr nicht leben zu können, weil sie nicht für Menschen gemacht scheint, sondern für Übermenschen oder Heuchler, die sie insgeheim doch nicht einhalten. Dann ist es doch ehrlicher, wir sagen Dir gleich, daß wir uns nicht gebunden fühlen, und Du schreibst sie nur für Dich selbst!« Bruder Francesco ist maßlos enttäuscht.

»Siehst Du . . .«, wendet er sich zu unserem Herrn Jesus Christus am Kreuze, ». . . habe ich Dir nicht gesagt, daß sie kein Vertrauen zu Dir haben würden?«

Elia überredet ihn, ihm die Regel mitzugeben, damit er sie in Rieti mit allen dort zurückgebliebenen Brüdern diskutieren kann.

Francesco läßt sich breitschlagen, das von Leo mühsam aufgeschriebene Unikat aus der Hand zu geben.

Es vergehen Tage, Wochen. Bruder Francesco macht sich, von bösen Ahnungen erfüllt — an den Abstieg nach Rieti. Auf die Frage nach der Regel weicht man zuerst aus, gebraucht Ausflüchte, schließlich erklärt Elia kurz und bündig, die Regel sei ›verlegt‹, man könne sie beim besten Willen nicht wiederfinden!

Francesco hat das Spiel begriffen. Todtraurig zieht er sich wieder mit Leo zurück, aber doch stur entschlossen, sich der ganzen Mühe, deren Früchte niemand will, noch einmal zu unterziehen. Diesmal wird er sie den Brüdern nicht erst zur Begutachtung überlassen, sondern gleich dem Papst vorlegen.

Ich weiß, daß es Elia selber war, der die kostbaren Worte des erleuchteten Bruders kurzerhand ins Feuer geworfen hat.

Bruder Francesco begreift dies alles als von Gott auferlegte Prüfung, nimmt aber jetzt die von Euch ihm angebotene Diakonswürde an; nicht weil sie ihm das Predigen erlaubt, sondern weil sie ihm das Recht gibt, das mit dem Velum verhüllte Ziborium, ›Gott am Herzen‹, zu tragen.

Salve Caesar

ANNO DOMINI 1223

Erster Eintrag Guido

Wie ich von Caesar unterrichtet bin, der selbst in Zeiten der Krise guten Kontakt zu Francesco aufrechterhält und auch dessen Vertrauen genießt, hat unser armer Bruder den gesamten Winter über an der Neufassung seiner Regel geschuftet, gehungert, gefroren, gelitten — doch sei sie immer noch nicht fertig . . .

Francesco zieht, wie schon im Vorjahr, von Einsiedelei zu Einsiedelei, nicht nur der meditativen Ruhe wegen, sondern auch um zu vermeiden, daß ›ihr‹ noch mal etwas zustößt.

Plötzlich bricht er aus seiner Zurückgezogenheit aus. Er will in Bologna predigen, der ältesten Universitätsstadt auf europäischem Boden. Hier hatte er schon gegen das ›Studienhaus‹ der Brüder gewettert (es ist inzwischen längst wieder belegt!), hier will er denen die Leviten lesen, die da glauben, die Wissenschaft, die Scholastik und nicht das Evangelium über alles stellen zu dürfen.

Sie wurde schon im 5. Jahrhundert von Theodosius gegründet.
ROM

Er will die Quintessenz ›seiner Regel‹ in ihrer Wirkung auf die gelehrten Studiosi prüfen, die nicht wie seine Brüder ›mehr oder minder‹ auf seine Lehren eingeschworen sind. Als Thema wählt er an diesem Himmelfahrtstage »Die Engel — Die Menschen — Die Teufel«. In letzteren durften sich die ›Gelehrten‹ wiedererkennen. Doch es geht kein Sturm der Entrüstung durch die vollbesetzten Reihen auf der Piazza della Commune, im Gegenteil, die skeptischen doctores sind hingerissen, und das einfache Volk ist so begeistert von der armseligen, schmächtigen Figur, daß sie zum Schluß seine Kutte fast in Fetzen gerissen hätten, um ein Stück von ihm mit nach Hause zu nehmen.

Gut, daß ich ihm den alten Ripke zum Schutz mitgegeben habe. Sie tragen Francesco zurück, denn er hat sich in letzter Zeit so wenig geschont, daß ihn die Kräfte schon manchmal verlassen. Und seine diversen Gebresten zu kurieren, daran denkt er einfach nicht. Ich halte ihm das vor, als er auf dem Rückweg nach Rieti durch Assisi kommt. Auch schlage ich ihm vor, daß ich persönlich für

ihn die Regel nach Rom befördern werde. So könne er allen Vorwürfen entgehen, warum er sie vorher den Brüdern um Elia nicht gezeigt habe. In
Rom würde ich eine Abschrift anfertigen lassen,
bevor ich das Original aus der Hand gäbe. Francesco ist einverstanden, will aber doch selbst zugegen sein bei ihrer Übergabe an den Herrn Papst.
Ich empfehle ihm, das diesjährige Pfingsttreffen
einfach ausfallen zu lassen, doch davon will er
nichts wissen:

»Wer sind jene, die mir meine Gemeinschaft
und meine Brüder aus den Händen reißen? Wenn
ich zum Generalkapitel komme, werde ich ihnen
zeigen, was für einen Willen ich habe!« Ich belasse
ihn in der Illusion. Für meinen Teil kann ich auf
das zu erwartende Trauerspiel verzichten.

Ich reise mit Vergnügen in die Ewige Stadt, froh,
diesen Provinzquerelen zu entkommen. Offiziell
begebe ich mich auf die Jagd in den Abruzzen. In
Rieti übernehme ich das kostbare Manuskript aus
den Händen Francescos, der es mir noch einmal
besonders ans Herz legt (»mit meinem Herzblut
geschrieben«).

Er ist tatsächlich zu schwach, mich zu begleiten,
gibt mir aber den Bruder Bonizo von Bologna mit.
Ohne Begleitung zu reisen, wäre zu leichtsinnig
gewesen, aber ich lasse Ripke und seine Mannen
vor den Toren der Stadt zurück, denn mit ihnen
wäre meine Ankunft offiziell geworden.

Sie sollen sich jeden Morgen hier wieder einfin-
den, sich im übrigen die Zeit mit Jagd vertreiben,
denn schließlich muß der Bischof seinem Ruf als
gewaltiger Jäger vor dem Herrn ja gerecht werden,

und wir wollen mit Wildbret bepackt wieder in Assisi einreiten.

Ich und Bonizo steigen bei Jacoba ab, und sie ist es auch, die sofort eine diskrete Abschrift des Schriftstückes durch vertrauenswürdige Kopisten in die Wege leitet, denn ich will nicht, daß der all-gegenwärtige Ugolino von dessen Existenz er-fährt, bevor wir die Regel Honorius persönlich überreichen.

So melden wir uns auch noch nicht zur Audienz an, sondern weilen inkognito in Rom. Gleichzeitig mit uns ist König Jean de Brienne eingetroffen. Ja-coba hält mich über alles auf dem laufenden. Der König will nun endlich vom Papst erklärt wissen, daß alle — zukünftigen, so steht zu hoffen — Er-oberungen durch Kreuzzüge dem Königreich von Jerusalem zufallen.

Der mitgereiste Cardinal-Legat Pelagius prote-stiert, doch Honorius gibt Jean de Brienne recht, und auch Friedrich läßt wissen, daß er es nicht an-ders sähe.

John Turnbull soll mit der kaiserlichen Delega-tion in der Stadt gesehen worden sein, doch leider kann ich mich aus meinem Versteck heraus nicht bemerkbar machen, und als ich endlich eine Gele-genheit dazu finde, ist er schon wieder gen Süden abgereist.

Hermann von Salza hat den Vorschlag ge-macht, Prinzessin Yolande solle doch den Witwer Friedrich heiraten, sie würden ein glänzendes Paar abgeben, und als Prinzgemahl würde der Staufer im eigenen Interesse dann auch für die Durchfüh-rung seines versprochenen Kreuzzuges sorgen. Ich wäre ja stutzig geworden bei diesem Vorschlag, denn der Großmeister des Deutschen Ordens gilt als in Nibelungentreue Friedrich ergeben, doch König Jean de Brienne fühlt sich geschmeichelt und stimmt der Hergabe seines Töchterchens zu, als Hermann von Salza ihm zusichert, er könne die Regentschaft von Jerusalem bis zu seinem Ableben behalten. Der Papst ist begeistert von dieser Lösung. König Jean de Brienne reist weiter nach Paris.

Die Abschrift ist inzwischen fertiggestellt. Ich begebe mich mit Bruder Bonizo in den Vatikan und übergebe — ganz naiv und ›zerstreut‹ (als sei ich eben erst von anstrengender Reise in Rom eingetroffen) das Schriftstück ›meinem Freund‹ Ugolino, als ich ihn in letzter Sekunde unter den Würdenträgern entdecke, die Honorius a latere umgeben. Meine Stimme ist laut genug, daß es alle hören können:

zur Seite

»Dies bittet Euch Euer untertänigster Diener Francesco dem Heiligen Vater zur gütigen Approbation zu unterbreiten.«

Eine nicht hörbare Verwünschung über diesen trotteligen Provinzbischof auf den Lippen, mich freundlich umarmend, kann der Cardinal jetzt gar nicht anders, als es dem neugierig gewordenen Papst auszuhändigen.

Eine Einladung zum Abendtrunk im Stadtpalais des Herrn von Segni schlage ich — in wohlweislicher Erinnerung an die Geschichten vom maurischen Ring — bescheiden aus und schiebe totale Erschöpfung vor. Wir verlassen Rom in den frühesten Morgenstunden und werden von meiner

Garde in Empfang genommen. Sie haben natürlich nichts gejagt — ich habe sie stark in Verdacht, sehr wohl die Nächte innerhalb der Mauern verbracht zu haben, denn Ripke weiß mir den neuesten Tratsch aus Paris zu berichten, den er ja kaum in ländlichen Tavernen hat aufschnappen können.

Jean de Brienne wurde von seinem ehemaligen Souverän König Philipp II Augustus von Frankreich recht frostig empfangen. Er wirft ihm vor, daß es bislang ein Vorrecht der französischen Krone gewesen sei, der Erbin von ›Outremer‹ den passenden Gatten zu suchen — so sei er, Undankbarer, ja schließlich auch auf den Thron von Jerusalem gelangt! Doch sie schließen (notgedrungen!) wieder Freundschaft, als Philipp plötzlich den Tod nahen fühlt. Er vermacht Jean de Brienne die stolze Summe von 50 000 Silbermark *14. Juli zu Mantes, CAP* und stirbt in seinen Armen. Der solcherart beschenkte König ohne Königreich wohnte noch dem Begräbnis bei und der Krönung des Dauphin *Ludwig VIII* zu Reims und begab sich von dort aus auf eine Pilgerfahrt nach Santiago de Compostela.

Ich unterbreche den Erzählfluß meines Ripke und hetze ihn und seine Mannen nunmehr zur gebotenen Jagd. Mit drei Wildsäuen, sieben Böcken und unzähligen Hasen, Schnepfen, Fasanen und Rebhühnern von unseren Rossen baumelnd, traben wir ruhmreich vom Süden herkommend über Rieti nach Assisi zurück. Francesco, der uns sehnlichst erwartet hat, berichte ich ausführlich, wie wohlwollend der Papst sein ›Regelwerk‹ aufgenommen habe. Da wir nichts mehr zu verbergen haben, kehren wir gemeinsam mit ihm nach Assisi heim.

Ave Episcope,

das diesjährige Pfingstkapitel fiel wenig erhebend aus. Bruder Francesco wurde wiederum attackiert, die Regel nur ja nicht zu streng abzufassen, und die wenigen Teilnehmer, die überhaupt gekommen waren, stritten sich die meiste Zeit. Da Francesco wohlweislich verschweigt, daß sie längst in den Händen des Papstes ist (es fragt ihn allerdings auch keiner danach), und auch diesmal kein Öl ins Feuer gießt, indem er auszugsweise seine ›Gebote‹ verliest, kann er die Versammlung zwar nicht als Sieger verlassen, aber immerhin noch als anerkannter Bezugspunkt aller.

Als Papst wird Ugolino später den Namen Gregor IX annehmen. Ursprünglich sollte der Bau dem heiligen Benedikt von Nursia geweiht werden (so hatte jedenfalls noch Innozenz III bestimmt), denn dort hatte in einer Grotte der Begründer des Benediktiner-Ordens seine Regel erstellt.
BAU

Doch die tiefe Enttäuschung über ›seine‹ Brüder ist ihm anzumerken. Francesco zieht sich wieder in eine Einsiedelei zurück, diesmal ist es Poggio Bustone in den Reatiner Bergen. Von dort aus begibt er sich zu den Mönchen von Subiaco und nimmt an der Weihe der Sankt-Gregor-Kapelle teil, die der Cardinalbischof von Ostia — zu Ehren seines Namenspatrons — selbst vornimmt.

der spätere Papst Alexander IV,
ROM

Cardinal Ugolino kommt in Begleitung seines Neffen Rainaldo di Jenna und bringt Francesco als Zwischenergebnis die Nachricht, daß man seinen Entwurf in Rom strengstens prüfe und über kleine Korrekturen nachsinne. Er, Ugolino, habe den Vorgang unter Kontrolle, und nichts geschähe ohne sein, also Francescos Einverständnis — und für ihn als advocatus aufzutreten, habe er ja die Vollmacht — ? — !

Francesco schluckt die bittere Pille (es ist auch

die Strafe, daß er den Bischof nach Rom geschickt und versucht hat, ihn, Ugolino, zu übergehen!). Irgendwann kommt der Zeitpunkt der Resignation:

»Sollen sie doch mit dem Evangelium treiben, was sie wollen! — wenn sie auch nur ein Wort verändern, dann hat die Regel eben nichts mehr mit mir zu tun!«

Verbittert verlängert er seinen Aufenthalt bei den Benediktiner-Mönchen um weitere zwei Monate, er nimmt diesmal keinen seinen Brüder mit (er will sie einfach eine Zeitlang nicht sehen!), und zieht in die Eremitage von Sacro Speco.   BAU

Trotz seiner angegriffenen Gesundheit fastet er. Er will Kraft sammeln für den Augenblick der Approbation, die Honorius — laut Ugolino — für den Spätherbst in Aussicht gestellt hat und zu der er in Rom zu erscheinen habe. Ich, wenn ich bescheiden meine eigene Meinung einflechten darf, finde, sie quälen ihn unnötig — und Francesco leidet, daß es mir weh ums Herz ist.

Salve Caesar.

Zweiter Eintrag Guido

Am Tag des heiligen Saturnius verkündet Papst *29. November* Honorius in Rom feierlich in der Bulle »solet an- DOK nuere« seine Bestätigung der Regel des Francesco, die nunmehr als ›regula bullata‹ endlich Gültigkeit erlangt. Ich habe Francesco allein reisen lassen, um nicht in diesem kritischen Augenblick durch meine (sicherlich nicht erwünschte) Anwesenheit seine Sache zu erschweren.

Ich habe Ugolino ein Schreiben mitgeschickt, in

dem ich seine Verdienste am Zustandekommen des Werkes herausstreiche und ihm demütigst das Wohlergehen unseres ›Armen von Assisi‹ ans Herz lege. Er soll seinen Triumph ohne mich lästigen Kumpanen auskosten! Francesco wird gut daran tun, die Approbation so zu nehmen, wie sie ist — denn sicher wird er vieles in dieser ›Papst-Regel‹ vermissen oder nicht wiedererkennen.

Das ist nun mal das Spiel der Macht — und das kleine, gemeine Vergnügen der Beamten der Kurie. Sie brauchen's zur Selbstbestätigung, zur Selbstbefriedigung! Honorius gibt sich väterlich, was Francesco an den ihm geschuldeten Gehorsam erinnert. Er muckt nicht auf, als der Begriff ›Orden‹ auftaucht und seine eigene Idee von der umfassenden, brüderlichen ›Fraternitas‹ zurückgedrängt wird.

Er nimmt in Kauf, daß seine Brüder der Gründerzeit (wie er: strikt und kompromißlos) jetzt *Übereifrige, Eiferer* ›Zelanti‹ genannt werden und bei genauem Hinsehen gar mit der Exkommunikation bedroht werden, wenn sie die ›Regel der Anpassung‹ nicht beachten. Ihm wird es schwarz vor Augen, er sieht die Getreuesten als Ausgestoßene in die Einsamkeit der Wälder verjagt, Ketzern gleich, von den Sakramenten ausgeschlossen — düstere Visionen, die alle Hoffnung in ihm zerstören, es könne ihm im Laufe der Zeit noch gelingen, die Regel für sich und ›seine‹ Brüder so auszulegen und so zu leben, wie es ihm einst vorschwebte — immer noch vorschwebt.

Aber er fällt nicht ohnmächtig um, er steht die Farce durch. Caesar von Speyer, den ich auf Francescos Wunsch mit nach Rom geschickt habe, erzählt mir den Verlauf fast unter Tränen. Und weil Francesco sich als ein so braver Sohn der Kirche zeigt, bekommt er auch ein Weihnachtsgeschenk: Er darf das Fest der Geburt Christi an einem Ort seiner Wahl und ausgestaltet nach seinen eigenen Vorstellungen begehen . . .

In Assisi zieht der Winter ein. Auch ich beginne mich mit der Frage zu beschäftigen, wie wir wohl das Weihnachtsfest dieses Jahr feiern sollen. Natürlich wird Ermengarda wieder Unmengen von Lebkuchenmännchen, Zimtsternen und Mandelgebäck herstellen, mit Nüssen und Pistazien belegt in so rauhen Mengen, daß nicht einmal die Garde sie bis zum Beginn des Karnevals verdrücken kann. Das Zeugs wird dann an die Armen verteilt, wenn diese längst auf Schmalzgebackenes, klebriges Naschwerk eingestellt sind. Die letzten Körbe gehen an das Borstenvieh der Benediktiner, auf daß es im Herbst als fette Würste voll geronnenen Blutes mit vielen Speck- und Leberstückchen wieder zurück auf unseren Tisch kommt. Diese Köstlichkeit bereitet mir die Alte dann im siedenden Fett mit Zwiebelscheibchen und dazu ganz vulgär einen Mansch aus den Äpfeln unseres Gartens. Ich überfresse mich jedesmal daran und kann dann schlecht schlafen.

Manchmal wache ich aus tiefen Träumen auf, in denen ich vor meinem Palazzo die Abordnung der ›Drei Könige aus dem Morgenland‹ sehe: meine Angst-Sehnsucht, John hätte endlich meinem Wunsch willfahren und mir einen neuen Kommandanten für meine Garde gesandt, einen pitoresken Ali-Baba, den auffälligsten Kerl, den er unter der Sarazenen-Leibwache des Kaisers Friedrich finden konnte.

Da stehen sie nun, die Mauren mit ihren Turbanen und Krummschwertern, die Schnurrbärte gezwirbelt wie die Nußknacker, und ganz Assisi steht kopf ob der neuesten Extravaganz seines Bischofs! Während das Blut unserer Landeskinder im Kampf um Jerusalem und das Heilige Kreuz vergossen wird, werden meine Schäfchen aufbegehren, mutet uns dieser Herodes, Pontius Pilatus, Judas und Schächer in einer Person, diese Figuren aus Tausendundeiner Nacht zu, die unsere Kinder schlachten, unsere Jungfrauen schänden und unsere Kirchen besudeln! Ich wälze mich schweißgebadet unter meinem Baldachin, wage nicht, die Augen zu öffnen, damit es nicht wahr ist, John kann sich diesen üblen Scherz nicht erlaubt haben – nein! nein! nein!

Ripke rüttelt mich etwas unsanft wach: Hartwolf vom Berghe ist zurückgekommen und stünde vor dem Tor – ob ich dem Abtrünnigen Einlaß gewähren wolle?

»Ja, in Gottes Namen!« (Ripke kann nicht verstehen, wie froh ich bin.) Ich umarme Hartwolf und fordere Ripke auf, ihn auf der Stelle als neuen Kommandeur einzustellen. Da umarmen sich auch die beiden alten Haudegen, und ich verlasse mein Bett, um eigenhändig einen Willkommenstrunk zu kredenzen.

Francesco wählt für sein Weihnachtsfest einen ASS kleinen Flecken namens Greccio, wo ihm der Besitzer Giovanni di Velita ein Waldstück geschenkt hatte, mit zahlreichen Grotten in den Tuffsteinfelsen. Francesco richtet alles selber her. In die größte Höhle stellt er einen Futtertrog, mit Stroh gefüllt, Ochsen und Esel dazu.

Mitten in der Nacht werden die Lichter angezündet, und die Bevölkerung strömt von nah und fern mit Fackeln in den Händen herbei. Francesco, bekleidet mit der Dalmatik eines Diakons, liest das Weihnachtsevangelium. Ich habe mich mit Ripke und der alten Ermengarda, als einfache Hirten verkleidet, unter das zahlreiche Fußvolk gemischt und lasse mich ganz von der festlich rührenden Stimmung tragen, die Francesco verbreitet.

Er erzählt die Geschichte von Christi Geburt mit so viel Inbrunst, daß die Leute neben mir plötzlich das Kind in der Krippe erblicken, von einem Glorienschein umgeben. Sie sinken andächtig auf ihre Knie, Francesco blökt wie ein Esel, sooft er ›Bethlehem‹ ausspricht, und beim Wort ›Jesus‹ leckt er sich jedesmal die Lippen, als habe etwas besonders Süßes sie berührt.

Er nimmt jedes in der Heiligen Schrift niedergeschriebene Wort so intensiv auf, daß für historische oder philosophische Distanz kein Raum mehr bleibt.

Nur aus solcher Intensität ist das Wunder der Transsubstantiation erklärlich. Der Glaube versetzt eben nicht nur Berge, sondern auch ein Christuskind in die Krippe, deren Stroh und Heu die Bauern anschließend mit nach Hause nehmen. Es soll die Tiere in den Ställen und die Frauen in den Wochenbetten schützen.

Ermengarda nimmt sich auch ein Büschel — die Brüder singen durch die Nacht, als wir wieder unerkannt nach Assisi heimkehren. — ›Tiefen Frieden im Herzen?‹ Mich beruhigt, daß meine Garde unter dem Kommando von Hartwolf die Hellebarden zur Begrüßung hebt . . .

Frohe Weihnacht, Episcope!

ANNO DOMINI 1224

Erster Notiz Caesar

Ave Episcope,

Bruder Francesco weilt zu Foligno. Dort sucht ihn der Bruder Elia auf, er will ihn sprechen, doch Francesco wendet sich ab. Elia versucht es noch einmal, von der anderen Seite, wieder mit demselben Ergebnis der stummen Ablehnung. Elia ist immerhin der mächtige Generalminister des Franziskaner-Ordens und hat es nicht nötig, einen der Brüder (und mehr will Francesco nach eigenem Vernehmen ja nicht mehr sein) demütig um Gehör zu bitten. Aber Elia hat seine Gründe, sich um den endgültigen Verlust der Gunst Francescos ernstlich zu sorgen. Er hat die ›verlorene‹ Regel auf dem Gewissen, er hat die Gemeinschaft zu einer Organisation geformt, in der Francesco wohl noch seinen angestammten Platz als ›primus inter pares‹ hat, sich aber nicht mehr wohl fühlen kann.

Das ließe sich für den ambitionierten Politiker Elia von Cortona, der heute nicht mehr als der Handlanger des Ugolino angesehen werden kann, sondern als der Mann, der den zukünftigen Papst wesentlich beeinflußt, alles leicht verwinden (nach dem Motto: ›Wo gehobelt wird, da fallen Späne.‹), doch Elia liebt Francesco, so seltsam das

465

klingen mag, er hat ihn immer geliebt, und er leidet am Entzug dieser Liebe.

Er muß Francesco stellen, sein Schweigen, sein Abwenden hält er nicht aus. Und Francesco reicht schließlich die Bettelei:

»Elia, Du verdammst Dich!« ist der harte Bescheid. Und Elia bricht zusammen. Er wirft sich Francesco zu Füßen: »Bete für mich!« Und Francesco verzeiht ihm: sein doppeltes Spiel, seinen Machtmißbrauch, seinen hemmungslosen Ehrgeiz. Er warnt ihn nicht, er weiß, daß Elias Zerknirschung nicht lange anhalten wird, diese starke und extrovertierte Persönlichkeit kann auf Dauer nicht über ihren eigenen Schatten springen.

»Ich kann wirklich nur für Dich beten, Bruder! Aus der Verdammnis kann nur Gott Dich retten!« Und Elia war schon froh, überhaupt wieder mit Francesco ins Gespräch gekommen zu sein.

Das Pfingstkapitel von Portiuncula ist dieses Jahr noch dürftiger ausgefallen. Elia hat ›Provinz-Kapitel‹ eingeführt, und so sparen sich viele Brüder die weite Reise. Eine heitere Feststimmung (wie sie früher geherrscht haben soll — ich war ja damals noch nicht dabei) will nicht aufkommen, es ist eher wie nach einem Begräbnis. Francesco ist zwar zugegen, aber abwesend, ein schweigsamer Bruder in einem verlorenen Häuflein, das sich schnell — nach Erledigung der ›Tagesordnung‹ — wieder in alle Winde zerstreut.

Knappe Geschäftsberichte aus den Provinzen, Wahl neuer Minister und anderer Amtsinhaber, Aussendung von Missionaren — aus der Bruderschaft war ein gewaltiger Orden geworden, der weltweit seine Vertretungen unterhielt und immer mehr Brüder anzog — aber Freude? oder Erwartung? oder Erregung, Spannung? Der Cardinal bittet jetzt sogar den Bischof von Assisi, ihn zu vertreten, da er selbst unabkömmlich sei — ›de minimis non curat protector‹ — die Schlacht ist geschlagen, auf dem Felde blieb die zündende Idee, die Unbekümmertheit der Armut, die Leichtigkeit der Entbehrungen, — die Anarchie eines ursprünglichen Christentums.

Um Kleinigkeiten kümmert sich der Protector nicht. (Abwandlung des Spruches betr. »Praetor«)

Ob der Herr Jesus barfuß ging oder Sandalen trug, wird man nie feststellen können. Jetzt hat man ihm solides Schuhwerk angemessen, denn er hat auf befestigten Straßen zu marschieren, nicht querfeldein zu wandern!

Elia hat einen furchtbaren Traum: Ein weißgekleideter, majestätischer Priester befiehlt ihm, Francesco aufzusuchen und ihm seinen Tod anzukündigen, der in zwei Jahren eintreten und Francesco zu seinem Gott führen werde. Tagelang drückt sich Elia davor, Francesco davon zu erzählen, doch diesmal ist es Francesco, der ihn auffordert, mit der Sprache herauszurücken.

»Gelobt sei Jesus Christus, unser Herr!« wendet er sich an seinen Arzt, der jetzt immer häufiger zugegen ist. »Ich bin kein Feigling, der den Tod fürchtet! — Elia, Bruder, freue Dich!« Elia ist verwirrt, er hält diese Aufforderung für Spott, er schämt sich. Hatte er Francesco etwa den Tod an den Hals gewünscht? Doch Francesco will ihn nicht belasten, noch falsch verstanden werden.

»Freue Dich mit mir, ich werde Gott schauen dürfen!« Und Elia kniet neben Francesco nieder, und sie beten beide — »Dann kann ich ein gutes Wort für Dich einlegen!« scherzt Francesco, als habe er eine Freudenbotschaft vernommen.

Ave Caesar

Brief John

Eminenz,
genau betrachtet, sitze ich auf einem Scheiterhaufen, der jeden Moment angezündet werden kann. Nur gut, daß niemand hier auf die Idee kommt, in dem Herrn Sonderbotschafter des Sultans einen niemals bekehrten Ketzer zu vermuten! Für die *Für das gesamte Dt. Reich römischer Nation!* Lombardei hat Kaiser Friedrich jetzt angeordnet, alle aufgespürten Häretiker den Flammen zu überantworten. Mich betrübt das, aber ich kann mich nicht mehr darüber aufregen. Die Erinnerung an den Kreuzzug gegen den Gral verschwimmt wie in einem fernen Spiegel, Romanien ist dahin, Tolosa französische Provinzhauptstadt; auch wenn der Montségur noch emporragt, die Gralsburg auf seiner schroffen Spitze liegt über den Wolken. Der junge Friedrich, der ritterliche ›puer apuliae‹, war der Held unserer Jugend, der Kaiser ist ein Machtfaktor, ich muß ihn nicht lieben, ich muß mit ihm rechnen.

Und das muß auch die Kurie von Rom, die die Zeichen der Zeit nicht erkennt und ausgerechnet bei den Universitäten — wie jetzt Bologna — gegen den Zeitgeist steuern will, gegen den Geist Friedrichs. Er ist unsere Zukunft! Und nicht nur für das Abendland, sondern auch für uns hier im Morgenland. Ich habe meinem Sultan von der phantastischen Möglichkeit erzählt, die des Kaisers Verbindung mit der Prinzessin Yolande eröffnet: Ein Herrscher wie er auf dem Thron von Jerusalem, die Versöhnung aller Religionen, ein Mittelmeerreich Sizilien als Mittler zwischen den Kulturen von den Quellen des Nils bis zur Mündung des Rheins, von der Wüste bis zum Nordmeer! Nicht Waffen entscheiden mehr über Herrschaftsgebiete, sondern Wissenschaft — nicht Burgen, sondern Universitäten! Forschung und Handel statt Krieg! El-Kamil sähe nicht ungern einen starken Freund zwischen sich und seinen Brüdern in Bagdad und Aleppo, selbst Damaskus würde er dem Kaiser überlassen. Wir werden alles unternehmen, damit diese Ehe ihre Früchte trägt.

Der Brautvater König Jean kehrt soeben aus Spanien zurück, wo er — wohl durch seine Tochter beflügelt — sich mit Berengaria von Kastilien verheiratet hat, der Schwester des Königs Ferdinand III. Ich muß eilen, ihn zu treffen.

Euer John

P. S.: Ich danke Euch für die gastliche Aufnahme meines, Eures alten Capitanos, der jetzt wieder bei mir am Hof von Palermo weilt. — Habt Ihr die Stelle jetzt neu besetzen können? Omar-Ramon von Montreal würde gern wieder nach Europa zurückkehren, will aber dem Islam nicht entsagen. Da wärt Ihr doch in Assisi der rechte Dienstherr!

Mein Bruder zu Assisi,

besteht meine Vision zu Recht, Euch jetzt in brauner Kutte, nur mit einem Strick um den (sicher beträchtlich reduzierten) Bauch, als Ehren-Franziskaner zu sehen? Mich freut für Franciscus, daß ihm der Papst nun endlich die Mühen und Kämpfe von so vielen Jahren gelohnt hat. Wir hier in Akkon hoffen nicht mehr auf das Erscheinen des Erzpriesters Johannes (dieser Dschingis-Khan ist es wohl auch nicht, denn mit seinen ›christlichen‹ Tartaren ist er jetzt über Rußland hergefallen — solche Barbaren brauchen wir hier nun wirklich nicht zur Hilfe!).

Eine sich durchs Hochmittelalter ziehende Legende, die des christlichen Priester-Herrschers — aus dem Osten? aus Äthiopien? —, der eines Tages Jerusalem wieder befreien würde, aber nie kam.

Wir erwarten jetzt ›Das Staunen der Welt‹, den Stauferkaiser. Er wird uns nach Jerusalem zurückführen und Kalif wie Sultan in die Schranken weisen. Schon ist Graf Heinrich von Malta in unserem Hafen eingelaufen, um die mittlerweile vierzehnjährige Prinzessin Yolanda abzuholen — mit, welch galante Geste, vierzehn Galeeren, für jedes Jahr eine! — Er hat den Erzbischof Johannes von Capua mitgebracht, dem ich sofort — in Stellvertretung für Friedrich — in meiner Heilig-Kreuz-Kirche mit Yolanda den Bund der Ehe schließen muß.

DTR

ROM

damalige Kathedrale von Akkon. BAU

Dem Kirchenfürsten war die Zeremonie mit dem jungen Ding eher peinlich (seine Präferenz gilt eigentlich Knaben!), und er war heilfroh, daß seine ›Braut‹ anschließend gleich nach Tyros verfrachtet wurde, wo sie, da jetzt ›großjährig‹, vom Patriarchen zur ›Königin von Jerusalem‹ gekrönt wurde. Der gesamte Adel von Outremer war anwesend, der Sultan hatte eine stattliche Delegation geschickt und erlesene Geschenke, der Kalif von Bagdad ebenso wie auch alle Potentaten von Persien bis Cordoba. Zwei Wochen lang wurde gefeiert, dann schifft sich die Königin ein, begleitet von dem Erzbischof, meiner Wenigkeit und ihrem Vetter, Balian von Sidon. Sie unterbricht ihre Reise ins Ungewisse zu einem Ehemann, den sie nie gesehen hat, auf einige Tage in Zypern, um ihre Tante, Königin Alice, zu besuchen. Als der Augenblick des Abschiednehmens gekommen ist, werden alle Damen des Hofes von Tränen überwältigt, und Yolanda, wie ein junges Rind, das zur Schlachtbank geführt wird, ruft aus:

»Leb wohl, mein geliebtes Syrien — ich werde dich niemals wiedersehen!« Ich versuchte sie zu trösten, aber der Graf von Malta drängt zum Ablegen. Ich kehre nachdenklich nach Akkon zurück. Wer hier so lange Zeit verbracht hat wie ich, der will nicht mehr zurück ins Abendland — noch bin ich sicher, ob jemand von dort, und wenn's der Kaiser ist, uns verstehen kann. Der Staufer soll ja anders sein als all die anderen.

Deus provedet —
Jakob von Vitry
Bischof von Akkon

Gott möge gewähren

Zweite Notiz Caesar

Ave Episcope,
Francesco nimmt die Ankündigung seines nahen Endes sehr ernst. Er hat sich in einer Höhle auf dem Berg La Verna verkrochen, den ihm einst

ass der Graf von Chiusi geschenkt hat. Eine tiefe Schlucht trennt ihn von der Außenwelt, nur Bruder Leo hat das Recht, ihm täglich ein Stück Brot zu bringen samt einem Krug Wasser. Am Tage der Himmelfahrt Mariä hat er dies meditative Fasten begonnen, das ganz der Passion Christi gewidmet ist.

14. September Am Festtag der Kreuzerhöhung, so berichtet Bruder Leo, der es mit eigenen Augen gesehen haben will, erschien − den ganzen Berg in flammendes Licht tauchend − dem Francesco ein Seraph, ein sechsflügeliger Engel (so wie ihn Jesaja beschreibt), der aber auch dem Körper eines Mannes glich, der ans Kreuz geheftet war, an Händen und Füßen.

Zwei Flügel erhoben sich spitz über das Haupt hinaus, zwei waren zum Flug ausgebreitet, und zwei bedeckten den Körper. Der Seraph fiel über Francesco her und als er sich als leuchtende Kugel (so Leo) wieder von ihm erhob, gewahrte Francesco die Wundmale des Herrn an seinen Handflächen, seine Füße waren durchbohrt, und an seiner Seite floß das Blut aus einer klaffenden Wunde, so daß Unterhose und Kutte davon durchtränkt waren.

Francesco vergattert Bruder Leo zum absoluten Schweigen und verbirgt auch die Wunden, so gut es geht, indem er sie mit Binden umwickelt. Leo kann das Geheimnis nicht für sich behalten und eröffnet es Elia, der sich sofort zu Francesco begibt, sich aber nicht darüber äußert.

Mir ist bislang kein Fall von ›Stigmatisierung‹ bekannt, aber ich bin bereit, Leo zu glauben, und auch das Schweigen Elias bestärkt mich in meiner

472

Vorstellung des Unvorstellbaren. Wenn einer von der Intensität Francescos sich dem Herrn Jesus derart angleicht, warum soll er dann nicht auch die Gnade der Wundmale erfahren? Die Hand Gottes hat ihn berührt, und er trägt die Zeichen.

Bald nach dem Fest des heiligen Michaels verläßt Francesco den Berg La Verna. Die Prophezeiung Elias bedarf jetzt keiner weiteren Bestätigung mehr: Er will die Zeit, die ihm noch verbleibt, nutzen, um Abschied zu nehmen. Als erstes bedankt er sich bei Orlando von Chiusi für den Bruder Esel, den der ihm für die Reise mitgegeben hat.

Dann besucht er Borgo San Sepolcro, Monte Casale und Città di Castello. Überall wohnen jetzt Brüder, die er ein letztes Mal sehen will. Die Bevölkerung eilt herbei, um ihm die Hände zu küssen, aber er verbirgt sie in den Ärmeln seiner Kutte und reicht ihnen nur die Fingerspitzen.

Leo, Angelo und Rufino, die ihn begleiten, versorgen seine Wunden und achten darauf, daß sein Gewand nicht stückchenweise abgeschnitten wird, als begehrte Reliquien. Seine Augen beginnen in der hellen Herbstsonne wieder zu schmerzen, nur unscharf erkennt er die Landschaft bei Ponte San Giovanni wieder, wo er als junger Degen in die Schlacht gegen Perugia geritten war. Sie kommen nur langsam voran, und es ist bereits November, als sie endlich Portiuncula wieder erreichen. Ihr solltet jetzt auch von ihm Abschied nehmen, Episcope! Ihr wißt, wie sehr er an Euch hängt.

Salve Caesar

Erster Eintrag Guido

Francesco hat recht gehabt, als er vor Jahren
schon die Perugini warnte, den Kopf nicht so hoch
zu tragen und mit Verachtung auf Assisi herabzu-
schauen. Er hatte ihnen Bürgerkrieg prophezeit,
wie er einst in Assisi tobte, und jetzt ist er in ihren
eigenen Mauern ausgebrochen. Die Ironie des
Schicksals dieser beiden Städte will es, daß diesmal der Adel Perugias in Assisi Zuflucht sucht,
vor den Ausschreitungen des Pöbels, denen die
neue Kommunalverwaltung der umbrischen
Hauptstadt nichts entgegensetzt. Unser Podestà
ASS hier in Assisi, Oportulo di Bernardo, wittert in
diesen bedauerlichen Umständen die Möglichkeit,
das bislang (im Gegensatz zu Assisi — wie man
weiß!) papsttreue Perugia ins Lager der ›Freien
Kaiserlichen Städte‹ herüberzuziehen.

Ich habe ihn — im Namen des Papstes bereits
›ex ufficio‹ gewarnt (nachdem Honorius seine
Unterschrift unter das Dokument verweigert hatte), einen derartigen Pakt mit Perugia zu schließen. Jetzt handelt es sich nicht mehr darum, ob ich
persönlich mehr der stauferischen oder der
päpstlichen Politik zuneige (ich habe meine Wahl
längst getroffen und werde mich auch weiterhin
hüten, im kaiserlichen Assisi einen päpstlichen Bischof spielen zu wollen!), sondern einfach um die
Frage, wer in dieser Stadt das Sagen hat.

So leid es mir für Sire di Bernardo tut (mit dem
ich mich bislang nie gerieben habe), ich muß ihm

die Exkommunikation androhen, wenn er den (sicher wohlbedachten) nicht tolerablen Schritt unternimmt —.

In diese Spannungen hinein fällt das Drama meines Francesco, dem ich selbst in ruhigen Zeiten hilflos gegenübergestanden hätte. Ich habe mich immer vor dem Tod gefürchtet, vor dem meinigen werde ich davonlaufen, bis er mich einholt, aber auch das Sterben anderer macht mir — gelinde gesagt — Unbehagen.

Und jetzt dieser Totentanz! Ich beauftrage Hartwolf, einen ständigen Kurierdienst einzurichten, nicht um Francesco zu begleiten (unseren Schutz braucht er nicht mehr), sondern um mich Tag und Nacht auf dem laufenden zu halten. Francesco schleppt seinen kranken Körper durch die Gegend, wie man die letzten Energien aus einem Esel herausprügelt, er spart sich nicht mehr auf, er veraugabt sich.

Er tritt in Gubbio auf, wo er einst vor den Augen der terrorisierten Bewohner den Wolf zähmte — der Gute ist längst an Überfütterung eingegangen! Er sieht den Hafen von Ancona noch einmal, wo er sich zweimal zum Kreuzzug einschiffte, und den Marktplatz von Jesi, auf dem Friedrich zur Welt kam — er kommt nach Spoleto zurück, wo sein Traum von der Ritterschaft durch einen anderen Traum abgelöst wurde — Bevagna, wo die Vögel ihm lauschten, und schließlich Rivo Torto, wo er und seine Brüder der ersten Stunde so glücklich waren. Mich erinnert er an einen waidwunden Hirsch, der, den Tod in Form einer Pfeilspitze im Herzen, nicht mehr die Kraft in den Beinen hat,

*»Der Wolf von Gubbio«
Eine der vielen Franziskus-Legenden*

BAU

seine Jäger, die Treiber und die Meute zu attackieren, aber noch zu stark ist, sie einknicken zu lassen und sich zum Sterben hinzulegen.

Er wandert im Kreis herum und starrt uns alle aus seinen wundervollen Augen an, ohne Anklage, ohne Trauer, nur tiefes Verwundertsein über das, was mit ihm geschieht — kein Aufbäumen, aber auch keine Demutsgebärde: Hinnahme in *Weder Hoffnung* aufrechter Haltung ... ›nec spe, nec metu‹. Die-*noch Furcht!* sen Wappenspruch habe ich mir eigentlich immer für mich selbst vorgestellt, doch nie danach gelebt. Immer war ich voller Hoffnungen auf Veränderung, doch stets zu furchtsam, sie beherzt anzugehen. Francesco zeigt mir den Weg. Ihm will ich diese kostbaren Worte widmen wie ein letztes Geschenk.

Im März trifft er wieder in Portiuncula ein, völlig erschöpft. Ich sende sofort zu Elia, daß er ihn von einem Arzt aus Assisi behandeln läßt, den ich ihm empfehle. Doch Elia hat schon, angesichts der ständigen Verweigerung Francescos, sich auch nur untersuchen zu lassen, den Papst benachrichtigt, der umgehend Order erteilt, den Kranken nach Rieti zu bringen (wo er sich gerade aufhält), damit sein eigener arabischer Leibarzt sich seiner annimmt.

Francesco willigt scheinbar ein, bedingt sich nur aus, zuvor seiner Schwester Clara, ›seiner Dame Armut‹, Lebewohl zu sagen, und hat damit mal wieder allen, die sich um ihn sorgen, ein Schnippchen geschlagen ...

Ausgerechnet in diesen Tagen steht eine heruntergekommene, hohlwangige Gestalt vor dem Portal unseres Palazzos und will wissen, ob es wahr sei, daß Francesco im Sterben läge: Roald of Wendower.

Düster, fast beschwörend keucht er: »Francesco muß sterben! Francesco muß sterben!« Als hinge sein eigenes Leben davon ab. Mein Capitano Hartwolf will ihm den Eintritt verwehren, doch der alte Ripke benachrichtigt mich. Der heftige Streit zwischen den beiden erweckt sofort meine lebhafte Neugier, wenn er auch nicht gerade coram publico vor dem bischöflichen Palais ausgetragen werden muß. Hartwolf soll sogar versucht haben, Roald mit seinem Schwert zu durchbohren, Ripke und seine eigenen Mannen hindern ihn in letzter Minute daran. Ein peinlicher Auftritt!

Ich hatte bislang keine Zeit — noch Grund — gefunden, meinen neuen Capitano danach zu fragen, warum er Blanchefort eigentlich wieder verlassen hat — und von meinem Ex-Secretarius wurde ich gerne wissen, ob sein süchtiges Suchen nach Lady Belgrave sich gelegt hat oder von Erfolg gekrönt war?

Kaum habe ich mich in die Bibliothek begeben, wird die Tür aufgerissen, und Hartwolf stößt den gefesselten Roald herein, der wirklich einen jämmerlichen Eindruck macht, er traut sich auch nicht, mir in die Augen zu schauen, dennoch: »Gehst Du so mit meinen Gästen um?« weise ich meinen Capitano zurecht, im Versuch, der geladenen Atmosphäre eine leichtere Note zu geben. »Binde ihn los!«

Doch Hartwolf widerspricht mir.

»Es ist für ihn besser, mein Bischof, er bleibt gebunden und wehrlos — schon so muß ich an mich halten, dem Schakal nicht mein Eisen ins Gedärm zu stoßen!«

Ich kenne Hartwolf seit seiner Jugend. Er trat damals mit dem jungen Öxfeld in meine Dienste und hatte mir jahrelang als verschlossener, entschlossener Kurier gedient, in seiner Zuverlässigkeit durch nichts abzulenken. Bis dann der raptus mit Crean passierte. Da Wendower nur düster vor sich hinstarrt, erteile ich seinem Ankläger das Wort.

»Ungeachtet der Misere, die wir — wie Ihr Euch erinnern mögt — bei unserer Ankunft vorfanden, lebten wir glücklich auf Blanchefort«, beginnt Hartwolf sein Plädoyer. »Elena liebte mich ob meiner Liebe für Crean, und als sie sah, wie er darunter litt, mich vom Brautlager ausgeschlossen zu sehen, öffnete sie sich auch mir, und ich liebte sie, um Crean den Liebesbeweis zu geben. Um die Weihnachtszeit war ihre Schwangerschaft nicht mehr zu verbergen und die offizielle Eheschließung mithin unumgänglich. Zu diesem Zeitpunkt erschien uneingeladen Herr Roald of Wendower auf Blanchefort und erbot sich, die Trauung vorzunehmen.

Wir hatten bereits mit dem örtlichen Popen, den wir ins Vertrauen gezogen hatten und der sich dessen würdig erwies, alles Notwendige vereinbart. Roald of Wendower, den der Teufel geritten haben muß, sah sich veranlaßt, die Frage nach der Vaterschaft aufzuwerfen, die ihn nun wirklich nichts anging. Wir drei, Elena, Crean und ich sahen darin überhaupt kein Problem, aber Roald brachte uns Unfrieden ins Haus, so daß Elena eines Tages ihren Vater bat, ihn aus Blanchefort zu weisen . . .«

Hier läßt sich zum erstenmal Wendower vernehmen. Ohne den Kopf zu heben, murmelt er: »Sie lebten in schwerster Sünde, sie waren des heiligen Sakraments der Ehe nicht würdig . . .«

Ich sehe mich genötigt, diesen Tatbestand als Bischof zu konfirmieren: »Die Kirche gibt da ihren treuen Dienern recht. Aber aus Lebenserfahrung solltest Du wissen, wie man Sünde unter Freunden relativiert, Roald! Du konntest ein, beide Augen zudrücken . . .«

»Mein Gewissen!«

Ich kann mir ein Lachen nicht verkneifen. »Roald, du warst Beichtvater eines Nonnenpuffs und Spitzel des Papstes, Du hast freiwillig einem Bischof gedient, der Dich tagtäglich nicht nur zum Mitwisser, sondern zum Teilhaber aller erdenklichen Schandtaten machte, und Du dientest ihm mit diabolischem Vergnügen. Was zum Teufel hat Dich so fromm gemacht, Roald of Wendower?«

Er antwortet nicht, sondern verfällt wieder in sein Brüten, und so lasse ich meinen Capitano in seiner Schilderung fortfahren.

»Roald verschwand, uns alle verfluchend, was wir auf die leichte Schulter nahmen. Im Frühjahr kam Elena nieder und gebar ein Zwillingspärchen, zwei Mädchen. Wir waren glücklich. Jetzt hatte ein jedes seinen eigenen Vater! Elena, schon nicht getraut, wollte nun wenigstens ihre Kinder getauft sehen. Crean, in den Dörfern als der Herr auf Blanchefort bekannt, schickte nach dem Popen, doch der weigerte sich zu kommen.

Roald of Wendower hatte ihn bei seiner Abreise derartig eingeschüchtert und ihn mit der Anzeige beim Patriarchen bedroht, wenn er es wagen sollte, unser sündiges Dreiecksverhältnis und dessen Früchte zu legalisieren. Gott sei Dank hatte der gute Mann mit niemandem darüber gesprochen, doch die Furcht vor einer Exkommunikation und der Verfolgung durch die lateinischen Kirchenbehörden saß ihm zu tief in den Gliedern . . .«

Ich bin ziemlich erschüttert über das niederträchtige und vor allem hinterhältige Benehmen meines Ex-Secretarius. Doch noch mehr verunsichert mich sein törichtes Verhalten: Warum in aller Welt ist er bloß zurückgekehrt? Ausgerechnet hierher, geradewegs in die Arme eines Mannes, dessen Liebesglück er zerstört hatte. Aber Roald of Wendower schweigt. An wem hatte er sich rächen wollen, daß er die zarten Bande dreier junger Menschen so böswillig zerschnitt?

Ich lasse Hartwolf weitererzählen:

»Unser Bleiben, und vor allem das meine, auf Blanchefort war nun in Frage gestellt, denn selbst wenn der Pope schwieg, hätten die Leute doch zu reden begonnen, wenn die erwartete Hochzeit zwischen Crean und Elena und anschließende Taufe nicht bald stattfinden würden. Auch Sir Thomas Litte d'Arcady, der von allem nichts mitbekommen hatte, wurde unruhig und verstand die Welt nicht mehr.

Natürlich war es meine Figur, die suspekt wurde. Wir beschlossen also, daß ich nach Konstantinopel reisen sollte, um Roald of Wendower zu finden und ihn freiwillig oder mit Gewalt vor den

Popen zu schleppen, damit er die Verleumdung widerruft.«

»Es war die Wahrheit, die eherne Wahrheit des Evangeliums«, knurrt Wendower zwischen den Zähnen hervor.

»Schweig, Judas!« Hartwolf ist aufgesprungen. Ich winke ihn zurück.

»Auf Blanchefort hatten all die Männer, denen Creans Vater damals die Freiheit schenkte und die kein Weib ehelichen wollten, unter meiner Führung eine Rittergemeinschaft gegründet, deren Ziel es war, die Burg und ihre Bewohner zu schützen und mit der Zeit den Herrschaftsbereich von Crean, unserem Herrn, auszuweiten . . . Viel gab es in der Richtung für uns tatendurstige Ritter nicht zu tun. Wir hatten keine Feinde, und die Umgebung, Bauern und Hirten, war zu arm, um sie zu ›beherrschen‹. Mit Freuden zogen meine ›Ritter‹ also mit mir auf diese abenteuerliche Fahrt nach Constantinopel.«

»Aber Ihr habt den feinen Herrn nicht gefunden?« Ich bin jetzt wirklich neugierig, wie dieses Trivialstück weitergeht.

»Doch«, sagt Hartwolf, »ich habe ihn gefunden, im Hafenviertel, als Bordellwirt. Und seine Mädchen waren alles junge Nonnen aus Südfrankreich, die er offensichtlich unter Ausnutzung ihrer Notlage oder wahrscheinlich mit denselben infamen Drohungen schamlos ausbeutete.«

»Das ist nicht wahr«, begehrt Roald auf. »Es waren . . .« Mein Blick läßt ihn verstummen.

»Und was ist mit Lady Belgrave geschehen? Los, raus mit der Sprache!« Roald spürt instinktiv, daß, wenn er sich jetzt auch noch meinen Haß zuzieht, sein Leben keinen Heller mehr wert ist. Meine Rache ist grausamer als der immer wieder aufflammende Zorn, doch − letztlich schnelle − tödliche Stich meines Capitanos. Wir haben uns oft genug über das Element der Zeit beim langsamen Foltern unterhalten.

»Es waren nicht *die* Nonnen, die Mädchen Eurer Schwester, glaubt mir!« stößt er ängstlich hervor. »Von ihr weiß ich nichts, aber die Mädchen habe ich nur so eingekleidet . . . zur Hebung des Geschäfts.«

»Das Geschäft ging so gut . . .«, führt Hartwolf grimmig den Gedanken fort, »daß im Handumdrehen genug Strolche da waren, um mich zusammenzuknüppeln und auf die Straße zu werfen. So fanden mich meine Ritter. Ein zweiter Besuch war unumgänglich, ich hasse offene Rechnungen: Wir schlugen den Laden kurz und klein. Herr von Wendower hatte sich rechtzeitig verdrückt, so daß wir nur seine Kumpane verprügeln konnten. Was sollten wir mit den Mädchen machen? Als Lustobjekte interessierten sie keinen von uns, mich nicht und auch nicht meine Leute, das hatten sie sich alle in langen Jahren unter arabischen Kerkermeistern abgewöhnt.« Hartwolf lacht bitter auf.

»Also beschlossen wir, sie als das, was sie waren, zu verkaufen, als Sklavinnen. Doch wohin ich mich auch wende, keiner will die Mädchen haben, viele schlagen erschrocken das Kreuz, als hätte ich des Teufels Großmutter wohlfeil angeboten. Ich sitze auf heißer Ware, aber dann erscheint ein buckliger Kerl, taubstumm, er heißt mich warten und des Nachts wiederzukommen. Ein fremdländisches Schiff hat angelegt, der Alte begleitet mich an Deck zu dem turkmenischen Piratenkapitän, der bereit wäre, mit mir ins Geschäft zu kommen. Ich lasse meine Leute mit den Mädchen am Kai warten und begebe mich allein an Bord, um mit ihm den Kaufpreis auszuhandeln. Was soll ich Euch sagen, mein Bischof: Es war diese Frau!« Hartwolf hält inne, denn ich kann meine Reaktion nicht schnell genug verbergen. Mir ist es aber jetzt auch egal, was er von mir denkt.

»Eine rothaarige Frau? Streng und schön wie der Racheengel mit dem Flammenschwert an der Pforte zum Paradies...?« Mein Capitano starrt mich fassungslos an.

»Diese und keine andere!« Als er sieht, daß ich nicht bereit bin, mehr dazu zu sagen, fährt er — leicht verunsichert — fort. »Ihr war jeder Preis recht. Sie erkannte mich nicht wieder. Sie zahlte mich auf der Stelle in Gold aus, und ich erinnere mich, wie die Mädchen, weinend vor Glück und vor Begeisterung schreiend, an Bord rasten. Sie umarmten die Frau, die ihre rotgoldene Haarpracht jetzt wieder unter dem Turban verborgen hatte. Sie ließ sofort die Anker lichten und segelte davon.

Es war eine Begegnung wie in einem Traum. Ich hatte ihr schönes, kühnes Gesicht nie vergessen, seit jener Nacht vor San Damiano!«

»Laurence de Belgrave«, sagte ich stolz, »meine herrliche Schwester! Ich könnte Dich umarmen für diese gute Nachricht!« Doch ich tue es nicht, sondern richte meine nächste Frage an Roald, tenendum lupum auribus, versöhnlich gestimmt ob dieser glorreichen Wendung. Sie lebt! Sie ist frei! Wendower gleicht einem zusammengebrochenen Häufchen Elend.

den Wolf an den Ohren (fest)haltend

»Lügner! Es waren also doch die gleichen Novizinnen, denen Du in Rom falscher Beichtvater warst? Wie sind sie in Deine schmutzigen Hände gefallen?«

Roald rafft sich nun endlich zu einer längeren Erklärung auf, die Hartwolf und ich mit Schweigen hinnehmen, das immer beklemmender wird.

»Ich hatte sie damals in Konstantinopel sehr schnell gefunden. Ich habe Euch angelogen, aus Angst. Ich wußte ja, wie sehr Ihr Eure Schwester liebtet, und ich wollte sicher sein, sie für mich allein zu haben. Doch Laurence weigerte sich, mich zu erhören . . .« (Warum ist er bloß hierher zurückgekommen? Der Teufel muß ihn geritten haben!)

»Sie hat nie einen Mann erhört«, werfe ich verärgert ein.

»Ich flehte um ihre Gunst, ich unterwarf mich ihr, ich weinte und betete − sie schritt über mich hinweg, als sei ich Luft, ein stinkender Furz, bei dem sich alle im Zimmer umdrehen und einander anschauen, den keiner gelassen haben will. Ich geriet derartig in Wut, daß ich sie im Kaiserpalast als Ketzerin anzeigte. Sie mußte Hals über Kopf fliehen, und ich habe mich dann der armen Mädchen angenommen.«

»Du lügst schon wieder, Du Schwein«, bricht es aus Hartwolf hervor, der diesmal sein Schwert zieht und auch seine Stimme nicht mehr beherrscht. »Er hat ihnen mit der Inquisition gedroht. Sie haben es meinen Leuten gestanden, als sie auf den Kai gebracht wurden: ›Lieber in einen Harem als auf den Scheiterhaufen!‹ Mit dieser widerlichen Erpressung hast Du sie Dir gefügig gemacht!« »Peccata clamantia«, entfährt es mir, dennoch drücke ich den Zornbebenden zurück auf seinen Platz. Hartwolf beendet seine Geschichte.

Sünden, die nach Rache schreien!

»Roald of Wendower habe ich seitdem bis heute nicht wiedergesehen. Die Zwillinge waren immer noch ungetauft, als ich mit leeren Händen nach Blanchefort zurückkehrte. Als sei Crean schuld an der unhaltbaren Situation, wandte sich Elena mehr und mehr und äußerst provokativ mir zu. Ihre eheliche Gemeinschaft mit Crean drohte zu zerbrechen. Ich nahm den Teil des Goldes, der aus dem Lösegeld für die Mädchen auf mich entfallen war, und kaufte den Popen. Seine Bedingung ›sine qua non‹ war, daß ich Blanchefort verließ, bevor er Ehe und Taufe dort zelebrierte. Ich brachte meinen Freunden auch dieses letzte Opfer, und so kehrte ich zu Euch zurück. Und jetzt versteht Ihr, mein Bischof, was ich mit diesem da abzurechnen habe.«

Ich erhebe mich, pollice verso, gehe an den Wandschrank, in dem meine selten benutzte Rüstung vor sich hinstaubt, ziehe das Schwert aus der Scheide und zerschneide die Fesseln des bewegungslos vor mir knienden Roald of Wendower. Er beugt langsam sein Haupt.

Daumen gesenkt: Zeichen an den siegreichen Gladiator, seinem Gegner den Gnadenstoß zu versetzen.

Glaubt er etwa, ich würde meine Hände mit seinem Blut beschmutzen? Ich bedarf der Rache nicht. Schon in der Tür befehle ich ihm aufzustehen. Ich schleudere ihm die Waffe vor die Füße! Er greift nicht nach ihr, noch erhebt er sich. »Ich will nicht um Gnade winseln«, spricht er jetzt hastig, den Kopf noch immer gebeugt, daß wir sein Gesicht nicht sehen können, und so leise, daß wir beide ihm zuhören müssen, was zumindest ich gar nicht will. »Ich ziehe Euren Racheengel mit dem Flammenschwert als Henker vor, auch wenn ich ihn hier und jetzt nicht erwartet habe, wähnte ich ihn doch auf Blanchefort.«

»Genug der Worte!« unterbricht ihn drohend Hartwolf. »Steh einmal in Deinem Leben Deinen Mann — das erste und das letzte Mal!« Doch Roald rührt sich nicht, sein Kopf senkt sich noch tiefer, seine Stimme wird zum Flüstern. Betet er? »Ich kann Euch mein Leben verkaufen, verkaufen, wie ich alles immer verkauft habe, auch mich —« Jetzt wird er mir noch widerlicher, mein Unmut steigt wie verdorbene Speise in mir hoch. »— gegen ein furchtbares Geheimnis: Francesco . . .«

»Schweig!« donnere ich dazwischen. »Besudel nicht seinen Namen mit deinem Gift!« Ich stampfe aus der Bibliothek, ohne mich noch einmal umzuwenden. Draußen rufe ich Ripke zu mir und heiße ihn im Garten, hinten in dem verwahrlosten Teil, ein Grab ausheben. Er soll dann einen Rosenstrauch darauf pflanzen . . .

Der Podestà Oportulo di Bernardo hat meine Warnung nicht beherzigt und den Pakt zwischen Assisi und Perugia unterschrieben. Da der Zugang zur Oberstadt nach San Rufino mir von den Milizen der Kommune verweigert wird, lasse ich die Exkommunikation in meiner Santa Maria del Vescovado verkünden, mit der Maßgabe, sie von nun an jeden Sonntag mit ›Glocke, Buch und Kerze‹ zu wiederholen.

Salve Episcope
Der Gegenschlag unseres Podestà läßt nicht lange
auf sich warten. Er erklärt kurzweg alle Handlun-
gen des Bischofs für ungültig und verbietet den
Bürgern von Assisi bei Strafe, mit Euch Umgang
und Handel zu haben. Die alte Kluft zwischen
›Majores‹ und ›Minores‹ — das sind wohl wir von
der Unterstadt! — reißt wieder auf. Die Fronten
versteifen sich, denn Dickköpfe — mit Verlaub! —
seid Ihr beide, mein Bischof und der Herr Podestà!

Doch viel wichtiger erscheint mir, was mit Francesco geschieht. Kaum in San Damiano bei Clara
angekommen, verschlimmert sich sein sowieso be-
klagenswerter Zustand weiter, seine Augen brennen ihm wie glühende Kohlen. Er bittet um ein
völlig verdunkeltes Gemach, doch dort wird er
von Mäusen geplagt, die ihm selbst den kargsten
Bissen Brot mißgönnen.

Und doch schreibt er hier seinen ›Cantico delle
creature‹, seinen ›Sonnengesang‹, eine Hymne an
den Gott der Schöpfung, in Anlehnung an den
›Gesang der drei Jünglinge im Feuerofen‹, wie wir
ihn bei Daniel aufgezeichnet finden. Daß er dazu
das Beisein des Bruders Pacifico fordert, will nicht OFM
heißen, daß er die wundervolle Dichtung nicht allein aus sich heraus hätte schaffen können, sondern er sehnte sich nach musikalischer Begleitung.
    Der ›Sonnengesang‹ ist in erster Linie als Lied
gedacht, und Francesco wollte ihn singen können,

und jemand sollte ihm die Gitarre dazu aufspielen. Musik hilft ihm über die Pein seiner Schmerzen hinweg. Elia macht ihm deshalben Vorhaltungen, Francesco würde dem Tod nicht mit dem nötigen Ernst begegnen. Da lacht Francesco ihn aus. Und er ruft Clara und die Schwestern zusammen, um ihnen den ›cantico‹ vorzusingen.

Du höchster, allmächtiger gütiger Herr,
Dein ist Lobpreis und Ruhm,
und die Ehre und jeglicher Segen.
Dir allein, Höchster, gebühren sie.
Und keiner der Menschen ist würdig,
Dich zu nennen.

Altissimu onnipotente bon Signore:
tue so'le laude la gloria
e l'honore e onne benedictione
ad te solo'Altissimo se konfano
e nullu homo ene dignu te mentovare.

Gelobt sei mein Herr,
mit all Deinen Geschöpfen,
besonders für Herrn Bruder Sonne,
die den Tag werden läßt,
und mit ihrem Licht uns leuchtet.
Schön ist und strahlend im mächtigen Glanze,
Du Höchster gabest ihr den Sinn!

Laudato si' mi' Signore cum tucte le tue creature
spetialmente messor lo frate sole
lo qual'e iorno et allumini noi per lui
et ellu e bellu e radiante
cum grande splendore:
de te Altissimo porta significatione.

Gelobt sei mein Herr,
für den schwesterlichen Mond und die Sterne.
Am Himmel hast Du sie geformt
schön und klar in funkelnder Pracht!

Laudato si' mi' Signore
per sora luna e le stelle:
in celu l'ai formate clarite
et pretiose et belle.

Gelobt sei mein Herr,
für Bruder Wind,
und für Luft und Wolken,
für heiteres und jegliches Wetter,
mit dem Du Deine Geschöpfe erhältst.

Laudato si' mi' Signore
per frate vento
et per aere et nubilo
et sereno et onne tempo
per lo quale a le tue creature
dai sustentamento.

Gelobt sei mein Herr,
für Schwester Wasser.
Sie ist nützlich und bescheiden
köstlich und keusch.

Laudato si' mi' Signore per sor'aqua
la quale e multo utile et humile
et pretiosa et casta.

Gelobt sei mein Herr,	Laudato si' mi' Signore

Gelobt sei mein Herr,
für Bruder Feuer,
das die Nacht erhellt,
freudvoll sprüht es
gewaltig und stark.

Laudato si' mi' Signore
per frate focu
per lo quale ennallumini la nocte
ed ello e bello et iocondo
et robustoso et forte.

Gelobt sei mein Herr,
für unsere Schwester Mutter Erde;
die uns ernährt und leitet,
die uns Früchte wachsen läßt
und bunter Blumen und Kräuter
  Vielfalt.

Laudato si' mi' Signore per sora
nostra matre terra
la quale ne sustenta et governa
et produce diversi fructi
con coloriti flori et herba.

Lobet und preiset meinen Herrn
und danket ihm.
Und dienet ihm in großer Demut!

Laudate e benedicete
mi' Signore
et rengratiate
e serviateli cum grande humilitate.

In der Stadt Assisi kommt es zu den ersten Zusammenstößen zwischen den Milizen der Majores und der Garde des Bischofs. Die ersten Toten . . .
Ave Caesar.

Zweiter Eintrag Guido

Der todkranke Francesco kümmert sich rührend um das Wohlergehen seines unwürdigen Bischofs. Als er von meinen Querelen mit dem Podestà hört, bittet er Caesar von Speyer (der ihm wohl alles brühwarm berichtet hat) und Elia, sowohl mich als auch die Notablen der Stadt nebst dem Podestà zu einem ›Versöhnungstermin‹ in den Innenhof des bischöflichen Palazzo zu bestellen.

Er selbst wird aufgrund seiner Krankheit nicht zugegen sein können, doch die Wahl des — wenig neutralen — Ortes bewegt mich zum Einlenken. Was Oportulo, meinen Widersacher, veranlaßt hat, die Einladung anzunehmen, weiß ich nicht. Der Respekt vor einem ›moriturus‹? Die Einsicht, auf die Dauer nicht wider den Stachel löcken zu können? Jedenfalls erscheinen der Herr – und ich auch! Francesco hat zwei Brüder geschickt, Angelo und Leo, und wir warten beide reserviert neugierig, was sie uns zu sagen hätten. Doch sie sagten nichts, kein Wort zur politischen Situation, kein Wort zu Kaiser und Papst, sie begannen einfach zu singen, den mittlerweile schon berühmten ›Sonnengesang‹. Aber Francesco hatte eine Strophe angefügt:

Gelobt sei mein Herr durch die, welche vergeben um Deiner Liebe willen	Laudato si' mi' Signore per quelli ke perdonano per lo tuo amore et sostengo infirmitate et tribulatione:
und Schwachheit und Trübsal ertragen; selig sie, die im Frieden verharren, denn von Dir, Höchster, werden sie gekrönt werden.	beati quelli ke 'l sosterrano in pace ka da te Altissimo sirano incoronati.

Ihr Text berührt mich zutiefst, doch ich behalte Oportulo im Auge. Ich weiß, wie sehr er Francesco schätzt. Nachdenklich hört er dem Gesang der beiden Brüder zu, dann kommen ihm die Tränen.

Lobet und preiset meinen Herrn und danket ihm und dienet ihm in großer Demut. Amen.	Laudate e benedicete lu mi Signore e rengratiate e servite a lui cum grande humilitate. Amen.

Als der letzte Ton verklungen war, wendet sich der Podestà an die ihn umgebenden Notabeln: »Ich sage Euch in aller Aufrichtigkeit, daß ich nicht nur dem Bischof vergebe, den ich als meinen Herrn ansehe, sondern auch dem Mann, der mir einen

490

Bruder und einen Sohn getötet hat«, und er wirft sich mir zu Füßen:

»Ich will Euch Genugtuung leisten, Eminenz, verfahrt mit mir, wie es Euch beliebt!« Da kann ich ihm nicht nachstehen, ich breite meine Arme um ihn und hebe ihn auf zu mir: »Wahrlich, ich sage Euch aus meines Amtes Fülle und Last: Ich sollte an Eurer Stelle den Mut dieser großherzigen Geste aufbringen! Ich bitte Euch, verzeiht mir. Ich schäme mich meines ungezügelten Temperaments!« Und wir umarmen und küssen uns, und ich bin von Herzen froh!

Ein Stein ist von meinem Herzen gefallen, und ich bin Francesco so dankbar, daß er die beiden Brüder gesandt hat. Und meine ›Minores‹, die Francesco und seinen Brüdern nie vergessen haben, daß sie von den ›Majores‹ abstammten, lassen die Brüder hochleben. Ein Graben von zwanzig Jahren wird mit einem Lied zugeschüttet. Sie veranstalten spontan einen Fackelzug nach San Damiano, um ›dem Heiligen‹ zu danken.

Übersetzung des »Sonnengesangs« direkt von der Fassung des Gianfranco Contini (Ed. Ricciardi-Einaudi, die heute als diejenige angesehen wird, die der authentischen am nächsten kommt.

Zweite Notiz Caesar

Salve Episcope

Versöhnung im kleinen — pardon, ich will Assisis Bedeutung nicht schmälern! — Versöhnung im großen: Am Tag Jakobs des Älteren dieses Jahres ist unser Kaiser Friedrich zu San Germano, aufgrund einer Vermittlung des unermüdlichen Hermann von Salza, mit zwei päpstlichen Legaten zusammengetroffen und hat einen Eid geschworen, daß er binnen zwei Jahren, also im August 1227, zum Kreuzzug aufbrechen werde.

25. Juli

Der Staufer verspricht, 100 000 Unzen in Rom als Sicherheit zu hinterlegen, die der Kirche zufallen, falls er sein Gelübde bricht. Das entnehme ich einem Schreiben Eures Vertrauten John Turnbull, dessen Siegel ich versehentlich erbrach. Verzeihung!

Ich weiß auch, daß Monsignore Jacques de Vitry, seines Zeichens Bischof von Akkon, dieses Datum für verfrüht hält, denn der Waffenstillstand mit dem Sultan läuft erst 1229 aus. Aber das weiß auch der Staufer, und ich will mich wundern, wenn er keinen Weg findet, seinen Kopf abermals aus der Schlinge zu ziehen. Solange sein Pate

Honorius lebt, kann er das immer wieder ungestraft.

Er wird sich eher gegen Rom wenden als gegen El-Kamil. Und an die 100 000 Unzen glaube ich auch nicht!

Francescos Freude darüber, daß sein Bischof sich selbst überwunden hat und wieder Friede in Assisi herrscht, wird getrübt durch eine Order des Cardinalbischofs. Ugolino macht von seiner Autorität Gebrauch und befiehlt Francesco, sich nunmehr auf der Stelle vom Leibarzt des Papstes behandeln zu lassen — und davor hat dieser panische Angst. Doch alle Ausflüchte helfen nichts: Er darf so viele seiner liebsten Gefährten mitnehmen, wie er will, aber er muß nach Rieti, wohin der päpstliche Hof seinen Sitz verlegt hat.

Francesco sucht Zuflucht in Fonte Colombo. BAU Dort wartet er in einem abgedunkelten Raum auf den Eingriff des Chirurgen, und der wartet auf ein Signal Francescos, daß dieser bereit ist. Elia muß ihm versprechen, während der Operation seine Hand zu halten. Der Termin ist nun nicht länger aufzuschieben. Der berühmte Arzt erscheint mit zwei Brenneisen, die er im Feuer zum Glühen bringt — da laufen die Gefährten davon, nur Elia bleibt bei ihm.

Francesco betet laut: »Mein Bruder Feuer, sei jetzt gut und höflich zu mir, mäßige Deine Glut, damit ich die Kraft habe, Deine brennende Liebkosung zu ertragen!« und Elia spürt, daß Francescos Zittern aufhört, der Arzt brennt ihm die Haut auf beiden Seiten gleichzeitig weg — von den Ohren bis zu den Augenbrauen, das Eisen frißt sich tief ins aufgeplatzte Fleisch bis fast auf die Knochen!

Doch als die gräßliche Prozedur vorbei ist, scherzt er mit seinem Peiniger, ›ob er auch wirklich genug gebraten habe‹. Ich bin ja eigentlich ein Bewunderer arabischer Heilkunst, und von der Medizinerschule zu Salerno hört man Wunderdinge, doch ein Augenleiden mit einem Brandeisen anzugehen, als wolle man Rinder zeichnen, ich weiß nicht −?!

Ave Caesar

Brief John

Eminenz,

In Brindisi erwartet unser Kaiser Friedrich II zusammen mit dem Brautvater König Jean de Brienne und dessen neuer Gemahlin Königin Berengaria die Ankunft Yolandes. Sie wird mit allem imperialen Prachtaufwand willkommen geheißen, und eine zweite Trauung wird in der Kathedrale gefeiert. Doch am Morgen nach der Hochzeit wacht König Jean auf und findet die Brautgemächer leer:

Empört galoppiert er seinem frischgebackenen Schwiegersohn nach. Der Empfang ist frostig, die Augen seines Töchterchens verweint. Schluchzend vertraut sie ihrem Vater an, daß Friedrich nach vollzogener Ehe mit ihr noch eine der Brautjungfern, die vor der Türe wachten, im Stehen genommen habe, Ehu! Pudor, diese Schande!

Jean de Brienne vergißt (törichterweise) den Standesunterschied und stellt Friedrich als

Schwiegervater zur Rede, und der reagiert nun in bekannt infamer Staufermanier:

»Wer bist Du denn, daß Du so zu Uns zu sprechen wagst?!«

»Der König von Jerusalem!«

Da lacht Friedrich schallend: »Wer hat Dir denn das gesagt, Du alter Bock — Hörner seh ich auf Deinem Schädel, doch keine Krone! König von Jerusalem warst Du die längste Zeit!« Und er winkt seine Sarazenen herbei, sie verprügeln Jean, der Kaiser soll mit einem Fußtritt nachgeholfen haben, ihm wird alles Geld abgenommen, das der König von Frankreich ihm auf dem Totenbette vermacht hatte, und er wird davongejagt wie ein räudiger Hund —. Ob es sich genauso abgespielt hat, weiß ich nicht, kann es mir aber gut vorstellen.

Tatsächlich gibt es keine schriftliche Abmachung, daß Jean de Brienne die Regentschaft über das Königreich von Jerusalem behält. Der solchermaßen doppelt und dreifach Gestaupte flieht an den päpstlichen Hof. Honorius sträubt sich auch diesmal, schlecht von seinem Friedrich zu denken, überträgt aber als Trostpflaster Jean die Regierung der toskanischen Kirchengüter.

Irgend jemand in der Kurie muß sich dabei etwas Schlaues gedacht haben, denn jetzt sitzt der rachsüchtige alte Haudegen als Stachel im Fleische der angrenzenden stauferischen Erblande. Ihr werdet ihn in Assisi schon noch zu spüren bekommen!

P. S.: Yolanda, die junge Kaiserin, ist weniger vom Glück begünstigt als ihr Erzeuger. Friedrich

»Mathildische Schenkung« an das Patrimonium Petri, immer wieder vom »Reich« angefochten.

495

hat sie von Brindisi aus direkt in seinen Harem zu Palermo geschickt.

Stets der Eure
John

ANNO DOMINI 1226

Erste Notiz Caesar

Ave Episcope,

wie meinem gesunden Empfinden für wirksame Heilmittel schon schwante, war das Brandopfer unseres Bruders Francesco völlig umsonst. Doch wird man nicht aufhören, an ihm herumzudoktern, zu prominent ist der ›poverello‹ als Patient, sein sterbender Leib lockt Kurpfuscher und Quacksalber an, wie ein wundes Tier die Schmeißfliegen. Nicht einmal, daß sie sich mit ihrer ärztlichen ›Kunst‹ an ihm bereichern wollen, alle wollen ihm helfen, dem nicht mehr zu helfen ist, und sie verschlimmern nur sein Leiden! Wie gut hat es doch das Wild in der Natur: Wenn es den Tod kommen fühlt, kann es sich ins Dickicht verziehen und dort ungestört verenden!

Bruder Francesco wird von einer ›Operation‹ zur nächsten geschleppt. Von Fonte Colombo wird er nach San Fabiano verlegt, wo ihm im Haus eines Priesters zwei doctores zur Heilung der Augen die Ohren durchstechen. Grausame, überflüssige Qual! Dann wieder nach Rieti, wo die Brüder inzwischen ein Kloster-Hospital unterhalten. Immer mehr Ärzte besuchen den berühmten Patienten, lassen sich immer neue Behandlungsmethoden einfallen. Und Francesco macht heitere Miene zum makabren Herumstochern in seinem Leib. Er lädt gutgelaunt seinen Hauptpeiniger, den Doctor Teobaldus, jenen sarazenischen Leibarzt des Papstes, zum Essen ein, ohne sich Gedanken darüber zu machen, was sie ihm denn vorsetzen sollten: gekochtes Gemüse? trockenes Brot? Wasser? Da klopft es an die Klosterpforte, und eine Verehrerin schickt einen wohlgefüllten Korb mit Fischen, Feigen und Trauben und vor allem eine Schale der Krebspastete, die auch Francesco früher so gern aß. Und sie schmeckte ihm immer noch, und auch dem fremdländischen Gast.

Inzwischen zehrt auch die Tuberkulose offen an ihm, Leber und Milz sind schwerstens in Mitleidenschaft gezogen. Der Winter wird kälter. Weihnachten verbringt er im kleinsten Kreis in Poggio Bustone, und als die ersten wärmenden Sonnenstrahlen des Frühlings hervorbrechen, trifft Weisung von Ugolino, dem Cardinalprotektor, ein, Francesco nach Siena zu schaffen, wo neue, renommierte Ärzte auf ihn warten.

Seine Gefährten nähen ihm neue Kleider, trotz seines Protestes gleich in doppelter Ausfertigung, denn seine Wunden nässen immer noch — und schließlich ist er (viel mehr als sie) darauf bedacht, sie nicht vor aller Welt zu zeigen. Kaum in der Toskana angekommen, erleidet er einen Blutsturz. Die dortigen Brüder geraten in Panik und schicken nach Elia, dem General.

Auch Francesco vermeint, sein letztes Stündlein sei gekommen, und diktiert Bruder Benedikt

OFM von Pirato, dem alten Subprior des Klosters, in aller Hast ein Testament, er faßt sich kurz:

»Schreib, daß ich meine Brüder segne! Sie sollen einander lieben! Sie sollen immerfort unserer Frau Armut dienen! Sie sollen gehorsam sein, den Priestern unserer heiligen Mutter, der Kirche!«

Doch als der General eintrifft, geht es ihm gleich viel besser, und Elia nimmt ihn mit nach Cortona, seiner eigenen Heimatstadt. Mittlerweile hat auch die Wassersucht Francescos Leib befallen. Seine Füße, sein Bauch schwellen an, während sein Gesicht sich verzehrt, sein Augenlicht vergeht —.

Elia, der ihm jeden Wunsch von den erblindenden Pupillen abliest, baut ihm eine Hütte mitten im Wald, die er dennoch von der Warte seines burgähnlichen Sitzes in der Stadt im Visier behalten kann. Francesco beginnt mit dem Diktat seines endgültigen Testaments. Mitte Juni bittet Francesco den Elia, ihn nach Portiuncula zurückzubringen.

Elia fordert Eure Garde als Eskorte an, denn er befürchtet, Perugia könne sich Francescos bemächtigen wollen, denn schon zu Lebzeiten wird seiner leiblichen Hülle zunehmend Reliquienwert beigemessen. Perugia wird von Hartwolf umsichtig im weiten Bogen umgangen. Francesco wird im Triumphzug durch Assisi geleitet, Majores und Minores stehen einträchtig Spalier und klatschen ihm zu, ›ihrem‹ Francesco, der da halb bewußtlos durch die Straßen getragen wird. Mühsam hebt er die Hand und segnet die Menge.

Elia überzeugt Francesco, sich nicht hinab in die feuchte Niederung von Portiuncula bringen zu

lassen, sondern hinauf in die frische Höhenluft BAU
von Bagnara, einem Badeort aus der Römerzeit.
— Was der General nicht sagt, ist, daß ihm Portiuncula strategisch zu ungünstig liegt, es gegen
Handstreiche schlecht zu sichern ist.

Die Heilquellen von Bagnara werden ihm nicht
geschadet haben — dennoch, als ich ihn dort besu-
che, um mich in Eurem Auftrage nach seinem Befinden zu erkundigen, habe ich nicht den Eindruck, daß Gevatter Tod ihn laufen lassen wird.
Die Entbehrungen, und all die unnötigen Kastei-
ungen, die er seinem Körper über Jahre hinweg
zugemutet hat, fordern jetzt ihren Tribut.

Die Rechnung ist höher, als sein geschwächter
Leib an Widerstand noch aufbringen kann. Er
freut sich über Eure Grüße, dankt Euch für Eure
›Ritter zu Roß‹, die ihn durch sein reiches armes
Leben bei allen wichtigen Reisen und Auftritten
so getreulich begleitet haben. Es sei schön, sie bei
der letzten Reise und dem größten Auftritt um
sich zu wissen! Ich begebe mich Eurer Weisung *Wallfahrtsort (Dra-*
gemäß jetzt nach Apulien, um Eure Pilgerfahrt *chenlegende) auf*
dem Berg Gargano
vorzubereiten, die Ihr dem heiligen Michael vom *der gleichnamigen*
Monte Sant' Angelo gelobt habt als Buße. *Halbinsel,* BAU

Salve Caesar

Erster Eintrag Guido

Im Hause Capet ist der altgewordene ›ewige Dau- *Ludwig VIII kann*
phin‹ gestorben. Eine Wundermaschine zerlegt *seinem Sohn, Lud-*
wig IX, Frankreich
Baumstämme, nur von der gebändigten Kraft des *als Erbland hinter-*
Wassers bewegt. An den Hafeneinfahrten blinken *lassen.*
Feuertürme im regelmäßigen Rhythmus. Ich habe CAP

mein begierig aufgesaugtes ›Zeitwissen‹ von einem französischen Prälaten, einem Freund Jacques de Vitrys übrigens, denn es reisen jetzt so viele Bewunderer Francescos an, seit sich
herumgesprochen hat, daß seine Tage gezählt
sind. Und ich bin froh von ihren — mir eigentlich
nichts sagenden — Erzählungen abgelenkt zu werden. Dem sich vor meinen Augen oder doch zumindest in meiner Reichweite abspielenden To-
deskampf Francescos stehe ich so hilflos
gegenüber! Dabei sollte ich mich sehr wohl damit
befassen, statt mich emotional gehen zu lassen.
Sein Ableben wird auch mein Leben verändern.
Doch irgend etwas in mir wehrt sich dagegen, diesen Gedanken klar und sachlich zu Ende zu denken. Noch ist er ja nicht tot —. Ich halte mich an
die tägliche Berichterstattung durch meinen Capitano, und da mein Secretarius unterwegs ist, führe
ich selbst voller Eifer Buch über alle Neuigkeiten
und die letzten Zuckungen meines Francescos, um
nur ja nicht die Muße zu finden, über seinen, den
Tod überhaupt, nachzudenken — geschweige
denn, was danach kommt —. Armer Bischof!

Auch die heilenden Wasser von Bagnara helfen
unserem Francesco nichts, er erblindet nahezu
vollständig, sein Magen quält ihn, er kann kaum
noch Nahrung aufnehmen. Die Commune von
Assisi schickt eine Abordnung zu mir, ich solle dafür Sorge tragen, daß ›il santo‹, unser Heiliger, zu-
rückkehrt — nicht weil sie sich um sein Wohlergehen Gedanken machen — nein! Sie fürchten, daß
Perugia oder Arezzo, Foligno oder Spoleto ›die
noch lebende Reliquie‹ ihnen stehlen könnte. Pro
bono pacis sage ich dem Podestà meine Unterstüt-

500

zung zu. Zum erstenmal in der Geschichte dieser Um des lieben Friedens willen. Stadt rücken die Milizen und meine Garde gemeinsam aus.

Nachdem Elia dem Rücktransport zugestimmt hat, soll er unter ihrem militärischen Schutz ›heimgeholt‹ werden. Ein Verfahren, daß sich in die Länge ziehen wird, denn schon jetzt stapeln sich auf meinem Tisch — und mein Secretarius ist noch immer nicht zurück! — die rührenden Anträge umliegender Gemeinden, ›il santo‹ möge doch auf dem Wege (es sind lauter Umwege!) ihre Ortschaften, ihre Kirchlein berühren.

Und dann wird er irgendwann in Assisi ankommen, um hier zu sterben? Ich muß jetzt wirklich meine Wallfahrt antreten, die ich dem heiligen Michael auf dem Gargano versprochen habe, als sichtbare Reue für meine Entgleisungen im Vorjahr. Die Majores erwarten das von mir. Der Zeitpunkt ist wirklich unglücklich gewählt: Meine Garde ist mit dem Flankenschutz von Francesco beschäftigt, und der Gargano ist bekanntlich ein einziger tiefer Wald voller Räuber und wilden Tieren — nicht umsonst hat dort Sankt Michael einen Drachen getötet! Und dorthin soll ich als schutzloser Pilger wandern?

Vielleicht stirbt Francesco indessen? Zu den Trauerfeierlichkeiten müßte ich wieder hier sein — was denken sonst die Leute? — die selben, die mich jetzt zwingen, mich dieser unnötigen Gefahr auszusetzen. Sobald mein Quartiermacher Caesar zurück ist, werde ich die Reise antreten! Und zwar bevor Francesco hier eintrifft und alle Aufmerksamkeit auf sich zieht.

Bischof, sei tapfer!

Eminenz,
ich hoffe, daß das apulische Regiment, das ich
Euch unter Eurem alten Capitano Pedro de Peyrignac nach Spoleto entgegengeschickt habe, Euch
sicher ins Garganogebirge und zurück geleitet —
und daß Ihr keinen Anstoß daran nehmt, daß es
sich um Sarazenen handelt! Aber sie sind die

wahrscheinlich aus Treuesten!
der Garnisonsstadt
Lucera

Ich wollte Euch eigentlich in dieser Zeit besuchen, um etwas auszuspannen, denn der Vertrag

1226, zwischen Kai- von San Germano läßt Friedrich und meinem Sul-
ser und Papst durch tan ja noch etwas Zeit, sich einfallen zu lassen, wie
Vermittlung von sie den für nächstes Jahr angesetzten ›Kreuzzug
Hermann von Sal- des Kaisers‹ verhindern oder wenigstens schadlos
za. DOK überstehen — Friedrich braucht die Frist dringend,
um seine Angelegenheiten in der Lombardei zu
ordnen. — Was auch nicht erleichtert wird durch
die Laus, die er sich mit Jean de Brienne völlig unnötig in den Pelz der Mathildischen Güter gesetzt
hat.

Warum macht der Kaiser ihn nicht zum ›König
von Lampedusa‹ oder sonst einer Insel im Mittelmeer! Manchmal ist es zum Verzweifeln mit dem
arroganten, aufbrausenden Temperament des
Staufers, seiner Treulosigkeit und Menschenver-
achtung! Und Ugolino sorgt dafür, daß der gede-
mütigte Jean, als neuer Gouverneur der Toskana,
genügend Mittel und päpstliche Truppen zur Verfügung hat, um die Nord-Süd-Verbindung des Imperiums an strategisch empfindlicher Stelle zu stören und gelegentlich zu unterbrechen. Dem muß
ein Riegel vorgeschoben werden!

Das Strumpfband namens ›Patrimonium Petri‹ muß an seiner schmalsten Stelle durchschnitten werden, und das ist Assisi, zwischen Perugia und Spoleto!

Ich erlaube mir also, mich als Gast in Eurem Palazzo einzunisten. Caesar von Speyer kennt mich noch und heißt mich willkommen. Er tritt mir sogar das Turmzimmer, das seit Roalds Ende verwaist ist, ab, denn kaum bin ich eingezogen, trifft die Francesco-Karawane in Assisi ein. Elia ordnet — mir nichts, dir nichts — an, daß der Todkranke im bischöflichen Palais untergebracht wird. Caesar ist zu befangen als ›Bruder‹, um sich dem zu widersetzen, und Hartwolf, Eurem Capitano, fehlt es an entsprechender Order. Ich kann gerade noch Euer Schlafgemach und die Bibliothek verschließen, da ergießt sich auch schon ein Strom brauner Feldmäuse in Euren Palazzo. Frances wird im ›Kleinen Audienzsaal‹ gelagert, die Fenster werden verhangen (von der schönen Aussicht hat er eh nichts mehr!), und Küche und Kantine werden zum Feldhospital. Ich verriegle auch noch Euren Weinkeller, weniger um Euch die guten Tropfen zu erhalten, als zu vermeiden, daß einer den ›Gang‹ entdeckt und da unten herumzuschnüffeln beginnt. Denn, das ist mir geläufig, unter den frommen Brüdern bewegen sich auch etliche Spitzel Ugolinos! Ich fordere Caesar auf, sich energisch als Vertretung des Hausherrn zu gebärden und nicht als kleiner gehorsamer Bruder, der den Befehlen des Generals Elia unterwürfig nachkommt. Abgesehen von dem Schmutz, den sie — mangels Erziehung — überall verbreiten, beneh-

Die deutsche Hauptverkehrsachse von Mailand über Florenz nach Rom und weiter nach Neapel ist zu unsicher geworden. Die Route von Bologna über den Appenin nach Perugia und dann nicht den Tiber, sondern die Adriaküste entlang nach Süden wird für den imperialen Zusammenhalt immer wichtiger, und Assisi fällt dabei neben Spoleto eine Sicherungsfunktion zu.

men sich die Mäuse ganz ordentlich, treten leise auf, flüstern und singen.

Mir scheint, Eminenz, Ihr habt nach Wendowers ›Abgang‹ nie wieder Euch der Mühe unterzogen, die Stiegen bis zum Turmzimmer hinaufzusteigen: Kein Observatorium eines besessenen Astrologus, eine Hexenküche! — Hätte der Capitano ihm nicht den Garaus gemacht, der Mönch von St. Trinian wäre auf einem Besen durch den Kamin Eurer Satansschwester nachgeflogen! — Eine Alchemisten-Werkstatt: Tiegel, Mörser und Phiolen voll eingetrocknetem Sud und verblichenen Pülverchen — und tote Fliegen überall! Mit einem nassen Tuch vor dem Mund und einer Ofenzange habe ich alles in Säcke gefüllt und von Ripke heimlich und vorsichtig verbrennen lassen.

ASS Frances hat einen alten Freund, den Bongiovanni aus Arezzo, einen tüchtigen Arzt, empfangen und ihn fragte er, was er schon alle gefragt hat, doch alle haben sich vor einer klaren Antwort gewunden:

»Sag mir, was hältst Du vom Befinden meines Bruders Körper, dem störrischen alten Esel?«

»Mit Gottes Gnade wird alles gut werden!«

»Siehst Du, Giovanni, warum ich Dir das ›Bon‹ vor Deinem Namen nicht lasse, es steht nur Gott zu, nur Gott ist ›gut‹, Menschen neigen zum Mißbrauch des Wortes, benutzen es zur Verschleierung, zur Beschönigung! Sag also die nackte Wahrheit!«

»Nach meinen medizinischen Erkenntnissen ist des Esels Leiden unheilbar, und er wird Ende

September, spätestens Anfang Oktober ins Paradies einziehen!«

Und Frances, der Bewundernswerte, freut sich: »Sei mir willkommen, Bruder Tod!« Und er verlangt nach Angelo und Leo und auch nach Rufino und Pacificio. Sie sollen sich in der Stadt Gitarren besorgen und mit ihm singen — ganz gleich, ob der Elia das für schicklich hält oder nicht! Und zusammen singen sie den Sonnengesang und dichten noch eine Strophe hinzu, Frances diktiert sie dem Leo:

Gelobt sei mein Herr	Laudato si' mi' Signore
für unsere Schwester,	per sora nostra
den leiblichen Tod,	morte corporale
dem kein lebender Mensch	da la quale nullu homo vivente
entrinnen kann.	po skappare:
Weh denen,	guai a cquelli ke morrano
die in Todsünde sterben.	ne le peccata mortali:
Selig die, die sich in Deine	beati quelli ke trovara ne le tue
heiligsten Willensregungen finden,	sanctissime voluntati
denn der zweite Tod	ka la morte secunda
tut nicht mehr weh!	no 'l farra male.
Lobt und preist	Laudate e benedicete
meinen Herrn und	mi' Signore
danket ihm und	et rengratiate
dienet ihm in großer Demut!	e serviateli cum grande humilitate.
Amen.	Amen.

Alle, die es hören — und es wird von der Sängerschar immer wieder gesungen, beginnen zu weinen. Doch Frances tut die Musik gut:

»Sind wir nicht Spielmänner Gottes, die den Menschen die Heiterkeit des Herzens bringen sollen! Also weint nicht! Mir hilft die Musik in meinem Leiden!«

Und nicht nur das, sie gibt ihm die Kraft, sein ›Testament‹ fertig zu diktieren:

»... Die Brüder sollen nicht sagen: Das ist eine neue Regel! Sondern dies ist eine Erinnerung, eine Ermahnung und ein Zuspruch, dies ist mein Testament, das ich, kleiner Bruder Francesco, für euch, meine gesegneten Brüder, mache.« —

Im Angesicht des Todes findet Frances endlich wieder den Mut, sich aufzulehnen gegen die, die seine Willensäußerung bisher unterdrückt und verstümmelt haben. Sein letzter Wille stellt dies alles (peinlicherweise!) wieder klar, denn weiter im Text heißt es:

». . . Und der Generalminister und alle übrigen Minister und Kustoden sollen verpflichtet sein, diesen meinen Worten nichts hinzuzufügen oder abzuziehen. Sie sollen dieses Dokument beständig neben der Regel aufbewahren, und auf allen Versammlungen, die sie abhalten, sollen sie es zusammen mit der Regel verlesen. Und allen Brüdern, den Klerikern und den Laien, befehle ich nachdrücklich, sie sollen weder zur Regel noch zu diesen Worten irgendwelche Anmerkungen machen, indem sie sagen: Das ist so und so zu verstehen. Sondern so, wie der Herr mir verliehen hat, die Regel und diese Worte klar und einfach zu formulieren, so sollen auch sie die Regel mit reinem Herzen und ohne Floskeln befolgen!«

Dieses ›sine glossa‹, ›ohne Floskel, ohne Umschweife‹, wird zum Schlachtruf der ›Francesco-Getreuen‹, den Anhängern der ersten, unverfälschten Regel. ›Sine glossa‹ wird dem Elia entgegengeschleudert, in der ersten Begeisterung (und als sie sich noch stark fühlen mit dem lebenden Frances!), später, als sie sahen, wie ihr General sich stirnrunzelnd die Namen der Schreier notiert, wurde es nur noch hinter ihm hergezischt und schließlich nur noch geflüstert.

Auf jeden Fall ist es Frances gelungen, in letzter Minute sozusagen, seinen Gegnern einen Knüppel zwischen die Beine zu werfen, denn ›das Testament‹ ist inhaltlich nichts anderes als die ›verschwundene Regel‹, und von ihm kursieren jetzt schon genügend Abschriften. Nach dieser letzten Gewaltanstrengung verschlechtert sich Frances' Gesundheitszustand rapide.

Elia hat nichts dagegen einzuwenden, als er jetzt den Wunsch äußert, ›zum Sterben nach Portiuncula‹ gebracht zu werden. Hier oben im bischöflichen Palais ist der General nicht Herr im Haus (auch wenn er sich so gebärdet), ganz Assisi schaut ihm auf die Finger. Keiner hätte es verstanden, geschweige denn geduldet, daß er irgend etwas gegen diesen harten Kern des engsten Kreises um Frances unternimmt, diese harmlosen, lieben Sangesbrüder, die unter dem Deckmantel erbaulicher Dichtung dem Frances ermöglicht haben, mit ein paar Federstrichen zu zerstören, wofür er, Elia, mindestens zehn Jahre seines Lebens gekämpft hatte: aus diesem undisziplinierten Haufen einen Orden zu schaffen. Vermaledeiter Leo!

Man sollte das Papier, auf dem er geschrieben hat, auf seinem Kopfe verbrennen! Unten in Portiuncula sollte es ganz anders werden, da konnte man diese Fundamentalisten separieren, da waren die Ordensanhänger in der Überzahl. Doch dazu ist es wohl zu spät, das Flämmchen der Auflehnung züngelt voller Lebenskraft im Unterholz, im gleichen Maße wie die Lebensflamme Frances' flackernd verlischt. — Er wird hinuntergetragen nach Portiuncula ins Tal, das heißt, er wird praktisch von Hand zu Hand gereicht wie ein Kind, er ist so leicht geworden, und alle, Noble, Ritter, Prälaten drängen sich, dieses durchnäßte, stinkende Bündel Mensch einmal in den Arm nehmen zu dürfen.

So umfaßt Frances seine Heimatstadt ein letztes Mal, ohne ihren Boden zu berühren. Mühsam hebt er die Arme, sie, die er nicht mehr sehen kann, ein letztes Mal zu segnen — für mich ist er von uns gegangen. Eminenz!

Wer hätte das vorausahnen sollen, als wir beide vor so vielen Jahren, am Vorabend des inzwischen berühmten Prozesses, beschlossen, den Lebensweg dieses merkwürdigen Jünglings zu verfolgen, voller Skepsis, voller Unglauben: ›Diarium Advocati Diaboli!‹ Ich werde mich von Assisi verabschieden, die Agonie zu beschreiben, überlasse ich Eurem diensthabenden Secretarius, der jetzt erstmal das Palais wieder aufräumen muß: Ermengarda hat gekündigt! Die Alte hat es nicht mitansehen können, was die Brüder, die ihren Mäusedreck überall ließen, aus ihrer Küche, mit ihren Laken und Linnen, gemacht haben. Sie ist aufs Land zu irgendwelchen Verwandten gezogen und hat den guten Ripke mitgenommen, ›damit er nicht verhungert‹. Ich habe ihnen den noch ausstehenden Lohn aus meiner Tasche gezahlt, da ich mich erinnere, wie wenig Ihr es schätzt, wenn einer an Eure Kriegskasse geht (obgleich ich weiß, wo Ihr den Schlüssel versteckt!).

Ich hoffe, Ihr kommt nun bald zurück. Der verwaiste Bischofsstuhl könnte Begehrliche anziehen. Es gibt durchaus Tendenzen bei Franziskanern des

›Ordensflügels‹ (Ihr wißt, welche ich meine), die
heute schon offen aussprechen, daß Assisi ›Die
Stadt des Franziskus‹ werden muß, und da ist der
bischöfliche Stuhl wohl das erste, was es einzunehmen gilt. Die Art, mit der Elia Euren Palazzo re-
quiriert hat, ließ bei mir die Alarmglocken läuten!

Seid gewarnt, umarmt,

Euer John.

P. S.: Es hat sich etwas in der 100jährigen Geschichte der Kreuzzüge ereignet, was meine sofortige Rückkehr nach Sizilien notwendig macht: Wie
Ihr sicher von Eurem Kollegen aus Akkon wißt,
hat das Bündnis der drei Saladin-Neffen, den ISL
Ayubiten-Brüdern (El-Mu'azzam von Syrien, El-
Aschraf von der Gezira und meinem Sultan El-
Kamil von Ägypten) den gemeinsamen Erfolg gegen den ›Kreuzzug des Pelagius‹ nicht lang
überdauert.

Östlich der Ayubiten wächst seit Jahren das
Reich der Choresmier, besonders seit sie den Einfall der Tataren zurückgeschlagen und den Kalifen
von Bagdad in ihre Gewalt gebracht haben. Ihnen
unterwirft sich plötzlich El-Mu'azzam, und damit
ist mein Herr aufs äußerste bedroht und erinnert
sich meines Ratschlages für eine derartige Notlage: Er schickt seinen vertrautesten Emir, Fakhr er-
Din, nach Sizilien und ersucht Kaiser Friedrich um
Hilfe.

Stellt Euch vor: Ein christliches Ritterheer unter dem allerhöchsten Souverän des Abendlandes
kämpft Seite an Seite mit dem Sultan gegen dessen
Feinde! Das ist die Lösung für unsere Besitzungen *Wichtigere (Sachen)*
in Outremer! Maiores premunt! Ich muß sofort *drängen!*

nach Palermo, um dafür zu sorgen, daß des Emirs Mission nicht vergeblich ist, sondern der Auftakt für eine neue Epoche wird, einem Zeitalter des Zusammenwirkens unserer Mittelmeerländer gegen die Gefahr aus dem Osten!

P. S. d. P. S.: Ich lasse diesen Eintrag wie immer am vereinbarten Platz. Ich habe die Verriegelungen kontrolliert. Es hat keiner unser Geheimversteck entdeckt, noch hat jemand den ›Gang‹ betreten. Ich habe allerdings beim Ausmisten des Turmzimmers, nicht einmal sonderlich raffiniert verborgen, einen Brief des Roald of Wendower an Euch gefunden, den er wohl geschrieben haben muß, als ihr ihm untersagtet, Eure Schwester bis nach Ancona zu begleiten.

Ihr hättet ihn schon damals nicht wiedergesehen, was vielleicht für alle später Beteiligten besser gewesen wäre! Friede seiner armen Seele!

Zweite Notiz Caesar

Ave Episcope,

es fällt mir immer schwerer, Euch mit dieser unbeschwerten Formel zu begrüßen, angesichts des furchtbaren Todeskampfes, den unser Bruder Francesco zu bestehen hat. Seine Stunden sind gezählt und deshalb ausgefüllt mit Abschiednehmen, mit Vorbereitungen für das Ende. Er denkt noch einmal an alle, denen er in seinem Leben begegnete, so auch an Euch!

Ich beeile mich, ihm wieder und wieder zu versichern, daß Ihr schon auf dem Rückweg von Eu-

510

rer Pilgerfahrt seid, doch er ist sich gewiß, daß er von Euch einen persönlichen Abschied nehmen kann. Dann läßt er diesem ›Bruder Jacoba‹ in Rom, offensichtlich eine fromme Frau, ein Eilschreiben schicken:

»Für Frau Giacopa, Dienerin des Herrn, von Franziskus, dem kleinen Armen Christi, Heil und Gemeinschaft mit dem Heiligen Geist in unserem Herrn! Wisse, Teuerste, daß Christus mir in seiner Gnade das Ende meines Lebens geoffenbart hat, das sehr bald eintreten wird. Deshalb beeile Dich, wenn Du mich noch lebend antreffen willst. Bringe von jenem aschgrauen Mönchstuch mit, wie es die Zisterzienser in den Ländern jenseits des Meeres herstellen, um meinen Leib darin einzuhüllen, und das nötige Wachs für mein Begräbnis. Und dann bitte ich Dich noch, mir von jener Speise mitzubringen, die Du mir immer gabst, wenn ich in Rom krank war . . .«

Unter der ›Speise‹, wie er sich verschämt ausdrückt, versteht er Küchlein aus Mandeln und Honig, wie mir Bruder Leo anvertraut. Doch der Bruder, der die Botschaft überbringen soll, ist noch nicht benannt, da klopft es an die Pforte von Portiuncula: ›Bruder‹ Jacoba! Des Nachts hatte sie Francescos Stimme vernommen, die ihr genau das mitteilte, was aufgeschrieben war, und sie ist ohne Zögern mit ihren beiden Söhnen und ihren Reisigen aufgebrochen. Wie glücklich sie ist, Francesco noch lebend anzutreffen. Sie faltet den mitgebrachten Stoff für das Büßerhemd auseinander, doch Francesco, wie ein kleines Kind, tastet im Korb nach den Frangipane-Küchlein. Er läßt Bernardo di Quintavalle holen, den Bruder, der ihm als erster gefolgt ist und der sich längst von allem Treiben in Portiuncula zurückgezogen hat.

Bernardo kniet neben Francescos Bett nieder, Francesco füttert ihn mit dem Kuchen, den er selbst nicht mehr kosten kann (er ist schon zu schwach, und sein Magen verträgt nur noch flüssige Nahrung), dann legt er seine Hand auf ihn und segnet ihn:

»Dich sollen die Brüder so lieben, als ob ich es wäre!« Er dankt Jacoba und verlangt nach Elia. Mittlerweile füllt sich die Zelle, die Brüder drängen sich, sie stehen draußen bis unter die Bäume. Rufino und Angelo schneidern das Totengewand. Clara liegt in San Damiano krank darnieder und kann ihre Klausur nicht verlassen. Francesco hat den Brief schon am Vorabend diktiert, in dem er — so wie sie es sich wünscht — sie von allen Sünden losspricht und sie segnet. Er wählt ihren Vetter Rufino als Überbringer:

»Das sollst Du noch Frau Clara sagen, daß sie den Schmerz und die Trauer verbannt, die sie bei dem Gedanken empfindet, mich nicht wiederzusehen. Sie soll wissen, daß vor ihrem Tode sie und alle Schwestern mich wiedersehen und allen Trost von mir empfangen werden.«

Dann trifft Elia ein. Elia, der ihm die Liebe oft so schwer machte und von dem er sich doch so geliebt weiß wie von keinem anderen. Francesco rafft sich noch einmal zu einer großen Geste auf. Zitternd sucht seine Hand die Stirn des Elia:

»Ich segne Dich in allem, was Du tun wirst. Gott, der König des Universums, möge Dich im Himmel und auf Erden leiten und behüten!« Es ist still geworden in der Zelle, das Hemd ist fertig. Ei-

nigen gelingt es nicht, ihr Schluchzen zu unterdrücken. Francescos Stimme hat nichts an ihrer
Klarheit verloren, aber sie wird immer leiser.

»Wenn ihr seht, daß ich in den letzten Zügen
liege, dann legt mich nackt auf den Boden und
laßt mich dort bis zu meinem letzten Seufzer — die
Zeit, die nötig ist, um langsamen Schrittes eine
Meile zu durchmessen . . .«

In der Abenddämmerung ist der Gesang von Ler-
chen hoch oben in der Luft über der Hütte von
Portiuncula zu vernehmen. Als die langen Schatten der Bäume sich mit dem Dunkel der beginnenden Nacht vermischen, stimmen die Brüder zögernd den Psalm »Voce mea . . .« an ». . . ad
dominum clamavi —«.

In der Hütte legen die engsten Freunde Francesco nackt auf den Boden, wo der Tod ihn bald
zu sich nimmt. Singend durchwandern sie mit ihm
die letzte Meile, kleiden seinen Körper dann in
das Leinenhemd und wachen bei ihm bis zum
Aufgang der Sonne. Am Morgen des 4. Oktober,
dem Sonntag, der der Jungfrau Maria geweiht ist,
tritt Francesco seine letzte Reise an. An allen Wegen stehen die Menschen, keiner hat geschlafen in
dieser Nacht. Vor San Domiano macht der Zug
halt, die Brüder heben die Bahre hoch über ihre
Köpfe, so daß Clara und die Schwestern gut sehen
können.

Die Schwestern können sich nicht losreißen von
dem Anblick des geliebten Toten. Schließlich wendet sich Clara ab —.

In Assisi wird er nach San Giorgio gebracht, der
Kirche seiner Kindheit, gleich an der Stadtmauer.

Dort soll die Beisetzung stattfinden. Dabei sehe ich Euch, Episcope, zum erstenmal seit Eurer Rückkehr wieder und vernehme auch, welche Gnade Euch auf dem Monte Sant' Angelo widerfahren ist: Früher als jedem anderen ist er Euch erschienen, in dem Augenblick seines irdischen Todes.

Ihr saht Francesco im Traum, wie er zwischen den himmlischen Tabernakeln Platz nahm, und Ihr wußtet zur Stund, daß Ihr seiner Gunst für immer teilhaftig seid. Er winkte Euch zu: Danksagung oder Ermahnung? Das wißt nur Ihr allein, der Ihr dieses einmalige Privileg erfahren habt, Euren Schützling nun als Euren Beschützer neben den heiligen Engeln im Himmel zu wissen!

Salve Episcope.

XI.
POST FUNERA
SANCTUS

Nach der Grablegung
des Heiligen
(1226-1228)

ZWEITER EINTRAG GUIDO

Mir erscheint es vielmehr als Wunder, daß ich es noch rechtzeitig zu den Beerdigungsfeierlichkeiten bis nach Assisi geschafft habe. Natürlich komme ich fast zu spät, derangiert von dem Gewaltritt, und aller Augen richten sich auf mich. Ugolino runzelt die Stirn, als ich mich ächzend auf den immerhin freigehaltenen Platz niederlasse. Die Totenmesse zelebriert er selbst.

Das hätte ich auch nicht hindern können, wenn ich früher zurückgekehrt wäre. Das Gerücht um meine ›Vision‹ zur Todesstunde ist noch schneller gewesen als ich selbst und erfährt bereits blütenreiche Ausschmückungen. Das mit den Tabernakeln ist völliger Unsinn, so was träumte vielleicht Francesco, aber doch nicht ich! Daß er mir zugewinkt hat, stimmt mich eher bedenklich, es wirkte fast wie eine Einladung — wohin, wozu?

Ich habe keine Sehnsucht nach dem Paradies, und der Himmel ist für mich eine einzige weiße Wolke, von milchigem Licht durchtränkt — was aber, wenn kein einziges Wölkchen zu sehen ist, ein glasklares, blaues Firmament sich wölbt, wo ist dann sein Platz?

Das hätte ich Francesco beizeiten fragen sollen, er hätte es mir durch verabredete Zeichen jetzt

mitteilen können, statt mich nur zu sich zu winken
— nicht einmal gelächelt hat er, oder hat er doch?!
Ich will davon nichts mehr hören. Die Leute erfin-
den sowieso ihre eigenen Heiligenbildchen. Warum nicht auch von ihrem Bischof! Den Ugolino
hat die Geschichte sicher geärgert: Ihm hat Francesco nicht zugewinkt, noch sonst jemand aus dem
Himmel — und jetzt kann er es nicht mehr erfin-
den! Das einfache Volk hier hat Sinn für das Recht
des Urhebers!

Ganz andere Sorgen macht mir die unfreiwillig
treffende Emphase Caesars vom Schützling und
seinem Beschützer. Ist Francesco nicht schon seit
Jahren immer mehr mein Schutzschild geworden,
mehr als ich der seine? Und jetzt ist diese schützende Hand nicht mehr . . .

Ave Episcope

Dritter Eintrag Guido

Unwohl fühle ich mich in meinem Palazzo. Jemand hat während meiner Pilgerreise den ›Großen Stuhl‹ benutzt! Ermengarda fehlt an allen Ekken und Enden. Ich werde jetzt von der Garde
mitbekocht. Hartwolf hat einen Küchen-Notdienst
eingerichtet, so schmeckt auch das Essen.

Ich halte in dieser Zeit der Trauer täglich Messe, natürlich in meiner S. M. del Vescovado, damit
sich die Leute wieder daran gewöhnen, bei ihrer
Assunta Heil und Schutz zu suchen — und sehen,
daß ich wieder da bin. Und um des Andenkens an
Francesco willen!

Ich nehme auch selber Beichten ab. Es zerstreut

mich, und ich erfahre etwas über die Stimmung in der Gemeinde.

Viele erwarten, daß Francesco schon bald in die Schar der Heiligen aufgenommen wird: »Der Herr Bischof hat ihn im Himmel bei den Engeln gesehen!« – Ich kann schlecht widersprechen.

So bekommen Visionen Beine. Dabei ist noch nicht einmal der Domenicus kanonisiert worden, und dem hat die Kirche allen Grund zu danken! Hingegen unser Poverello? Sein Tod – und vor allem dessen Zeitpunkt – kam vielen Bestrebungen innerhalb wie außerhalb des Ordens sehr zupasse, personellen wie dogmatischen.

Dafür kann man mit Fug und Recht einen Heiligenschein erwarten.

Der Schein wird gewahrt?

Ich wandere unruhig durch meinen Palazzo. Er ist mir nicht fremd geworden, sondern deucht mich mehr und mehr ein Schneckenhaus, in das ich mich – unwillig, unleidlich, übelgelaunt zurückziehe.

Ein Gefängnis. Ein Verurteilter wartet auf seinen Spruch. Warum rührt sich Ugolino nicht!? Er läßt mich zappeln. Wie wohl wäre mir, der Cardinal träte zum Angriff an, träte nach mir, zerbräche mein Haus – und ich müßte mich rühren, könnte reagieren! Ich verharre wie gelähmt. Hat er andere beauftragt? – Nimmt ein unsichtbarer Henker schon Maß? Will er sich die Hände nicht schmutzig machen? Ich werde einen Teil der Garde ins Haus einquartieren. Vor meinen Privatgemächern soll eine Wache aufziehen, Tag und Nacht!

Den Bericht Caesars über die letzten Stunden Francescos lese ich wieder und wieder. Er erfüllt mich mit Trauer, ist aber auch Balsam für meine gepeinigte Seele.

Wendowers Erguß habe ich nur einmal überflogen.

Der Capitano hat recht gehandelt, er hat nur dem Inquisitor die Arbeit abgenommen, mit dem Vorteil, daß er ihm auch keine Zeit gab, weiter Gift und Galle zu spucken.

Selbst der unbedarfteste Dominikaner hätte sicherlich nicht alles für bare Münze genommen, aber etwas wäre doch an mir hängengeblieben! Wie hätte Ugolino jubiliert, den fetten, alten Karpfen Guido an die Angel zu bekommen: Der Bischof von Assisi höchstselbst am gekrümmten Kanthaken der Inquisition, verzweifelt nach Luft schnappend.

Himmelsleiter, Hodenzwacken, Daumenschrauben, Streckbett, Häutung, glühende Eisen

Ehi, Cardinalaccio, dazu wird es nie kommen!

An meiner Hand glitzert Dein Ring, Ugolino!

Ich habe ihn — in Konstantinopel — mit einem kleinen kristallischen Klümpchen versehen lassen, unsichtbar unter dem fein gearbeiteten Deckel verborgen. Ein schneller Biß — und ich bin bei Francesco, und Du hast wieder einmal das Nachsehen!

Ich muß lachen, wenn ich an Dein dummes Gesicht denke. Wie beruhigend, Dir noch in letzter Sekunde eins auswischen zu können! Fast war ich geneigt, Roalds ›memorandum‹ zu vernichten. Doch nun macht es mir wieder Spaß, es zu erhalten. Enthält es doch so vieles an Brisanz, daß ich es dem Diarium beifügen werde und dann vergessen! Dear John, ich will es nicht wiedersehen müssen!

Dies ist das erste Memorandum, das ich Dir schreibe, so wie Du es wünschest — oder auch nicht. Und das letzte zugleich. Ein weiteres soll es nicht mehr geben, Guido Romano, detto della Porta! Ich habe mir nichts anmerken lassen, aber heute zerschneide ich das Band zwischen uns, diese Fessel, die nicht erst besteht, seit wir uns in Rom (keineswegs zufällig) über den Weg, den Weg Francescos, gelaufen sind. Ich weiß, wie Ihr meine Prophezeiungen haßt, gerade darum will ich die nun Euch betreffende voranstellen: Es trinkt der Fisch, als Löwe hat er ausgebrüllt. Elf Jahre noch genau trennen Euch von der Hölle, die Ihr Euch redlich verdient habt. Ich will gern meinen Teil dazu beigetragen haben.

Ich war es, der als Beichtvater Eure Mutter in einem Kloster entdeckte und von ihren Studien, ihrem Wissensdurst, ihrer überdurchschnittlichen Intelligenz fasziniert war. Ich sprach mit meinem Mentor, dem guten Kardinal Giovanni Colonna, über ihren Fall, der ihn zum Eingeständnis ›die Kirche hat an ihr gesündigt!‹ verleitete, aber sonst zu keinen Schritten.

Ich ermöglichte ihr die erste ›Flucht‹ aus den Mauern des Klosters, das Geld ›besorgte‹ ich ihr von ihrer Familie unter dem Vorwand: ›Tante Livia‹ wolle die heiligen Stätten in Palästina aufsuchen. Sie reiste aber nach Südfrankreich und lernte auf einem Fest des Grafen Leicester als ›Lady D'Abrayville‹ dessen Freund Lionel de Belgrave kennen.

Ihrem Verhältnis entsproß eine Tochter, Laurence, die auf dem Belgrave aufwuchs und deren

Existenz sie vor allen in Rom verheimlichte. Oh, hätte ich sie nie zu Gesicht bekommen!

Dann begannen die Albigenser-Kriege, und ich wurde aufgrund meiner Sprachkenntnisse dem päpstlichen Legaten zugeteilt. Der Einfachheit halber, und weil ich fremd im Land meiner zukünftigen Mission war, trat ich meine erste Reise mit Eurer Mutter zusammen an, die inzwischen zweimal pro Jahr dorthin ›floh‹.

So kam ich auf den Belgrave, und als Beweis des Vertrauens in mich und quasi als Belohnung für meine treuen Dienste wurde mir die inzwischen l9jährige Tochter vorgestellt. Für mich ein Blitzschlag, ein Hieb mit dem Flammenschwert des Erzengels, der die Pforte zum Paradies hütet. Er spaltete meinen Schädel, mein Gehirn zerstob, und nur noch für Laurence blieb Raum in der Leere, in der sich früher meine Gedanken tummelten, List und Klugheit nisteten und der Glaube an die Sakramente unserer heiligen Kirche.

Gott? Ich kannte ihn nicht mehr. Er hieß jetzt Laurence, sah aus wie Laurence — nur ›Sie‹! Ich war wie von Sinnen —.

Als ich mich wieder gefaßt hatte, war es zu spät: Empört bis erstaunt betrachteten mich Lady D'Abrayville und Sir Lionel. Ich hatte mich verraten. Laurence wurde wieder weggeführt. Mir wurde bedeutet, daß ich doch wohl meine Missionstätigkeit aufzunehmen hätte.

Ich mußte den Belgrave verlassen, den ich in der Folge umkreiste wie eine Elster den glitzernden Ring. Ich sah des Nachts aus der Ferne, wie edle Ritter und vermögende Jünglinge sich für sie ruinierten, und verbrachte meine Tage mit der

Ketzerjagd auf eben dieselben. Ich durfte sie nicht wiedersehen (einmal war mehr als genug für den kleinen Priester!).

Zu der Zeit fiel uns der Herr ›Odo Crean of Saint-Liargue‹ alias der ›Chevalier du Mont-Sion‹ — alias Euer Secretarius ›John Turnbull‹ in die Hände. Als Mitglied der verfemten ›Ritterschaft der weißen Mäntel‹ war er des Todes. Ich besuchte ihn in seiner Zelle, um ihm die Beichte abzunehmen, was er mir rundheraus abschlug. Aber wir kamen auf Euch zu sprechen.

Und in meinem halbierten Hirn hakte sich ein aberwitziger Gedanke ein, wie es mir gelingen könnte, wieder Zutritt zum Belgrave zu gewinnen. Von meinen Oberen erwirkte ich Aufschub seiner Hinrichtung, ließ ihn aber weiter foltern.

Ich reiste nach Rom zurück und führte ein langes Gespräch mit Giovanni Colonna.

Der brachte mich mit Innozenz zusammen, dem mein Vorschlag peinlich wie hochinteressant erschien. Er beschied mich knapp in dem Sinne etwa:

»Jede zu rettende Seele ist der Kirche Leidenschaft, solange ihre Rettung der seligen Kirche keine Leiden schafft!«

Mit dieser Vollmacht kehrte ich zurück, setzte ein Geheimverfahren gegen meinen Häftling an, der inzwischen mürbe genug war, sich von uns ›umdrehen‹ zu lassen, zumal er seinen Verrat an der katharischen Sache nicht zu spüren bekam: Garant dafür, daß er mitspielte, war sein Sohn, den er nicht kannte.

Wir machten ihn glauben, Crean sei in unseren Händen. Mein nächstes Objekt war ›Mutter Livia‹. Durch unsere gemeinsamen Reisen wußte ich nun, wo und wie sich ihre Metamorphose zur ›Lady D'Abrayville‹ vollzog. Ich überzeugte sie von meinem Sinneswandel vom Ketzerjäger zum Schutzengel katharischer Kinder. Sie war sofort Feuer und Flamme von meiner Idee und überredete auch gleich Sir Lionel, den Belgrave für unsere Rettungsaktion ›Diener der Rose‹ zur Verfügung zu stellen. Und wer beschreibt mein Entzücken, als ich höre, daß Laurence sich nicht nur an dem gefährlichen Spiel beteiligen will, sondern spontan ihren Vater gebeten hat, dessen Schirmherrschaft übernehmen zu dürfen.

Jetzt blieb mir nur noch, in Rom ein leerstehendes Klostergebäude zu requirieren. Ich hatte im Jahr des Herrn 1212 zu Marsilia ein schönes Schnäppchen gemacht, als ich zwei mir wohlbekannten Zulieferern der Freudenhäuser von Bougie sieben Schiffsladungen von Kindern beiderlei Geschlechts in die Hände spielte. Meine so erworbenen Mittel erlaubten mir nun eine solche Investition. Für Laurence war mir nichts zu teuer! *Ich* war der Besitzer des Klosters »L'Immacolata del Bosco«! Dort installierte ich ›Mutter Livia‹, was sie gern mit sich geschehen ließ, denn nun war sie nicht mehr den neidvollen Blicken und dem mißgünstigen Tuscheln ihrer Mitschwestern ausgesetzt und mußte, wenn sie ›auf Pilgerfahrt‹ ging, keine Äbtissin mehr — wenn auch nur pro forma — um Erlaubnis fragen.

Endlich begann meine Maschinerie sich in Bewegung zu setzen: Der ›der Inquisition entflohene‹ und in den katharischen Untergrund abgetauchte ›Chevalier‹ lieferte uns die Kinder (daß er dabei oft die versteckten Eltern ans Messer lieferte, merkte er nicht). Lady D'Abrayville und Laurence nahmen sie auf Belgrave in Empfang, und ›Mutter Livia‹ brachte sie außer Landes nach Rom auf den Monte Sacro.

Ich durfte mich als der große Puppenspieler fühlen, der im Hintergrund die Fäden zog und die Marionetten tanzen ließ. Doch ›die Herrin der Rose‹ bekam ich auch jetzt nicht zu Gesicht. Vom Belgrave hatte ich mich ausgeschlossen:

Um das Unternehmen nicht zu gefährden, durfte ich mich dort nicht mehr offiziell blicken lassen, ich wurde noch ein paarmal am Dienstboteneinlaß empfangen, doch nicht von ›Ihr‹, der all mein Sehnen galt, um derentwillen ich den ganzen Apparat aufgezogen hatte.

Er lief jetzt von selbst, man bedurfte meiner nicht mehr.

Ich mußte feststellen, daß Laurence und ihre Mutter sich bald längst nicht mehr an die Spielregeln hielten: Gleich dem Chevalier, den wir im Gegensatz zu den raffiniert verkleideten Frauen beschatten konnten, begannen sie nun selbst, heimlich den Belgrave zu verlassen und im Lande draußen uns die Beute vor der Nase wegzuschnappen.

Der ›Diener der Rose‹ wurden immer mehr, selbst Ritter aus dem Lager des Kreuzzuges gegen die Ketzer wetteiferten darin, der ›Herrin‹ zu dienen — und mir waren die Hände gebunden. Wir verloren jegliche Kontrolle, und ich mußte mir insgeheim eingestehen, daß ich der katholischen Kirche einen Bärendienst erwiesen hatte. Dann setzte sich auch noch der Chevalier ab, nachdem wir die Frau verbrannt hatten, die er liebte, und ich wurde auf dem Belgrave nicht mehr vorgelassen.

Ich spielte mit dem Gedanken, das ganze Ketzernest hochgehen zu lassen, aber dann hätte ich Laurence für immer verloren — oder?

Doch eines Tages spürte ich bei einem Besuch auf dem Monte Sacro — mein Leib begann zu zittern, mir brach der Schweiß aus: ›Sie‹ war da! Laurence war in Rom! Die Sterne bestätigten es mir, auch wenn ich sie wieder nicht zu Gesicht bekam. Dabei mußten einige sie schon erblickt haben, denn viele rühmten ihre außerordentliche Schönheit! Nur ich, dem sie ihre Existenz verdankt, ich bleibe ausgeschlossen!

Und wieder begann mein Gehirn fieberhaft zu arbeiten. Und wieder glaubte ich den Weg zu ›Ihr‹ gefunden zu haben, und so ersuchte ich meinen höchsten Dienstherrn um eine erneute Unterredung. Man ließ mich nicht unter sein Antlitz treten, mein Vorschlag war auch nicht von der Art, daß der Stuhl Petri ihm sichtbar sein Ohr leihen konnte, doch die Anweisung war von größter Klarheit:

»Wir wollen alles wissen und von nichts wissen!«

Ich bestellte ein geheimes Inquisitionstribunal ins Kloster, das nur zur Aufgabe hat, ›Mutter Livia‹ und ihre stolze Tochter gehörig in Angst und Schrecken zu versetzen. Dann erscheine *ich* als der rettende Engel ›mit Einfluß auf nicht genannt sein wollende allerhöchste Kreise der Kurie‹, erzwinge ›macht meiner Position‹ eine Verhandlungspause, in der Foltergerätschaften ins Refektorium getragen werden und der Henker seine Eisen im Feuer zum Erglühen bringt. Doch Laurence — oh, wie könnte ich sie lieben für ihre Wut, ihren funkelnden Zorn, so erlebe ich sie endlich zum zweitenmal in meinem Leben! — schwört ›potius mori quam foedari‹, sich eher enthaupten, vierteilen und verbrennen zu lassen, als den Mädchen diese unwürdige Tätigkeit auch nur zuzumuten!

Lieber tot, als besudelt.

›Gegen meinen Willen‹ ergreifen die Foltermeister Laurence und führen sie aus dem Raum. Jetzt habe ich leichtes Spiel mit ›Mutter Livia‹. Ich mache ihr klar, daß alles verraten ist und sie alle sich den grausamsten Tod zu vergegenwärtigen hätten, wenn es mir nicht in letzter Minute gelänge, für sie den Status eines Konvents ›zur besonderen Verfügung‹ durchzusetzen — und schließlich könnte sie das Ganze ja auch von der sarkastischen Seite sehen:

Der Klerus will betrügen, also betrügen wir ihn! (Abwandlung von Mundus volt decipi . . .*)*

Clerus vult decipere, ergo decipiamus!

Selbst von der heuchlerischen Moral der Kirche um ein normales Frauenleben gebracht, könnte sie sich so an dem Klerus rächen, indem sie dessen eigenen Sündenfall betreibe! ›Mutter Livia‹ dankt mir unter Tränen für alles, das ich für sie und ihre Kinder getan habe, denen ich wie ein Vater wäre. Es gelingt ihr, die erboste Laurence umzustimmen, das Tribunal läßt die Anklage gegen die Ketzerinnen ›mangels Beweisen‹ unter den Tisch fallen, setzt mich aber als ›gestrengen‹ Beichtvater für die sündigen Geschöpfe ein. Deren Sünden beginnen alsbald erst die kleinen, dann die großen Tiere der Kurie zu begeistern. Ich darf täglich ein und aus gehen, das höchste Ohr der Christenheit hört brühwarm — oder gefiltert — erst ihre kleinen

526

Lustschreie, dann ihre großen Offenbarungen noch am selben Tage. Die Kombination von Nonne und Hur ist unschlagbar, die Geständnisfreudigkeit der Kunden würden jeden Priester im Beichtstuhl vor Neid erblassen lassen!

Nur Laurence spielt die Unberührbare, weswegen sie mir auch die Confessio verweigert. Als ich insistiere, läßt sie sich zur Äbtissin wählen und bestimmt ihren eigenen Beichtvater.

Wieder habe ich der Kirche ein Wundervehikel geschaffen, dessen Zügel mir aus den Händen gleiten. Der Konvent der Karmeliterinnen steht längst unter höherer Protektion. »L'Immacolata del Bosco«? — in culo!! Bevor ich lästig werden kann, werde ich selbst vor ein Inquisitionstribunal zitiert, inculatus sum!

Wortspiel mit ›maculare‹ = beflecken und ›culus‹ = Arsch

Mein alter Mentor Giovanni rettet meine Knochen, indem ich die Verbannung nach Assisi annehme. Mein Herz brennt vor Rache, die mehr und mehr meine sinnlos glühende Liebe anfacht. Wenn ich ›Sie‹ nicht haben kann, soll keiner ›Sie‹ haben! Ich werde das Freudennest ausräuchern, den Pöbel auf sie hetzen — auf der Flucht kann ich dann wieder ›der Retter‹ sein, die einzige Form, in der ›Sie‹ mich anhört, ansieht!

Ich muß sie erniedrigen, sie muß ihr Haupt beugen, bis sie so klein ist, daß sie zu mir aufschauen muß, klein, zart, zitternd — ich will mit ihr sterben, aber im Tode soll sie mein sein, Laurence de Belgrave!

Jetzt ist es soweit, Guido della Porta, Eure Schwester, die ich mehr liebe, als Ihr sie je zu lieben fähig ward, die meiner Liebe würdiger ist als Eurer Inzestphantasien, die noch keinen Mann erkannt hat, *mich*, Roald of Wendower, wird sie erkennen, wenn wir von Ancona aus in See stechen, denn *ich* habe dafür gesorgt, daß sie Italien verlassen muß. In der Fremde werde *ich* ihre einzige und letzte Rettung sein!

Wenn Ihr diesen Brief lest, sind wir längst auf dem Meer, und ich empfange die Belohnung, die mir gebührt! Ich habe Euch Jahre treu gedient, denkt Ihr! Ich habe nur gewartet, bis meine Saat aufging: Die Frucht, die mir nun in den Schoß fällt, ist Laurence! In ihren Schoß will ich fallen – und Ihr sollt es – ohnmächtig in Eurem Assisi – zur gleichen Stunde wissen!

  Der letzte Diener der Rose
  und ihr neuer Herr zugleich!
  Roald of Wendower

ANNO DOMINI 1227

Erster Eintrag Guido

Der Brief, jetzt möchte ich sagen: das Testament eines bösen Krankewichts, muß vor zehn Jahren geschrieben worden sein. Ich ließ ihn damals nicht nach Ancona mitreisen, erinnere mich aber auch nicht, daß er sich ernsthaft bemühte, mich diesbezüglich umzustimmen. Wahrscheinlich hatte er sich mit dem Brief seinen Haß, aber auch seine Courage vom Leibe geschrieben und es vorgezogen, nicht ›auf hoher See‹ ein weiteres Mal eine klägliche Figur zu machen. Vielleicht wird er leicht seekrank und muß dann kotzen.

So empfinde ich auch dieses Herauswürgen eines armseligen Lebens auf Papier, das er dann wohl erst versteckt und danach vergessen hat. Ekelhaft! Wie wenig kann ich gerade jetzt einen derartigen Aufguß gebrauchen! John, dem diese Beichte ja auch wohl fatal angekommen sein muß, hätte mir ihre Lektüre auch ersparen können. Sie schlägt mir auf den Magen. Hartwolf hat ihm erst den Bauch aufgeschlitzt und anschließend die Stimmbänder durchgeschnitten. Er röchelte noch sehenden Auges, als sie ihn im Garten verscharrten, wie mir Ripke später gestand. Hartwolf hätte darauf bestanden. Mein alter Kapitän ist übrigens wieder da. Er hielt es auf dem Lande noch weniger aus. Ermengarda hat eine Verwandte mitgeschickt, Ludmilla, eine kurzbeinige Dicke mit behaarter Warze auf der Backe, listigen Schweinsäuglein, aber sie kann kochen!

Ich verspüre keine Lust mehr, an diesem ›Diarium‹ weiterzuschreiben. Für wen? Non omnis moriar?

Nicht alles vergeht, stirbt? (die berühmte Selbstbehauptung des Horaz in Frage gestellt)

Der ursprüngliche Gegenstand unserer Aufmerksamkeit, das Heranwachsen, Sichentwickeln, das Leben eines gewissen Giovanni Bernardone, genannt ›Francesco‹, hat sich dematerialisiert. Der Tod ist zweifelsohne ein Abschluß. Was jetzt kommt, sind die Betrachtungen — mehr Legenden als Schlußfolgerungen. Andere können das besser als ich. Ich fühle einfach aus dem Bauch heraus, daß dieser Francesco mein Leben bestimmte, es ausfüllte, es bewegte und mich in Schwung hielt.

Sein Fortgang hinterläßt ein Riesenloch, groß

529

wie ein Krater. Ich stehe ratlos am Rande, wage nicht, hinunterzuschauen. Vielleicht ist er dort unten und winkt mir zu. Ich will nicht hinabsteigen, um zu wissen, was da unten ist — ich kann mich aber auch nicht von diesem Kraterrand lösen. Es ist noch Winter, es ist feuchtkalt, und ich fühle mich elend. Ich bin nicht traurig über Francescos Tod, ich bin traurig, daß er mich verlassen hat, ich bin traurig über mich.

Um irgend etwas Sinnloses zu tun, breche ich den alten Streit mit dem Kloster Santa Croce di Sassovivo wieder vom Zaune. Seit Jahren hatte der dortige Abt, ich kenne ihn gar nicht, den mir zustehenden Zehnten bei ›meinem‹ Sant' Apollinare del Sambro kassiert, nämlich seit dort der streitbare Prior Forte verstorben war. Jetzt lasse ich mal wieder aus heiterem Himmel die Mönche, die ahnungslos zum incasso erscheinen, von meiner Garde windelweich prügeln.

So kann man seiner Trauer auch Luft machen! Ich habe auf wütende Proteste gehofft, zumindest aus Foligno, wenn schon nicht aus Rom, sah mich endlich wieder mit der halben Welt in wüster Fehde, doch nichts dergleichen!

Soll ich nach Sassovivo reiten und dort den Zehnten der letzten Jahre zurückfordern? Soll ich mein Gewicht in Gold aufwiegen lassen? — Ein OFM Vetter des Bruders Rufino, ein gewisser Simon d'Offreduccio, macht mir die Aufwartung in meinem Palazzo und findet die Idee, Sassovivo die Zähne zu zeigen, ganz hervorragend. Ich will aber die Majores nicht in die Angelegenheiten des Bistums einbeziehen.

Simon ist nicht beleidigt, läßt mich aber wissen, daß »es Zeit wird, daß Bischof und Kommune am selben Strang ziehen«.

»Eine Einheit weltlicher und geistlicher Macht? Ausgerechnet in Assisi!« Ich muß bitter auflachen. »Dann aber ohne mich!« Ich hab's leichthin gesagt.

»Das haben wir uns auch gedacht...«, verabschiedet sich Simon ebenso ›leichthin‹ und läßt mich nachdenklich zurück.

Wer ›wir‹? —

Roald of Wendower war nicht einmal in der Lage, sein eigenes Horoskop richtig zu deuten, sonst wäre er nicht einem Irrtum nach dem anderen erlegen, und vor allem wäre er nicht mehr hierher zurückgekehrt — von solchen Sternenguckern soll man sich nicht beeinflussen lassen: Elf Jahre!! Dann hätte ich ja noch eines vor mir — »Ludmilla! Ludmillaaah! — Ruf Ripke und Hartwolf, wir wollen ein Faß aufmachen!«

BRIEF JACQUES DE VITRY

Bruder im traurigen Amte,
wieviel habe ich an Euch denken müssen, als ich von dem — von so vielen Wundern und höchsten Gnadenerweisen begleiteten Tode ›Eures‹, unser aller Francesco erfuhr. Ich habe mit Euch gelitten, wie Ihr sicher mit ihm gelitten habt! Seid meines tiefen Mitgefühls versichert!

Soviel der Kondolenz, die uns nicht viel weiterbringt, (mich macht sie eher noch mal traurig), und

Tote macht sie nicht wieder lebendig. Nachträglich beklagen wir ja auch nicht sie, sondern uns, der wir den Tod (der anderen) zu erleiden hatten. Francesco hat uns seinen Tod — wie sein Leben! — nicht so leicht gemacht. Statt uns zu überraschen — oder wenigstens ›still zu entschlafen‹ —, hat er uns gezwungen, mit ihm seinen Passionsweg zu gehen.

Und dem konnte sich keiner entziehen, auch nicht durch rasch angesetzte Pilgerfahrten!

Widersprecht mir nicht: Ich weiß, es hat Euch schwer getroffen, und noch viel schlimmer wird die Leere sein, die Ihr bald um Euch spüren werdet. Euer Leben ist sowieso total verändert, Bruder, Ihr könnt Euch nicht ändern — warum also verändert Ihr Euch nicht? Euer John Turnbull, unser gemeinsamer Ex-Secretarius, jetzt in Diensten eines nicht gerade christlichen, dafür aber mächtigeren Potentaten, war gerade bei uns in Akkon und ließ durchblicken, daß die Besetzung der Bischofsstühle von Bethlehem, Nazareth und vieler anderer bald keine leere Titelvergabe mehr sein könnte, sondern zu erfüllende Aufgabe der christlichen Kirche.

Warum entlaßt Ihr Euch nicht aus Assisi, wo Eure Zeit um ist (und ehe Euch andere entlassen!) und kommt zu uns? Erinnert Euch, wie oft wir im Scherze uns gestanden haben, daß Ihr für einen orientalischen Purpurträger viel besser geeignet seid als beispielsweise ich!

Es ist für John, läßt er Euch ausrichten, ein Kleines, Euch beim Kaiser durchzusetzen, und wer wird in Zukunft dem Kaiser hier widersprechen wollen. Noch trifft der ›Chevalier du Mont-Sion‹ (wie er sich jetzt wieder nennt) in Akkon auf Skepsis, was das Zusammengehen von El-Kamil und Friedrich anbelangt, aber da sind eben 130 Jahre Feindbild zu überwinden, und das nicht nur auf unserer Seite. Auch die Muselmanen schütteln noch den Kopf über ihren Sultan, der plötzlich mit den Ungläubigen paktieren will, anstatt sie ins Meer zurückzuwerfen!

Nun, wir werden sehen, noch ist der Staufer mal wieder verhindert: Nachdem Kaiser Friedrich mehrere Vorhuten vorausgeschickt hat, befällt eine Malaria-Epidemie das Hauptheer. Dennoch, um den Termin zu halten, läßt er es unter dem Kommando des Herzogs von Limburg an Bord DTR gehen. Er selbst verläßt Brindisi als letzter.

Kaum hat man die Anker gelichtet, erkrankt einer seiner engsten Begleiter, der Landgraf Ludwig DTR von Thüringen, so schwer, daß die kaiserliche Barke in Otranto wieder anlanden mußte. Der Landgraf stirbt, Friedrich, selbst von der Krankheit befallen, wird in den Kurort Pozzuoli bei Neapel gebracht, wo ihn seine salernitanischen Ärzte in Empfang nehmen. Die Flotte segelt unter dem Patriarchen von Jerusalem, Gerold von Lausanne, ROM weiter und ist hier inzwischen angekommen.

Warten, Warten ist unsere Hauptbeschäftigung. Auf einen müssen wir nicht mehr warten (von dem ich mir sowieso nichts — oder wenn, dann nur Übles versprochen habe):

Dschingis-Khan! Der grausig-gewaltige Tataren-Herrscher ist tot. Damit hat das dumme Geschwätz vom ›Priester Johannes‹ und der Hilfe für Outremer durch die ›christlichen‹ Barbaren hoffentlich erst einmal ein Ende. Und an die Stelle kindlicher Spekulationen tritt — rechtzeitig — wieder eine klare Erkenntnis, durch wen allein eine durchgreifende Änderung der Lage möglich ist:

Hoffentlich gesundet der Kaiser bald!

Jacques de Vitry Episc. S. G. d'A.

Rom, den 19.3.1227

BRIEF JACOBA

Werter Vetter,

dies ist ein Eilbrief, mein bester Kurier mag zwei, drei Pferde zuschanden reiten: Habemus Pontificem! Gestern starb zu Agnani — nicht etwa unerwartet, doch überraschend — der alte Savelli. Heute schon wählte das Konklave Ugolino zum neuen Papst, der — auch nicht überraschend — den Namen Gregor IX annahm.

Ich teile Dir das mit, damit Du auf Kommendes vorbereitet bist und nicht wie der Staufer ein lahmes — noch für seinen nachsichtigen Paten Honorius bestimmtes — Entschuldigungsschreiben schickst, mit dem er diesmal Malaria vortäuscht, weil er sich wieder nicht auf seinen Kreuzzug begeben hat, beziehungsweise das Heer ohne sich hat abreisen lassen.

Der Kaiser pflegt sich im lieblichen Pozzuoli an den Hängen des Vesuvs. Papst Gregor ist außer sich vor Wut (Nein! Er hat auf diesen Augenblick seit Jahren gewartet!) und verhängt über ihn unverzüglich den Kirchenbann. Schon wird alles vorbereitet, um bei der Rückkehr nach Rom den Urteilsspruch feierlich mit ›Glocke, Buch und Kerze‹ in der Peterskirche zu wiederholen. Ha! Welch Triumph!

Doch nun zu Deiner Situation:

Dir ist klar, daß die Versöhnung mit Ugolino nur eine taktische war, von aufschiebender Wirkung. Du bist auch längst nicht mehr Ziel seiner wohlgespeicherten Rachepläne, doch ist der Stuhl von Assisi einbezogen in das Revirement, das jetzt — wie nach der Wahl jedes ehrgeizigen Papas — natürlich einsetzen wird.

Und ein ›Ugoline‹ bist Du nicht! Also mach einen Strich unter Assisi, und laß Dich pensionieren. Wie ich Dich kennenlernen durfte, hast Du in nunmehr 22 Amtsjahren ja wohl genug auf die Seite geschafft, um Dir einen angenehmen Lebensabend zu sichern. Biete Ugolino Deinen Rücktritt bald an, am besten sofort, damit er Dich nicht auffordern muß oder gar zu ›sonstigen‹ Maßnahmen zu greifen gezwungen ist, was ihn dann ärgerlich machen könnte! Offeriere ihm Räumung und Übergabe binnen Jahresfrist, so hast Du Zeit, Deine Angelegenheiten in Ruhe zu ordnen und Muße, Dir zu überlegen, wohin Du Dich wenden willst.

Et respice finem! *Und bedenke das Ende!*

In Assisi zu bleiben, würde ich Dir nicht raten, das sähe nach schmollendem ›Austrag‹ aus, läßt den Versuch auch nach künftiger Einflußnahme vermuten. Vielleicht sollten wir auf Reisen gehen —? Warum besuchen wir nicht Griechenland, das alte Byzanthium, Stätte Deiner Jugendsünden — oder wir pilgern nach Spanien! Wie sehr habe ich es immer bedauert, daß ich mich damals von Francesco habe abhalten lassen, nach Granada zu reisen, wo sie gerade einen Palast bauen, wie ihn die Welt noch nicht gesehen hat. Oder zum Alcazar von Sevilla! Diese Orte von einmaligem Glanz und Reiz — bevor die kastilische »reconquista« dort über maurische Baukunst und Kultur herfällt! Stell Dir vor, die Mezquita, die Große Moschee von Cordoba, soll über 1000 Säulen aufweisen! Ich träume vom Lustschloß der schönen az-Zahrà!

die spätere Alhambra, BAU

Genau waren es 1293! BAU

Meine Söhne sind inzwischen erwachsen, ich könnte mir ein solches ›Zusammen-Leben‹ mit Dir durchaus vorstellen. Wir erwerben einen Besitz in der Toskana und keltern köstlichen Wein, pressen Öl und wandern unter Zypressen der untergehenden Sonne entgegen — überleg Dir alles gut. Der Tod von Francesco ist eine hinzunehmende Tatsache. Mir hat er großen Kummer bereitet, doch dagegen stehen Jahre der Freude und Erheiterung.

Du, der Du seinen Aufstieg protegiert, von seinem Ruhm wenig profitiert, von seinem Erfolg gar nichts hast — Du stehst, was die Macht im Lande anbelangt, am Ende mit leeren Händen da.

Damit ist jetzt nicht zu hadern! Du, den alle Welt des Geizes, der Besitzgier, der Streitsucht schmähte, Du warst, was Francesco anbetrifft, ›il muy generoso‹, der Großmütigste! Das ist der Ruhm, den Dir niemand nehmen kann. Kleb also nicht an einem nunmehr nichtssagenden Stuhl, an Deinen bischöflichen ›Würden‹, die jetzt ohne Sinn und Aufgabe sind. Du hast einen Großen dieser Welt begleitet. Ihm werden jetzt Denkmäler, Kathedralen errichtet werden. Steh nicht auf

den Baustellen herum, bis man Dich wegjagt. Die
›Erben‹ (echte oder selbsternannte) sind andere!

Du hast sein Leben geteilt, was willst Du mehr.
Nimm diesen Deinen Reichtum und tritt ab von
der Bühne Assisi, wo jetzt die Nachlaßverwerter
ihre Stücke aufführen wollen. Lebende Zeugen
sind nur störend bei der Inszenierung von Legenden. Komm zu mir nach Rom, damit wir uns besprechen. In unverbrüchlicher Zuneigung

Deine Base Jacoba

P. S.: Schlag jetzt nicht um Dich! Jedes Herumge-
fuchtel mit Deiner Garde wird nur übel vermerkt.
Und als Drohgebärde wirkt es lächerlich! Erstatte
also Sassovivo den Schaden und entschuldige
Dich!

ZWEITER EINTRAG GUIDO

Alle wollen, daß ich Assisi verlasse. Ich denke
nicht daran! Ich sitze hier, von meinem Papst, dem
großen Innozenz III eingesetzt, seit 23 Jahren, Zeit
eines ganzen Menschengeschlechts. Ich habe das
dürftige Provinzbistum groß gemacht, es durch die
schwierigen Zeitläufe laviert, und jetzt, wo es —
durch Francesco — zu Ehren und Ansehen gekommen ist, da soll ich meinen Stuhl räumen? —
einem anderen Platz machen?

Mein Nachfolger steht schon bereit.

Ich schätze, es ist dieser d'Offreduccio — schöner Dank dieser noblen Familie! Wer würde auf
einen wie ihn kommen, hätte ich nicht seiner (äußerst entfernten) Base Clara den Palmzweig in die

Hand gedrückt!? So lasse ich nicht mit mir umspringen. Kann ja sein, daß ich gehe — dann, wenn *ich* will! —

Zum Pfingstkapitel hat der Herr Generalminister Elia Hunderte von Einladungen verschickt, aber keine an mich! Es soll sich um eine Konferenz aller Provinzminister handeln. Die ›Funktionäre‹ sind jetzt wohl wichtiger! Aber noch bin ich, Guido II, Bischof von Assisi!

Ich kündige mein Kommen ganz offiziell und in einer Form an, die keiner Bestätigung bedarf. Eine Vorhut meiner Garde begleitet meinen Secretarius Caesar von Speyer (der sich in letzter Zeit vor ›Rücksichtnahme‹ in die Hose scheißt, er schämt sich wohl, in meinen Diensten zu stehen!) und sorgt für einen angemessenen Platz in vorderster Reihe und bequeme Sitzmöglichkeiten für mich und mein Gefolge. Ich fordere auch den Prior von San Rufino auf, mich zu begleiten, und den Podestà, Messere Oportulo di Bernardo.

Assisi soll sich ja ›unam sanctam‹ zeigen, also demonstrieren wir durch gemeinsame Präsenz die Einmütigkeit von ›majores‹ und ›minores‹. Ich will ja nicht stänkern, niemanden provozieren, nur ausschließen lasse ich mich nicht!

Und so nehmen wir unsere Plätze ein, werden höflich empfangen von Ordensmitgliedern, die ich nicht kenne. Elia begnügt sich mit einem flüchtigen Nicken, der arrogante Hund! Ich sehe unter den Brüdern einige, wie Angelo oder Leo, die mich sicher gern begrüßt hätten, sich aber offensichtlich nicht trauen, die armen Kerle! Caesar erzählt mir, sie seien jetzt als ›Zelanten‹ quasi verfemt, die Anhänger der Urregel ›sine glossa‹, wie es auch als aufsässig gelte, sich in die Einsamkeit der Wälder zur Meditation zurückzuziehen —.

Ich denke an Jesus Christus: den würden sie auch gleich wieder kreuzigen, sollte er die perverse Lust verspüren, noch ein zweites (oder drittes?) Mal auf diese Erde zurückzukommen. Es kann nicht mehr lange dauern, dann dürfen sich die Brüder des O. F. M. ›ordo fratrum minorum‹ nur noch hinter vorgehaltener Hand zuflüstern, sie seien eigentlich auch Anhänger jenes ›Francesco‹.

Der Generalminister versucht sich jetzt auch als Architekt. Ich habe seine Entwürfe nicht zu Gesicht bekommen, doch die mir begeistert davon berichten, bestätigen mich in meiner Mutmaßung, daß sich dort die ungeheuerlichste Geschmacklosigkeit anbahnt, die man sich vorstellen kann. Ein gigantisches Mausoleum für den kleinen ›Poverello‹!

Francesco-Pharao! Da Gott sei Dank in Assisi selbst kein Platz ist für diese Monstrosität, wird die Stadt in ihrer Nordecke ausgebeult, gleich einem Nabelbruch. Um sich für die große Aufgabe freizuhalten, läßt sich Elia zum Erstaunen aller abwählen — oder hat etwa Ugolino, pardon, der Herr Papst, Wind davon bekommen, daß sein treuer Elia seit einiger Zeit auf dem ghibellinischen Auge schielt?

Er soll mit der Idee liebäugeln, den Staufer doch nicht so hart anzufassen, und soll Genesungswünsche nach Pozzuoli übermittelt haben?

Sieht er in Friedrich den ihm wesensgleichen, unsteten Geist, der in die Zukunft drängt, zu ›neuen‹ Zeiten aufbricht —?

OFM   Das Kapitel wählt jedenfalls einen Giovanni Parenti, den ich heute zum erstenmal sehe und der mir auch nicht vorgestellt wird. Eigentlich hatte man ja, so Caesar von Speyer, mit der Wahl des Simon d'Offreduccio gerechnet, doch dann sei durchgesickert, Bruder Simon sei für ›andere‹ Aufgaben vorgesehen.

Ich gebe meiner Garde den Befehl zum Aufbruch, bevor die Veranstaltung zu Ende ist. Man soll ruhig sehen, daß der Bischof verstimmt ist, verdammt noch mal! Caesar kommt hinter uns hergelaufen, will mich zum Bleiben überreden. Ich bleibe ungnädig. Leise, als dürfte es keiner hören, bittet Caesar, ich möge seine Kündigung annehmen — ein weiterer Dienst bei mir sei mit seiner Ordenszugehörigkeit nicht länger vereinbar. Ich nehme sein Angebot mit sofortiger Wirkung an. Soll er sich doch zu den Brüdern gesellen, denen Elia demnächst die Hammelbeine langziehen wird! Denn die Stunde Elias ist noch nicht gekommen. Sein Rücktritt heute kann nur taktischer Natur gewesen sein, um sich aus der Schußlinie zu bringen, um als Erbverwalter und als Grabmals-Architekt erst mal Meriten zu sammeln, um sich dann als der Messias, der Über-Franziskaner zu präsentieren. Sic itur ad astra!

So wird man berühmt! (Vergil)

Pace e bene! Das Spielchen braucht mich nicht mehr zu kümmern. Nach dem Eindruck, den die neue Gesellschaft Assisis auf mich gemacht hat, habe ich nicht übel Lust, auf der Stelle die Kisten

540

zu packen! Als erstes soll — Cazzo! Jetzt bin ich ja
ohne Secretarius! Also der soll sofort zurückkom-
men! Nein! Dann soll eben Hartwolf die Bücher
durchsehen, wo im Bistum noch offene Forderungen einzutreiben sind. Er muß die Münz ja dann
auch hereinholen! Kein Aufschub! — Und keine
Naturalien!! — Bis zum Jahresende, nein, bis zum
Herbst muß die Ernte in der Scheuer sein!

Das ist die Art von Diarium, die ich jetzt schreiben will. Ich sehe schon die langen Gesichter aus
Sassovivo — auch meine fetten Benediktiner-Fra-
tres vom Monte Subasio müssen daran glauben —
ihre prallen kleinen Säcke, von denen sie so stolz
behaupten, keines Mannes Arm könne sie heben,
meglio cosi! Wir werden mit beiden Händen zu-
packen!

»Hartwolf!!«

ANNO DOMINI 1228

Eintrag John

Eminenz,
ich habe mich nicht ankündigen können, und ich
habe auch nur wenige Stunden Zeit. Ich bin gekommen, um Euch abzuholen, so wie der Teufel
Euch dereinst holen wird, nur nicht zu einer improvisierten Bootsfahrt übers Mittelmeer — Korfu
— Kitheira — Rhodos — Zypern und von dort nach
Akkon, wo schon Euer Amtsbruder Jacques den
Tisch gedeckt hat. Doch ich hatte vergessen, daß
heute ja der 16. Juli ist, Assisis großer Tag: Heilig-

sprechung des Francesco durch Papst Gregor IX (wie muß sich Ugolino fühlen!) und anschließend Grundsteinlegung für die neue ›San-Francesco-Basilika‹ durch eben denselben. Statt in seine Schatulle zu greifen, hat unser sparsamer di Segni (er war übrigens nie mit Eurem Innozenz verwandt, dem Grafen von Segni, sondern entstammt einer unbedeutenden Bürgersfamilie zufällig gleichen Namens) eine Bulle an die Gläubigen losgelassen, in der er den Bau dieser doppelstöckigen Grabeskirche ankündigt und um milde Gaben bittet (das ist wohl alles, was er von Francesco adaptiert hat!). Für die notwendigen Erdarbeiten hat Elia schon gesorgt, der Maulwurf zur ›besonderen Verfügung‹! Wie Ihr seht, kenne ich das ganze Festprogramm, – mich wundert nur, daß Ihr dorthin gegangen seid. Wir könnten jetzt schon im scharfen Galopp über Spello flußaufwärts den Topino in Richtung Ancona unterwegs sein, wo mein Schiff auf uns wartet. Kaiser Friedrich hat sich schon in den letzten Junitagen in Brindisi eingeschifft, ohne Rücksicht auf den immer noch bestehenden Bann und die Verwünschungen Ugolinos (auch ein makabres Spiel: Jahrelang drängt man den Staufer zum Kreuzzug, jetzt, nachdem er seinen Sohn Heinrich VII noch schnell zum deutschen König gekrönt hat, bequemt er sich endlich, und jetzt will Rom es ihm verbieten!).

Ich muß ihn spätestens in Zypern einholen, wo er nach meiner Schätzung nicht vor dem 20. eintreffen kann. Dies zu Eurem Verständnis, daß ich nicht länger auf Euch warten kann.

Aus dem Festakt Euch herauszuholen, halte ich mich nicht für befugt. Auch möchte ich nicht Ugo-

542

lino stören, der heute sicher alle Aufmerksamkeit auf sich zu ziehen gewillt ist: Kein Francesco lenkt mehr ab, — und auch kein Bischof sollte mehr lästig fallen! Euer unauffälliges Verschwinden wäre also ganz in seinem Sinne. Ihr könnt es Euch ja noch überlegen. Ich warte morgen noch bis zum Morgenrot. Und schließlich könnt Ihr Euch ja auch ein eigenes Schiff leisten, eine ganze Flotte, wenn ich so sehe, was Ihr unten im Keller angehäuft habt, packt es ein, nehmt Eure Garde und verlaßt diesen Ort — auf dem kürzesten Wege Richtung Meer!

Ich werde Euch einen Piratenkapitän schicken, eine Sklavenhändlerin, um genau zu sein, eine, die sich freuen würde, sich bei Euch für eine Flucht vor mehr als zehn Jahren revanchieren zu können. Laurence de Belgrave kann ich in Korfu erreichen. Sie wird vor der Küste kreuzend auf Euch warten. Verliert keine Zeit!

Ich gehe ein letztes Mal durch den Palazzo, halte von der Terrasse vor der Bibliothek Ausschau nach Euch, ob ich wohl die Helmzier der Garde erkennen kann, die mir Eure Rückkehr signalisiert. Es sind nur noch wenige Minuten, mein Capitano, unser alter Don Pedro drängt, wir wollen vor der Nacht die Küste erreichen. Ich schaue hinunter in das Tal gen Portiuncula, doch nichts rührt sich. Ich habe das Gefühl, nie wieder hierher zu kommen — laßt es nicht zum Abschied zwischen uns werden, Eminenz, bitte kommt. Ich warte auf Euch, in Zypern, Akkon, irgendwo — überall!
   Euer John

Dear John,
ich habe beim besten Steinmetz der Unterstadt eine Platte bestellt, als ›Gedenktafel‹ für die denkwürdigen Ereignisse, die Assisi nun widerfahren. So jedenfalls lautet mein unverfänglicher Auftrag. Der gute Mann wird gedacht haben, ich wollte sie — wie die aus dem Jahre 1216 — außen an meiner Santa Maria del Vescovado angebracht wissen.

29. *Juli* Als er sie dann heute, Samstag, abliefert, lasse ich die schwere Tafel gleich in das Innere der Kirche tragen und beim Seitenaltar der Magdalena abstellen.

Sie rühren auch schon den Mörtel an und warten auf meine näheren Anweisungen. Ich spiele den Zauderer, eine für mich — und die Handwerker — ungewohnte Rolle: Der Herr Bischof bedarf erst noch der Erleuchtung, wo genau das gute Stück seinen Platz für die Ewigkeit bekommen soll . . . Ich kann mich nicht entscheiden und vertröste sie auf Montag. Sie sollen alles so liegen- und stehenlassen!

Kaum sind sie gegangen, eile ich hinunter in den ›Gang‹ und messe noch einmal die Maueröffnung nach, hinter der sich das ›Versteck‹, der Aufbewahrungsort für das Diarium befindet. Ich prüfe noch ein letztes Mal die Pergamentbündel, die ich leider (welchem Buchbinder hätte ich sie anvertrauen sollen!) nicht in Leder habe binden können. So habe ich sie stoßweise in Wachspapier gepackt und dieses dann mit ölgetränkten Linnen umwickelt. Der Ort, ein stillgelegter Kamin, ist trocken, Mäuse gibt es hier unten keine. Alles ist wohl vorbereitet, Dear John, für die Ewigkeit. Ich muß etwas wehmütig lächeln, wenn ich daran denke, wie wir beide vor mehr als 20 Jahren zum erstenmal hier standen und unser Gespräch ›sine testimone‹ bei Fackellicht ›begruben‹.

Diese Zeilen sollen die letzten sein, und es wollen mir keine großen Worte einfallen. Draußen auf dem Meer wartet Laurence, sorella satanica! Du hattest wohl recht, sie ist mit Lucifer im Bunde, hat ihm Körper und Seele verschrieben, nur so erklärt sich das Faszinum ihrer Erscheinung, dem wir alle erlegen sind. Sie ist eine Hexe, und zu ihr will ich! Und wenn ich sie nicht finde, so will ich es ihr gleichtun!

Mit meinem Gold kann ich es zum berüchtigsten aller Piratenkapitäne bringen, die zwischen Ragusa und Malta ihr Unwesen treiben. Das wird also die Welt sein, in der wir uns wiedersehen wollen, Dear John!

Morgen werde ich die Platte irgendwie hinunterwuchten und mit ihr unser Diarium abschließen, versiegeln, zur Konservierung für eine Nachwelt, die uns hoffentlich besser versteht. Doch die kühne Freiheit unserer Gedanken soll hier unten nicht vermodern. Ich nehme sie mit mir, teile sie mit Dir, mit Laurence und wem auch immer, den wir noch treffen werden, der uns ebenbürtig ist. Ich brenne darauf, Friedrich gegenüberzutreten!

Also, die Maße der Steinplatte stimmen exakt! Der alte Steinmetz hat gute Arbeit geleistet. Ich überfliege noch einmal den Text — keiner wird ihn zu lesen bekommen, denn ich werde die Platte natürlich seitenverkehrt einsetzen, damit niemand auf die Idee kommt, sie herauszulösen und an ›würdigerer‹ Stelle zu plazieren!

Gott sei Dank ist der alte Handwerksmeister — wie ich mich vorher überzeugte — des Lateinischen nicht mächtig. Er hätte sich sonst wohl gewundert — oder gar entsetzt — und den Auftrag vielleicht zurückgehen lassen!

Dennoch, es bereitete mir eine diabolische Lust — besonders in der letzten Zeile das allzu geläufige ›inferno‹ durch das hebräische ›gehennam‹ ersetzt — die Inschrift so verfaßt zu haben. Sie ist auch ein letzter Gruß an Dich, Dear John!

Nach dem Verlöschen der Sonne

erblindet auch der Mond in seinem
  Lauf
der sein Licht von ihr bezogen
vom vollen Licht zur tiefsten
  Finsternis.

Francesco wurde heilig gesprochen
sein Bischof fuhr zur Hölle

MCCXXVIII
GUIDO II EPISC

Cum bene in caelum nituit claro lumine
  solis
nitui; cum exstinto, iam ego perco
  obscura.
Caeca reddita ad culminem motus
  perventa
nunc atra iaceo in ultimum ignem.

Francesco sanctus
episcopus suum in gehennam

MCCXXVIII
GUIDO II EPISC

XII.
EPILOGUS

(1228-1244)

Letzter Eintrag John (datiert: Starkenberg, den 20. März 1244)

Jerusalem wurde von Choresmierhorden gestürmt, die dem Sultan außer Kontrolle geraten waren.

Es handelt sich hier schon nicht mehr um die »große« Esclarmonde, sondern um die Tochter des Burgherrn Perelha, die auf dem Scheiterhaufen endete.

Eminenz,

ich schreibe diesen Nachruf mit der vertrauten Anrede, wenngleich ich weiß, daß ich ihn weder abschicken werde, noch daß er Euch auf dieser Welt je erreichen kann. Es ist der letztmalige Vollzug eines Rituals, die Exequien. Das heutige Datum ist weniger der Tag, an dem ich erfahre, daß Jerusalem für immer verloren ist, sondern, daß der Montségur gefallen, Esclarmonde tot! Merkur am mondlosen Morgenhimmel, zusammen mit der Venus und dem Lebensspender im finalen Haus der Fische: Cauda Draconis! Dieser mortale Aspekt bedarf nicht mehr des Saturnus in Opposition, in Konjunktion mit dem Jupiter. Es ist das Ende: Tod und Auferstehung in einem. Munsalvätsch!

So geschehen angeblich am Palmsonntag und durch Verrat. In der Nacht vor der Übergabe lassen sich die Verteidiger das ›consolamentum‹ erteilen und ziehen damit den Flammentod der Unterwerfung vor. Der Gral selbst, die geheimnisvolle Mani, das Symbol des Wissens um das Erbe unseres Blutes, wurde anscheinend rechtzeitig gerettet: Jedenfalls wurde er nicht gefunden!

Wenn auch für viele eine frischblutende Wunde, für mich ist die Welt der Katharer schon vor langer

Zeit in weite Ferne entrückt, während Euer Tod
— eingetreten vor vielen, mittlerweile 16 Jahren —
mich ankommt, als sei es gestern gewesen. Man
hat Euch schnöde vergiftet! Guido II, Bischof von
Assisi in den entscheidenden Jahren 1204 bis
1228, starb zwar vordergründig an der Tücke des
präparierten Weines, doch letztlich an seinen lieb-
gewordenen Gewohnheiten, von denen er nicht
lassen konnte: »Sie hätten ihn umgebracht, hätten
sie ihn nicht umgebracht.«

Der von ihm selbst verfaßte Wortlaut des Epitaphs auf der Steinplatte hatte seine eigene Magie
entwickelt: Das »Verlöschen der Sonne« war die
Kanonisierung des Francesco, der damit um das
Leuchten gebracht wurde, das er in die Welt hatte
tragen wollen. Das geschah am 16. Juli 1228. » . . .
erblindet auch der Mond in seinem Lauf — vom
vollen Licht zur tiefsten Finsternis« kann nachträglich nur so gesehen werden, daß damit die
Zeitphase vom Vollmond zum Neumond fixiert
wird, also eine halbe Mondphase, die bekanntlich
14 Tage dauert. Genau der 30. Juli 1228 ist der
Sterbetag Guidos II. Damit war übrigens auch die
Prophezeiung des Roald of Wendower erfüllt.

Ein transitärer Saturn im Carré zur Geburts-
konstellation seiner selbst und der Frau Venus
deutet auf Schwäche, doch steht der »Alte Herr«
auch im Stellatium zum Jupiter, und das ist ein
Todesort.

Venus und Saturn in Konjunktion

Die Sonne im Krebs ebenfalls im Transit und
im Quadranten zum »amas« der Lichter: der
Kampf gegen die »höheren Mächte« ist ausgetragen, die Schlacht ist geschlagen, Ihr wart der Verlierer. Hingestrecktes Opfer! Hinzu traten noch

*Massierung von Son-
ne und Mond*

Mars und Merkur, Eure Lebensspender, sie kamen von außen und das ist Mord!

Wenn jemand wie Ihr in den Aequinoxien des Jahres 1176 geboren und zu einer vergleichbaren Konstellation des Zodiakos im Solstiz des Jahres 1204 sein Amt antritt — ich sehe Euch ungläubig lächeln über Euren Secretarius, der auf seine alten Tage sich der Astrologie anheimgibt. Am Freitag, dem 12. März, waren alle Planeten im Zeichen der Fische versammelt (ich weiß das, denn es war das geheimgehaltene Datum der Grundsteinlegung des Montségur!). Nachdem das Fest gefeiert ist, durfte auch Eure erhabene Seele den Schauplatz wechseln, mußte Eures mächtigen Körpers Hülle den Platz freimachen.

1204

Guidos ehemaliger Capitano, der ihm in den letzten Jahren als Hausmeister und Gärtner diente, der alte Ripke, war nicht im Garten eingeschlafen, sondern von den unbekannten Tätern erwürgt worden, bevor sie in das bischöfliche Palais eindrangen.

Gegen Abend zogen die päpstlichen Truppen triumphierend in Assisi ein. Auf eine Stange gespießt, führten sie den Kopf des Hartwolf vom Berghe mit, des verhaßten Kapitäns der bischöflichen Garde, die ihnen bei Sant'Apollinare del Sambro in den Hinterhalt geraten war und bis zum letzten Mann aufgerieben wurde.

Jean de Brienne konnte im selben Jahr den Oberbefehl über die päpstlichen Truppen wieder niederlegen: Das Lateinische Kaiserreich von Konstantinopel benötigte einen Regenten für den Kind-Kaiser

Balduin II, BYZ

550

Balduin, der mit seiner vierjährigen Tochter Maria verheiratet war. Obgleich weit über 80 nahm Jean, der immer noch rüstige Kämpfer, diese Aufgabe mit Vergnügen wahr, sorgte dafür, daß er selbst den Kaisertitel erhielt und trug ihn bis zu seinem Tode. *im Jahre 1237*

Seine ältere Tochter, die Kaiserin-Königin Yolande, war weniger vom Glück begünstigt. Sie verzehrte sich im Harem Friedrichs zu Palermo, gebar ihm dort seinen Sohn Konrad und verstarb siebzehnjäh- *am 15. April 1228* rig im Wochenbett (Kaiserlicher Kommentar: »Sie *Konrad IV, DTR* hat ihre Pflicht getan!«).

Friedrich II traf im September gleichen Jahres end-lich in Akkon ein, konnte durch den Tod Yolandes den Königstitel nicht mehr beanspruchen, wohl aber die Regentschaft für seinen kleinen Sohn. Er ließ sich von seinem Freund, dem Sultan El-Kamil, die Schlüssel von Jerusalem überreichen. Rom belegt die Stadt mit dem Interdikt, also krönt er sich selbst in der Kirche zum Heiligen Grabe, assistiert einzig vom treuen Hermann von Salza, dem Großmeister des deutschen Ritterordens, da kein Priester dem Exkommunizierten zur Hand gehen wollte. Neben des Sultans Vertrauten, dem Emir Fakhr ed-Din, *ISL* der ein Verehrer Friedrichs war, nehme ich an die-sem Besuch teil und werde schuldig an des Kaisers Verstimmung:

Um auf seinen Schlaf und Glauben Rücksicht zu nehmen, weise ich den Muezzin an, in dieser Nacht, in der der Kaiser in den Mauern weilt, auf seinen Gebetsruf zu verzichten. Am Morgen empfängt uns ein bitter enttäuschter Friedrich: »Die ganze Nacht habe ich gewartet. Ich komme nach Jerusalem, um des Morgens, wenn noch Nacht ist, vom Ruf geweckt zu werden, Gott zu ehren! — Verdorben ist meine Freude!« Er verläßt Palästina, dessen heilige Stätten er zurückgewonnen hatte, ohne das Schwert zu rühren, ohne daß ihm jemand dankt. Heute im Jahre 1244 scheinen seine Ächtung als Ketzer und in deren Folge seine Absetzung unabwendbar.

DOK

Als der Antichrist, mit den Katharern auf eine Stufe gestellt, deren Hoffnung er trog, die er nicht nur schmählich im Stich ließ, sondern sogar grausam verfolgte, endet so die Herrschaft ›stupor mundi‹?

El-Kamil zerschlug auch ohne Friedrichs Hilfe das Reich der Choresmier, schuf damit allerdings im Osten ein Vakuum, in das die Mongolen vorstoßen sollten. Des Sultans Ehrgeiz war darauf beschränkt, die ayubitische Welt unter seiner Führung zu vereinen. Sein Bruder El-Mu'azzam war bereits vor

1227 Euch gestorben, und ein Jahr später kann er auch
1229 El-Aschraf aus Damaskus vertreiben. Alles vergeblich! Schon im nächsten Jahr ruft Allah, der Allmächtige, ihn zu sich. Nach seinem Tode zerfällt
1230 sein Reich in einem Bürgerkrieg, der den Christen
Akkon fällt erst 1291. noch ein weiteres Mal eine Gnadenfrist beschert.

1230 Papst Gregor IX wohnt im gleichen Jahr im Mai der Überführung der Gebeine Francescos in die neue Basilika bei und erläßt am 18. September des gleichen Jahres die Bulle »quo elongati«, mit der er dekretiert, daß das ›Testament‹ des Francesco keinerlei bindende Kraft für den Orden besitzt, weil Francesco es ohne die Zustimmung der ›Minister‹ aufgesetzt hätte. Im Gegenzug läßt der Papst auch den Domenicus von Guzman heiligsprechen. Ugolino stirbt, ohne den Triumph zu erleben, seinen Erzfeind, den verhaßten Friedrich, ›das staufersche Natterngezücht‹, vernichtet zu haben.

1234
am 21.8.1241

Auf dem Totenbett verpflichtet er seinen Neffen Rainaldo di Jenna zur Fortführung seiner Politik, die erst mal von Coelestin IV für einen Monat fortgesetzt und dann von Innozenz IV zum Erfolg geführt wird.

Der spätere Alexander IV, der aber erst 1254 gewählt wird.

vom 22.10.-17.11.1241

ab 24.6.43, ROM

Elia von Cortona wird zum zweitenmal zum Generalminister der Franziskaner gewählt, dient seinem Mentor Gregor IX zeitweilig als päpstlicher Gesandter beim Kaiser. Auf Betreiben des Antonio von Padua und des Caesar von Speyer wird er wieder abgesetzt, weil er sich die Theorie des Staufers von der Gewaltentrennung zwischen Kirche und Staat zu eigen machte. Woraufhin Elia die Seiten wechselt und offiziell Berater Kaiser Friedrichs wird. Allerdings fällt in die Zeit seiner straffen Amtsführung das Aufkommen einer internen Protestbewegung, die sich jetzt nicht mehr nur auf die ›reine‹ Lehre des Francesco beruft, sondern auch auf die apokryphen Prophezeiungen des Joachim von Fiore. Damit hat die Häresie den ›Ordo Fratrum Minorum‹ doch noch eingeholt. Elia hat sich auf seinen Sitz in Cortona zurückgezogen, wo er Kirche und Konvent stiftet und den Päpsten trotzt.

1232

1239

Und weil der General die Brüder zu selbstherrlich kommandierte

» Novus dux «

Er stirbt am 22.4.1253 als zweifach Exkommunizierter

Ungeachtet seiner Verdienste verliert Caesar von Speyer sein Leben unter den Stockschlägen eines Gefängnisbruders, weil bei ihm eine Abschrift der ›Regula non bullata‹ gefunden wurde. Bernardo di Quintavalle muß sich auf abgelegenen Einsiedeleien verstecken, um sein kontemplatives Leben zu Ende führen zu können. Leo, das ›Lamm Gottes‹, der in den letzten Jahren seine eigene Version des Lebens von Francesco aufgeschrieben hatte, versteckt seine ›Geschichten‹ so gut, daß er sie selber nicht mehr wiederfindet.

Jacoba de Septemsoliis zog sich aus dem gesellschaftlichen Leben der Urbs zurück. Eine Einladung Claras, doch nach San Damiano zu kommen, lehnte sie dankend ab. Es hieß, sie sei — wie übrigens auch Orlando, der Graf von Chiusi, dem Tertiären Orden der Franziskaner beigetreten und in ein Kloster gegangen, das sie selber aus dem reichen Besitz ihrer Familie zur Verfügung stellte. Das Ziel ihrer Odaliskenträume: al-Andaluz zu sehen (so wie sie es erleben wollte!), war ihr nicht mehr vergönnt.

Cordoba 1236, Valencia 1238 werden von der ›reconquista‹ erobert.

Clara stirbt in San Damiano am 11. August 1253

1229

Jacques de Vitry verblieb auf dem Bischofsstuhl von Akkon. Ein Jahr nach Eurem Tode ernennt ihn Gregor IX zum Cardinalbischof von Tusculum. 1239 läßt man ihn nach Rom kommen, um ihn zum Patriarchen von Jerusalem zu wählen. Er kann sein neues Amt nicht mehr antreten, sondern stirbt dort siebzigjährig. Er hinterließ zwei Geschichtsbücher: »Historia Occidentalis« und »Historia Orientalis«, wobei letzteres als »Hiero Solymitana« der arabischen Esoterik zugerechnet wird.

1240

Zu Unrecht: Das Wort bedeutet nichts weiter als ›Jerusalem‹.

Laurence de Belgrave machte noch eine Zeitlang das Mittelmeer zwischen Rhodos und Gallipoli unsicher. Um nicht in Schwierigkeiten zu geraten mit Männern, die ihr die Herrschaft über ihr Schiff hätten streitig machen können, entledigte sie sich aller

Gefangenen, die nicht blutjung und verkäuflich waren. Ihre Grausamkeit ließ bald vergessen, daß sie kein Mann war. Eines Tages verschwand sie — und da keiner sich rühmte, sie gefangen zu haben, muß sie wohl in einem Sturm umgekommen sein.

Ich verlor die Verbindung zu ihr, bald nachdem sie mir Nachricht über ihr vergebliches Kreuzen vor der adriatischen Küste hatte zukommen lassen.

Als damals Guido nicht in Ancona erschien, schwante mir schon Unheil, aber ich konnte nicht länger warten. Ich begleitete Kaiser Friedrich im Auftrag meines Herrn Sultan nach Jerusalem und nahm dann weisungsgemäß Residenz auf Starkenberg. Von Bischof Jacques de Vitry erfuhr ich dann, daß in Assisi jetzt ein neuer Bischof, Simon d'Offre- *1228* duccio, ein Franziskaner, inthronisiert sei. Da unmittelbar danach zu Spoleto ein della Porta als Bischof auftauchte, kam hier keiner auf die Idee, es könne sich nicht um unseren Guido handeln. Als ich nichts von ihm hörte, war ich zugegebenermaßen enttäuscht.

Dann wurde — nach Jahren — der Transfer eines ›Nicola‹ della Porta nach Konstantinopel von Jacques de Vitry gesprächsweise erwähnt, und ich mußte es als gegeben hinnehmen, daß mein alter Freund das Zeitliche gesegnet hatte (die Details erfuhr ich erst bei dieser Gelegenheit). Doch dieser ›Nicola‹ machte mich stutzig. Hatte mein Guido sich nicht, fiel mir ein, kurz bevor wir das Goldene Horn samt Laurence und Roald hinter uns ließen, von mir eine größere Summe Byzanthii geliehen? Ich hatte das für seinen üblichen Krämergeiz gehalten, doch wieder in Assisi, zahlte er sie mir unaufgefordert zurück. »Sohnesdienst ist Vaterpflicht« sagte er, und ich glaubte, er spiele auf mein gerade abgeschlossenes Blanchefort-Unternehmen an. — Jetzt sehe ich die Worte in anderem Licht. Sollte es mir entgangen sein, als wir beide Konstantinopel ›eroberten‹, daß Monsignore della Porta außer dem bekannten Plündergut auch noch andere Erfolge einheimste? Oder war er die Beute? Damit erpreßbar und manipulierbar? Oder hat er gar nichts von seiner Tat gewußt? Bei meiner Einschätzung unseres Freundschaftsverhältnisses hätte er mir von einem Sproß seines Samens erzählt, sicher — und voller Stolz!

Er muß also — wenn überhaupt — erst am Ende unserer Reise von seinem Nachkommen erfahren haben. Besser so, er wäre ein Rabenvater gewesen! War sie eine hochstehende Dame, daß er sie mir verschwieg? Das wäre dann ja Familientradition! Oder schämte er sich ihrer? Vor mir hätte er das nicht nötig gehabt. Er hat dieses Geheimnis mit ins Grab genommen, wenn es überhaupt eines war.

Vitry, der damals schon als der zukünftige Patriarch gehandelt wurde und den ich daher nur noch selten sah — obgleich Akkon nur eine Tagesreise entfernt ist —, weihte ich in meine Spekulationen nicht ein. Der fromme Mann sollte meinen Guido in der Erinnerung behalten, die er sich an den dicken Bischof von Assisi zurechtgelegt hatte. Er habe einen letzten Brief des Guido an mich, von Caesar von Speyer — mangels anderer — an seine Adresse expediert, mir nach Starkenberg weitergesandt. Diesen Brief habe ich nie erhalten. Caesar habe ich nicht mehr einvernehmen können. Es muß wohl alles so verlaufen sein, wie ich eingangs schilderte. Caesar hatte am Sonntagnachmittag — wohl mit etwas schlechtem Gewissen, seinen Herrn schmählich im Stich gelassen zu haben — das Palais aufgesucht und die Leichen gefunden, neben Guido den besagten Brief. Bevor interessierte Kreise amtlich tätig werden konnten, hatte er ihn an sich genommen und — quasi als Erfüllung eines letzten Willens des Toten — an mich via Bischof Jacques abgeschickt.

Ein Gruß ins Leere! Es hat wohl nicht anders sein sollen! Ich ließ einige Zeit verstreichen, dann führte ich das Bergungsunternehmen durch. Verkleidet als Franziskaner, nur von meinem alten Perignac und wenigen Mannen assistiert, drangen wir auf dem uns wohlbekannten Weg in die Katakomben ein, fanden die Platte (die wir beim hastigen Aufbrechen leider zerstören mußten) und dahinter im unversehrten Versteck das ›Diarium‹.

Der zweite Teil des Geständnisses des Roald of Wendower, ›memorandum ad perpetuam‹, lag noch zuunterst, wie ich es vor Guido versteckt hatte.

Obgleich ich mich erinnere, wie widerlich ich die Lektüre damals empfand, der ich das Schriftstück aus Neugierde sofort unterzogen hatte, und der Gedanke daran mir jetzt noch — nach so vielen Jahren — physisches Unbehagen verursacht, zwinge ich mich, es nochmals zu lesen:

sogenanntes ›Zweites Memorandum‹ (rei memoriam) Nachschrift zum ständigen Gedenken der Dinge

Zu datieren auf das Jahr 1221. Gefunden von John 1226 (zusammen mit dem bereits veröffentlichten ›ad perpetuam‹), dem Bischof aber nicht zugänglich gemacht, sondern ohne Kommentar zu den Akten des Diariums ins Versteck gelegt, wohl zuunterst. Guido hat es nie zu Gesicht bekommen.

Post scriptum ad perpetuam.

Es gibt also doch ein weiteres Mal, ein zweites Leben! Und weil ich schon einmal dabei war, die Beichte meines Lebens auszuspucken, Euch ins Gesicht, feister Popanz auf dem Stuhl eines Bischofs! — will ich Euch jetzt auch noch offenbaren, warum ich diesmal Euch nach Hellas folge, nach Konstantinopel, in den Himmel oder die Hölle — egal wohin, nur weg aus Assisi, nur fort aus dem Bereich der Fangarme, der Saugnäpfe dieser Purpurkrake im Lateran, die nicht abläßt, mich zu umschlingen, mir die Luft aus den Lungen zu pressen, meine Sinne zu verätzen — mich zappeln läßt: Ugolino!

An jenem Abend in Rom, als er mich an der Porta Nomentana abfangen ließ, war der Cardinal über unser Unternehmen ›Rettung der Karmeliterinnen‹ bereits bestens informiert und mißbilligte es auch in keiner Weise. Mir allerdings hielt er vor, daß ich die Auflage des Inquisitionstribunals mißachtet hätte, nach der mir ad divinis ein weiteres Betreten des Klosters untersagt sei. Er könne mir auf der Stelle einen hochnotpeinlichen Prozeß machen, unter Ausschluß der Öffentlichkeit, wenn ich nicht ein bereits ›freundlicherweise‹ vorbereitetes Dokument zu unterschreiben bereit sei.

Es war ein völlig unbeschriebenes Blatt! Ich sollte Blankounterschrift leisten, für jede verbrecherische Tat, die Ugolino schon in seinem grausamen Sinn hatte oder die ihm noch in Zukunft opportun erscheinen würde. Er hätte mir die Zunge herausschneiden, die Finger zerquetschen lassen: Ich unterschrieb, und er ließ mich laufen — mein Leben war keinen Pfifferling mehr wert.

Ich war wie betäubt. Mein spontaner Versuch, Laurence nicht nur nach Ancona, sondern fort aus Italien, aus dem Bereich der Jurisdiktion des Laterans, zu geleiten, war gescheitert, weniger an Eurem Veto, sondern an der lähmenden Einsicht, daß der lange Arm mich überall einholen würde.

Vier Jahre vergingen. Der Tod des Peter von Catanii brachte mich auf die verzweifelte Idee, mich aus der Schlinge um meinen Hals zu befreien.

Der ›Ring‹ wurde mir zum Würgeeisen! Als Ugolino mich an jenem makabren Abend, den ich Euch zum Risiko erdacht — mir selbst eingebrockt hatte, zu sich befahl, glaubte ich zu ahnen, wessen Stündlein geschlagen hätte.

Der Cardinal hatte sehr wohl begriffen (Ihr müßt Euch — vulgus pecus! — selten dämlich angestellt haben?), wer sich an ihm versucht hatte. Vae Victis! *Wehe den Besiegten!* Kalt beschuldigte er mich, Peter di Catanii — im Auftrage des Staufers — mit Gift gemeuchelt zu haben. »Habemus confitentem reum!« Einen Augenblick schwanden mir die Sinne ob solcher perfekter Perfidie! »Semel abbas, sempre abbas! Wenn's für ein Mönchlein nicht zuviel der Ehre ist!?«

Der Cardinal muß meine Ohnmacht als Zaudern

Wehe den Besiegten!

Wehe den Besiegten! Wir haben den geständigen Angeklagten!

Einmal Abt, immer der Abt! (Eigentlich eine Ehrenbezeugung, hier ironisch).

Es ist leicht, Erfundenem etwas hinzuzufügen, Giftmischer!

ausgelegt haben. In seiner grausamen Jovialität fügte er ›wohlwollend‹ hinzu: »Facile inventis addere! Venefice!« Er lachte, und ohne mich eines weiteren Blickes zu würdigen, sprengten sie davon, mich wie erschlagen zurücklassend.

Stunde und Begleitumstände meines Abganges aus dieser Welt waren damit in seiner Hand. Er ließ mich leben. Ein Leben auf Abruf! Seine Order erreichten mich, ohne Spuren zu hinterlassen, wie unsichtbares Gift. Das war es, was mich am Atmen hielt, was mich stets Pülverchen, Kristalle, Kräutersud und gestoßene Pilze in Bereitschaft halten ließ, bereit, jeden Moment die tödliche Mischung zusammenzufügen. Mein Opfer konnte jeder sein, auf den sein ringloser Finger wies. Die ersten Tage erwartete ich, Euch beseitigen zu dürfen. Es dauerte eine Weile, bis ich begriff, wessen Erdenwandel mein Herr — mit zunehmendem Unmut — zeitlich zu limitieren wünschte: Francesco! Mir wurde klar, daß mit Durchführung dieses Auftrages ich auch mein Leben verwirken würde.

Der lebende Zeuge eines Bischofsmordes mag angehen, nicht der eines Mordes an einem Heiligen! Andererseits: Jede Verweigerung hätte gleichfalls die Vollstreckung meines Todesurteils bedeutet. Ich war bereit, meinem Leben selber ein Ende zu bereiten. Der Bote, der Euch den Brief des John Turnbull zustellte, hinterließ auch mir eine unmißverständlich Weisung: ›Francè c'ha da morì!‹

Francesco muß sterben!

In wenigen Stunden werde ich mit Euch »die Reise nach Byzanthium« antreten. Ob ich es je erreichen werde, weiß ich nicht. Die Häscher muß ich fürchten, bis zumindest die Weite des Meeres zwischen mir und dem Mörderhirn liegt. Die Flucht mit

560

Euch ist meine letzte Hoffnung, Ihr seid mein deus ex machina, mein liebster Herr, ich küsse Euch die Füße!

Habe ich Euch je ins Gesicht gespuckt? Ich will es ablecken, deo gratias, episcopoque meo ex abrupto ad sidera!!

Euer Euch stets treu ergebener
Roald of Wendower
Mönch von St. Trinian.

Dank sei Gott und meinem Bischof plötzlich (so rühmenswert) bis zu den Sternen!

Hier endet dieses »Memorandum ad perpetuam«:

Mir erscheint es heute mehr wie ein Beleg eines erneuten, letzten, verzweifelten Anlaufs, als der Wunsch nach ›bleibender Erinnerung‹ eines verpfuschten Lebens. Und war unser Leben so viel gerechter, edler, vollkommener? Auf jeden Fall bezieht dieser Bericht auch uns mit ein; ob wir das nun wollen, ob wir uns ärgern, schämen oder nicht! So besehen gebührt ihm sein Platz unter all diesen Niederschriften des Diariums.

Es steht mir ferne, es noch einmal zu unterdrükken. Vielleicht war es falsch gewesen, das Beweisstück dem Bischof zu verheimlichen. Doch sein damals gereizter und andererseits resignierter Zustand hätten ihn wahrscheinlich nur halbherzig reagieren lassen. Die große Kraft, Ugolino mit diesem Wissen zu vernichten, hätte er nicht aufgebracht — und eine laue Attacke hätte sein sicheres Verderben bedeutet.

Es gibt Otterngezücht, das muß man gnadenlos zermalmen — oder besser gar nicht erst angreifen! Und doch: Wie faszinierend der Gedanke, den Lauf der Weltgeschichte zu verändern: Ein Papst zu Lebzeiten als Mörder eines Heiligen entlarvt! Vielleicht verspürte Herr Gregor deswegen so viel Eile, den von ihm verfolgten und zu Tode gedoktorten Poverello in den Himmel zu loben, denn das Verschwinden des wissenden Mönchs von St. Trinian — dessen Leiche nie auftauchte — muß ihm wie ein Stein im Magen gelegen haben. Vielleicht unterschätze ich auch Gedärm und Verdauung des hohen Herrn! Nach dem wahrscheinlichen Tod des Opfers und des (möglichen) bischöflichen Mitwissers und Zeugen konnte ihm jetzt keiner mehr gefährlich werden. Die Beichte des Roald of Wendower war nun ein Stück Papier, eine schmierige Fälschung, wenn es noch von irgend jemand ins politische Spiel gebracht würde. Vielleicht hätte es Guido als der große Entlarver, der dem Antichrist die Maske vom Gesicht reißt, zum Cardinal gebracht, oder gar selbst zum Papst! — Kaum! Die Kirche liebt keine Nestbeschmutzer. Der Gerechtigkeit wäre unter Umständen, also stillschweigend, Genüge getan worden, aber Dank dem Aufklärer? Nie.

Also, was soll's. Ich habe Guido nicht retten können, oder ich hätte ihn wegtragen müssen aus Assisi wie eine verschnürte, dicke Raupe. Dazu war er zu schwer. So ist seine Seele jetzt ein Schmetterling — Deo perdonante et miraculose iuvante!

(Dank), einem vergebendem und so wunderbar eingreifenden Gott!

Wir packten alles sorgfältig in mitgebrachte Säkke, auch die Trümmer des Epitaphs, um keinerlei Spuren zu hinterlassen. Ich verließ Assisi zum letztenmal — und wir segeln unbehelligt zurück in die Terra Sancta.

Für eine Zeit ertappe ich mich bei dem Gedanken, das Material dem Staufer zuzuspielen, doch dessen bekannte Aversion gegen häretisches Gedankengut hält mich davon ab. Mich selbst als Zeugen für die Authentizität anzubieten, muß ich ablehnen: Ich bin nicht zum Märtyrer geboren und möchte schon gar nicht als solcher sterben!

Nach dem — alles in allem, wenn nicht schon ab ovo mißratenen — Kreuzzug Friedrichs, falle ich zwar nicht in Ungnade, werde aber nicht mehr gebraucht. Altes Eisen! Ich klage nicht, die Weltgeschichte ist an mir vorbeigezogen, sah in mir ein irrlichtendes Glühwürmchen, trotz aller Phantasienamen letztlich namenlos. Selbst Guido hat in ihr seinen Platz gefunden. Er war immerhin der Bischof von Assisi zu Zeiten des großen Francesco! Das kann ihm niemand nehmen. Die Veröffentlichung des Diariums ist zu meinen Lebzeiten nicht opportun. Ich will meine alten Tage — vergessen auf Starkenberg — in Ruhe verbringen und — so Gott will — auch in Frieden abschließen. Mein gutes Einvernehmen mit beiden Seiten der sich hier weiterhin befehdenden Welten stellt mir ein solches Ende in Aussicht. *ab Anbeginn*

Weit ab vom Schuß (damit meine ich das hektische Akkon) sitze ich hier in den einsamen Wäldern der Gebirge, die die ›Syrische Pforte‹ rahmen. Wie ein angenagelter Widderschädel, oder besser, wie ein Hornissennest hängt Starkenberg, Qalat al-Qarain, wie meine moslemischen Freunde sagen, über der Schlucht durch die sich die Straße windet. Von seinen Zinnen kann ich bei guter Sicht das Meer erahnen. Meine Teutonen sind ausgeritten. Niemand kümmert sich um mich. Also ordne ich die Dokumente für eine interessierte Nachwelt und mauere sie wieder ein. Requiescant in pace! *Tatsächlich fällt Starkenberg erst 1271. Da war John wohl schon tot.*

Ich benutze dazu die Trümmer der originalen Steinplatte. Ein paar Teile fehlen. Sie sind auf dem Transport verlorengegangen. Die Inschrift ist immer noch leserlich: ›episcopus . . . in gehennam‹. Das wird nicht weiter auffallen — dort werden wir uns wiedersehen.

ANHANG

ROM	Urbs, Päpste und Klerus	566
ASS	Assisi und Umgebung	569
OFM	Die Franziskaner	572
DTR	Das Heilige Römische Reich Deutscher Nation	574
CAP	Die Capetinger	578
PLA	Die Plantagenets	580
OKZ	Okzitanien/Languedoc	582
REC	Los Reconquistadores	585
ISL	Islam	587
BYZ	Byzanz/Lateinisches Kaiserreich	588
JER	Das Königreich von Jerusalem	590
BAU	Kirchen, Klöster, Burgen	593
DOK	Bullen, Schlachten, Verträge	598

Alexander III (7.9.1159-30.8.1181) Rolando de' Baldinelli di Siena.
Viktor IV (7.9.1159-1164) Gegenpapst in der Gunst Friedrich Barbarossas. Sein Nachfolger:
Paschalis III (krönt Barbarossa 1167).
Lucius III (1.9.1181-25.11.1185) Allincigoli.
Urban III (25.11.1185-20.10.1187) Crivelli.
Gregor VIII (21.10.1187-17.12.1187) di Morra.
Clemens III (19.12.1187-20.3.1191) Paolo Scolari, Cardinalbischof von Prenestina.
Coelestin III (21.3.1191-8.1.1198) Giacomo Boboni, Fürst von Orsini, Cardinalbischof von Santa Maria in Cosmedin.
Innozenz III (8.1.1198-16.7.1216) Lotharius Conti, Graf von Segni, Vormund von Friedrich II (1197-1215), geboren 1160 in Anagni, studierte in Paris Theologie und Bologna Kanonisches Recht (Doctor utroque), mit 25 Jahren Domherr von San Pietro in Rom, sein Onkel mütterlicherseits (Clemens III) ernennt ihn zum Cardinal.
Honorius III (18.7.1216-18.3.1227) Cencio Savelli, Cardinalbischof von San Giovanni, Pate von Friedrich II. Rief 1226 zum letzten Kreuzzug gegen die Albigenser auf.
Gregor IX (19.3.1227-22.8.1241) Ugolino di Segni, Cardinalbischof von Ostia, Kardinal-Protektor der Franziskaner seit 1220. Von 1234 an ließ Gregor IX die »Dekretalen« als Grundlage des kanonischen Rechts und als Gesetzbuch des Hlg. Stuhls aufzeichnen.
Coelestin IV (25.10.1241-10.11.1241) Goffredo di Castiglione, Cardinalbischof von Mailand.
Innozenz IV (25.6.1243-7.12.1254) Sinibaldo Fieschi, Conti di Lavagna, Cardinalbischof von Genua. Unter ihm wurde auf dem Konzil von Lyon 1245 Friedrich II als Ketzer erklärt und abgesetzt.
Alexander IV (15.12.1254-27.5.1261) Rainaldo di Jenna, Conti di Segni.

Giovanni Colonna, römisches Adelsgeschlecht, Cardinalbischof von San Paolo, 1193 von Coelestin III zum Leiter des päpstlichen Bußwesens berufen, zuständig für Privilegien und Regeln. Obgleich Konkurrent bei dessen Papstwahl, ernannte ihn Innozenz III zusätzlich zum Cardinalbischof vor Sabina. 1200/01 Päpstlicher Legat in Albi (Südfrankreich). 1204 mit der Endlösung der Frage des katharischen Podestà in Assisi befaßt. 1214 starb dieser wichtige Schutzherr des Francesco.
Leone di Brancaleone, Cardinal, unter seiner »Federführung« wurde 1204 in Assisi der katharische Podestà de Gilberti »eliminiert«. 1209 unterstützt er (zusammen mit Giovanni Colonna) das Anliegen Franciscos bei Innozenz III.
Oliver von Paderborn (Oliver Saxo), Kölner Scholastiker, tat sich 1218

beim sogenannten »Damiette-Kreuzzug« als Ingenieur hervor und als Chronist (»Relatio de expeditione Damatiana«), wird 1223-1225 als »Oliverius episcopus Paderbornensis« (Sediatur April 1224) verzeichnet, 1225-1227 als Cardinalbischof von Sabina.

Landrich von Mont (Landri du Mont), Bischof von Sion/Sitten im Wallis (1206-14.6.1237).

Rainer von Capoccio, Cardinal-Diakon der Zisterzienser. Römische Adelsfamilie (Vater Giovanni Capoccio, Senator, 1193-1195). Seit dem IV. Laterankonzil mit der Franziskanerfrage befaßt, nahm er am sogenannten »Mattenkapitel« 1221 in Assisi teil, später (1243) als Vicarius von Viterbo erbitterter Gegner Friedrichs II.

Johannes von Capua, Erzbischof (als Rainaldus II ab 1221), reiste mit Heinrich von Malta 1223 nach Akkon (in Vertretung für seinen Kaiser Friedrich II) und vollzog dort den Akt der Eheschließung mit der Prinzessin Yolanda de Brienne, wird am 25.9.1225 durch Jacobus von Lipari abgelöst.

Burkhard von Ursperg, Propst des Prämonstratenser-Ordens. Zusammen mit Konrad von Lichtenau, Abt von Ursperg, der auch am »Damiette-Kreuzzug« teilnahm, Verfasser des »Urspergensium Chronicon«. Er studierte 1210 die »Armen von Assisi« und stirbt 11.1.1230.

Gerold von Lausanne, Patriarch von Jerusalem (1228-1239), segelte 1228 nach Erkrankung Friedrichs II mit dessen Flotte (V. Kreuzzug) nach Akkon, belegte Jerusalem 1229 mit dem Interdikt, als der exkommunizierte Kaiser sich dort krönte. Nach seinem Tode vertreten durch den Erzbischof von Tyros in Erwartung des 1239 als Nachfolger ernannten Jacques de Vitry, Bischofs von Akkon, der jedoch nicht mehr nach Palästina zurückkehrte.

Florens (Tedalus), Bischof von Akkon (1206-1212), war mit Aymar von Cäsarea 1210 Bräutigamwerber für Yolanda. Ihm folgte Gualterus (bis 1216), dann Jacques de Vitry.

Jacques de Vitry (1170-1240), Bischof von Akkon (1216-1239), Studium in Paris, Kreuzzugsprediger gegen die Katharer, 1210 Curé, 1229 Cardinalbischof von Tusculum, 1239 zum Patriarchen von Jerusalem bestellt, stirbt vor Antritt des neuen Amtes in Rom. Seine Bücher, wie »Gesta Dei per Francos« und »Historia orientalis seu Hierosulymitana« sind heute wichtiges Bezugsmaterial für Historiker.

Pierre de Saint-Marcel, Päpstlicher Legat in Antiochia (1201-1204), wo die Patriarchen-Frage anstand (römisch-katholisch oder griechisch-orthodox oder armenisch), danach 1204 Päpstlicher Legat beim IV. Kreuzzug in Constantinopel.

Pelagius (Pelagius Galvani O. S. B.), span. Herkunft? Cardinalbischof von Albano (1213-1229) Cardinal von Santa Lucia. Päpstlicher Legat bereits im »Lateinischen Kaiserreich von Constantinopel«, dann im sog. »Damiette-Kreuzzug« (1217-1221). Nachdem er diesen ruiniert hatte, war er mit der Einvernahme der armenischen Kirche unter die Oberhoheit Roms sowie mit der Thronfolge in Zypern befaßt (bis 1226).

Milo (Milon), Päpstlicher Legat für Toulouse (1208-1217). (Buße von Saint-Gilles 18.6.1208).

Raymond de Rabastens, Bischof von Toulouse (Tolosa), Juni 1202-1205 (abgesetzt als Ketzer), ihm folgt:

Fulko von Marseille (ehem. Troubadour) als Bischof von Toulouse, der sich typisch für Konvertiten zum eifernden Ketzerverfolger entwickelt. Stirbt am 25.12.1231.

Peter von Castelnau, (Pierre de), stammt aus der Gegend von Montpellier, trat 1182 in das Kloster Maguelone ein, wurde 1197 Erzdiakon und 1206 als Päpstlicher Legat zur Missionierung der Katharer ins Languedoc entsandt, nahm Sitz in der Zisterzienser-Abtei Frontfroide, wurde am 15.1.1208 »ermordet«.

Arnold von Citeaux (Arnaud-Amaury), Erzabt der Zisterzienser von Frontfroide, wurde als Päpstlicher Legat zum Führer des sog. »Albigenser-Kreuzzuges« (1209-1213) ernannt (Bulle vom 28.3.1208). Später Erzbischof, dann »Herzog von Narbonne«. Im Kampf um die Macht exkommuniziert er seinen früheren Mitstreiter Simon de Montfort.

Diego d'Azevedo (Didacus de Acebes), Bischof ›ad instar‹ von Osma (Auxuma, ein von den Mauren besetztes spanisches Bistum), ernannt von Innozenz III am 11.12.1201, nahm an der ›Diskussion von Pamiers‹ teil und starb noch im gleichen Jahr am 30.12.1207 bei seiner Rückkehr nach Osma. Auf der Südfrankreichmission war er begleitet von

Domingo Guzman de Caleruega (1170-1221) (Seine Mutter war die Gräfin Johanna von Aza), Subprior von Osma, schloß sich dem Päpstlichen Legaten Castelnau an, gründete 1207 bei Fanjeaux das Frauenkloster »Notre Dame de Prouille« und 1216 den Kleriker-Orden der »Dominikaner« (»ordo fratrum praedicatorum« = O. P.), Wanderprediger mit der Aufgabe, die Katharer zu bekehren (1220 als Bettelorden bestätigt), ab 1231/2 mit der »Inquisition« der Ketzer beauftragt. Der eifrige Streiter wurde als **»Heiliger Domenik«(Sanctus Domenicus)** (1234) kanonisiert.

Etienne de la Misericorde, Mönch, nahm 1207 (auf Einladung Esclarmondes) an der Diskussion von Pamiers teil.

Bernhard de Clairvaux (1091-20.8.1153) aus dem Adelsgeschlecht Chatillon (seine Mutter war eine Montbart), trat 1112 in den Zisterzienserorden ein und gründete 1115 das Reformkloster »Clara Vallis«, 1130 entscheidet er die Papstwahl (Innozenz II), 1140 verurteilt er den berühmten Scholastiker Abelard, 1145 begleitet er den päpstlichen Legaten Alberic auf einer Mission gegen die Albingensischen Ketzer. Durch seine Predigten veranlaßt er den II. Kreuzzug (1147-1149). Als **»Heiliger Bernhard« (Sanctus Bernardus)** kanonisiert. Sein Onkel André de Montbart gehört zu Gründungsmitgliedern des Templerordens.

Benedikt von Nursia (Norcia), 480-543, Begründer des Benediktiner-Ordens, als **Sanctus Benedictus** kanonisiert.

»Joachim von Fiore«(Gioacchino di Corazzo, ca. 1130-1202), 1145 Abt des Zisterzienser-Klosters San Giovanni di Fiore (Flora) in Kalabrien. Berühmt für seine Wahrsagungen. Weihnachten 1190 besuchte ihn Richard Löwenherz (Deutung der Johannes-Apokalypse). Von seinen (meist apokryphen) Büchern wurde »novus dux« auf Franz von Assisi bezogen. Sein »Ewiges Evangelium« galt als häretisch. 1215 wurde seine »Trinitätslehre« indiziert.

Frangipane, altes römisches Adels- und Senatorengeschlecht, das während der Renaissance erlischt, bzw. in den Malaspina aufgeht, Herren von Lunigiana, zwischen Montferrat und Cinque Terre. Schon 1108-1143 regierten die Konsuln Pierleone und Leone Frangipane Rom als Präfekten.

Jacoba di Septemsoliis, (»Settisolio«) (* ca. 1172), aus dem Hause Frangipane, Todesdatum unbekannt. Überlebte auf jeden Fall Franciscus (1226), nach dessen Tod sie dem »Tertiären Orden« beigetreten sein soll. (Ihr Cousin Pietruccio Settisolio, Senator 1213-1215, ihr Sohn Giovanni Cenci-Frangipane Frühjahr 1235-1236). Ihre Tante

568

Livia di Septemsoliis, alias »Lady d'Abrayville« (1147-1215), mutmaßliche Mutter (unehelich, Wilhelm von Monferrat) des Guido II (* 1176) und (aus morganatischer Ehe mit Lord Lionel Belgrave) der Laurence (* 1186).

Petronius (Gaius), »Arbiter«, der »Schiedsrichter«, römischer Schriftsteller am Hofe Neros, maßgebend für den höfischen Geschmack (wegen Verdachts der Teilnahme an der Verschwörung des Pison und des Seneca 66 zum Selbstmord gezwungen). »Satyricon«

Catull (Gaius Valerius) (87 v. Chr.-54 v. Chr.), römischer Dichter in Verona. (»Carmina«)

Valerius Maximus, »Kolumnist«, Gesellschafts- und Politikbeobachtungen zur Zeit des Augustus und Tiberius. Geboren ca. 20/25 v. Chr., war 27 am Hofe des Proconsuls Sixtus Pompeius in Asien, stirbt 31 n. Chr.

Properz (Aulus Sextus), römischer Dichter (Elegien) 47 v. Chr.-15 v. Chr.).

Juvenal (Sextus), römischer Dichter (58-135).

Cicero (Marcus Tullius), römischer Politiker (106 v. Chr.-43 v. Chr.).

Horaz (Quintus Flaccus), römischer Dichter (65 v. Chr.-8 n. Chr.).

Plautus (Titus Maccius), römischer Komödiendichter (250 v. Chr.-184 v. Chr.).

Vergil (Vergiliús, Publius), römischer Dichter (70 v. Chr.-19 v. Chr.).

Cato, Pseudonym des (unbekannten) scholastischen Autors der berühmten ›Distichen‹.

Fisolacco, latineske Verballhornung des Wortes ›Physiologus‹, die schon im Mittelalter wie der Eigenname des (unbekannten) Autors verwandt wurde.

Constantin I kommt 307 (imperator Galliae) an die Macht, die er bis 312 mit Maxentius teilen muß, stellt die Christenverfolgungen ein, vereinigt West- und Ostrom 324, gründet 330 Byzanz (Constantinopel) und stirbt am 22. Mai 337 zu Nicomedia.

Theodosius I (der Große), geboren ca. 347, römischer Kaiser von 378-395. Führt 380 das Christentum als Staatsreligion ein. Sein Tod bedeutet das Ende der Einheit des Imperiums. Seine Söhne Honorius und Arcadius teilen es auf in Westreich (Rom) und Ostreich (Byzanz).

Assisi und Umgebung

Die Familie des **Pietro Bernardone** († 1214), Tuchhändler in Assisi, entstammt angeblich dem Geschlecht der Moriconi aus Lucca (Toskana), eventuell jüdischen Ursprungs und Sympathisant katharischen Gedankenguts (Gerüchte). Er war verheiratet mit **Dona Pica**, deren Herkunft aus der Picardie oder aus provenzalischem Kleinadel ebenso ungewiß ist (Todesdatum unbekannt). Ihrer beider Sohn **Giovanni**, genannt »Francesco«, soll (September?) 1181 oder (wahrscheinlicher) 1182 geboren sein, auf jeden Fall in Assisi (Umbrien). Die Annalen geben darüber heute keine Auskunft. Ebensowenig wie über Datum und Kirche seiner Taufe (wahrscheiniich San Rufino). 1207 nach Prozeß enterbt. Sein jüngerer Bruder und nachfolgender Erbe Angelo gehörte später zu den Notabeln der Stadt Assisi. Von anderen Geschwistern ist nichts bekannt.

Die Familie **d'Offreduccio** (Herren von Coriano), Stadtadel von Assisi, Familienoberhaupt zu Beginn des 13. Jahrhunderts: **Monaldo d'Offreduccio,** dessen Bruder **Favarone d'Offreduccio** mit **Dona Ortolona**, geborene Guel-fuccio verheiratet war. Wir wissen von drei Töchtern:

Clara (Chiara) *1195, Begründerin (18.3.1212) des Clarissen-Ordens zu San Damiano (anerkannt 1227) und dessen Äbtissin seit dem 27.9.1212 (Tag des heiligen Damian), wo sie auch stirbt (11.8.1253), **Catharina**, genannt »Agnese« *1197, Clarissin Nr. 2 (26.3.1212), 1219 Äbtissin des neuen Klo-sters von Monticelli, Beatrice *1194 Clarissin im gleichen Jahr ebenso wie: **Buona di Guelfuccio**, Tante und Fluchthelferin der Töchter d'Offreduccio, **Pacifica** wahrscheinlich deren Tochter, Cousine der Clara, Clarissin Nr. 3 (26.3.1212). **Rufino di Scipione d'Offreduccio**, ein Vetter, s. »OFM«.

Aus dieser noblen Familie entstammt auch **Simon d'Offreduccio**, der spät (wahrscheinlich erst nach dem Tode von Francesco) den Franziskanern bei-trat und am 2.8.1228 (Tag des Portiuncula-Ablasses) Guido II auf dem Bi-schofsstuhl als **Simon I Veredutius** von Assisi ablöste (bis 1236).

Die **Herren von Sassorosso** erhoben Zölle von den durchreisenden Han-delsleuten von und nach Assisi. Ihre Stammburg lag außerhalb der Mauern. Als die Sippe sich Perugia anschloß (17.1.1200), zerstörte die Miliz von Assisi die Burg, was Anlaß zum »Krieg« von 1202 wurde.

Crescicompagna (»de Crescicongia«), **Emilio Enrico**, Adliger aus Assisi überfällt mit den Herren d'Arce de Pitio, di Pietro und anderen die Bischöfe am Sambro (1208). Soll später an Lepra erkrankt und gestorben sein.

Graf von Gentile, Stadtadel von Assisi, von Innozenz III zum römischen Senator ernannt (1212), schloß sich 1205 Walther III de Brienne an bei des-sen Versuch, seine (durch Heirat erworbenen) Ansprüche auf Lecce durch-zusetzen. Von ihm ließ sich Francesco »als Ritter« anwerben.

Orlando, Graf von Chiusi, der Francesco den Berg La Verna in der östli-chen Toskana schenkt. Wahrscheinlich der Familie Montefeltro-Urbino zu-gehörig.

Bongiovanni d'Arezzo, der Arzt, der Francesco 1226 seinen Tod als »un-vermeidlich« bestätigte.

Giovanni di Velita, Besitzer von Greccio (bei Rieti), Grenzmark des »Pa-trimonium Petri« gen Umbrien.

Gerardo de Gilberti, (katharischer) Podestà von Assisi (1196-1204, er-mordet).

Oportulo di Bernardo, Podestà von Assisi, (Regierungszeit nachweislich um 1225).

San Rufino (hlg. Rufinus), 1. Bischof von Assisi und Märtyrer um 236 (festum eius 11.8.).

Guido I, Guidone, Bischof von Assisi (1182-28.5.1198). Nach seinem To-de tritt eine 6jährige Sedisvakanz ein.

Hartwolf II vom Berghe (1194-30.7.1228) (aus dem Hause der Herren von Berghes-Grimbergen, der Seitenlinie, die sich in Limburg an der Lenne niedergelassen hat). Tritt 1212 in die Dienste Guidos II von Assisi, dient 1221-1223 dem Crean de Bourivan als Capitano auf Blanchefort und ist ab Winter 1223 als Capitano der bischöflichen Garde wieder in Assisi. Fällt im Kampf gegen die päpstlichen Truppen unter dem Oberbefehl von Jean de Brienne.

Konrad von Urslingen, schwäbischer Kleinadel. Übernimmt 1172 von sei-nem Vorgänger Ridlof von Urslingen die Markgrafschaft von Spoleto, wird 1183 von Barbarossa in den Herzogstand erhoben und regiert dort bis zum Tode des Stauferkaisers (1190). Der Welfe Otto IV ersetzt ihn (1190-1195) kurzfristig durch einen Pandolfo II, während Konrad sich nach Foligno zurückzieht. Verheiratet mit Margareta di Nocera-Umbra, die 1194 den Staufererben Friedrich II in ihre Obhut nimmt und den Titel einer Gräfin von Assisi annimmt. 1195 zieht Konrad wieder in Spoleto ein und wird zusätzlich zum Kanzler (Vicarius) des Königreiches von Sizilien ernannt. Sein Todesdatum ist unbekannt. 1209 bestätigt Otto IV seinen Sohn Diopold in Amt und Würden. Nach vorübergehender Rekuperation des Herzogtums in päpstlichen Besitz, regiert dort ab 1222 sein Sohn Bertold und nach diesem Reinhold von Urslingen. 1228 wird Spoleto von päpstl. Truppen unter Jean de Brienne eingenommen und endgültig dem Patrimonio Petri zugeschlagen.

Ripke Wilbald auf Rötgenstein (Rothenstein) (* ca. 1157), aus mittelfränkischem Kleinadel. Sein Onkel Egilhof war 1171-1.10.1182 Bischof von Eichstätt, seine Patin Ludmilla von Böhmen, verwitwete Gräfin von Bogen, die dann Ludwig »den Kellheimer«, den Herzog Ludwig I von Bayern, heiratete. Ripke diente Bischof Guido II von Assisi als Capitano der Garde von 1209-1223, dann als Majordomus, wird 1228 zusammen mit ihm ermordet.

Gunter von Öxfeld, Herr zu Oebisfelde (* ca. 1181). Vater Meinhard früh gestorben. Durch Vermittlung seiner Mutter, Vollrada von Kranichfeld, und seines Onkels Heribert I, Graf von Berg und Abt von Werden (1183-1199), nimmt er im Dienst des Landgrafen Ludwig von Thüringen am III. Kreuzzug teil. 1209 tritt er als Kurier in die Dienste Guido II, Bischof von Assisi. 1217 gehört er zur Eskorte von dessen Halbschwester Laurence de Belgrave. Seine Spur verliert sich ab seiner Ankunft im Lateinischen Kaiserreich von Konstantinopel.

Sein jüngerer Bruder **Siegbert von Öxfeld** (* 1195) wird vom selben Abt schon als Kind in eine Klosterschule der Benediktiner nach Köln geschickt, schließt sich im Frühjahr 1212 dort (vor dem Altar der Heiligen Drei Könige) dem »Kinderkreuzzug« des Knaben Nikolaus an, taucht im gleichen Jahr (zusammen mit Hartwolf II vom Berghe) in Assisi auf und gilt mit Fortsetzung seiner Pilgerfahrt als verschollen.

Roald of Wendower, Mönch der Abtei von St. Trinian, in päpstlicher Mission (1205-1213) in Südfrankreich zur Bekehrung der Katharer, danach im Dienst des Bischofs Guido II von Assisi (2. Sekretarius), 1221 nach Konstantinopel, 1225 in Assisi getötet (Hartwolf II vom Berghe).

Nicola di Sassovivo Abt des Benediktinerklosters Santa Croce di Sassovivo (bei Foligno).

Forte, Prior des Klosters Sant' Apollinare del Sambro (bei Assisi), exkommuniziert 1208, ab 1210 wird das Kloster ad interim dem Podestà Carsedonio von Foligno unterstellt.

Carsedonio von Foligno, Podestà, verwaltet ad interim ab 1210 Sant'Apollinare und übt auch gleichzeitig das Bürgermeisteramt von Assisi aus.

Don Tommaso, Priester an San Damiano (bis 1212 höchstens).

Egidio (Aegidius), Bischof von Foligno (Fuligensis) (11.9.1208-1243). Sein Vorgänger Atto (Anselmus) war — wie er auch zeitweilig Verwalter des Bistums von Nocera — am 20.8.1202 gestorben.

Villano (S. Villanus, O. S. B.), Bischof von Gubbio (Eugubium) (26.11.1206-1237).

Hugo de Trinci, Bischof von **Nocera-Umbra** (Nuceria) (1196-1222). Wird abgelöst durch Raynald (O. S. B.), der 1225 stirbt und seliggesprochen wird.

Giovanni (Joannes) Toscolani, Bischof von **Perugia** (Perugium, Perusa, Perusin) (1206-1231) wird versetzt nach Furconio.

Nicola della Porta folgt dem seit 1199 amtierenden Benedictus als Bischof von **Spoleto**, und zwar interessanterweise im gleichen Jahr 1228 (im Oktober), in dem Guido II vom Stuhle von Assisi entfernt wurde. (Wiedergutmachung der Kirche oder Revanche der Ghibellinen?). 1235 wird der erst 30jährige Nicola nach Constantinopel versetzt, von wo er auch angeblich stammte.

Crescenzio (Crescentius), Bischof von **Jesi** (Aesium, Exin) seit 1207, wird (Datum unbekannt) von Philippus abgelöst, der am 18.8.1229 nach Firmum versetzt wird.

DIE FRANZISKANER

Der erste uns bekannte »Bruder«, der sich Francesco anschloß, war

Bernhard von Quintavalle (* ca. 1180, † 1241), Doktor beider Rechte der Universität Bologna und aus angesehener Familie in Assisi. Er hatte Francescos Vater als Rechtsanwalt im Prozeß von 1207 beigestanden und zog am 12.4.1208 (nach Aufgabe von Hab und Gut) zu Francesco. Bei dieser öffentlichen Versteigerung vom 16.4.1208 bereicherte sich auch ein Priester von San Rufino, **Silvester**, der bald darauf bereute und sich ebenfalls Francesco zur Verfügung stellte. Zu weiteren Brüdern wurden:

Angelo Tancredi, Ritter aus Rieti, angeblich derjenige, mit dem Francesco bei seinem Auszug im Jahre 1205 die Rüstung tauschte. Tancredi übernahm diskret die Leibwache Francescos und machte nach dessen Tode Karriere an der Kurie in Rom.

Aegidius, Bauernsohn aus der Umgebung von Assisi, der sich am 23. April des Jahres 1208 Francesco anschloß. Er leitete die erste Mission der Brüder nach Tunis im Jahre 1214, bei der der Bruder **Electus** zum ersten Märtyrer der Franziskaner wurde, die anderen kehrten 1215 zurück.

Giovanni di Capella (so genannt wegen seiner auffälligen Mütze) gründete 1220 während der Abwesenheit Francescos (in Palästina) einen Extra-Orden für Lepröse (nach Francescos Rückkehr wieder integriert).

Filippo Longo (Philipp »der Lange«) gehörte zu den engsten Vertrauten von Francesco. Andere Brüder der ersten Stunde waren:

Johannes »der Einfältige«, von Francesco auch »San Giovanni« genannt, der aber schon 1214 starb, **Morico** (vorher bereits in der Genossenschaft der Kruzigerer).

Jacobus, Bernardo di Vigilante, Sabbatino, Barbaro, Bonaparte und **Juniperus** (»Bruder Wacholder«). Mit ihm zählte die junge Gemeinschaft jetzt ein gutes Dutzend. Im Jahre 1210 kam

Leo hinzu, den Francesco den »Bruder Kleines Lamm Gottes« nannte. Er war Priester an der Kirche von San Giorgio zu Assisi gewesen und diente hinfort Francesco zeit seines Lebens als Schreiber. Ihm verdanken wir das sogenannte Testament »sine glossa«.

Rufino di Scipione, aus dem städtischen Adel von Assisi, der Francesco bald darauf (1212) die Assoziierungswünsche seiner Base Clara vermittelte. Zu diesem Zeitpunkt ist auch der Beitritt eines alten Freundes von Francesco anzunehmen, der ihm schon im Prozeß von 1207 beigestanden hatte:

Peter von Catanii (Petrus Cataneus), Jurist und Domherr von San Rufino zu Assisi. Ihn ernannte Francesco 1217 zu seinem ersten »vicarius« (Stellvertreter), doch starb Peter bereits am 10.3.1221.

Im Jahre 1213 (die Bruderschaft zählte jetzt schon über hundert Mitglieder) trat die für ihre weitere Zukunft wichtigste Persönlichkeit bei:

Elia Bombarone von Cortona, aus toskanischem Adelsgeschlecht, wahrscheinlich zuvor Konsul in Assisi, dann Notar (doctor utroque) in Bologna. Ihn entsandte Francesco 1217 als Kustos nach Syrien. Elia wurde später (1221) erster Generalminister, legte dieses Amt (1227) nieder, widmete sich dem Bau der Basilika »San Francesco« zu Assisi, wird 1232 zum zweitenmal zum Generalminister der Franziskaner gewählt, 1239 auf Betreiben von Caesar von Speyer und Antonius von Padua abgesetzt (»Die 10 Verfehlungen des Elia«), wechselte in das Lager des Stauferkaisers Friedrich II und starb nach zweimaliger Exkommunikation (durch seinen Mentor Gregor IX und später durch Innozenz IV) am 22.4.1253.

Es erfolgte in diesen Jahren Zuwachs aus allen Ständen: **Crescenzio von Jesi**, ein berühmter Arzt, **Bonizio von Bologna,** ein angesehener Jurist, der Francesco beim Abfassen der Ordensregel behilflich war (1222-1223), **Johannes**, Lehrer des Rechts aus Rom, **Illuminatus,** der mit Francesco vor den Sultan El-Kamil trat, **Julian von Speyer,** der später eine angesehene Stellung am Hof des Königs von Frankreich einnahm, **Matthäus,** den Francesco wegen seiner stattlichen Erscheinung und Redegewandtheit schätzte, **Pacifico,** der Musiker, als »Meister des Liedes« bereits auf dem Kapitol zu Rom preisgekrönt,

Antonius von Padua (1195 geboren in Lissabon, gest. 1231), (Eintritt 1221), vorher Chorherr der Augustiner zu Coimbra, den Francesco an die Universität von Padua entsandte, später Afrikamission, die ihm die Kanonisierung als »**Heiliger Antonius**« einbrachte.

Berard, Anführer der Marokko-Mission (»Märtyrer von Coimhra«).

Beim Pfingstkapitel von 1219 zählte man weit über dreitausend »Minder-Brüder«. Francesco ernannte

Gregor von Neapel und **Matthäus von Narni** zu seinen Stellvertretern und begab sich auf Pilgerfahrt ins Heilige Land.

In Akkon stieß **Caesar von Speyer** zu ihm, der sich als Chronist hervortat, 1220/21 auf Mission nach Deutschland ging und danach als dritter (und letzter) »Secretarius« in die Dienste des Bischofs Guido II von Assisi trat.

1220 reiste Bruder **Stephan** in Palästina an, um Francesco zur Rückkehr nach Assisi aufzufordern. Auf der Rückreise verfluchte dieser zu Bologua **Pietro Stacia**, den dortigen Provinzial, wegen Bau eines »festen« Hauses.

Nach seiner Rückkehr nach Assisi berief Francesco zu Michaelis (1220) ein Sonderkapitel ein, verkündete die Schaffung eines »Tertiären« Ordens, ließ sich vom Papst einen »Generalprotektor« zuweisen (Kardinal Ugolino di Segni) und trat zugunsten seines Vikars Peter von Catanii zurück.

Weitere Neuzugänge erfolgten in Zusammenhang mit der Deutschland-Mission des Caesar von Speyer (1221/22).

Johann von Piano Carpinis, erster Kustos von Sachsen.

Hartmod von Würzburg, der sich dann Andreas nennt und später Kustos von Sachsen wird.

Albert von Pisa löst nach zwei Jahren Caesar als Minister für Deutschland ab.

Benedikt von Pirato, Subprior des Franziskanerklosters von Siena, dem Franciscus 1226 das sogenannte »Kleine Testament« diktiert.

Auf den sogenannten »Matten-Kapiteln« (1221) wurde dann Elia anstelle des verstorbenen Peter gewählt. Dieser nahm bereits den Titel »Generalminister« an.

Nachfolger des Elia als Generalminister wurde (1227) **Giovanni Parentii (di Parenzi)** (bis 1232), stammt aus römischer Senatorenfamilie: Nicola di Parenzi regierte 1217 und ein Parenzo de Parenzi 1220 und dann noch einmal 1225.

Simon d'Offreduccio (ein Vetter von Rufino di Scipione), der 1228 (als Nachfolger Guidos II) Bischof von Assisi wurde (bis 1236). Ihm folgte dann am 13.9. ein »Matthäus« und ab 27.10.1238 ein »Morico«.

Thomas von Celano (1190-1255), erster offizieller Biograph des »Heiligen Franciscus«.

DAS HEILIGE RÖMISCHE REICH DEUTSCHER NATION

Es herrscht Wahlkönigtum, »Kür« durch die »großen« Stammesherzöge, (Sachsen, Bayern, Schwaben, Ober- und Nieder-Lothringen sowie die Erzbischöfe von Mainz, Köln und Trier). Franken und Thüringen sind noch kein geschlossenes Herzogtum. Burgund, das »Arelat« ist assoziiert, neue Herzogtümer (wie Österreich) entwickeln sich aus den »Mark«-Grafschaften. Krönung und Huldigung zu Aachen. Kaiserkrönung durch Papst in Rom.

Die Hohenstaufen, im italienischen »Ghibellini« genannt, (nach ihrem Stammschloß Waiblingen in Schwaben), kommen mit **Konrad III,** Herzog von Franken, Dt. König (1137-1152), an die Macht. Zusammen mit König Louis VII Führer des II. Kreuzzuges. Ihn begleitet (Sohn des Herzogs Friedrich II von Schwaben (1105-1147), sein Neffe und Erbe **Friedrich I** »Barbarossa« (* 1122), der am 9.3.1152. Dt. König wird und am 18.6.1155 Dt. Kaiser. Versöhnung mit den rivalisierenden Herzögen von Sachsen, den **Welfen** (in italienisch »Guelfi«) durch Verleihung der Markgrafschaften »Tuscien« (Toscana) und Spoleto an seinen Oheim Welf IV und des Herzogtums Bayern an seinen Vetter Heinrich »den Löwen«. Auf den Reichstagen von Besançon (1157) und auf den Roncalischen Feldern (1158) wird die kaiserliche Verfügungsgewalt über das »Patrimonium Petri« und die norditalienischen Stadtrepubliken festgelegt, was zum Schisma im Papsttum (1160) und zur **Gründung der Lombardischen Liga** (1168) führt. Verheiratet (in 2. Ehe) mit Beatrix von Burgund-Arelat nimmt er an zwei Kreuzzügen teil (II. und III.) und ertrinkt unterwegs am 10.6.1190 im Fluß Kalykadnos (Saleph) in Kleinasien. Sein Sohn Friedrich V, Herzog von Schwaben, stirbt 1191 vor Akkon. Vorher hatte der Kaiser seinen ewigen Widersacher, den Welfen **Heinrich »der Löwe«** (verheiratet mit Mathilde von England) am 7.4.1180 seiner Lehen für verlustig erklärt, ihn nach England verbannt und Bayern an Otto von Wittelsbach vergeben. Heinrich stirbt am 6.8.1195.

In den stauferischen Stammlanden folgt **Philipp**, Herzog von Schwaben (* 1176), der am 6.3.1198 Dt. (Gegen-)König wird. Verheiratet mit Prinzessin Irene (* 1172, † 1208), Tochter des byzanthinischen Kaisers Isaak II Angelos, was ihn mitschuldig an der »Umleitung« des IV. Kreuzzuges werden läßt. Am 21.6.1208 wird er vom Pfalzgrafen Otto v. Wittelsbach ermordet. Grund: die versprochene (und verweigerte) Hand seiner Tochter Beatrix »die Ältere«, die am 7.8.1212 (am 11.8.1212 stirbt sie) den alten Rivalen ihres Vaters, Otto IV, heiratet.

Barbarossas zweiter Sohn **Heinrich VI** (* 1165/Dt. König 1169) heiratet am 27.6.1186 die Erbin des normannischen Königreiches »Beider Sizilien«, Constance d'Hauteville. Damit vollzieht sich gegen den Willen des Papsttums die »**unio regni ad imperium**«, die Vereinigung des Norditalien besitzenden Dt. Reiches mit Süditalien, von dem Heinrich grausam Besitz ergreift. Am 14.4.1191 wird Heinrich samt seiner Gemahlin zum Kaiser gekrönt.

Am 26.12.1194 bringt die 40jährige Constanze zu Jesi ihren Sohn Friedrich II zur Welt. Am 28.9.1197 stirbt Heinrich VI in Messina an Malaria, Constanze läßt ihren Sohn nach Palermo bringen, krönt Pfingsten den 4jährigen zum König von Sizilien und stirbt am 26.11.1198.

Inzwischen hatte sich in Deutschland der Sohn Heinrichs des Löwen und der Mathilde von England, der Welfe **Otto IV** von Braunschweig-Supplinburg, am 29.3.1198 zum Dt. (Gegen-)König (gegen Philipp von Schwaben) aufstellen lassen (damals noch verheiratet mit Maria, Gräfin von Lothringen). Nach der Ermordung Philipps wird er am 4.10.1209 zum Dt. Kaiser gekrönt. Nutznießer der Rivalität zwischen Staufern (seit dem 6.12.1212 repräsentiert durch den jungen Friedrich II) und Welfen ist der Stuhl Petri, dessen machtvoller Inhaber nun Innozenz III ist, der mit seinen »**Rekuperationen**« Reichsbesitz (die Marken Ancona, Spoleto und Toscana) zugunsten des Patrimonium Petri einzieht. Otto fällt beim Papst in Ungnade (Kirchenbann), der jetzt sein Mündel, den Staufer, favorisiert. 1214 werden die Welfen in der Schlacht von Bouvines von Philipp II von Frankreich demütigend geschlagen. Otto zieht sich zurück und stirbt am 19.5.1218 auf der Harzburg.

Friedrich II, der Stauffererbe, war schon am 25.7.1215 zum Dt. König gekrönt worden, nachdem er schon 1209 die zehn Jahre ältere aragonesische Königstochter Constance von Aragon geheiratet hatte (Tochter von Alfons II). 1211 wird ihnen der Sohn Heinrich VII geboren. Am 22.11.1220 erhält das Paar die Kaiserkrone. Am 23.6.1222 stirbt Constance zu Catania. Friedrich verschiebt seinen mehrfach versprochenen Kreuzzug immer wieder, heiratet am 9.11.1225 die 14jährige Yolanda von Jerusalem (Tochter von König Jean de Brienne und Königin Maria »La Marquise«), die ihm am 25.4.1228 den Sohn Konrad IV gebiert und stirbt. Der neue Papst Gregor IX bannt Friedrich, doch gerade jetzt bricht er endlich zu seinem Kreuzzug (der V.) auf, der nicht ihm, sondern nur seinem unmündigen Sohn den zusätzlichen Titel eines »Königs von Jerusalem« einbringt. Nach seiner Rückkehr heiratet er in 3. Ehe am 15.7.1235 Isabel-Elisabeth von England (Tochter von John »Lackland«, • 1241). Am 20.3.1239 stirbt sein treuer Freund Hermann von Salza, Großmeister des Dt. Ritterordens, und schon am 21. Juni des gleichen Jahres bezichtigt ihn Papst Gregor IX als den »Antichristen«. Am 10.2.1242 stirbt auch sein von ihm in Gefangenschaft gehaltener Sohn Heinrich VII. Mehrfach exkommuniziert und als »Ketzer« verschrien, wird auf dem **Konzil von Lyon** (28. 6.-17. 7.1245) Friedrich II als Kaiser abgesetzt. Gegen seinen Sohn Konrad IV, der am 1.9.1246 Elisabeth von Bayern (Tochter Otto II von Wittelsbach) heiratet, stehen Gegenkönige auf (Heinrich Raspe, Landgraf von Thüringen, und Wilhelm, Graf von Holland).

Am 13.12.1250 stirbt Friedrich II zu Fiorentino. Sein Nachfolger in Deutschland, Konrad IV, stirbt am 20.5.1254. Sein Bastardsohn Manfred erbt Italien, fällt in der Schlacht von **Benevent** 1266 gegen den vom Papst herbeigerufenen Charles d'Anjou (Bruder des französischen Königs Ludwig des

Heiligen). Aus Bayern macht sich Friedrichs Enkel und letzter Erbe, Konrad V, auf den Weg nach Sizilien. In der Schlacht bei Tagliacozzo in den Abruzzen wird er 1268 abgefangen. Charles d'Anjou läßt den 15jährigen »**Konradin**« am 29.10. in Neapel enthaupten. Damit ist das Geschlecht der Hohenstaufen erloschen.

Konrad I, Graf von Wittelsbach, Erzbischof von Mainz 1162-1165 und 1183 bis 27.10.1200 (1177-1183 Erzbischof von Salzburg), 1197/98 Leiter des Deutschen Kreuzzuges, danach zum Cardinalbischof von Sabina ernannt. Sein Bruder ist Herzog Otto I von Bayern (16.9.1180-11.7.1183). Dessen Sohn: **Ludwig I**, Herzog von Bayern (1183-15.9.1231), Pfalzgraf bei Rhein (ab 1214), Vater von Otto II, »Der Erlauchte«; Urgroßvater von »Konradin«. Sein Vetter ist: **Otto von Wittelsbach**, »**der Königsmörder**«, Pfalzgraf bei Rhein (ermordet am 21.6.1208 König Philipp von Schwaben), wird geächtet und am 7.3.1209 »gerichtet«.

Wilhelm III von Montferrat (1140-1183), kaiserlicher Markgraf vom »Monferrato« (Savoyen) hat mehrere Söhne:

Wilhelm IV, »**Spadalunga**«, der seine Verlobung mit Livia di Septemsoliis löst (angeblich natürlicher Vater des Guido II von Assisi) und Sybille von Jerusalem heiratet; **Konrad** folgt 1183 seinem Vater. Verheiratet in 1. Ehe mit Theodora von Byzanz (Tochter des Andronikos), in 2. Ehe mit Isabella von Jerusalem (ermordet 1192); **Bonifaz I** (1192-1207), König von Thessaloniki ab 1204. Verheiratet in 1. Ehe mit Eleonore, Gräfin von Savoyen, in 2. Ehe mit Kaiserin-Witwe Margarethe von Byzanz.

Heinrich IV, Herzog von Limburg-Niederlothringen, Graf von Lützelburg (= Luxemburg) (1226-1247), verheiratet mit Irmgard, Gräfin vom Berg. Ein entfernter Vetter seiner Mutter, Gräfin Ermesende II, ist Hartwolf II vom Berghe.

Leopold V, Herzog von Österreich (1177-31.12.1194) und Herzog der Steiermark (ab 1192). Sein Vater, der Babenberger Heinrich II »Jasomirgott«, Pfalzgraf bei Rhein und Herzog von Bayern, war zum Ausgleich für den Verlust Bayerns (an die Wittelsbacher) vom Markgrafen zum ersten Herzog von Österreich erhoben worden (17.9.1156). Leopold nimmt sowohl am III. Kreuzzug teil (Zerwürinis mit Richard Löwenherz, den er auf dessen Heimreise gefangennimmt und an Kaiser Heinrich VI ausliefert) als auch am sogenannten »Damiette-Kreuzzug« des Kardinal Pelagius.

Ludwig IV, Landgraf von Thüringen (seit 1217), verheiratet mit Elisabeth von Ungarn, der »Heiligen« (∘ 19.11.1231 – kanonisiert 1235). Sein Vater, Hermann der Pfalzgraf von Sachsen, seine Brüder Heinrich Raspe, späterer Dt. Gegenkönig, und Konrad, Nachfolger des Hermann von Salza als Großmeister des Dt. Ritterordens (1239-24.7.1240). Ludwig nahm am III. Kreuzzug teil und starb beim Aufbruch zum V. Sein Tod vor Otranto am 8.9.1228 war für Kaiser Friedrich II der Grund, diesen nochmals zu verschieben.

Hermann II von Salza, 4. Hoch- und Großmeister des Ordens der »Ritter und Brüder des deutschen Hauses unserer lieben Frauen zu Jerusalem« (1210-20.3.1239). Er vermittelt 1225 die Heirat Friedrich II mit Yolanda de Brienne, begleitet 1228 den Kaiser nach Jerusalem (Krönung am 18.3.1229) und versöhnt ihn im »Frieden von Ceprano« 1230 mit dem Papst. Mit ihm verliert der Staufer seinen treuesten Freund.

Das »**Heilige Römische Reich Deutscher Nation**« umfaßt südlich der Alpen die **Lombardei**, das sogenannte »Königreich von Italien«, jedoch bestehend

aus mehrheitlich reichsunmittelbaren, meist aufsässigen Stadtrepubliken (wie Mailand) und zusammengefaßt in der »Lombardischen Liga«. Weiterhin den Seerepubliken, allen voran die **Republik von Venedig**, mit starken Macht- und Handelsinteressen in der Adria bis nach Byzanz und der Terra Santa (s. IV. Kreuzzug). Regiert wurde die »Serenissima« zu dieser Zeit von dem Dogen
Enrico Dandolo (21.6.1192-14.6.1205), erobert 1202 Triest. Ihm folgt am 5.8.1205 Pietro Ziani (bis 1229), dann Jakob Tiepolo.

Im Tyrrhenischen Meer konkurrierte die **Republik von Genua**, die damals noch (alternierend) von Konsuln und Podestà geführt wurde, danach von »Capitani«. Die genuesische Gründung des »Ordens der Ritter vom Hospital« ist wichtiges Mittel im Kampf um die Macht im Mittelmeer, die Genua sich auch noch mit der **Republik von Pisa** teilen mußte. Die Pisaner stellen während der gesamten Zeit der Kreuzzüge die drittgrößte Flotte, waren meist kaisertreu und unterhalten — wie ihre beiden Rivalen — Handelsstützpunkte in allen Hafenstädten der Terra Santa wie auch im islamischen Herrschafts-bereich. Unter Pisas Familien finden wir den Kaufherrn **Plivano**, der 1173 (durch Heirat mit Lucia) zum Herren von Botrum wird, ein Geschlecht, das sich im Laufe der Zeit mit fast allen Fürstenhäusern von Outremer versippt.

Eine weitere Seemacht ist das mächtige **Marseille** (Marsilia), griechische Gründung, Mittelmeer-Hafen erst der Provence (als diese noch zum Dt. Reich gehört), dann ganz Frankreichs. Hier ging — nach der Legende — »Die Familie« an Land, die den »Gral«, das »Sang real«, das königliche Blut ins Abendland (»Okzitanien«) brachte. Ablösung der bisherigen gekürten Stammesführer durch »Blut« ausgezeichnete, »gottgewollte«, »gesalbte« Könige. Ausweitung der Dynastie in Nebenlinien führt zum Begriff des »Adels«. Hier scheitert auch der (französische) »Kinderkreuzzug« 1212 (unter dem Knaben Stephan). Zwei »Kaufleute« aus Marseille, **William »Le Porc«** (Wilhelm, das Schwein) und **Gustave »Le Fer«** (der eiserne Gustav) erringen den traurigen Ruhm, die Kinder in die Sklaverei Nordafrikas verkauft zu haben. Ca. im Jahre 1220 werden die beiden — wegen eines Anschlages auf das Leben des Kaisers — gehenkt. Stefans Beispiel machte dennoch Schule:
Nikolaus von Köln, namenloser Knabe aus dem Rheinland, predigte vor dem Heilige-Drei-Könige-Altar 1212 den Kreuzzug der deutschen Kinder herbei. Sein Vater wurde dafür gehängt.

Auf der Apenninhalbinsel endet das Deutsche Reich mit den »**Marken**« (Montferrat, Toskana, Spoleto, Ancona, Verona).
Mathilde, Groß-Markgräfin der Toskana (18.3.1074-24.7.1115), Herrin der Burg Canossa (s. 1077), verheiratet mit Welf I von Bayern, unterstellt ih-re Güter (»Mathildische Schenkung«) der Kurie. Hier wird Jean de Brienne als Gouverneur eingesetzt, in der kurzen Zeit zwischen seinem Verlust der Krone von Jerusalem (1225) und Antritt der Regentschaft in Byzanz (29.4.1229).
An die Marken grenzt das weltliche Reich der Päpste, das sogenannte »**Patrimonium Petri**« (Latium mit der Urbs, Romagna-Pentapolis). Dahinter schloß sich im Süden das Normannenreich an.
»**Das Königreich Beider Sizilien**«, bestehend aus Sizilien (Palermo) und der Campania (Neapel) sowie den Herzogtümern Apulien (Lecce), Kala-brien (Reggio), Tarent, Capua, Benevent, der Republik Amalfi und Salerno.

Letzteres war auch der Sitz der berühmten arabischen Hochschule für Medizin (gegründet ca. 900), deren Besuch Friedrich II 1224 als obligatorisch für Ärzte verfügt. Aus ihr geht u. a. hervor **Theobaldus,** arab. Leibarzt des Papstes Honorius III, der Francesco mit der Brennschere behandelte. **Fibonacci** (Leonardo Pisano, 1170-1240) führt die arabischen Ziffern (indischen Ursprungs) in Italien ein. Schrieb »Liber Abaci« (ital. Rechenbuch mit Beispielen besonders aus dem kaufmännischen Leben).

Das Königreich Sizilien war gegründet worden, als im Jahre 1016 vierzig Ritter aus der Normandie (auf der Rückfahrt von einer Pilgerreise ins Heilige Land) sich dort festsetzten, in die noch bestehenden Reste westgotischen Adels einheirateten und begannen, die dort nach den Griechen eingedrungenen Araber zu unterjochen. Die viel zu dünne normannische Herrschaftsschicht stirbt bald aus, die letzte Erbin Constance d'Hauteville heiratet den Staufer Heinrich VI. Auch andere Adelshäuser Europas versuchten sich dort dynastisch durchzusetzen, so **Walther III de Brienne** (Bruder des Jean). Walther heiratete Maria, die Tochter des (unehelichen) Tankred von Lecce (König von Sizilien 1189-20.2.1194), Enkelin des Herzogs Roger III von Apulien († 1149), der einer der Brüder von Constance d'Hauteville war. Walther wird 1205 auf dem Wege nach dem Süden von den deutschen Trüppen des Otto IV erschlagen.

Constance d'Hauteville (di Altavilla), * 1154, Tochter des Roger II (1101) Graf von Sizilien und Kalabrien, 1127 Herzog von Apulien, 1130 König von Sizilien). Er stirbt im gleichen Jahr (26.2.1154), in dem Constance geboren wird. Von ihren Brüdern ist Alfons, Herzog von Capua, 1144 gestorben und Roger III, Herzog von Apulien, 1149. Ihr Bruder Wilhelm I »der Böse« regiert 1154-7.5.1166. Ihm folgt Wilhelm II »der Gute« (1166-16.11.1189), dann sein Vetter Tankred von Lecce (1189-20.2.1194). Dessen 7jährigen Sohn Wilhelm III ließ Heinrich VI unmittelbar nach seiner eigenen Krönung zum König von Sizilien (Weihnachten 1194) blenden und entmannen, als der Stauferkaiser erfuhr, daß ihm die 40jährige Kaiserin Constanze am 26.12.1194 zu Jesi an Jesi den Thronerben Friedrich II geboren hatte. Er begeht dieses Ereignis mit einem Blutbad unter dem normannischen Adel und der Ausrottung der letzten Glieder des königlichen Geschlechts.

Roger of Wendower, Mönch der Abtei von St. Albans (Hertfordshire), Verfasser der »flores historiarium«, stand in Diensten Friedrichs II und starb am 6.5.1236, nachdem er noch die Hochzeit seines Herrn mit der von ihm hochverehrten Isabel von England (der Schwester König Henris III) in die Wege geleitet hatte (15.7.1235).

Heinrich, Graf von Malta (Enrico Pescatore), Admiral, wird 1221 von Friedrich II als Vorhut nach Damiette geschickt, kann Rückgabe der Stadt an Sultan El-Kamil nicht mehr verhindern. Im August 1225 holt er im Auftrag seines Kaisers die junge Braut (Yolanda) in Akkon ab, um sie via Tyros-Zypern nach Brindisi zu bringen (Trauung: 9.11.1225).

Das Heilige Römische Reich Deutscher Nation dauerte bis 1806.

DIE CAPETINGER

Die ehrgeizigen Capets, als Könige von Frankreich (Stammvater Hugo, 987-996) »Capet« (von »Cappa« = Mantel), verfügten zu Ende des 12. Jahrhunderts nur über die Ile de France mit Paris, die Grafschaften Flandern, Champagne und Blois sowie über das Herzogtum Burgund. Das gesamte Südfrankreich (die Provence war schon Teil des deutschen Reiches, ebenso wie das Königreich Burgund [Arelat] und Lothringen), also die mächtige Grafschaft Tolosa (Toulouse) samt dem Languedoc waren aragonischer Lehensbesitz diesseits der Pyrenäen und gehörten nicht zur Französischen Krone der Capetinger. Genausowenig wie das große Herzogtum Aquitanien (Guyenne, Poitou, Gascogne), das durch Heirat Eleonores an das England der Plantagenets gefallen war, die ihre Stammlande Normandie, Bretagne und Anjou (mit Maine, Marché und Touraine) sowieso beanspruchten. Das beginnende 13. Jahrhundert ist der Auftakt zur großen Territorialexpansian »Frankreichs«.

Louis VII (1137-1180) hatte jung die größte Grunderbin Frankreichs, **Eleonore von Aquitanien,** gefreit, Tochter des Herzogs Wilhelm X, der im gleichen Jahr (1137) starb. Mit ihr begab er sich auf den II. Kreuzzug. Als sie sich am 18.3.1152 von ihm scheiden ließ, Henri II Plantagenet (den Sohn Gottfried »des Schönen« von Anjou) heiratete und an seiner Seite Königin von England wurde, war das Königreich Frankreich auf seine geringste Ausdehnung reduziert. Ludwig heiratete dann Konstanze von Kastilien (wieder nur zwei Töchter!), erst die 3. Gattin Adele von der Champague gebar den ersehnten Thronerben:

Philipp II, »Augustus« (1180-14.7.1223). Zusammen mit seiner Haßliebe Löwenherz begibt er sich auf den III. Kreuzzug. Richards Nachfolger, dem englischen König Johann I (Lackland) macht er dagegen den Prozeß (1202) und erobert alles Land nördlich der Loire (»Kapitulation« von Rouen 1204). Aus seiner Ehe mit Isabella von Flandern und Artois entstammt der »ewige Dauphin« **Louis VIII** (1223-8.11.1226), den Eleonore schon frühzeitig mit ihrer Enkelin Blanca von Kastilien verheiratet hatte, die ihn auch weit überlebte († 1252). Er erweiterte die Eroberungen seines Vaters um das Poitou, Avignon und das Languedoc. Von seinen zahlreichen Söhnen wurde **Ludwig IX,** »Der Heilige« (1226-25.8.1270) König. Unter seiner erfolgreichen Regierung beendet der »Vertrag von Meaux« (1229) die »Albigenser-Kriege«, fällt 1244 der Montségur, und 1259 im »Frieden von Paris« muß König Henri III von England auch die letzten Besitzungen auf dem Festland abtreten. Verheiratet mit Margarethe von der Provence, unternimmt Ludwig zwei glücklose Kreuzzüge (den VI. und den VII., den letzten überhaupt, bei dem er vor Tunis stirbt), doch kann er bei seinem Tode ein Frankreich hinterlassen, das dem heutigen in seinem Umfang ziemlich entspricht. Sein Bruder **Alphonse de Poitou** (1249-1271) heiratet Johanna von Toulouse und wird nach dem Tode ihres Vaters (Raymond VII) Herr der Grafschaft. Sein anderer Bruder **Charles d'Anjou** (1246-1285) heiratet Beatrix von der Provence und wird (nachdem König Louis IX nach dem Tod des geächteten Staufers Friedrich II keine Rücksichten mehr nehmen muß) mit dem Segen des Papstes 1265 König von Neapel (1268 Enthauptung des Kaiserenkels Konradin).

Tibald III (1192-1201) aus dem Hause Blois, verheiratet mit Blanca v. Navarra, wird Graf der Champagne, nachdem sein älterer Bruder Heinrich II (1181-1197) 1192 König von Jerusalem geworden war. Tibald gilt als der eigentliche Initiator des IV. Kreuzzuges (»Turnier zu Ecri« 1199).

Blanche de la Champagne, Tibalds Witwe und Erbin von Navarra. Ihr Sohn, Tibald IV (1201-1253), wird am 8.5.1234 als Tibald I »der Große« König von Navarra.

Simon IV de Montfort-L'Amaury (1150-1218) Normannengeschlecht mit einem englischen und einem französischen Zweig. Letztere saßen auf Rochefort (bei Paris »mons fortis amalrici«). Verheiratet mit Alix du Montmorency. Verließ vorzeitig den IV. Kreuzzug. Wurde 1209 zum weltlichen Führer der »Albigenser-Kriege« (Anstifter des Giftmordes 10.11.1209 an Trencavel?), usurpierte den Thron der Grafen von Toulouse, besetzte Tolosa 1215 an der Seite des Dauphins Louis VIII, verlor die Stadt wieder an Raimond. Bei ihrer Belagerung am 25.6.1218 wurde er von einem Katapultgeschoß der Verteidiger(innen) getötet. Sein Sohn Aumaury VI (1192-1241) kämpfte noch bis 1124, ebenso sein Bruder Guy, der dann ins Heilige Land ging und in die Familie der Ibelin einheiratete, die Sippe spielte dort noch lange eine wichtige Rolle als Herren von Tyros.

Alain de Roucy, französischer Ritter, dient unter Montfort, erhält Termes als Lehen, das er aber an Oliver von Termes wieder abgeben muß. Zusammen mit dem Ritter Florent de Ville soll er König Peter II von Aragon in der Schlacht von Muret (1213) zu Tode gebracht haben.

Pierre des Vaux-de-Cernay, Chronist (»Historia Albigensis«) auf seiten von Simon IV Montfort. Die Ruine der gleichnamigen Abtei aus dem 12. Jahrhundert existiert noch.

Gavin Manbord de Bethume, Tempelritter (richtig wahrscheinlich: Monbart oder Montbard). Sein Vorfahre, André de Montbart war der Onkel von Bernhard de Clairveaux und (1104 oder 1114) Grundungsmitglied des noch geheimen Tempel-Ordens. Erst unter dessen erstem Großmeister, Hugo de Payens, 1118 wurde die Gründung aktenkundig. Montbard war 1127 nach Rom delegiert worden, um bei Papst Honorius II die Anerkennung der Ordensregel einzuholen, die er am 13.1.1128 auf dem Konzil von Troyes erhielt. 1153-1156 wird er selbst zum Großmeister gewählt, was sein berühmter Neffe nicht mehr erlebte. Bethune, (wohl mütterlicherseits) altes okzitanisches Adelsgeschlecht, das auch in den Annalen von Outremer mehrfach erwähnt ist (Conon de Bethune, † 1219, der Troubadour). Gavin M. d. B. überwacht als Praeseptor des Ordenshauses von Rennes-Les-Châteaux 1244 die Kapitulation des Montségur.

Villard de Honnecourt, französischer Architekt des 13. Jahrhunderts. Sein »Bauhüttenbuch« (frz. techn. Handschrift) enthält u. a. eine Skizze eines Perpetuum mobile sowie eines — wohl nicht ausgeführten — Wasserrad-Sägewerkes.

DIE PLANTAGENETS

Die dünne normannische Oberschicht, die sich seit Hastings (1066) im angelsächsischen Inselreich etabliert hatte, bekam nach zwei Generationen schon die Nachteile ihrer Erbfolgebestimmungen zu spüren:

Mathilde (»Maud«), Enkelin von William »the Conqueror« (1066-1087) und Witwe des Dt. Kaisers Heinrich V (1106-1125), heiratete in 2. Ehe 1128 **Geoffrey »Le Bel« von Anjou** (1144-7.9.1150), nach seiner Helmzier, ›planta genestra‹, dem Ginsterzweig, »Plantagenet« genannt. Ihrer beider Sohn **Henri II »Courtmantle«** (* 5.3.1133, † 16.7.1189) erbte 1154 den normannischen Königsthron von England. Bereits am 18.5. 1152 hatte er **Eleonore (Alienor) von Aquitanien** (1122-1204) geheiratet, die sich von Louis VII, dem König von Frankreich, hatte scheiden lassen. Damit war Henri mächtigster Grundherr auf französischem Boden. Aus dieser Ehe entsprangen acht Kinder: **Mathilde II** (* 1156) heiratete »Heinrich den Löwen«, Herzog von Sachsen. Ihrer beider Sohn war Otto IV von Braunschweig-Supplinburg, späterer Dt. Kaiser. **Eleonore II** (* 1161) heiratete Alphonse VIII, Kg. v. Kastilien (1158-1214). Ihrer beider Tochter Blanca heiratete Louis VIII, den Dauphin von Frankreich. **Johanna** »Joan« (* 1165) heiratete in 1. Ehe Wilhelm II, Kg. v. Sizilien (1166-18.11.1189), in 2. Ehe Raimond VI, Graf v. Toulouse, sie brachte das »Agenais« = Agen in die Ehe ein und war Mutter von Raimond VII, dem letzten Grafen aus dem Hause Okzitanien. Eleonores Lieblingssohn war Raimond VII.

Richard I (* 1157) »The Lionhearted/Cœur de Lion« folgte seinem (ungeliebten) Vater auf den Thron (3.9.1189-26.3.1199). 1190 begab er sich mit Philipp v. Frankreich auf den III. Kreuzzug, wurde in Zypern am 12.5.1191 von seiner Mutter Eleonore mit Berengaria v. Navarra, Tochter des Königs Sancho VI, verheiratet, eroberte Akkon zurück, versuchte seine Lieblingsschwester Johanna mit Saladins Bruder El-Adil zu verheiraten (nachdem er sie Kg. Philipp verweigert hatte), verließ die Terra Sancta 1192, geriet auf der Heimreise in Wien in Gefangenschaft des Herzogs Leopold von Österreich, der ihn an den Kaiser Heinrich VI auslieferte, kam – gegen höchstes Lösegeld – 1194 wieder frei und mußte Thron und Land gegen seinen usurpierenden Bruder Johann »Ohneland« bzw. gegen die Capetinger verteidigen. Am 25.3.1199 fiel er vor der unbedeutenden Burg Chalus im Limousin einem Pfeil zum Opfer und starb am 6.4.1199 in den Armen seiner herbeigeeilten Mutter Eleonore. Sie zog sich in das Kloster Fontevrault zurück, wo sie am 31.3.1204 ihr abenteuerliches Leben beschloß. Seine Lieblingsschwester Joan war im gleichen Jahr (1199) Richard dortselbst in den Tod gefolgt, während sein jüngster Bruder

Johann I »John Lackland« den Thron bestieg (1199-28.10.1216). Der verlor 1204 die Normandie und das Poitou. Am 27.7. 1214 fand die **»Schlacht von Bouvines«** statt, die der Konstabel von Frankreich Mathieu II de Montmorency (1174-1230) für seinen König Philipp II und dessen Verbündeten Friedrich II siegreich beendete. Auf der Verliererseite befanden sich dessen Gegenspieler Otto IV und Johann »Ohneland«, der nun in der **»Magna Charta libertatum«** seinen Baronen gewichtige Rechte garantieren mußte.

Ihm folgte (aus seiner [2.] Ehe mit Isabella von Angoulême) **Henri III** (1216-1272), verheiratet mit Eleonore von der Provence, Tochter des Grafen Berengar IV, in dessen langer und turbulenter Regierungszeit sich das »Königreich der Plantagenet« gänzlich auf die britische Insel zurückziehen mußte.

Simon IV »The Montfort« of Amaury (1150-1218), mit William The Conqueror nach England gelangtes Normannengeschlecht aus der Bretagne, erhielt Titel und Besitz als »Count of Leicester« (als solche Lehnsherren der Lords of Belgravia). Teilnehmer am IV. Kreuzzug, den er vorzeitig »ehrenvoll« verließ. Nachdem er Narbonne an seinen Vetter Arnaud-Amaury, der sich selbst zum Herzog machte, verloren hatte, geriet er wegen des »Agen« (ursprünglich englische Mitgift) in Toulouse mit John Lackland in Konflikt. Der König von Aragon nimmt Simons Huldigung nicht an, sondern eilt seinen Vasallen zu Hilfe, wird aber von Montfort in der Schlacht von Muret (1213) geschlagen. Sein 3. Sohn, Simon V (1208-1265), wurde zum Führer des Aufstandes der englischen Barone gegen ihren König Henri III.

Lionel, Lord of Belgrave, Bundesgenosse des Montfort und späterer

Schutzherr der »Resistenza«, lebte in morganatischer Ehe mit »Lady d'Abrayville«. Die Tochter aus dieser Verbindung, **Laurence de Belgrave** (* 1186),
wurde 1212 Äbtissin des Karmeliterinnen-Klosters auf dem Monte Sacro zu
Rom, verließ Italien 1217.

Archibald of Saint-Liargue, Bastard-Sohn des (1199 abgesetzten) Archambaud, Vicomte von Castelbon, und der Gräfin Johanna von Candalle,
die von ihrem Verlobten Guido III von Forez dieserhalb 1147 im Wochenbett
erdrosselt wurde. Seine Spur verliert sich 1206.

OKZITANIEN/LANGUEDOC

»Romania« Der Südwesten Frankreichs, kulturell lebendig durch römische
Besetzung, jüdisches Erbe, eigenständigen (keltischen) Druidenkult und Urchristentum, durch die Wandalen- und Gotenzüge, durch die fruchtbaren
Auseinandersetzungen mit den über die Pyrenäen vordringenden Arabern,
zog schon immer die Begehrlichkeit der Frankenkönige zu Paris auf sich.

Gegen die Achse Anjou/engl. Normannenreich konnten sie (noch) nicht
vorgehen; gegen das Deutsche Reich (das den Osten und Süden des heutigen
Frankreichs besaß) noch viel weniger. So wurde die hoch-, ja fast überzivili-
sierte Grafschaft Toulouse als reiches und weiches Beutestück auserkoren.

Lehensansprüche ließen sich konstruieren. Hinzu kam, daß in Okzitanien
mit seiner eigenen Sprache der »langue d'oc« (= provençalisch), mit seiner
Dekadenz und Polyglottie, ja seinem Polytheismus, sich die Lehre der **»Katharer«** breitgemacht hatte (›Katharoi‹ griech. = die Reinen), eine dualisti-
sche Lehre mit Rückgriffen auf ein Urchristentum, das die Autorität des Papstes ebenso ablehnte wie die Dogmen der römisch-katholischen Kirche.
Infolgedessen von dieser als Häretiker, als »Ketzer« erbittert verfolgt.

Diese beiden aggressiven Strömungen gegen den Süden vereinigten sich
im **»Kreuzzug gegen den Gral«,** in den sogenannten **»Albigenser-Kriegen«**
(1209-1213).

Uneingeschränkter Herrscher über Okzitanien war 1148-1194

Raimond V, Graf v. Toulouse, verheiratet (in 1. Ehe) mit Konstanze v.
Frankreich (Schwester Louis' VII), sein Sohn **Raimond VI** (* 27.10.1156)
heiratete (in 2. Ehe) Beatrix v. Beziers, Schwester des »Trencavel« Roger-
Taillefer, die er bald ins Kloster schickte, zugunsten seiner 3. Ehe mit Bour-
guigne de Lusignan, Tochter des Königs v. Zypern, in 4. Ehe: Joan Plantagenet, die Schwester des »Löwenherz« († 24.9.1199 bei Frühgeburt), 1204
heiratete er in 5. Ehe Eleonore von Aragon, Raimond VI starb 1222.

Seine Schwester **Adelaide von Burlats-Toulouse,** die als »Herzeloide« in
die Geschichte eingeht, heiratete 1169 den Trencavel von Carcassonne, Ro-
ger-Taillefer, der am 20.3. 1194 starb, während sie bis 1199 lebte. Nicht mehr
miterlebt hatte sie sicher das Ende ihres Sohnes: **Ramon-Roger II** (geb.
1185), Vicomte v. Carcassonne, aus dessen Geschlechtsnamen »Trencavel«
über Tranchebel/Perceval der **»Parsifal«** des Gralsmythos entstand. Er war
verheiratet mit Agnes v. Montpellier (der Schwägerin des Königs Peter II von
Aragon) und wurde nach der Einnahme von Carcassonne im Kerker vergiftet
(1209), sein Sohn **Ramon III** fiel bei dem Versuch, Carcassonne 1240 wieder
zu erobern. Die Linie starb aus.

Esclarmonde, Gräfin v. Foix, die »Exclarmunda« des Epos war die Nichte
Percevals, ihr Mann L'Isle-Jourdain II, sein Lehnsmann. Nach dessen Tod

(1204) nahm sie ihren Witwensitz zu Pamiers. Ihr Sohn Bernard-Jourdain heiratete India von Toulouse-Lautrec, die Schwester Adelaides, woran man die Generationen-Verschiebung sieht, die dazu geführt hat, in »Parsifal« und »Esclarmunda« Geschwister zu sehen. Sie erteilte 1207, nach der »Konferenz von Pamiers«, Auftrag, den Pog de Montségur zur Befestigung auszubauen. (Grundsteinlegung am 12.3.1204). Kurt darauf muß sie gestorben sein, die Legende läßt sie als die »Große Hüterin« des Grals weiterleben, bis zum Fall von Montségur.

»Wolf« von Foix und seine Schwester Esclarmonde von Allion stammen beide aus einer morganatischen Ehe des Grafen Ramon-Roger II v. Foix († 1222), dessen Vater gleichen Namens leiblicher Bruder der »Esclarmunda« war. Eine dritte Esclarmonde stellte die Tochter des Kastellans von Montségur, Ramon von Perelha (Pereille) dar, die sich nach seiner Übergabe verbrennen ließ (16.3.1244).

Raimar de Montreal (»Ramon Doughfors«), Enkel des Roman von Le Puy-Jourdain und Onkel des Almarich (»Aumeric«) de Montreal, Bruder der Kastellanin Donna Geralda (»Guiraude«) von Lavaur, Witwe des vor Carcassonne gefallenen Guillaume-Pierre. Simon de Monfort ließ beide nach der Einnahme hinrichten (3.5.1211).

Crean de Bourivan (* 1201). Die Familie seines Ziehvaters war mit dem der Ketzerei verdächtigten Bischof Raymond de Rabastens verwandt und verschwägert mit einer Seitenlinie der Grafen von Mirepoix. Seine leibliche Mutter, Alazais d'Estrombèzes (1185-3.5.1211, verbrannt) war mütterlicherseits eine Montcade-Gaillac.

Guilhabert de Castres, der sogenannte »Katharer-Bischof«, wurde nie gefangen. Er starb jedenfalls vor dem Fall von Montségur (1244), denn dort amtierte bereits sein Nachfolger Bertram En-Marti.

»Hermandad de las Mantillas Blancas« (Bruderschaft der Weißmäntel), subversive »Resistenza«-Bewegung, gegründet 1209 gegen Montfort und Frankreich. Ihr größter Erfolg war die »Toulouser Frühmette« (13.9.1217), bei der sie im Morgennebel dem geächteten Grafen Raimond VI Zutritt in die Stadt verschaffte, die französische Garnison niedermachte (allerdings das von Alix de Montfort-Montmorency verteidigte Schloß Narbonais nicht einnehmen konnte). Die »Weißmäntel« sind nicht zu verwechseln mit der »Confrérie Blanche«, einer militanten Bruderschaft, die Foulques, Bischof von Toulouse (ein zum Katholizismus konvertierter Troubadour aus Marseille), gegen die »Resistenza« gründete.

»Servatores servique Rosae« (Retter und Diener der Rose), anfangs lose Vereinigung vor allem umherreisender Troubadoure zur »Resistenza«, später vermutlich esoterische Ordensgründung durch Guy de Lorris (aus dem Gatinais, ca. 1185-1235). Welche der nachfolgenden Minnesänger (vom provençalischen »trobador«, trobaire = er-finden), »Troubadoure« diesem Kreis angehörten, ist heute nicht mehr feststellbar. Ihre »Sirventes« (Dienst-Lieder) sind hier auszugsweise in provençalischer Sprache wiedergegeben.

Guillem de Monthagol, Bernard Sicard de Marjevols, Peire Cardinal (ca. 1150-1240), Guillaume de Tudela, Ramon de Miraval (1189-1216), Peire Vidal (1175-1211), Conon de Bethune († 1219),

Oliver von Termes, Neffe der Katharerin Rixovenda de Minerve und des Ketzerbischofs von Razes, Benoit de Termes, versuchte 1240 mit dem letzten Trencavel Carcassonne zurückzuerobern. Als dies fehlschlug, wurde er treuer Vasall Frankreichs.

Bernard von Comminges, Schwiegersohn des Ramon-Roger von Foix und der Philippa von Montcade-Aragon, Schwager der Esclarmonde von Allion.

Roger von Comminges, Vicomte de Couseran, Neffe des Grafen v. Foix und über seine Frau Caecilie Schwager der großen Esclarmonde.

Robert von Montcade-Grailli, verwandt über seine Tante Alice v. Thouars mit Peter »Mauclerc« (malus clericus) von Dreux. Wurde 1211 hingerichtet wegen Komplizenschaft mit Pierre-Roger de Cabaret, dem Chef der »Resistenza« gegen Montfort.

Gaston de Lautrec, Sohn (aus 2. Ehe) der India von Toulouse-Lautrec mit dem Erben von Bearn.

Pons III de L'Isle-Jourdain war der abgewiesene Vetter der Garsende II von Forcalquier, die Alphonse II, den Grafen der Provence, heiratete.

Raimond VII, Graf v. Toulouse (aus der 4. Ehe seines Vaters) heiratete Sancie von Aragon, konnte den Machtverfall des okzitanischen Herrscherhauses jedoch nicht mehr aufhalten. Er starb 1249. Seine Tochter Johanna von Toulouse heiratete Alphonse von Poitou, den Bruder Ludwigs des Heiligen.

Die Grafschaft Toulouse wird 1271 Kronland.

Der **Katharismus** ging nach dem Fall von Montségur (1244) in den Untergrund, aus dem er bis heute nicht wieder hervorgetreten ist.

Die **Waldenser,** die Lehre des Petrus Waldus, eines Kaufmanns aus Lyon, der Mitte des 12. Jahrhunderts die Bibel ins Provençalische übersetzen ließ (1179 untersagte ihm Alexander III jegliche apostolische Tätigkeit). Weniger rigoros in der »Vollkommenheit« und nicht mit der Todessehnsucht der »Reinen« behaftet, wurden die Waldenser zwar mit den Katharern unter dem Sammelbegriff »Albigenser« in einen Topf geworfen, konnten sich aber durch die Kreuzzugswirren lavieren und haben bis heute überlebt.

Durand de Huesca, Waldenserführer (pauperes spiritu) nimmt 1207 an der Konferenz von Pamiers teil, spaltet sich danach von den »Armen von Lyon« ab, gründet katholische Gegenbewegung der »Katholischen Armen«.

John Turnbull, als »secretarius« im Dienste des Geoffrey de Villehardouin 1200-1205. 1205-1209 im Dienste des Guido II, Bischof von Assisi, 1209-1216 untergetaucht in der »Resistenza« gegen Simon the Monfort. 1216-1220 im Dienst des Jacques de Vitry, Bischof von Akkon, danach im Dienst des Sultans El-Kamil. 1221 Reise nach Achaia, 1226 und 1228 noch mal in Assisi, dann noch einmal nach dem Tode des Guido. Der Name muß als angenommen betrachtet werden: »englische« Decknamen waren während der Kreuzzüge keine Seltenheit; so ist auch die Figur des Adoptiv-Vaters »Archibald of Saint Liargue« ins Reich der Phantasie des »secretarius« zu verweisen. Hinweis gibt schon eher der Titel, unter dem er das Lehen in Achaia von dem Villeardouin nahm, das wohl kaum an einen »Schreiber« vergeben wurde: »Du Mont Sion« ist nicht nur eine Hommage an den Berg Zion, sondern auch ein Synonym, das Aufschluß über seine Eltern gibt. Seine Mutter war wahrscheinlich Héloise von Gisor (* 1141), deren jüngerer Bruder Jean angeblich den Orden der »Rosenkreuzler« gründete. Sie verband sich spät (1169) und wohl gegen den Willen der Familie, die sich in direkter Linie von den Payens (Gründer des Templer-Ordens) und den Grafen von Chaumont herleitete, mit Roderich von Mont, dem Bruder des »episcopus sedunensis«, des Bischofs von Sitten (»Sion« im Wallis), dem anscheinend (geistlicher Stand?) keine Eheschließung gestattet war. Diesem morganatischen Verhältnis entsproß wohl 1170 »Jean-Odo«. Ein weiterer Hinweis findet sich in der

Wahl des Namens für das Lehen auf dem Peleponnes: »Blanchefort« (Bertrand de Blanchefort war Großmeister der Templer als Nachfolger des André de Montbard, spielt aber auch gleichzeitig eine Rolle in dem Geheimbund der »Prieuré de Sion«, ebenso wie die Gisors). Jedenfalls wirkte die Namenskombination von »Mont« und »Sion« in der Vita des »John Turnbull« wie ein Schlüssel, der den »Bastard« zwar nicht stets standesgemäß, aber letztlich doch immer überleben ließ. Sein Todesdatum ist unbekannt. 1244 auf Starkenberg war er bereits 74 Jahre alt.

LOS RECONQUISTADORES

Zum Anfang des 13. Jahrhunderts hatten die spanischen Königreiche bereits mehr als die nördliche Hälfte der iberischen Halbinsel von den Mauren zurückerobert. Von den ursprünglichen Herrschaften an der Nordküste und entlang der Pyrenäen: Leon (= Asturien), Kastilien, Navarra, Aragon, der Markgrafschaft Barcelona (im äußersten Osten) und der Grafschaft Porto (im äußersten Westen) waren drei Machtblöcke übriggeblieben, die nach dem islamischen Süden expandierten (vom Westen nach Osten):

Das **Königreich Portugal** (das mit dem Erreichen der Algarve seine innerspanische Ausdehnung abschloß). Das **Königreich Kastilien** (vereint mit dem von Leon). Das **Königreich Aragon** (vereint mit Katalonien, während das Königreich Navarra von beiden kräftig gestutzt, von dieser Expansion ausgeschlossen blieb und 1234 unter französische Oberhoheit kam. Dabei war es Sancho III, »Der Große« von Navarra (970-1035), gewesen, der einst über alle herrschte und sein Reich dann teilte.

»**Reconquista**«. Die Rückeroberung des südl. Spaniens durch die christl. Königreiche Nordspaniens (Aragon, Kastilien, Navarra, Leon und Portugal) dauerte von 1031-1260. Sie wird eingeleitet durch Ferdinand I v. Kastilien und erlebt ihren Höhepunkt unter Alphons VI (reinos de taifas). Er wird am 2.11.1085 von Yusuf ibn Tashfin bei Zallaga geschlagen: Die Almoraviden besetzen (1090-94) Granada und Sevilla und 1102 Valencia, schlagen 1108 Alfons VI noch mal in der ›Sieben-Grafen-Schlacht‹ und nehmen Saragossa ein. 1144 fallen die Almohaden auf der iberischen Halbinsel ein und entfesseln Pogrome gegen die Juden. 1162 Bündnis zwischen Kastilien und Aragon. 1212 schlägt diese Allianz die Almohaden bei Las Navas de Tolosa.

Alfons VIII, König von Kastilien (1158-1214), heiratet 1204 Eleonore II von England (* 1161, Tochter Konig Henri II und der Eleonore von Aquitanien), die bereits 1170 das Herzogtum Guyenne erhalten hatte. Ihm folgte sein Sohn **Enrique I** (1214-1217). Die eine Tochter, **Blanca von Kastilien** († 1252), heiratete durch Vermittlung ihrer Großmutter den französischen Dauphin Louis VIII, während die andere, **Berenguela** (Berengaria), König **Alfons IX** von Leon (1188-1229) heiratete.

Deren Sohn **Ferdinand III** (* 1200), »der Heilige«, König von Kastilien und Leon (1217-1252), vereinte 1229 Leon mit Kastilien. Verheiratet in 1. Ehe mit Beatrix (die Jüngere, † 1235) von Hohenstaufen, Tochter des Philipp von Schwaben. So trat ihrer beider Sohn **Alfon X** (* 1220), »Der Weise«, König von Kastilien und Leon (1252-4.4.1284) am 1.4.1257 als Deutscher (Gegen-)König auf (resigniert 1275).

»**El Cid**«(der Ritter Rodrigo Diaz de Bivar), verheiratet mit Ximene, Gräfin von Asturien, eroberte für Ferdinand I von Kastilien (1035-1065) 1085

Toledo und machte sich (mit maurischer Unterstützung) 1094 zum Herrn = »Sidi« von Valencia. († 1099).

Berenguela (Berengaria) von Kastilien heiratete in 2. Ehe (1229) Jean de Brienne, den vormaligen König von Jerusalem (dessen 3. Ehe). Ihrer beider Tochter Maria wurde schon als Kind mit Kaiser Balduin II von Konstantinopel verlobt.

Berengaria von Navarra, Tochter des Königs Sancho VI, »Der Weise« (1150-1194), heiratete König Richard »Löwenherz« von England auf Veranlassung seiner Mutter Eleonore.

Alfons II »der Keusche«, König von Aragon (1162-25.4.1196), heiratete 1194 durch Vermittlung Richard Löwenherz' die Witwe Roger-Taillefers, Adelaide (die Mutter des Parsifal), und wird dadurch Oberlehnsherr über Carcassonne und Beziers. Zusätzlich erbt er die Grafschaften Provence und Barcelona.

Constanze von Aragon, Tochter König Alfons' II, heiratete 1209 Friedrich II (1211 Geburt Heinrichs VII), wurde 1220 Dt. Kaiserin und starb am 23.6.1222 in Catania.

Peter II, König von Aragon (1196-12.9.1213), verheiratet mit Maria von Montpellier (über deren Schwester Agnes Schwager des Trencavel), außerdem hatte sein Vater, Alfons der Keusche, in 2. Ehe dessen Mutter Adelaide geheiratet. Am 11.11.1204 nahm er sein Königreich »als Lehen« von Papst Innozenz III (»Erster Alferez«). Am 16.7.1212 gewann er – zusammen mit Alfons VIII von Kastilien und Sancho VII von Navarra, die für den weiteren Verlauf der »Reconquista« wichtige Schlacht von **Las Navas de Tolosa.** Am 12.9.1213 fiel er in der Schlacht von **Muret** als Bundesgenosse von Toulouse/Carcassonne gegen Montfort/Frankreich.

Eleonore von Aragon, Schwester von Peter und Konstanze, hatte 1204 Raimond VI von Toulouse (in dessen 5. Ehe) geheiratet.

Jakob I, »Expugnator« (1213-27.7.1276), Sohn von Peter II von Aragon, eroberte 1238 Valencia, 1265 Murcia. Das Reich wurde an seine zwei Söhne verteilt: Peter III und Jakob II.

Dom Pedro, »Der Infant« (so genannt wegen der langen Regierungszeit seines Vaters), war Peter III von Aragon (1276-10.11.1285), verheiratet mit Konstanze von Sizilien, Tochter von Kaiser Friedrichs II »natürlichem« Sohn Manfred, dessen Thron er 1282 einnahm.

Pedro de Peyrignac, vermutlich baskischer Abstammung, erster Capitano im Dienst des Bischofs Guido II von Assisi (1204-1209), dann dort nochmals aufgetaucht 1222. Anschließend im Dienst des John Turnbull. Begleitet in dessen Auftrag Guido II 1226 auf dessen Wallfahrt in den Gargano.

Averroëz (Ibn Rushd) (geb. in Cordoba 1126 – gest. in Marrakesch 10.12.1198), arabischer Rechtsgelehrter und Arzt, Aristoteles-Kenner und Astronom.

Moses Maimonides (geb. in Cordoba 1135 – gest. in Kairo 1204), Leibarzt Saladins, Rabbiner und jüd. Religionsphilosoph (Mischna-Kommentar 1168).

1229   Flotte Jakobs I (der Eroberer) v. Aragon erobert Mallorca.
1236   Ferdinand III (der Heilige) v. Kastilien erobert Cordoba.
1237   Muhammed ibn Yusuf besetzt Granada auf Bitten der Bevölkerung, das für weitere 250 Jahre sich der Reconquista erwehren kann.

1246   Granada muß die Oberhoheit Kastiliens anerkennen.
1248   Ferdinand III von Kastilien erobert Sevilla.
6.1.1492 fällt Granada in die Hände der Christen, der letzte maurische
        Staat auf nunmehr spanischem Boden.
1614   werden die letzten Muselmanen aus Murcia ausgewiesen.

ISLAM

Mohammed (ca. 570-632). Der Prophet. 15.6.622 Beginn der »Hedschra«
(Auszug v. Mekka n. Medina). 1.11.630 Rückkehr nach Mekka (Reinigung
der »Kaaba«).

Kalifen (= Nachfolger) beginnend mit Omar (634-644), »Beherrscher
der Gläubigen« (»Omaijaden«) eroberten arab. Welt (Damaskus 635; Jerusalem 638; Persien 636-642; Alexandria 642; Indien 711).

Sunniten (Sunna = Überlieferung d. Gewohnheiten u. Aussprüche d.
Propheten). Politisch nicht auf die Dynastie der »direkten« Nachkommen fixiert (Wahl-Kalifat).

Schiiten. Ali (verheiratet mit Fatima, der Tochter des Propheten), versuchte die Dynastie der »direkten« Nachfolger durchzusetzen, wurde ermordet;
seine Anhänger in der Schlacht bei Kerbela geschlagen (10.10.680 = Pas-
sionstag der Schiiten)

Fatimiden (-Dynastie, s. Fatima) setzten sich 909 bis 972 in Nordafrika,
ab 969 in Ägypten durch (bis 1071). Auch Syrien geriet unter ihre Herrschaft.

Assassinen (schiitische Geheim-Sekte mit Hauptsitz in Alamut, Persien),
abgeleitet von »Haschaschin«: Die Mitglieder waren ihrem Großmeister zu
absolutem Gehorsam auf Leben oder Tod verpflichtet. Es ist nicht sicher, ob
sie bei ihrer Initiierung einmalig in Drogenrausch — gekoppelt mit dem Versprechen der Erlangung des Paradieses — versetzt wurden oder ob sie vor
Antritt jedes Mordauftrages unter Drogen gesetzt wurden. Ihre Killerkom-
mandounternehmen waren anfänglich meist gegen das sunnitische Kalifat v.
Bagdad gerichtet.

»Der Alte vom Berge«, Sheik Rashid ed-Din Sinan, von Alamut 1169 nach
Syrien delegierter Großmeister der Assassinen, entwickelte den Geheim-Or-
den zu einer käuflichen Murder Inc. und kollaborierte auch mit den Christen.

Nur ed-Din (»Nureddin«), Atabeg v. Aleppo, regierte nach Tod Zengis
(1146) über Syrien im Namen des Kalifen v. Bagdad, eroberte Damaskus
1154 († 15.5.1179).

Ayubiten (-Dynastie 1171-1254). So benannt nach Nadsche ad-Din Ayub
(† 1173), loyaler Heerführer des Atabeg und Vater Saladins. Dieser eroberte
unter Oberbefehl seines Onkels Shirkuh das Fatimiden-Reich Ägypten.

Salah ad-Din (»Saladin«) löste 1171 die Fatimiden-Dynastie ab und
machte sich 1176 zum Sultan von Ägypten und Syrien, eroberte Jerusalem
1187 († 3.3.1193).

El-Adil (»Saphadin«), Saladins Bruder, setzte sich Ende 1201 gegen dessen Söhne in der Nachfolge durch († 31.8. 1218). Nach seinem Tode wurde
das Reich unter seine Söhne aufgeteilt.

El-Kamil, Sultan v. Ägypten, Kairo († 8.3.1238).

El-Mu'azzam, Sultan v. Syrien, Aleppo († 11.11.1227).

al-Ashraf, Herrscher der Gezira, Damaskus († 27.8.1237).

Fakhr ed-Din, Emir, Vertrauensperson des Sultans El-Kamil, Gesandter bei Kaiser Friedrich II († 8.2.1250).

Omaijaden (-Dynastie, s. Omar), 661-750 in Bagdad untergegangen, wurde 756 durch Abd ar-Rahman in Marokko und Spanien (Emirat v. Cordoba) neu begründet, nachdem Tarik 711 von Tingis (gotisch = Tanger) übergesetzt war und bei »Gibraltar« (Djebl al-Tarik) das Visigoten-Heer unter Roderich geschlagen hatte.

al-Mansur, »der Siegreiche«, Wesir (977-1002), größte Ausdehnung der maurischen Herrschaft in Spanien.

Almoraviden (-Dynastie 1061-1163 in Nordafrika), gegen die Reconquista auf die iberische Halbinsel gerufen, übernahmen dort 1086 die Macht.

Ibn Tumart, Berberprophet, Begründer der Almohadensekte (asketische Reformatoren). Sein Nachfolger Abd al-Murmin erschlägt 1145 den Almoravidenherrscher Taschfin ibn-Ali bei Tlemcen (Algerien).

Almohaden (-Dynastie 1150-1269) lösten unter Abd al-Murmin die Almoraviden-Herrschaft über Südspanien ab, konnten ebenfalls Vordringen der Reconquista nicht verhindern.

Abd al-Murmin, »Miramolin«, bedeutendster Almohaden-Herrscher. Verlegt 1147 Residenz nach Marrakesch.

an-Nasir, sein Wesir und Heerführer, Einfall in Kastilien, geschlagen in der Schlacht von Las Navas de Tolosa (1212).

Albumasar (Abu Mas'shar), der bedeutendste arab. Astrologe, geboren in Khorasan, lebte in Bagdad und stirbt 886. »Introductorium in astrologiam« und viele seiner Schriften wurden ins Lat. und Griech. übersetzt und beeinflußten das Abendland.

Avicenna (Ibn Sina), geboren 980 bei Buchara, Minister und Philosoph: »Shaykh ar-rais«, der Meister und Führer. Sein Hauptwerk: »Kitab al-insaf« gilt als verschollen. Erhalten ist seine Enzyklopädie: »Das Buch des Heilens«. Großer Einfluß auf Albertus Magnus und Bacon. Er stirbt 1037 in Hamadan (Persien).

Byzanz/Lateinisches Kaiserreich

Byzanz mit seiner Hauptstadt Constantinopel (gegr. 330 von Kaiser Constantin) ist das wichtigste Bollwerk des Abendlandes gegen den Osten.

Plato (427-347 v. Chr.) griech. Philosoph, Schüler des Sokrates, 387 Akademiegründung (›Apologie‹, ›Symposion‹, ›Phaidon‹).

Aristoteles (geb. 384 v. Chr. in Stangira, gest. 322 v. Chr. in Chalkidike), griech. Philosoph, bedeutender Einfluß auf die Scholastik des Abendlandes. (Unter zahlreichen Werken »Organon«, »Metaphysika«, »Politikon«)

Phidias (ca. 500 v. Chr.-435 v. Chr.), griech. (Monumental-)Bildhauer (Akropolis), starb im Gefängnis (Vorwurf der Materialunterschlagung).

Als im Zuge der Völkerwanderung Westrom an die Germanen fällt, fühlt sich Ostrom als Erbe des Imperiums. Die orthodoxe Kirche erkennt den Papst nicht mehr an (876 Patriarch Photios/1054 Großes Schisma).

Unter dem großen Kaiser **Manuel I Komnenos** (1143-24.9.1180) erleidet das machtvolle Öströmische Kaiserreich in der Schlacht bei Myriokephalon (17.9.1176) eine nicht wiedergutzumachende Schlappe. Als Flankenschutz, aktiver Helfer oder Finanzier fällt es künftig für die Kreuzfahrerstaaten aus. Sein Kampf, oder besser: sein Manipulieren um seinen eigenen Bestand

(Nichtangriffspakt mit seinen islamischen Nachbarn) macht Byzanz dem Westen zunehmend suspekt. Begehrlicher werden die Zugriffe (vor allem der sizilianischen Normannen und Venedigs) auf seinen immer noch beachtlichen Reichtum und Besitzstand.

Alexios II Komnenos (1180-10.8.1183), seine Schwester Maria erhält Thessaloniki und heiratet den 4. Sohn des Marquis von Montferrat, Reinar (1179-1182, ermordet). Die Krone von Byzanz gelangt in die Hände eines Onkels von Alexios.

Andronikos I Komnenos (1183-1185). Mit dem schaurigen Ende dieser bizarren Abenteuerfigur erlischt die Dynastie der Komnenos.

Es folgen die Angeloi:

Isaak II Angelos (11.9.1185-8.4.1195). 1185 Heirat mit Margarethe von Ungarn, Tochter von König Bela III. Ihrer beider Tochter (Witwe des sizilianischen Kronprinzen Roger III, 1193) war Heinrich VI in die Hand gefallen, der **Irina-Angelina** mit seinem Bruder Philipp von Schwaben verheiratete. Isaak verlor seinen Thron 1195 an seinen eigenen Bruder **Alexios III**, der ihn blenden und zusammen mit seinem Sohn **Alexios IV** einkerkern ließ. 1201 entfloh Alexios IV zu seinem Schwager Philipp. Der macht ihn mit **Bonifaz, Marquis von Montferrat** (1192-1207) bekannt, und die ursprüngliche Idee eines IV. Kreuzzuges (von Thibald, Graf von Champagne, entworfen) wird umgeleitet »via« Konstantinopel.

Die Flottenhilfe Venedigs verhandelt 1202 **Geoffroy de Villehardouin** (* 1150), Marschall der Champagne und Historiker (»Histoire de la conquête de Constantinople«), ab 1204 Marschall des Lateinischen Kaiserreiches, Fürst von Achaia (1210-1213 oder 1218?) mit **Enrico Dandolo,** Doge der »Serenissima« (1192-1205). Der Kreuzzug wird von Venedig von Juni bis 8. November auf dem Lido festgehalten und zur Eroberung der ungarischen Stadt **Zara** erpreßt (15.11.1202). Weiterfahrt nach Byzanz am 25.5.1203 mit dem Prätendenten Alexios IV, Ankunft 24.6.1203.

1. Eroberung von Konstantinopel 17.7.1203. Flucht des Usurpators Alexios III. 1.8.1203 Krönung des **Alexios IV** (zusammen mit seinem Vater Isaak II). Sein Versuch, die Forderungen der Kreuzfahrer und vor allem Venedigs aus der byzantinischen Staatskasse zu erfüllen, führt zur Revolte. Alexios IV wird am 8.2.1204 erdrosselt, auch Isaak II überlebt nicht. Den Thron besteigt **Alexios V Murtzuphlos,** Schwiegersohn des Alexios III, der beim nächsten Ansturm der Kreuzfahrer (6.4. 1204) flieht. Ein anderer Schwiegersohn (verheiratet mit Anna), **Theodor I Laskaris,** nimmt ihn gar nicht erst an, sondern setzt sich nach Nicaea ab und gründet dort ein neues byzantinisches Reich, das nach seiner Regierungszeit (1204-1222) überdauert und schließlich (1261) den Thron von Konstantinopel wieder einnimmt.

Die **2. Eroberung und Plünderung von Konstantinopel** 1204 durch die Kreuzfahrer dauerte 3 Tage. Hauptnutznießer war Venedig. Nach Verteilung der Beute: $\frac{1}{4}$ dem zukünftigen Kaiser, $\frac{3}{8}$ den Kreuzfahrern, $\frac{3}{8}$ der Serenissima, wird das **Lateinische Kaiserreich** ausgerufen. Zum ersten Herrscher wird Balduin IX, Graf von Flandern, gewählt:

Balduin I (Kaiser 16.5.1204-15.4.1205). Von den übrigen Führern des Kreuzzuges wird Bonifaz von Montferrat König von Thessaloniki, stirbt allerdings schon 1207. Er hatte — in Spekulation auf den Kaiserthron — sofort die Kaiserin-Witwe **Margarethe von Ungarn** geheiratet, die ihn überlebte und bis 1222 regierte.

Die **Serenissima** setzt den Venezianer Thomas Morosini in der Hagia Sophia als römisch-katholischen Patriarchen ein, sein griechisch-orthodoxer Vorgänger Johannes Kamateros flieht nach Thrazien († 1206). Die Morosinis sind altes Dogengeschlecht (Domenico 1148-1156, Marino, Herzog von Candia, 13.6.1249-1.1.1253).

Ein Burgunder, Otho de la Roche, wurde Großherr von Athen (1205-1225), und **Guillaume de Villehardouin**, bisheriger Herr von Champ-Litte, erhält Achaia (1205-1209), das sein Bruder **Geoffrey** für ihn als Regent beherrscht, bis er selbst es (1210-1218) als Fürst übernimmt. Eine seiner ersten Belehnungen ging mit Blanchefort, in Peleponnes, an John Turnbull, der das Lehen jedoch bald aufgab. Seine Nachfolge trat 1206 eine Nebenlinie des Herrschaftshauses Champ-Litte an: **Thomas (Champ-) Litte d'Arcady** (* 1154-1224). Seine Tochter **Elena** (* 1204) heiratet 1221 den natürlichen Sohn John Turnbulls, Crean de Bourivan.

Andreas II, König von Ungarn (1205-8.11.1235), verheiratet (in 2. Ehe) mit Yolanda »von Konstantinopel« (der Schwester des Kaisers Balduin I und Mutter von Balduin II,   1219). Die Schwester von Andreas ist Margarethe von Ungarn. Ihr gemeinsamer Vater ist König **Bela III** (1173-23.4.1196).

Das Lateinische Kaiserreich brachte − außer Balduins Bruder Heinrich (20.8.1206-11.6.1216) − keine starken Herrscher hervor. Der letzte war (Vater: Peter von Courtenay) der Kind-Kaiser **Balduin II** (1228-25.7.1261), der mit Jean de Briennes Tochter Maria (aus seiner 3. Ehe mit Berengaria von Kastilien) verheiratet war und für den der alte Haudegen als Regent und »Mit-Kaiser« vom 29.4.1229 bis zu seinem Tode, 23.3.1237, herrschte.

Ab 1261 war Byzanz wieder in griech. Händen.

DAS KÖNIGREICH VON JERUSALEM

Das feudale Resultat der Eroberung der »Terra Sancta«, des Heiligen Landes, wurde von den Franzosen schlicht »l'outremer« genannt.

I. Kreuzzug (1095 Konzil von Clermont − 1099 Eroberung und Massaker von Jerusalem). Führer: Gottfried von Bouillon, Herzog v. Niederlothringen, der jedoch nur den Titel »Advocatus Sancti Sepulcri«, »Hüter des Heiligen Grabes«, annahm. Das Königreich bestand aus folgenden Staaten, jeweils unter der Herrschaft weiterer führender Teilnehmer: **Fürstentum Antioch** (Antiocheia): Herzog Bohemund von Tarent und dessen Neffe Tancred von Lecce, aus dem Hause d'Hauteville (sizilianische Normannen). **Grafschaft Tripoli:** Graf Raimond von Toulouse. **Grafschaft Edessa:** Balduin von Boulogne, Bruder des Gottfried, der als Balduin I erster König von Jerusalem wurde. Edessa fiel 1144 an Sultan Zengi zurück. **Jerusalem** und **Galiläa,** die eigentlichen Kronlande.

Orden der Herren vom Tempel (»Templer«), gegründet ›offiziell‹ 1118 (französischer Ritterorden, so benannt nach seinem Sitz, dem Tempel von Jerusalem), kehrte nach dem Fall von Akkon nach Europa, insbesondere Frankreich zurück. Seine ungeheuere Machtakkumulation (Staat im Staate) zog Feindschaft und Neid (»Templerschatz«) auf sich.

1307	von Philipp IV le Bel sistiert.
1312	von Clemenz V (Konzil von Vienne) aufgelöst.
1314	wurde der letzte Großmeister Jacques de Molay auf der Seine-Insel verbrannt.

Orden der Brüder vom Hospital zu Jerusalem, 1118 umgewandelt in einen

Ritterorden (»Hospitaller«), später »Johanniter«, zogen sich nach dem Fall von Akkon über Zypern nach Rhodos zurück, dann nach Malta (»Malteser«).

II. Kreuzzug (1147-1149), Bernhard von Clairvaux predigte diesen »Kreuzzug der Könige«: der Staufer Konrad III, begleitet von seinem Neffen Friedrich v. Schwaben (späterer Barbarossa) und Ludwig VII von Frankreich, begleitet von seiner Gemahlin Eleonore d'Aquitaine.

Karmeliterorden, gegründet 1156 auf dem Berg Karmel bei Haifa.

1187 **Rückeroberung Jerusalems** und weiterer Teile Palästinas durch Sultan Saladin. Tyros wurde provisorische Hauptstadt.

III. Kreuzzug (1189-1192); Kaiser Friedrich I »Barbarossa« (ertrunken), König Richard I »Löwenherz« von England, König Philipp II »Augustus« von Frankreich: Rückeroberung von Akkon, das zur Hauptstadt des Königreiches von Jerusalem wurde.

Kreuzzug 1197 bereits vorbereitet, fiel aus wegen Tod des Kaisers Heinrich VI.

Deutscher Ritterorden (ordo equitum theutonicorum), gegründet 1198, kaufte Montfort und taufte die Festung um in »Starkenberg«. Verlagerte seine Tätigkeit nach dem Fall von Akkon nach dem deutschen Osten.

IV. Kreuzzug (1202-1204), geplant gegen Ägypten, wurde von Venedig gegen Byzanz umgebogen.

»Der Kreuzzug gegen den Gral« (1209-1213), die sogenannten »Albigenserkriege«, die mit Ketzerausrottung verbrämte Expansion der französischen Krone nach dem Süden Frankreichs.

»Der Kinderkreuzzug« (1212). Unkontrollierbare Pilgerbewegung Jugendlicher aus Frankreich und Deutschland zur Wiedergewinnung Jerusalems auf friedlichem Wege.

Kreuzzug 1217, auf dem IV. Lateran-Konzil beschlossen, fiel aus wegen Tod des Papstes Innozenz III.

»Der Damiette-Kreuzzug« (1218-1221), unter Führung des päpstlichen Legaten Pelagius: erfolgloser Versuch der Eroberung Ägyptens, scheiterte bereits im Nildelta.

V. Kreuzzug (1228-1229). Als »Gebannter« (wegen fortwährender Verschiebung seines Kreuzzuges) besuchte Kaiser Friedrich II Palästina und Jerusalem aufgrund eines freundschaftlichen Abkommens mit Sultan El-Kamil.

VI. Kreuzzug (1248-1254). König Ludwig IX von Frankreich (»Saint-Louis«) versuchte erfolglos, Ägypten zu erobern, geriet in Gefangenschaft und mußte sich gegen hohes Lösegeld freikaufen.

Mongolen-Einfall (1258-1260), die Christen Palästinas riefen die »christlichen« Enkel Dschingis-Khans zu ihrer Hilfe herbei, verrieten sie jedoch dann an die Muselmanen.

VII. Kreuzzug (1270). König Ludwig IX fuhr nach Tunis, wo er gleich bei der Ankunft umkam.

1291 Fall von Akkon, der letzten Bastion des »Königreiches«.

Amalrich I (Aumeric), König von Jerusalem (1162-11.7.1174), aus erster Ehe mit Agnes von Courtenay zwei unmündige Kinder: Balduin IV und Sybille.

Raimond III, Graf von Tripolis (1151-1187), Regent des Königreiches von Jerusalem 1174-1177 und 1184-August 1186.

Balduin IV (Baudouin) 1174-16.3.1185, war seit seiner Jugend unheilbar an Lepra erkrankt, dennoch ein tapferer Krieger. Ihm folgte seine Schwester **Sybille,** Königin von Jerusalem (1185-1187), starb 1189, heiratete in erster Ehe (1176) **Wilhelm IV** von Montferrat (»Spadalunga«), Fürst von Joppe, starb 1177, nach Zeugung des Kronerben **Balduin V,** König von Jerusalem (20.11.1185-August 1186), seine Mutter hatte inzwischen (Ostern 1180) wieder geheiratet: **Guy de Lusignan,** einen jungen französischen Adeligen, mit ihm ließ sie sich unmittelbar nach dem Tode des Kind-Königs krönen. Guy, ein eitler Schwächling, umgab sich mit Kriegstreibern und Raubrittern als Berater: **Gerard de Ridfort,** 1137 aus Flandern gekommener Ritter, erst Seneschall, dann 1185 Großmeister des Templerordens, nachdem Odo de Saint-Armand 1180 in den Kerkern von Damaskus verschieden war und auch dessen Nachfolger Arnold von Toroga einer Krankheit erlag. Sowie

Reynald de Chatillon, 1151 aus Frankreich stammender Ritter und 1153 bereits (durch Witwenheirat) Fürst von Antioch, dann 16 Jahre im Kerker von Aleppo, freigelassen 1174, brach den Waffenstillstand mit Saladin, trieb das Königreich von Jerusalem in den Krieg, der in der Schlacht bei den »**Hörnern von Hattin**«(4.7.1187) verloren wurde. Unmittelbare Folge: **Wiedereinnahme von Jerusalem** durch Saladin (2.10.1187). Raynald (sofort) und Gerard (am 4.10.1189) wurden von Saladin einen Kopf kürzer gemacht. Mit dem Verlust von Jerusalem hatten auch Guy und Sibylle ihre Autorität eingebüßt. Amalrichs Tochter (aus 2. Ehe, mit einer byzantinischen Prinzessin) **Isabella I** wird (in 2. Ehe) am 24.11.1190 mit **Konrad von Montferrat** verheiratet (Bruder des Wilhelm und des Bonifaz), der de facto seit dem Fall Jerusalems als Gegenkönig in Tyros residierte, jedoch am 28.4.1192 ermordet wurde. Schon eine Woche später reichte sie dem nächsten Anwärter die Hand. **Henri de la Champagne,** Herzogssohn aus Frankreich. Daraufhin gab Guy, der Favorit des Löwenherz auf (Sibylle starb 1189) und zog sich auf den angebotenen Königsthron von Zypern zurück (bis 1194). Am 10.9.1197 stürzte Henri, der 3. Gemahl, aus dem Fenster, und es kam zur 4. Ehe mit Guy von Lusignans Bruder **Almarich I** von Zypern, der jetzt (ab 1198) als König **Almarich II** von Jerusalem in Akkon residierte. Seinen Sohn (aus 1. Ehe) **Hugo I,** König von Zypern (1198-10.1.1218), verheiratete er sicherheitshalber mit seiner Stieftochter Alice von Jerusalem de la Champagne. Als Königin-Witwe von Zypern überdauerte sie nicht nur ihren Mann († 1218) und zwei weitere Ehen, sondern ihre gesamte Generation. Von 1229 bis 1246 fungierte sie als Regentin für das Königreich von Jerusalem. Almarich starb am 1.4.1205. Isabella überlebte auch ihren 4. Mann († 1208), doch es kam eine andere Dame zum Zuge, ihre Tochter aus der Ehe mit Montferrat, wegen seines geringen Adels spitz **Maria,** »**La Marquise**« genannt. Geboren 1191, wurde sie 1206 volljährig und Königin von Jerusalem. Am 13.9.1210 wurde sie mit **Jean de Brienne** vermählt. Maria gebar dem Königreich 1212 eine auf den Namen ihrer Großmutter getaufte Tochter Isabella II und starb im Wochenbett. Von seiner Amme wurde das Kind nur »**Yolanda**« gerufen. Der Witwer suchte Trost in einer neuen Ehe (1214) mit der Tochter König Leos II, Stephanie von Armenien, die er jedoch 1219 angeblich zu Tode prügelte, als er sie bei dem Versuch erwischte, ihr Stieftöchterchen zu vergiften. Die knapp 14jährige Yolanda wurde am 9.11.1225 dem Kaiser der Deutschen und König von Sizilien, dem Witwer Friedrich II, als Braut zugeführt. Am 25.4. 1228 schenkte sie in dessen Harem in Palermo einem Sohn **Konrad IV** das Leben und zahlte mit dem ihren, was Friedrich ärgerlicherweise um den ersehnten Titel eines »Königs von Jerusalem« brachte.

Melisende (»Melusine«) von Zypern, Tochter aus der Ehe Isabellas mit Almarich II, heiratete 1218 Fürst Bohemund IV von Antioch (1201-1238).

Lucia von Botrum, Tochter der Stephanie Garnier-Sidon und des Lord William Dorel, heiratete nach dessen Tod (statt Gerard de Ridfort) den Pisaner Plivano, während ihre Mutter Hugo II Embriaco, dem noch reicheren Lord of Dschebail, die Hand reichte. Beide Linien setzten sich fort.

Balian II von Sidon, Sohn des Lords Julian III aus dem Hause Ibelin und der armenischen Prinzessin Euphemia, mit Yolanda verwandt über seine Großmutter, Margharete de Brienne.

KIRCHEN, KLÖSTER, BURGEN

Alkazar (Alcazaba), Zitadelle und Kalifenpalast von Sevilla. Erbaut von dem Architekten Musa; umgebaut 1365 durch Peter den Grausamen.

Alhambra, Palast zu Granada, errichtet auf einer Omaijadenfestung des 11. Jahrhunderts. Ausbau begonnen durch die Almoraviden (Yusuf ibn Tashfin 1094), weitergeführt durch Muhammad al-Ghalib (1237).

Al-Aqsa, Haupt-Moschee von Jerusalem, errichtet auf den Ruinen des von den Römern zerstörten Tempels, unmittelbar neben dem Königspalast und dem Sitz des Templerordens.

Al-Koutoubia, Große Moschee von Marrakesch.

Atalaya, Zitadelle von Carcassonne, von den Visigoten erbaut.

Az-Zahrà, Sommerresidenz nordwestlich von Cordoba. Erbaut 936 von Abd ar-Rahmàn III, benannt nach seiner Lieblingsfrau.

Bagnara (Thermen), seit römischer Kaiserzeit bekannte Heilquellen (inzwischen versiegt), bei Nocera Umbra, am Hang des Monte Pennino.

Belgrave Burg (zerstört), bei Astaffort (Agenais, Frankreich). Der Name blieb erhalten in der Weinlage »Château Belgrave«, Saint-Laurent-et-Benon (Bordeaux), sowie in einem Londoner Stadtteil (Belgravia).

Borgo, der alte Vorort (›borgata‹) Roms um San Pietro. Vom Kloster Santo Spirito (am Tiber) umfaßten seine Mauern die damals noch unbefestigte Basilika und führten von dort über die »Fluchtmauer« wieder zum Hadrians-Grabmal (Castel Sant' Angelo) am Fluß. Durch die »Leoninische Mauer« (erbaut von Leo IV 847-855) wurde 852 die heutige Vatikanstadt über den Janiculus-Hügel an den Stadtteil »Trans Tiberim« (Trastevere) angebunden.

Cîteaux, Stammkloster der »Zisterzienser«, erbaut ca. 1098 von Robert de Molesmes (»Montbardsche Schenkung«), bei Baune (Côte d'Or).

Clairvaux, »Clara Vallis«, Kloster bei Ville-sous-La-Ferté (Aube), Zisterziensergründung aus dem Jahre 1115, Ausgangspunkt einer Ordensreformation durch Sankt Bernhard.

Coimbra, Kathedrale (der Augustiner) in der alten Universitäts- und Hauptstadt (bis 1147) von Portugal, Bischofssitz seit 638.

Coulagny, angebliches Schloß des Archambaud de St. Liargue im Nivernais (nicht mehr nachweisbar).

Damiette (Dumjat), ägyptischer Seehafen, zur Zeit der Kreuzzüge in unmittelbarer Nähe der Mittelmeerküste, auf dem rechten Ufer des Ostarms des Nildeltas.

Davidsburg, Festung auf dem Berg Zion in Jerusalem, neben dem Jaffa-Tor.

Djemna Ef'Na, Haupt-Markt- und Hinrichtungsplatz von Marrakesch.

Wörtliche Übersetzung: Versammlungsort der Hingeschiedenen, Platz der (stinkenden) Kadaver.

Fanjeaux, Einsiedelei bei Carcassonne, an der 'Aude, Konvent erst von 1278-1281 erbaut, von hier aus operiert Domingo Guzman.

Fonte Colombo, Einsiedelei bei Rieti.

Hagia Sophia, Konstantinopel, erbaut 532-537 von Anthemios de Tralles und Isidor von Milet, auf Befehl des Kaisers Justinian, von den Türken später in eine Moschee umgewandelt.

Heilige Drei Könige, Schrein im Dom von Köln, Stiftung der Gebeine am 11. Juni 1164 durch Rainald von Dassel (befanden sich bis 26.3.1162 in Mailand in der Kirche Sant'Eustorgio).

L'Immacolata del Bosco, Kloster der Karmeliterinnen auf dem Monte Sacro (Rom), abgerissen 1217.

Karmel, Berg oberhalb Haifas. Kloster gegründet 1155 als Eremitenkonvent. Päpstliche Bestätigung des Ordens 1226.

Lateranspalast. Der an San Giovanni angrenzende Palazzo war im Altertum von der Familie Laterani bewohnt, bis 1377 Sitz der Kurie.

Lavaur, Stadt und Burg bei Castres (Tarn, Südwestfrankreich).

La Verna, Berg bei Chiusi auf der alten Paßstraße zwischen Florenz und Urbino, damals in Besitz der Montefeltrinischen Markgrafen.

Mezquita, Große Moschee von Cordoba, Baubeginn 785 unter dem Omaijaden Abd ar Rahman I.

Moissac, Abteikirche aus dem frühen 12. Jahrhundert mit berühmtem Portal (Tympanon mit Illustration der Apokalypse).

Mont-Cenis. Seit dem Altertum bildet dieser Paß den besten Übergang über die Grajischen Alpen von Frankreich nach Italien.

Monte Cassino, ältestes Benediktinerkloster, erbaut 529 von Benedikt di Nursia.

Montefeltro, Burg im gleichnamigen Berggebiet nordwestlich von Urbino, dessen Herren »Grafen von Montefeltro« (Montis feritri) waren.

Montfort-L'Amaury, Burg (»Mons fortis Amalrici«), westlich von Versailles, Stammsitz der Montfort (ursprünglich bretonisches Adelsgeschlecht), erbaut im 11. Jh., heute Ruine.

Montségur (Pog de), (der »Munsalvätsch« des Parsifal-Epos), Berg (1216 m) mit Hauptfestung und letztem Zufluchtsort der Katharer (Hort des »Gral«?), Grundsteinlegung 28. März 1204, Einnahme durch die Franzosen 15.3.1244, Ruine in der Grafschaft Foix.

Notre Dame de Prouille, von Domingo Guzman gegründetes Frauenkloster bei Fanjeaux.

Otranto (Hydruntum), Kastell und Hafen an der Südspitze Apuliens.

Palazzo Colonna, römischer Patrizierpalast, ursprüngliche Form nicht mehr vorhanden, die heutige basiert auf dem Bau von Papst Martin V, Colonna (1415-1431), renoviert 1730 von Nicola Michetti.

Palazzo Frangipane, von diesem Patrizierpalast in Rom zeugt nur noch ein Turm, »Torre dei Frangipane«, in dessen Treppenhaus die Jahreszahl 1102 eingelassen ist, gehört heute zum Palazzo Torre della Scimmia.

Palazzo Vescovile, Bischofpalast von Assisi, erbaut ca. 10. Jahrhundert auf den Resten einer römischen Villa (angeblich des Properz).

Pamiers, Stadt, Turm und Burg in Südwestfrankreich.

Poggio Bustone, Einsiedelei bei Rieti.

Rocca Alta (Rocca Maggiore), imperiale Zitadelle oberhalb von Assisi, erbaut ca. 1175 vom Herzog von Spoleto, zerstört 1198. Die heute gut erhaltene Ruine geht auf eine Restauration im 14. Jh. durch Kardinal Albornoz zurück.

Rochefort en Yvelines, Stadt und Burg im Besitz der Montfort, südlich von Versailles, an der Orge.

Sacro Speco, Einsiedelei bei Assisi.

Saint Alban, Abtei in Herfordshire (England).

Saint-André, Hauptkirche von Akkon, zwischen Tempel und dem genuesischen Viertel gelegen, heute noch vorhanden.

Saint-Denis, Kathedrale bei Paris (früher Klosterkirche, gegründet ursprünglich von König Dagobert um 630), umgebaut im 11. Jahrhundert, Grabstätte des französischen Königshauses, nördlich von Paris.

Saint-Etienne, Kathedrale von Toulouse, erbaut Ende 11. Jh.

Saint-Gilles, Kathedrale und Ort gleichen Namens erbaut von Raimund IV in den Jahren 1041/42, Stammsitz der Grafen von Saint-Gilles, die gleichzeitig Grafen von Toulouse waren.

Saint-Jean, Kirche des Namenspatrons von Akkon, im pisanischen Viertel, in der äußersten Hafenbefestigung gelegen, heute nur noch Kapelle (St. John's). Die wesentlich größere Kirche von Saint-Sabas, genau auf der Grenze zum genuesischen und zum venezianischen Viertel existiert nicht mehr. Die Reste ihres Turms sind in der Karawanserei Khan el-Umdan aufgegangen.

Sainte-Madelaine, Kloster in Vézelay (zwischen Avallon und Clemency, Burgund). Ziel alljährlicher Pilgerfahrten.

Saint-Michel, Kirche zu Akkon, wurde wieder ihrem ursprünglichen griechisch-orthodoxen Ritus unterstellt und ihr Name in Saint-George geändert.

Saint-Nazaire, Basilika von Carcassonne, 1096 Weihe durch Urban II, im späten 13. Jh. im gotischen Stil renoviert.

Saint-Nazaire, Kathedrale von Beziers, erbaut von Maestro Gervasi.

Saint-Sepulcre, Kirche zum Hlg. Grab, in Jerusalem, angeblich über der Grabstätte des Jesus von Nazareth erbaut. Zu dem Gebäudekomplex gehörte das Sankt-Johannes-Spital, späterer Stammsitz des Johanniter-Ordens (»Hospitaliter«).

Saint-Sernin, Abtei und Kirche zu Toulouse, aus dem Jahre 1080.

Saint Trinian, Kloster in England.

Sainte-Croix, ehemalige Kathedrale von Akkon, auf ihren Ruinen erbaute 1781 Pascha Achmed die Moschee El-jazzar. Ihr Hof überdeckt auch Teile der Johanniterfestung.

San Benedetto, Benediktinerkloster auf dem Monte Subasio bei Assisi, erbaut im 6. Jh., teilweise zerstört 1399, heute im alten Stile restauriert.

San Damiano, Kapelle unterhalb von Assisi, Stammhaus der Clarissen.

San Francesco, doppelstöckige Basilika in Assisi, erbaut von Elia von Cortona, Grundsteinlegung 16.7.1228, ab Mai 1230 Grabstätte des heiligen Franziskus. Baugrund: Hügel außerhalb der Mauer (»Höllenhügel« = Hinrichtungsstätte), danach »Paradieshügel« genannt und in die Stadt miteinbezogen.

San Francesco il Piccolo, nicht mehr vorhandene Kirche an der mutmaßlichen Stelle des Geburtshauses des Giovanni Bernardone. Später »Chiesa Nuova« (17. Jh.).

San Gemini, Kirche bei Assisi.

San Giorgio, Kirche in Assisi, erste Schule des Francesco und provisorische Grabstätte 1226-1230, heute Seitenkapelle von Santa Clara.

San Giovanni in Laterano, ursprüngliche Kirche 314 von Kaiser Constantin I dem Papst Silvester I, der sich nach einer Residenz umsah, geschenkt. Im 13. Jahr größter Sakralbau Roms, Konzilsstätte der Kurie.

San Gregorio, Kapelle bei Assisi.

San Marco, Kathedrale auf dem Markusplatz in Venedig, 830 begonnen, um die Reliquien des Evangelisten Markus aufzunehmen. Nach der Plünderung Constantinopels (1204) wurde sie zur Schatzkammer des Beuteguts.

San Michele Arcangelo, Kirche und Wallfahrtsort im Gargano-Gebirge (Apulien, Süditalien), erbaut 490-493 von Lorenzo Maiorano (Bischof des Sipento), umgebaut 657 von den Griechen und 869/920 von den Arabern.

San Nicolo, Kirche in Assisi, angebliche Pfarrkirche des Francesco.

San Paolo, Frauenstift bei Assisi.

San Pietro, Rom, Basilika über dem Grab des Apostels Petrus († im Zirkus des Nero ca. 65), erbaut 324 unter Kaiser Constantin I (307-337), 326 eingeweiht von Papst Silvester I (314-347).

San Pietro, Benediktiner-Kloster außerhalb (heute innerhalb) der Mauern von Assisi (Porta San Pietro), die dazugehörige Kirche wahrscheinlich: **San Pietro della Spina.**

San Rufino, Kathedrale von Assisi, erbaut 1140 von Maestro Giovanni di Gubbio (unter Bischof Ugo 1038-1052), hier wurden angeblich sowohl Francesco wie Friedrich II getauft. Schon im 8. Jahrhundert bestand dort ein Kirchlein gleichen Namens.

San Teodoro, Dom von Brindisi, erbaut 1140.

Sant' Angelo di Panzo, Frauenkloster in Umbrien.

Sant' Apollinare del Sambro, Benediktinerkloster bei Assisi, lag in der Ebene zwischen Bettona und Cannara, gegründet Ende des 12. Jahrh. vom Richter Mevian aus Assisi.

Sant' Asuino di Capro, Kloster und Kirche bei Bevagna (Umbrien), gehörte zur Diözese Spoleto, gegründet vor 1085, wird später (1487) den Franziskanern übereignet (s. Santa Annunziata).

Santa Croce di Sassovivo, Benediktinerabtei bei Foligno (Umbrien), gegründet 1080 von dem Mönch Meinhard und den Markgrafen Hugo und Walter. Besitz: über 90 Klöster, 41 Kirchen und 7 Hospitäler.

Santa Maria degli Angeli (»Portiuncula«), Benediktinerkapelle bei Assisi, 352 von aus Palästina zurückgekehrten Pilgern erbaut, ursprünglicher Stammsitz der »Franziskaner«.

Santa Maria del Vescovado (»L'Assunta«), Bischofskirche von Assisi, heute: Santa Maria Maggiore, erbaut Anfang 10. Jahrhundert auf den Resten eines Janus-Tempels.

Santa Maria in Cosmedin, Kirche zu Rom (»Bocca della Verità«), zwischen dem Circus Maximus und dem Tiber gelegen.

Santiago de Compostela (Galizien, Nordwest-Spanien), dem hl. Jacobus (Bruder Jesu?) geweihter Schrein, enthält aber wahrscheinlich die Gebeine des 386 in Trier hingerichteten Häretikers Priscillian von Avila, der in seiner Heimat als Märtyrer verehrt wurde, wie auch der Weg, den sein Leichnam zurücklegte, zur traditionellen Wallfahrtsroute wurde. Santiago de Compostela wurde zum geistigen Ausgangspunkt der »Reconquista« und brachte sogar einen eigenen militärischen Ritterorden hervor (Orden de Sant'Iago).

Santo Spirito, Hospital (Kirche und Kloster) am Rande des Borgo am Tiber gelegen. Gründung durch König Ina von Sussex (727), erweitert durch Innozenz III im Jahre 1207 (Einrichtung der ›Ruota‹).

Segni, Ort und Burg in den Albaner Bergen, südlich von Rom, bei Agnani, der Ausweichresidenz der Päpste im 13. Jahrhundert.

Sevilla, Große Moschee, erbaut von 1171-1196 von Jussuf Abu Ja'kub. Das Minarett wurde 1184 von dem Architekten Dschabir errichtet, der heutige Name »Giralda« ist christlichen Ursprungs (erst nach Eroberung durch Alfons X und Aufstockung samt Wetterfahne).

Starkenberg, erste Stammburg des Deutschen Ritterordens, nördlich von Akkon im Gebirge gelegen, wurde 1189 von Lübecker Hansekaufleuten für den Orden erworben und wieder aufgebaut. Die ursprünglich arabische Festung »Qalat al-Qurain«, die die »Leiter von Tyros« beherrschte, hatte mehrfachen Besitzerwechsel erlebt (die Kreuzfahrer nannten sie bis dahin »Montfort«).

Trastevere (Trans Tiberim), Stadtteil zum Schutz des Tiberhafens »Ripa« jenseits des Flusses. Innerhalb der Aurelianischen Mauern gelegen, die keilförmig von der Porta Portuensis den Janiculus hinaufführten bis zur Porta Aureliana und von dort wieder hinab zum Tiber (Porta Septimiana).

Vatikan, Papstwohnung neben Constantinsbasilika Sanctus Petrus. Erstmals im 5. Jahrhundert erwähnt. Die Bezeichnung ›Vatikan‹ (nach dem gleichnamigen Hügel) wird erst 1378 gebräuchlich, bis dahin regierte die Kurie vom ›Lateran‹ aus, wenn sie nicht gezwungen war, außerhalb Roms zu residieren. Ständiger Sitz der Päpste erst nach Rückkehr aus Avignon 1377. Seit 852 in die ›mura‹ einbezogen, heute exterritoriales Gebiet.

Zara, Stadt an der dalmatinischen Küste von Jugoslawien. Ihr heutiger Name ist Zadar.

313   Mailänder Edikt des Kaisers Constantin (Verbot der Verfolgung von monotheistischen Religionen).

314   Constantin schenkt dem Bischof von Rom den Lateran; die »Constantinische Schenkung«, mit deren Hilfe die Kirche ihre weltlichen Ansprüche durchsetzte, ist hingegen eine Fälschung.

325   Konzil von Nicäa (unter Vorsitz Constantins): Rom setzt sich gegen Antiochia und Alexandria durch. Jede Abweichung von seiner Orthodoxie gilt als Häresie.

1054   Schisma zwischen der byzantinischen Ostkirche (griechisch-orthodox) und der römisch-katholischen Westkirche. Der Patriarch von Constantinopel erkennt die Oberhoheit des Papstes nicht an.

1056   I. Konzil von Toulouse gibt den »Ketzern« die Möglichkeit, in den Schoß der alleinseligmachenden Kirche Roms zurückzukehren.

1066   Die nordfranzösischen Normannen unter William the Conqueror schlagen Harold in der Schlacht von Hastings und erobern England.

1071   Der erste bekannte »Troubadour« ist Wilhelm IX von Aquitanien, der Großvater der Eleonore. Seine Hauptstadt Poitiers wird zum bedeutendsten »Minnehof«.

1075   Beginn des »Investitur-Streites« (Gregor VII/Heinrich IV) über die Frage: Wer ernennt bzw. krönt wen?

1077   (25.-28.1.) Canossa, Bußgang Heinrich IV zu Gregor VII, Zuspitzung des Investitur-Streites.

1088   Gründung der Universität von Bologna.

1095   (26.11.) Synode von Clairmont, Urban II ruft zu den Kreuzzügen auf (»Deus lo volt!«).

1099   Ende des ersten Kreuzzuges. Die Christen erobern Jerusalem.

1116   (17.3.) Paschalis II unterstellt dem Abt von Sassovivo von Foligno das Kloster Sant'Apollinare in der Diözese von Assisi wegen »Sittenverfalls« (» . . . ad reformandum igitur ordinis monastici disciplinam . . . monasterio vestro, quod per Dei gratiam disciplina noscitur ac religione pollere, tamquam membrum capiti in perpetuum counimus«).

1118   Offizielles Gründerjahr sowohl des Hospitaliter-Ordens wie der Templer.

1119   Zweites Konzil von Toulouse, Überstellung von »Ketzern« an den weltlichen Arm.

1122   (23.9.) Wormser Konkordat (zwischen Calixt II/Heinrich V), Unterscheidung zwischen »temporalia« (weltl. Lehen) und »spiritualia« (geistl. Würden).

1130   (14.2.) »Kleines Schisma«; Bernhard von Clairvaux ergreift Partei für den Favoriten der Frangipane: Innozenz II und spricht sich gegen den Gegenpapst Anaklet II aus.

1135   Konzil von Pisa, der Häretiker Henri de Lausanne auf Befürwortung Bernhards von Clairvaux freigesprochen.

1138   (21.5.) Innozenz II befreit Abt Michael von Sassovivo von jeglicher bischöflichen Jurisdiktion.

1140	Assise von Sens, unter dem Vorsitz von Louis VII: Bernhard von Clairvaux greift den Scholastiker Abaelard an.
	Decretum Gratiani (Kirchenrecht) »Corpus Iuris Canonici«.
1149	Erstes Konzil von Reims, Bestrafung auch der Gönner und Dienstherren von »Ketzern«.
1152	Eleonore d'Aquitaine (geschieden von Louis VII) heiratet Henri d'Anjou.
1153	Nachdem die letzte Normannenerbin Maud sich gegen Stephan von Blois durchgesetzt hat, übernehmen die Plantagenets den Thron von England (Henri II).
1155	Friedrich I Barbarossa fällt in Italien ein, liefert Arnold von Brescia an Hadrian IV aus und läßt sich zum Kaiser krönen.
1157	Zweites Konzil von Reims, Verschärfung der Strafen für »Ketzer« (Speziell für »Tisserands«).
	(Oktober) Reichstag zu Besançon, Zusammenstoß zwischen Kardinal Bandinelli (späterer Alexander III) und dem deutschen Kanzler Rainald von Dassel (ab 1159 Erzbischof von Köln) wegen »Beneficium« = Lehen und »Bonum Factum« = Wohltat.
1158	(November) Reichstag auf den Roncalischen Feldern, Wiedereinzug von Reichsgütern und Rechten (»Regalien«) durch Friedrich I.
	Ghibellinischer Bund gegen Mailand.
1160	Papst-Schisma (Kaiserliche Gegenpäpste)
1161	Gründung der Hanse
1163	Konzil von Tours unter dem Vorsitz von Alexander III.
1164	Konstitutionen von Clarendon (England), Entzug der Gerichtsbarkeit über Geistliche.
1165	Disput von Lombers (bei Albi) über Jacobus 5,ff.
	Reichstag zu Würzburg.
1167	»Ketzerkonzil« von Saint-Felix-de-Caraman. Auf dieser katharischen Synode setzt sich der Radikal-Dualismus des Niketas von Byzanz durch.
1168	Gründung der Lombardischen Liga, Zusammenschluß norditalienischer Stadtrepubliken zur Durchsetzung ihrer Rechte gegenüber dem Reich.
1174	Assisi (bereits von Kaiser Friedrich I geschleift) wird vom Kanzler Christian von Mainz nochmals eingenommen. Nach dem Strafgericht kommt es an Spoleto.
1175	Petrus Waldus, Kaufmann zu Lyon, läßt Bibel ins Provençalische übersetzen (Gründung der ›Waldenser‹).
1176	(29.5.) Friedrich I verliert die Schlacht von Legnano gegen die Liga.
1177	Frieden von Venedig, Waffenstillstand zwischen Friedrich I und der Liga sowie Papst Alexander III (Ende Schisma).
1179	Drittes Lateran-Konzil (Alexander III).
1182	Sediatur Guido I, Bischof von Assisi.
	Mutmaßliches Geburtsjahr des Giovanni B. genannt *Francesco*.
	Assisi tritt der Umbrischen Liga bei.

1183	Frieden von Konstanz, Anerkennung der Lombardischen Liga.
1184	Konferenz von Verona zwischen Lucius III und Friedrich I: Verurteilung der »Ketzer«, auch der »Waldenser«. Bulle: ›ad abolendam‹
1187	Bündnis von Toul, zwischen Staufer/Capet ./. Welfen/Anjou.
	Nach der gewonnenen Schlacht bei den ›Hörnern von Hattin‹ (4. Juli) erobert Saladin (im Sept.) Jerusalem zurück.
1188	Reichstag zu Worms (Friedrich I nimmt das Kreuz).
	Hoftag »Jesu Christi« zu Mainz.
	(4.6.) Clemenz III bestätigt die Souveränität von Sassovivo.
1191	(19.6.) Coelestin III nimmt Sassovivo unter direkten Apostolischen Schutz.
1194	Unio regni ad imperium (Personalunion des Deutschen Reiches mit dem Königreich Beider Sizilien durch Heirat Heinrich VI mit Constance d'Hauteville).
1196	Der mongolische Stammesfürst Temudschin († ca. 1155) wird zum »Dschingis-Khan« ausgerufen.
1197	Gründung der Toskanischen Liga durch Papst Coelestin III.
1198	Beginn der »Rekuperationen« durch Innozenz III (Einzug von Reichsgütern nach dem Tode von Heinrich VI).
	Bulle: Privilegii D. Innocentii Papae III. Guidoni Asisiensi Episcopo directa favore eius episcopatus (Besitz-Privilegien für den Bischof Guido I von Assisi).
	(26.5.) Bulle »in eminenti apostolicae Sedis specula . . .« Innozenz III bestätigt den Bischof von Assisi (Guido I) in seinem diözesalen Besitz (» . . . Confirmamus insuper vobis . . .«), darunter San Bendetto sul Monte Subasio und San Pietro.
1199	Päpstliche Bestätigung des »Deutschen Ritter-Ordens« (gestiftet 1190).
	Turnier zu Eccri. Tibald v. d. Champagne ruft zum vierten Kreuzzug auf.
	Dekret von Viterbo, Verbot der »Konventikel«-Gruppen außerhalb und neben der Kirche.
1201	Vertrag von Neuss, Otto IV verzichtet auf die Reichsrechte in »rekuperierten« Gebieten.
1204	Kapitulation von Rouen, Abschluß des »Prozesses« Philipp II ./. John Lackland: alles Gebiet nördlich der Loire fällt an die französische Krone.
	12. März Grundsteinlegung für Montségur
1205	Diploma Philippi II. Romanorum regis, et imperatoris favore Communis Civitatis Asisii (Verleihung der Stadtrechte an Assisi durch Philipp von Schwaben) zu Unna.
1206	Auf dem mongolischen Kuriltay (Reichstag) wird das »Jasa«-Gesetz verkündet: Heeresaufgebotspflicht für alle Stämme und Neugliederung in 130 Tausendschaften.
	»Feuerprobe« von Montreal (Auseinandersetzung zwischen Klerus und »Ketzern«).
1207	(September) Diskussion von Pamiers, von katharischer Seite

nehmen Esclarmonde de Foix (die Castellarin), Guilhabert de Castres (der »Ketzerbischof«) und Durand de Huesca (ein Waldenserführer, der danach auf die römische Seite überschwenkte) teil. Rom hatte Diego, den Bischof von Osma und seinen Subprior Domingo Guzman aufgeboten, sowie den Mönch Etienne de la Miséricorde.

1208   (30.5.) Innozenz III bestätigt dem Abt Nicola von Sassovivo seine Oberhoheit über Sant'Apollinare und befiehlt mit Schreiben (gleichen Datums) dem Prior Forte, sich zu unterwerfen.

»professio corporalis« mit folgendem Text fordert er den Bischof von Assisi »personaliter« auf, für die Durchführung seiner Anordnung zu sorgen: »Fraternitati vestre per apostolica scripta precipiendo mandamus quatinus, ad prefatam ecclesiam personaliter accendentes, dictos abati (Nicola di Sassovivo) iuxta mandatum nostrum debitam exhibeant reverentiam et honorem, inducentes nostrum debitam exhibeant reverentiam et honorem, inducentes eundem abbatem in corporalem professionem ecclesie memorate ac facientes eum ipsius ecclesie cum hiis que spectant ad ipsam pacifica possessione gaudere, contradictores per censuram ecclesiasticam, appellatione postposita compescentes«.

1209   Vertrag von Speyer, Preisgabe des Wormser Konkordats durch Otto IV.

1210   Die »Pauperes Lombardi« spalten sich von den »Humiliaten« ab.

(9.11.) »Carta Pacis« zwischen »Majores« und »Minores« zu Assisi ratifiziert. Frieden zwischen Adel und Volk von Assisi (und mit Perugia).

1211   (Februar) Konzil von Montpellier, Exkommunikation von Graf Raimond VI durch den Erzbat Arnaud de Citeaux.

1212   (16.7.) Schlacht von Las Navas de Tolosa

Die vereinigten Heere von Kastilien, Aragon und Navarra schlagen das Almohaden-Heer, Wendepunkt in der ›reconquista‹.

(1.12.) Statuten von Pamiers, Neuverteilung weltlicher Lehen von Toulouse an französische Adlige unter Simon de Montfort. Behandlung der Katharer und ihrer Sympathisanten als »Faidits«.

1213   (9.5.) Datum der Besitzübertragung des Berges »La Verna« an die »Minderbrüder«.

(12.9.) Schlacht von Muret

Das ›Kreuzfahrerheer‹ der Franzosen unter Simon de Montfort schlägt die Allianz Toulouse/Aragon (König Peter II fällt). Abschluß der 1. Phase des »Kreuzzuges gegen den Gral«.

»Goldene Bulle« von Eger. Friedrich II bestätigt die Zugeständnisse Ottos IV.

1214   (27.7.) Nach der gewonnenen Schlacht von Bouvines (Capet/Staufer gegen Plantagenet/Welfen) diktiert Philipp II

	Augustus den »Frieden von Chinon«. John Lackland verliert alles Land »nördlich der Loire«.
1215	Viertes Lateran-Konzil (unter Innozenz III).
	(15.6.) Magna Charta Libertatum, die Englische Krone (John Lackland) räumt ihren Baronen Rechte durch Verfassung ein, die diese, angeführt von Simon V de Montfort, 1259 in den »Provisionen von Oxford« zu erweitern suchen, was Ludwig IX, »der Schiedsrichter«, verhindert.
1219/20	Bullen »Cum dilectis«, »Sacrosanta Romana«; »Pro dilectis« von Honorius III erlassen, später von Gregor IX annulliert.
1220	Confoederatio cum principibus ecclesiasticis, Verleihung von weltlichen Rechten an geistliche Fürsten durch Friedrich II.
1222	Gründung der Universität von Padua.
1223	(29.11.) Honorius III bestätigt mit Bulle »solet annuere . . .« die Regel des Franziskus (»regula bullata«).
1226	(3. Okt.) Franziscus stirbt in Portiuncula bei Assisi.
1227	Mongolische Reichsteilung nach dem Tod von Dschingis-Khan.
	Gregorius IX dat Communi Asisinati liberam facultatem creandi Potestatem, aliosque officiales (Papst Gregor IX überläßt Assisi freie Wahl ihres Bürgermeisters und anderer Beamter).
1228	(16.7.) Kanonisierung des Franziskus durch Gregor IX.
1229	(12.4.) Vertrag von Meaux, Beendigung der Albigenser-Kriege. Die Grafschaft Toulouse fällt 1259 im Frieden von Paris an die Krone.
	Vertrag von Jaffa zwischen Friedrich II und El-Kamil: Jerusalem nebst Korridor, Nazareth und Bethlehem werden den Christen zurückerstattet.
	Drittes Konzil von Toulouse. Verbot, die Bibel in der Landessprache (Langue d'Oc) zu lesen.
1230	(28.9.) Bulle: »Quo elonati . . .« (Gregor IX spricht dem Testament des Francesco jegliche Rechtsverbindlichkeit ab).
	Frieden von Ceprano, Versöhnung Friedrich II mit dem Papst Gregor IX durch Vermittlung Hermanns von Salza.
1231	Konstitutionen von Melfi, Verwaltungsordnung für Sizilien durch Friedrich II.
	Statutum in favorem principum (Gleichstellung weltl. und geistl. Fürsten durch Friedrich II)
1233	Kodifizierung der päpstlichen Inquisition (Dominikaner mit ihrer Durchführung beauftragt).
	»Ghibellinen« (angeführt von der Familie Colonna) und »Guelfen« (angeführt von der Familie Orsini), die beiden römischen Senatsfraktionen (kaiserlich und päpstlich) regieren zum erstenmal gemeinsam.
1234	(4.8.) Kanonisierung des Domenicus durch Gregor IX.
1235	Großer Mainzer Landfriede, Versöhnung Staufer/Welfen.
1236	Friedrich II unterstellt die Juden des Reiches dem kaiserlichen Schutz (›Servi Camerae Nostrae‹).
1238	Ende der Reconquista, der Eroberung Südspaniens (durch

Ferdinand III von Kastilien und Jacob I von Aragon). Als maurisches Restreich verbleibt nur noch Granada (bis 1429).

1243   Vertrag von Lorris, Henri III huldigt Louis IX, nach dessen Sieg von Taillebourg (Rache für den »Inquisitorenmord« von Avignonet).

1244   (1.3.) Kapitulation des Montségur, (16.3.) Übergabe und Verbrennen der Katharer auf dem Champ des Crémats.

Jerusalem von den Choresmiern erobert, endgültig für die Christen verloren.

1245   (14.11.) Bulle: Ordinem vestrum . . . (Milderung des Armuts-Prinzips durch Papst Innozenz IV).

(17.7.) Konzil von Lyon, Friedrich II als »Ketzer« abgesetzt.

Den Verdienst von Michael Görden am Zustandekommen des vorliegenden Romans kann ich gar nicht hoch genug veranschlagen. Ohne meinen unermüdlichen, unbeugsamen und andererseits stets inspiriert kooperativen Lektor gäbe es das Buch nicht. Daß es letztendlich so erscheint, wie ich es mir vorgestellt habe, verdanke ich der ausgleichenden und geduldigen Kleinarbeit von Ulrike Kloepfer.

An dem Entstehungsprozeß nahm weiterhin, mit generöser Zurverfügungstellung seines Wissens und seiner Quellen, Prof. Dario della Porta (Univers. Perugia) teil; nicht nur, daß er mir seinen mutmaßlichen Urahnen — soweit dies möglich — dokumentarisch belegte, er leitete mich auch sachkundig durch die Minenfelder latinesker und provençalischer Sprachforschung.

Ich will auch der »secretarii« schuldhaft gedenken, die im Kampf zwischen handschriftlicher Produktion, Fax und PC-Input auf der Strecke blieben: Numi (Ruth Andrea) Teusch, Bettina Petri, Andreas Rohner und Claudia Mattern. Guido war ihnen mehr Tyrann als guter Hirte. Ganz im Gegenteil zum jetzigen Inhaber des Bischofsstuhles von Assisi, S. E. Monsignore Sergio Goretti, der die Nachforschungen des ihm unbekannten Fremden bereitwilligst unterstützte. Möge er — beim Vorliegen des Resultats — dies nicht bereuen.

Last but not least, schulde ich ein weiteres »ringraziamento« — der Ausdruck »meinem Kollegen« erscheint mir schon vermessen — Prof. H. McKay (vom Petrarca-Institute for Poetical Intelligence, Analysis and Development, Piad). Sein verbaler Hinweis: »Jump into their orgiasmic life, discard your dead figures!« war mir eine wertvolle Richtschnur.

Ein hochmittelalterliches Leben — eingebettet in die Zeit der Kreuzzüge — zu »beschreiben«, ist ohne die unerschöpfliche Quelle — und letztlich einzig nötige, denn alle haben aus ihr geschöpft — von Steve Runciman »A History of the Crusades« schlecht möglich (Cambridge University Press, 1954). Ich verehre ihn vor allem wegen seiner leidenschaftslos ausbalancierten Darstellung auch der »anderen« Seite, dem feudalen und religiösen Gefüge des Islam.

Für ›Kreuzzüge auf Abwegen‹ reichte mir als zusätzliche Quelle für Constantinopel 1204 die Chronik des Geoffroy de Villehardouin »The Conquest of Constantinopel« (The Estate of M. R. B. Shaw, 1963) und für die Albigenser-Kriege von 1209 der leidenschaftlich engagierte Otto Rahn »Kreuzzug gegen den Gral« (Urban Verlag, 1933). Es ist ein (verbotenes) Buch meiner Kindheit und sicher — neben den väterlichen Impulsen — ausschlaggebend für meine früh erweckte Liebe zur mittelalterlichen Geschichte. Von ihm habe ich auch die zitierten provençalischen »Sirventes« und deren Eindeutschung unverändert übernommen. Einige korrigierende Angaben sind Eugen Roll »Die Katharer« (J. Ch. Mellinger, 1979) entnommen, sowie »La Croisade Albigeoise« (Gallimard/Julliard, 1979. Hrsg. Monique Zerner-Cardavoine) und dem »Kaiser Friedrich II« (Winkler, 1977 Hrsg. Klaus J. Heinisch). Von allen Franziskusbüchern blieben wenige, die mir wirklich von Nutzen waren: für den schnellen Einstieg der Aussteiger Adolf Holl »Der letzte Christ« (Deutsche Verlagsanstalt, 1979); für die profunde Dokumentation Gert Wendelborn »Franziskus von Assisi« (Koehler & Amelang, 1977) sowie Raoul Manselli »Assisi tra Impero e Papato« (Soc. Internaz. di Studi Franscescani, 1977) und vom gleichen Hrsg. Luciano Canonici O. F. M. »Guido II d'Assisi«, 1980, und schließlich für die Emphase des Glaubens der große Wurf des Julien Green »Frère François« (Editions du Seuil, 1983), sowie Luigi Salvatorelli »Vita di San Francesco d'Assisi« (Laterza, 1927) und »Nova Vita di S. Francesco« (Fortini, N. V.).

In einigen Szenen diente mir auch das Drehbuch zum Film »FRANCESCO« von Liliana Cavani und Roberta Mazzoni als Anregung bzw. Vorlage.

Wertvolle, ergänzende Hinweise fand ich in den Arbeiten: »Delle Storie di Assisi« (Antonio Cristofani), Aldo Brunacci/Giuseppe Catanzaro »De bono pacis« (Fonte viva, 1986) und »Le Carte ecc.« (A. Bartoli-Langeli).

Die Restruktion des ursprünglichen »Cantico delle creature« entspricht der Publikation vom G. Contini (Ricciardi, 1960) — das wünscht sich jedenfalls der Herausgeber dieses Romans, der die Übersetzung selbst besorgte.

Rom, im August 1989

PETER BERLING

geb. 20. März 1934 (Fisch, Asc. Löwe) in Meseritz-Obrawalde (ehem. Grenzmark, heute Polen). Seine Eltern sind die in Moskau bzw. in Petersburg geborenen Architekten und Poelzig-Schüler Max und Asta Berling. Bei Kriegsausbruch siedelt die Familie nach Osnabrück um. Nach kurzem Gastspiel auf Georg Pichts Birklehof Abbruch der humanistischen Bildung in der Unterprima. Zeit als Tramp, Zimmermann, Maurer (mit Gesellenprüfung).

Extensives Studium an der Akademie der Bildenden Künste in München, Mitbegründer der »ile du jazz«, Reiseleiter in Tunesien; als Regie-Assistent von Edward Dmytryck erster Kontakt mit dem Film. Enno Patalas initiierte den 24jährigen zum jüngsten Produzenten Deutschlands für die frühen Arbeiten Alexander Kluges. In den sechziger Jahren geht fast der gesamte »junge deutsche Film« durch Berlings Hände: Klaus Lemke, die Brüder Schamoni, Wolfgang Limmer, Nikolaus Schilling etc. Er beteiligt sich an einer Konzertagentur nebst Musikverlag, betreut Aznavour, Bécaud, die Greco, Donovan und Marcel Marceau. 1969 treten Fassbinder und das Antitheater in sein Leben (»Liebe kälter als der Tod«, für die er »Whity« (Berling gewidmet) und »Warnung vor einer heiligen Nutte« produziert. Im gleichen Jahr zieht Berling nach Rom um, wo er bis heute lebt. Mit den letzten Italo-Western beginnt seine Karriere als Charakterdarsteller, zu deren Höhepunkten Herzogs »Aguirre, der Zorn Gottes«, Marco Bellocchios »Triumphmarsch« und Jean-Jacques Annauds »Sehnsucht nach Afrika« (Oscar 1977) gehören. Daneben Rollen in deutschen Fernsehserien wie »Kir Royal«, »Das Milliardenspiel« u. a. Mit über 70 Filmen gilt Berling als Deutschlands bestbeschäftigter und gewichtigster (140 kg) Spezialist für Gastrollen in nationalen und internationalen Prestige-Projekten (»Die Ehe der Maria Braun«, »Theo gegen den Rest der Welt«,

»Der Name der Rose«, »Fitzcarraldo«, »Die letzte Versuchung«, »Franziskus«, »Homo Faber«)

Seine Produzententätigkeit hat er inzwischen auf Werner Schroeter konzentriert, der ihm »Nicaragua«, die »Neapolitanischen Geschwister« und »Das Liebeskonzil« verdankt.

Seit 1984 ist Berling Korrespondent von *Cinema* und *Kino,* schreibt als Gourmet für *LUI, Penthouse* und *Playboy,* free-lance für *Spiegel, Geo* (Rom) und *NZZ*; Koautor der in den USA, GB, Frankreich und Spanien erschienenen Fassbinder-Biographie »Love colder than Death«.

Er entwickelte aus seiner Leidenschaft für Mythologie und Mah-Jongg das astrologische Gesellschaftsspiel »ZODIAK« und verfaßte seine »Einführung in Elemente, Symbolik und Geschichte der Astrologie des Okzidents«.

Sein besonderes historisches Interesse gilt den Kreuzzügen des Hohen Mittelalters und den Ketzerbewegungen. Sein nächster Roman greift Gegebenheiten und Figuren des vorliegenden Buches auf, begleitet Sie auf der Suche nach dem Geheimnis des Grals durch die Wirren der letzten Kreuzzüge bis zur finalen Auseinandersetzung um den ›Rest der Welt‹.